U0532758

公共治理与公众互动

全球政府社会化媒体传播

金 苗 著

浙江大学出版社
·杭州·

图书在版编目（CIP）数据

公共治理与公众互动：全球政府社会化媒体传播 / 金苗著. -- 杭州：浙江大学出版社，2024.8
　　ISBN 978-7-308-24748-1

Ⅰ. ①公… Ⅱ. ①金… Ⅲ. ①社会化－媒体（新闻）－传播学－研究－世界 Ⅳ. ①G206.2

中国国家版本馆 CIP 数据核字（2024）第 058422 号

公共治理与公众互动：全球政府社会化媒体传播
金　苗　著

策　　划	包灵灵
责任编辑	诸葛勤
责任校对	杨诗怡
封面设计	周　灵
出版发行	浙江大学出版社
	（杭州市天目山路 148 号　邮政编码 310007）
	（网址: http://www.zjupress.com）
排　　版	浙江大千时代文化传媒有限公司
印　　刷	广东虎彩云印刷有限公司绍兴分公司
开　　本	710mm×1000mm　1/16
印　　张	20.75
字　　数	351 千
版 印 次	2024 年 8 月第 1 版　2024 年 8 月第 1 次印刷
书　　号	ISBN 978-7-308-24748-1
定　　价	98.00 元

版权所有　侵权必究　　印装差错　负责调换

浙江大学出版社市场运营中心联系方式：（0571）88925591；http://zjdxcbs.tmall.com

序

聚焦善治与协商的全球政府社会化媒体传播研究

邵培仁

金苗是南京大学新闻传播学院研究员，紫金传媒智库高级研究员。她曾是我在浙江大学新闻传播学科指导毕业的博士生，"八朵金花"之一。她在中国人民解放军外国语学院获得英语语言文学学士学位，在中国人民解放军南京政治学院获得新闻学硕士学位，毕业后在该学院军事新闻传播系任教，是一名优秀的青年教师。她在读硕士研究生时即在《新闻与传播研究》等刊物上发表过论文。2008年开始，金苗跟随我攻读新闻传播学博士学位，读博期间在新闻学硕士学位论文的基础上修订出版了学术专著《美军公共事务传播研究》[①]，并获得中国人民解放军政治理论研究优秀成果奖。

2008年5月12日，四川汶川发生8.0级特大地震，造成直接经济损失8451多亿元。解放军在几天内集结了10余万大军奔赴灾区。这场突如其来的抢险救灾非战争军事行动，惊天地，泣鬼神，世所罕见，全球瞩目。上课时，我建议金苗以传播学为观察和分析的视角，根据自己的研究优势和工作需要，密切关注、持续跟踪研究抗震救灾、抗洪抢险、扑灭林火等军队非

---

① 金苗：《美军公共事务传播研究》，解放军出版社，2009年。

战争军事行动及其媒体呈现、传播和互动关系的问题。她极其聪明，学术思维敏锐，视野开阔，很快就以"大众传媒与非战争军事行动互动研究"为题通过了博士学位论文开题报告。由于我要求博士生的开题报告严格对标《国家社会科学基金项目申请书》来撰写，而金苗的开题报告又切合国家关切和社会需要，选题新颖，论证扎实，于是从军队系统申报了国家社会科学基金青年项目，获得立项，最终以"良好"结项。博士研究生毕业后，她反复修改、完善了相关书稿，于2014年出版专著《非战争军事行动传播》①。此书在2016年分别获得了中国人民解放军军事科学优秀成果奖、江苏省第十四届哲学社会科学优秀成果奖三等奖和第三届全国新闻学青年学者优秀学术成果奖。

此后，金苗持续关注和研究非战争军事行动与传播问题，将研究视角拓展到信息战、国际维和，以及和平新闻学等比较隐性的非战争军事行动传播领域，发表了一系列论文，独立翻译出版了《战争2.0：信息时代的非常规战》②一书，受到有关方面的高度关注和学界的充分肯定。2022年6月，中央军委主席习近平签署命令，发布《军队非战争军事行动纲要（试行）》。该纲要自2022年6月15日起施行。这不仅为中国军队进行非战争军事行动提供了纲领性的法规依据，而且对学术界更加全面、系统地进行军队非战争军事行动及传播研究具有重要的指导意义。

金苗在学术研究中始终抱持中国军人那种崇高的理想、坚强的意志和奉献的精神，拥有强烈的历史使命感和社会责任感，擅于运用复合学科的知识和方法在交叉领域辛勤耕耘，其学术研究的方向和主题往往都是国家关切、地方需要和人民关心的问题，也往往是学术研究的前瞻性、前沿性和创新性问题，有的甚至开拓了新闻传播学科新的生长点。这些都可以在她近年来发表和出版的系列论著中和主持的"全球社交网络公共外交传播理论构建、图景呈现及策略运用研究"（国家社会科学基金项目）、"'一带一路'倡议提出五年来西方舆论变化实证研究"（中国外文局项目）、"构建江苏国际传播新媒体矩阵研究"（江苏省社会科学基金智库研究项目）、"'一带一路'背景下提升江苏文化国际影响力研究"（江苏省委宣传部课题）和"大运河（江苏段）文

---

① 金苗：《非战争军事行动传播》，解放军出版社，2014年。
② [德]托马斯·里德，[法]马克·海克：《战争2.0：信息时代的非常规战》，金苗译，解放军出版社，2011年。

化带建设国际性传播研究"（江苏省委宣传部课题）等项目中得到证明。

现在，我电脑屏幕上显示的《公共治理与公众互动：全球政府社会化媒体传播》书稿，是金苗被南京大学聘任后以"基于政府善治的国外社会化媒体传播技巧研究"为题结项的国家社会科学基金一般项目研究成果，即将由浙江大学出版社出版。

金苗的这部新书聚焦善治与协商，从系统分析传播和联系考察主体互动的研究角度，在政府善治理念与社会化媒体特质之间寻找以尺度为原则、以透明为关系、以互动为秩序、以对话为生产、以参与为目标、以协作为文化等政府社会化媒体传播的机制和规律；根据社会化媒体技术的不同特点与功能，在国家地域空间和虚拟社会界面两个向度，探讨政府公共治理与公众互动的良好生态和共同实现"善治"的可能路径；同时，纵向追踪与横向拓展结合、宏观陈述与微观案例结合，将庞杂的研究对象集零为整，在文献梳理、数据采集和理论分析的基础上绘制了"基于政府善治视角的全球社会化媒体传播研究空间图"，比较全面、立体地呈现了全球政府社会化媒体传播的发展趋势、特点、焦点和瓶颈，展示出关涉当前全球政府治理与社会化媒体传播互动关系的整体画面；进而，为政府在各类社会化媒体平台实现善治传播拓展新空间、建立新思维、探索新技巧、开创新绩效提供理论支持、框架启示和方法借鉴，最终实现政府善治（目标）、社会化媒体（平台）、传播策略（方法）和国家政治文化（背景）四者有机互动、和谐共存的稳定、友好的社会生态系统。

此书不仅视野广阔、结构完整，层次分明，条理清晰，论证严密，富有特色，而且提出了一系列新观点和新思路，其中我比较欣赏的主要有以下几点。

政府公共治理必须与时俱进。当今世界有两大趋势正在引领着国家政治重心的转移和社会传播格局的转型：一是以合作、协商为特征的善治趋势，表现为从"统治"走向"治理"、从"善政"走向"善治"的特点；二是以传播为平台的社会化互动传播趋势，表现为从"单向"转为"互动"、从"中心"转为"去中心"的特点。这两大世界趋势均以人为本、以社会为本，都共享"伙伴—互动""共治—参与""协商—对话""沟通—交往""公正—公平"的价值理念，都主张公共治理与社会化媒体要良性互动。于是同社会化媒体开展互动就成了现代政府实现善治的必然选择、重要契机和创新平台，也为各国政府的公共治理带来了不可避免的风险和难以预料的陷阱。因此，现代政府要想"避免治理的失败,使得治理更加有效",必须紧跟潮流,与时俱进,把"善治"和传播良性互动作为政府社会治理的最佳状态和理想目标来追求。中国"以人民为中心"、建设服务型政府的"善治"理念和治理体系,正是在政府与人民对公共生活的合作治理和互动传播关系中实现公共利益最大化的社会治理过程,也体现了政府与人民之间的一种新颖的和谐关系。

将互动关系置于恰到好处的尺度之中。"媒介尺度"是传播学研究中的重要概念。所谓媒介尺度,是指在考察、研究和运营中对媒介体征、形式和内容所采用的空间或时间的度量衡单位,是对管理法度和制度的要求,对实践水平或状况(高度、深度、热度、角度、知名度和美誉度)的期待,以及为保持媒介的质的稳定性,对量的界限、幅度和范围的把握。① 同样,要构建政府与人民、公共治理与社会传播、本土性与全球性等整体互动、均衡和谐的尺度机制,最重要的就是要把握好两者之间辩证统一的相互作用和相互制约的尺度关系,处理好尺度两端或中间的矛盾或融合的关节点和临界点。在更大范围内探讨尺度问题,就是要积极构建信息传播的命运共同体,建构兼容本土性和全球性的价值体系和话语体系,构建科学有效、层次分明的传播结构和机制。② 同时,诚如著者所言,这是一次走出以中国划界的闭门学术思维,是针对全球做研究、深入国别做研究以解决世界性问题的尝试。不论是政府公共治理还是社会化媒体平台的公众互动,不论是推崇"善治"目标还是追求良性沟通,都因其探讨的是公共治理、公共利益和社会传播,与全人类休戚相关,为各国政府所关注,那么就不能只是小尺度的本土性研究,而应该是兼容本土性与全球性的融合性研究,并且必须冷静、客观、理性,讲究尺度,具有包容性、普适性和策略性。

让政府目标顺应公众利益。当前,全球政府社会化媒体传播与演进正展现出新的发展走向:治理"现代化"与传播"社会化"相互适应的传播格局已经形成;"工具性"向"架构性"过渡的新型传播角色关系正在出现;"互动式"向"协作式"发展的新的传播功能已经显露。在这样的时代背景和发展现状下,探讨和研究基于政府善治的全球社会化媒体传播,其关键就在于

---

① 邵培仁,夏源:《媒介尺度论:对传播本土性与全球性的考察》,《当代传播》2010年第6期,第9-12页。

② 邵培仁,沈珺:《新世界主义语境下国际传播新视维》,《新疆师范大学学报(哲学社会科学版)》2018年第2期,第96-104页。

要充分体现国家治理体系和治理能力现代化对媒体传播社会化及动态规律的把握和适应，要正视虚拟社会运行与现实社会运转的关联与互动，把政府与公共部门、公众、民间社会组织、私营部门等不同伙伴主体之间的互动与合作一起放置于社会化媒体传播空间之中，在立体的、多角度、多层面的互动与沟通过程中实现基于公众利益最大化的政府目标。当下，全球政府几乎都注重在顺应公众的利益中通过"协商"达成自己的"善治"目标。对此，我们不仅可以从中国式现代化的伟大进程中得到强烈的感受，而且也可以从书中所描述和分析的美国政府"开拓与沟通"的努力、英国政府"服务与参与"的投入、日本政府所面临的"冲击与革新"、澳大利亚政府所追求的"公平与致效"和俄罗斯政府以"选择与回应"为特征的各种典型案例中得到真切的感受和认知。

让理论研究具有可操作性。优秀的学术研究应该上接"天气"，下接"地气"，顶天立地。此书在进行了比较充分的理论分析之后转而基于虚拟社会界面，极富创意地勾勒出一个形象、立体的互动八面体，即由虚拟社会秩序界面、虚拟社会关系界面、虚拟社会生产界面、虚拟社会目标界面、虚拟社会文化界面等不同关键界面组成的社会化媒体平台虚拟社会空间，提出在政府善治理念与社会化媒体特质之间寻找以尺度为原则、以透明为关系、以互动为秩序、以对话为生产、以参与为目标、以协作为文化的共通规律和共性模式，以全球各国政府的社会化媒体传播为观察分析的窗口，独辟蹊径地归纳、总结出基于这些界面的政府社会化媒体互动策略、透明策略、对话策略、参与策略和协作策略等，从而不仅跳出了传统传播技巧的窠臼，而且开辟了政府社会化媒体传播策略研究的新路径和新天地。

综上，此书能放眼世界、注重分层、基于实证、追求立体，注意理论联系实际，兼顾对策落地实践，最终基于政府善治视角呈现出一项关于"全球社会化媒体传播"较为全面、深入的体系性的理论与应用综合研究。

我期待金苗研究员在攻读浙江大学新闻传播学博士学位过程中养成的这种全球视野、国家站位、学术情怀和赤子之心的科学研究风格能持续在她的人生和学术道路上发力、发光。

是为序。

邵培仁
2023 年 8 月 5 日
于杭州市青山湖畔寓

邵培仁，浙江大学传播研究所教授，博士生导师，第六届范静宜新闻教育奖——新闻良师奖获得者，曾先后任浙江大学传播研究所所长，浙江大学人文学院副院长、浙江大学传媒与国际文化学院党委书记，浙江大学人文学部副主任，浙江大学学术委员会委员，浙江大学对外宣传领导小组副组长等，兼任浙江省重点创新团队——浙江省国际影视产业研究中心主任，浙江省哲学社会科学重点研究基地——浙江省传播与文化产业研究中心主任，浙江省文化产业重点研究基地——浙江省娱乐与创意产业研究中心主任，《中国传媒报告》杂志社社长，国际华莱坞学会会长，中国传媒研究会主席，浙江省传播学会创会会长和终身会长，浙江省会展学会理事长，致力于传播学、交叉传播学、媒介管理学、新世界主义媒介理论研究。

目 录

第一章　全球政府社会化媒体传播：格局·角色·功能 ……………… 1

第一节　"现代化"对"社会化"的适应：全球政府社会化媒体传播格局…… 2
第二节　"工具性"向"架构性"的过渡：全球政府社会化媒体传播角色…… 21
第三节　"互动式"向"协作式"的转向：全球政府社会化媒体传播功能…… 39

第二章　基于国家地域空间的全球政府社会化媒体传播进展 ……… 57

第一节　开拓与沟通：美国政府社会化媒体传播 ……………………… 58
第二节　服务与参与：英国政府社会化媒体传播 ……………………… 73
第三节　冲击与革新：日本政府社会化媒体传播 ……………………… 85
第四节　公平与致效：澳大利亚政府社会化媒体传播 ………………… 102
第五节　选择与回应：俄罗斯政府社会化媒体传播 …………………… 117

第三章　基于虚拟社会界面的全球政府社会化媒体传播策略 ……… 131

第一节　虚拟社会秩序界面：全球政府社会化媒体互动策略 ………… 132
第二节　虚拟社会关系界面：全球政府社会化媒体透明策略 ………… 151
第三节　虚拟社会生产界面：全球政府社会化媒体对话策略 ………… 175
第四节　虚拟社会目标界面：全球政府社会化媒体参与策略 ………… 187
第五节　虚拟社会文化界面：全球政府社会化媒体协作策略 ………… 201

第四章　基于政府善治目标的全球政府社会化媒体传播案例……………215

第一节　政策推广：澳大利亚多元文化政策社会化媒体传播……………216
第二节　冲突解决：美联邦校园安全委员会社会化媒体传播……………233
第三节　信息透明：英国政府公民技术平台 FixMyStreet 传播……………248
第四节　问题修复：日本东京消防厅防灾救灾社会化媒体传播……………259
第五节　社会动员：俄罗斯联邦总统大选政府社会化媒体传播……………272

参考文献………………………………………………………………………285

后　记…………………………………………………………………………319

第一章

全球政府社会化媒体传播：格局·角色·功能

第一节

"现代化"对"社会化"的适应：
全球政府社会化媒体传播格局

当今世界，两大趋势正在引领着国家政治重心的转移和社会传播格局的转型。前者是以合作性为特征的善治趋势，主张从"统治"走向"治理"，从"善政"走向"善治"；后者即社会化媒体传播趋势，因从"单向"转为"互动"，从"中心"转为"去中心"的草根性而风起云涌。

善治（good governance）即良好的治理，是在政府与公民对公共生活的合作管理和互动关系中实现公共利益最大化的社会管理过程（沈晓宇，2013）。20 世纪 80 年代以来，很多国家针对"如何克服治理的失效、如何治理更加有效"，把"善治"作为政府社会管理的最佳状态和理想目标来追求，累积了可贵的治理经验和教训。作为一种公共利益最大化的社会管理过程，善治体现了政治国家与"公民社会"之间一种"以民众为中心"（曼德、阿斯夫，2007：108）的治理关系，一种政府治理现代化浪潮中实现社会创新的新范式。

社会化媒体（social media）则是一类给予用户极大参与空间的新型在线媒体，最常见的是博客、微博、论坛、维基、播客、社交网络和内容社区（Mayfield, 2006: 5-6）。此类媒体往往要求网民主动参与，讲求内容免费公开，重在用户交互对话。独有的社区化功能使得某个共同话题可以得到充分的交流，而强大的网络连通性又可以起到融合多个媒体，实现影响最大化的作用。2007 年以来，多国政府陆续将社会化媒体纳入公共服务、公共领域和公共外交体系，进行了各种创新尝试和策略实践。

自上而下的治理现代化浪潮和自下而上的传播社会化浪潮均以人为本、以社会为本，共享"伙伴—互动""共治—参与""协商—对话""沟通—交往""公正—平权"的价值理念，使得社会化媒体成为现代政府实现善治的重要契机、必然环境、关键工具、创新平台和特定对象。当然，社会化媒体的复杂性也为各国政府善治带来了不可避免的风险和难以预料的陷阱。在推进国家治理体系和治理能力现代化的进程中，政府要在 Web 2.0 时代创新发展，以社会化媒体为关键场域的虚拟社会善治当是题中之义。时至今日，基于善治视角研究 15 年来全球政府社会化媒体传播，无论是从国内相关领域建设借鉴的角度，还是就全球实践和研究的成熟程度而言，恰逢其时。

全球政府社会化媒体传播始于 2007 年，这里选择以 Web of Science（WOS）数据库为检索平台。即使将起始日设定为 2008 年 1 月 1 日，仍只能检索出 2008 年和 2009 年的论文各 2 篇，该数据库并无对 2007 年该领域进展的涵盖。通过反复检测，设定 2008 年 1 月 1 日至 2022 年 12 月 31 日为时间段，在公共管理领域检出英文文献 1268 篇，对论文加以逐篇研读并进行数据统计和分析，可以通过学术研究了解全球政府社会化媒体传播的理念、现象、项目和动向。WOS 数据库样本数据规整，可自动生成发表年度和作者国别数据，并进行引用频次排名和摘要提供，具有全球政府社会化媒体传播的格局分析价值。考虑到对发展趋势具有启示意义的隐含主题分布和语篇意义解读，其价值不同于基础数据的呈现，如若利用计算传播学方法对论文摘要进行潜在狄利克雷分布法（Latent Dirichlet Allocation，简称 LDA）主题模型分析，可发挥数据挖掘价值。本研究拟从研究进展阶段、核心隐含主题和国别分布特征三个维度对政府社会化媒体论文数据施以交叉分析，揭开全球政府社会化媒体传播研究的面纱，更加全方位地探知、呈现、概括和预测政府介入社会化媒体 15 年来的研究格局与未来空间。

一、研究层面和阶段总括

伴随 2007 年政府进军社会化媒体，公共管理领域的相关研究自 2008 年开始走向活跃，可以从两个层面把握其总体现状：

一是研究阵地由政府研究扩散至传播研究，研究人员从欧美辐射至世界多国。研究阵地方面，初步形成了以《政府信息季刊（Government Information Quarterly）》《公共管理评论（Public Management Review）》等期刊为主阵地，并开始散见于《亚洲传播学报（Asian Journal of Communication）》《国际战略传播学刊（International Journal of Strategic Communication）》等传播学期刊的研究局面，从而突破了电子政务研究时代遗留的重政府、轻媒介，重政务实践研究、轻传播互动分析的问题，社会化媒体与政府善治研究在互动、参与、合作等传播学、政治学、公共关系学、社会学、计算科学交叉层面得到深入研究。

二是基于政府善治的社会化媒体整体、个案和比较策略的研究零散出现，并呈增多之势。研究主题则与社会化媒体在政府善治领域的快速发展相适应，核心议题逐年深入。单就 WOS 单库检索结果，可以发现，研究总量从一开始缓慢攀升，至 2015 年和 2016 年达到一个小高峰后有所回落，再突飞猛进大幅升至顶峰，并于 2021 年开始走低。具体到 2008—2022 年 WOS 数据库论文内容，则会观察到 15 年来研究变迁的阶段性变化（见图 1-1）。

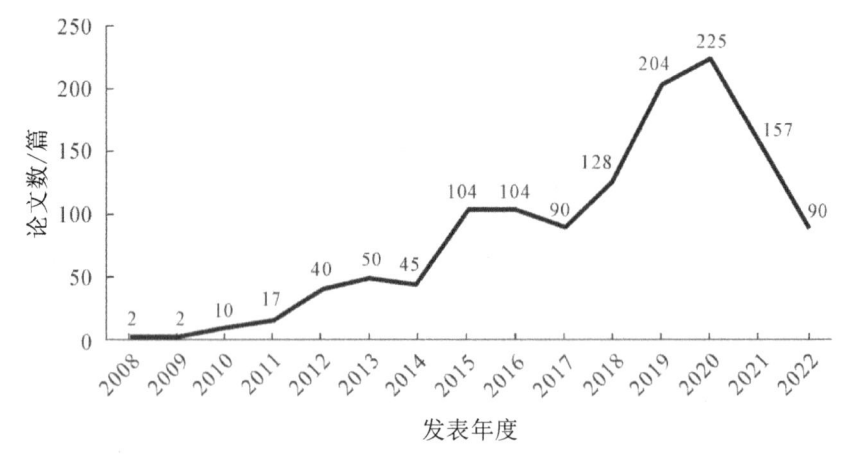

图 1-1　WOS 数据库政府社会化媒体论文年度分布（2008—2022）

（一）萌芽期（2008—2011）

2008 年时，对于政府在社会化媒体领域的尝试，学界普遍存在一种怀疑态度，典型如《网络 2.0 应用能拯救"电子民主"吗？关于新网络应用能否提升公民线上政治参与的研究》（Breindl & Francq, 2008）就表达了对社会化媒体实现政府善治无法乐观、拭目以待的学界态度。时至 2009 年，随着社会化媒体政府传播的关键性问题逐渐明朗，更多的学者在其中看到了社会化媒体应用作为一项新政策、新资源在国家与社会、政府与公民之间建立参与、交往、合作、互动关系的成功前景（Alonso et al., 2009; Freeman & Loo, 2009），同时出现了大量针对成功案例的研究，如韩国政府嵌入社会化媒体重塑公众信任（Park & Cho, 2009）。随后两年，相关研究有所增多，并于 2010 年和 2011 年分别达到了 10 篇和 17 篇，但是热度明显"退烧"，主要集中于对新兴问题和细节问题的反思上。研究议题的完整度和完善性还有待发展，急需专适于政府社会化媒体传播研究的特殊方法。同时出现的有个别整体策略研究，如政府如何通过全新的理念和专业的策划来促进网络交往和信息透明（Dadashzadeh, 2010），如何在传播过程中化繁为简，以意见聚合取代分散，提供高效的、专注于用户的公众服务（Dunleavy & Margetts, 2010），等等。不仅如此，全球范围社会化媒体草根力量的空前壮大，令政府传播的悲观情绪再度归来。如认为政府 Web 2.0 运用远未成熟，不过是处于政府 Web 1.5 时代（Millard, 2010），地方性问题（Ferro & Molinari, 2010）、政府媒体操控引发信任危机问题（Hellman, 2011）和数字、文化鸿沟等全球性问题（Ochara-Muganda & Van Belle, 2010）成为新的忧虑。好在学界对社会化媒体影响作为政治力量及技术促成的政治变革在公共领域和民间社会发挥真正潜力（Shirky, 2011）依然抱有期待，对于社会化媒体技术作为应急知识管理系统共享和决策的基础在 2010 年海地地震中所发挥的作用（Yates & Paquette, 2011）开始怀有厚望，利用社会化媒体的"众包"（crowdsourcing）力量进行救灾自此成为经久不衰的议题。

（二）复苏期（2012—2014）

时至 2012 年，西方国家政府广泛嵌入了各大上流社会化媒体，同时基于 Web 2.0 开创性地建设了部分政府社会化媒体平台，并且拥有了相对稳定的传播政策。实践的空前丰富支撑着这一领域研究议程的成形，学者们开始普遍以"Web 2.0"或"政府 2.0"的概念为起点研究问题（Bonsón et al., 2012），将政府社会化媒体传播与政府开放和透明视为一体来研究成为共识（Harrison et al., 2011; Luna-Reyes & Chun, 2012; Lee & Kwak, 2012）。公民参与（Linders, 2012; Nam, 2012）和组织间共治（Gil-Garcia, 2012）等议题得到聚焦，跨国比较研究和传播细部研究开始增多。2013 年，较早深入公共部门社会化媒体战略制定与政策实施并在业内具有一定号召力的默格尔（I. Mergel）教授引领了新的实践主体研究趋势，其团队基于美国联邦政府相关主管访谈最终发现政府社会化媒体传播严重缺乏互动，并提出以在线互动追溯任务支持的解决框架（Mergel, 2013a），亦有学者沿其思路对美国 75 个大城市政府的社会化媒体运用情况加以调研，追问社会化媒体连接公民和政府的实效

（Mossberger et al., 2013）。这一研究维度在 2014 年赢得了更多的追随，比如一篇对社会化媒体多大程度上达成了公民参与并建立了政府信任进行的公民调查和政府测试（Warren et al., 2014）的论文被引颇高。值得一提的是，复苏阶段的 2012 年也是 15 年来高被引成果最为丰盛的一年，5 篇上榜 Top 10（指占排行榜前 10 位）的论文分别探讨了"从电子政府到'我们'政府：社会化媒体时代的公民共同生产类型"（Linders, 2012）、"地方电子政府 2.0"（Bonsón et al., 2012）、"政府政策对政府社会化媒体使用的影响"（Bertot, 2012）、"基于社会化媒体的公众参与型开放政府成熟度模型"（Lee & Kwak, 2012）、"政府使用社会化媒体：从日常到关键"（Kavanaugh et al., 2012）。这些议题的前瞻性在于，时至今日，它们所触及的地方政府、政府政策、共同生产、成熟度模型及日常运用仍然是政府社会化媒体传播的基本性、热门化议题，广泛地覆盖了互动、透明、对话、参与和协作领域。关键在于其间所形成的理论和模式透视了政府社会化媒体进展的走向，与现实的发展不约而同，具有直接的现实指导意义。它们所奠定的理念、规则和模式在很大程度上决定了之后政府的使用基调。

（三）活跃期（2015—2018）

复苏期 3 年的实践拓展带来了自 2015 年开始的全方位研究的兴起，随后 4 年全球政府社会化媒体传播研究进入了一个相对活跃的阶段，公共管理领域推出了 426 篇论文。这也是社会化媒体技术与政务结合全面铺开、细致入微的 4 年。社会化媒体平台上的政府行动和基于技术的政府创新全方位进入政府和学界视野，倚借双方合作项目支撑的实用性研究在各个公共部门对口领域展开。此前关于理论和理念的议题讨论已开始成熟耐用，实用成为关键诉求。比如，2015 年被引最高的前三项研究分别为围绕西欧地方政府 Facebook（脸书）内容沟通策略对公众参与的影响（Bonsón et al., 2015）、公民开放数据的主导模型和当前挑战（Sieber & Johnson, 2015）、政府社会化媒体增进透明感知和建立公众信任的中介作用（Song & Lee, 2016）[①] 等议题展开。2016 年最受关注的观点则包括通过政府社会化媒体的类型化运用应对电子政务项目频频失败（Anthopoulos et al., 2016）、Twitter（推特，最近改名为 X）在雪灾和骚乱等应急管理中作为风险传达工具和信心增强手段所起到的

---

① 2015 年线上出版。

重要作用（Panagiotopoulos, 2016）、社会化媒体上的政治两极分化并不构成特别问题且可资利用（Hong & Kim, 2016）。时至2017年，一方面政客如何利用社会化媒体传播支离破碎的民粹主义意识形态（Engesser et al., 2017）引发学界讨论，另一方面利用社会化媒体和遥感地形数据实现洪水淹没区空间评估的可能性（Rosser et al., 2017）作为灾害管理领域的跨学科研究备受瞩目。2018年，政府政治思想作为Web 2.0公共服务实施与治理模式的激励机制如何发挥效应（Bolívar & Muñoz, 2018），公共管理者自身的信仰和感知如何作为管理环境影响社会化媒体的公民参与（Zhang, 2018），"计算宣传"的概念也在一项围绕2016年美国总统大选算法、机器人和政治沟通的重磅研究中推出。特别值得一提的是，在这一阶段，发展中国家和最不发达国家相关议题的展陈和社会化媒体公共价值的理性反思逐步成为关注的重点。非洲许多国家，以及墨西哥、罗马尼亚等国政府在社会化媒体运用上的超越，社会化媒体在与公民科学、公众外包、公共关系、执政伦理、公众信任等概念的结合中获得更加接近其媒介本质的思考，以公民为中心的协作生产作为政府社会化媒体传播的高阶境界得到更多创新性的讨论，全球政府社会化媒体传播研究站在了走向繁荣的路口。

（四）峰化期（2019—2022）

2019年WOS单库相关论文达204篇，较此前有了量的跃升，而且这一增长势头持续至2020年，达到顶峰的225篇，随后两年则一路直下。这一峰回路转的变化，最为直观的影响因素莫过于全球新冠疫情。2019年尚处于疫情前，在政治学理论框架下进行社会化媒体分析的方法走向成熟。如果说意识形态的平台文化适应和选民偏好的网络两极分化对2016年美国总统大选结果的影响是这一领域持续高热的研究主题（Grover et al., 2019），那么，通过AI引导的聊天机器人改善政民沟通问题在这一年成为新的热点（Androutsopoulou et al., 2019）便具有极强的预见性，毕竟关注人工智能技术赋能更丰富和更具表达力的政民互动实践在2019年便已提上日程。大数据与社会化媒体研究相结合在2020年获得斐然成果，较具影响力的研究包括运用社会化媒体大数据时空信息更加宏观和具象地描述和调动突发事件中的"众包"力量（Xu et al., 2020），数字社会化媒体的积极运用而非消极限制对于青年公民参与和政治生活更具积极影响（Boulianne & Theocharis, 2020），基于模糊聚类的社交网络社区分析处理电子民主技术背景下的大规模群体决策问题（Chu et al., 2020），利用移动社会化媒体平台支撑的城市多源大数据描绘城市活力空间的动态演化（Tu et al., 2020）。与此同时，新冠疫情进一步加重了学界对政府社会化媒体传播的危机管理应对特征和政民互动本质问题的关注：2020 年相关研究的占比便达到了 7%，2021 年升至 19.7%，2022 年依然高达 17%，来自五大洲的案例研究和数据挖掘共同勾勒新冠疫情在不同社会化媒体平台上的传播，主体涵盖政府各级多个部门，涉及社会信任、危机传播、防疫参与、政策评估、舆情分析、价值共创等多个领域。随之而来的还有全球政府社会化媒体传播研究自 2021 年起明显放缓的节奏，锐减至 157 篇之后便在 2022 年直降为 90 篇。

总之，在社会化媒体这样一个被传播学者理所当然地视为本行的研究领域，影响深远的研究成果却并不天然归属于这个群体。以 15 年间最具影响力的 10 篇成果为例，有 7 篇出自信息技术研究学者，《政府信息季刊（*Government Information Quarterly*）》成为当之无愧的领域风向标。当然亦有传播学者上榜，其中被引率排名第 3 位的纽约大学新媒体中心教授舍基（C. Shirky）作为互联网技术及媒介社会学的专家，曾被中国互联网创业者誉为"互联网革命最伟大的思考者"，其中译本专著《未来是湿的》和《认知盈余：自由时间的力量》均为畅销书。他在《社会化媒体技术、公共领域和政治变革的政治权力（"The Political Power of Social Media Technology, the Public Sphere, and Political Change"）》一文中认为，社会化媒体的真正潜力并不在于志在推翻政府的大规模社会抗议运动，而在于对民间社会和公共领域治理的支持。他建议美国政府将互联网自由作为总体目标来运用社会化媒体，而不是作为直接实现国家政策目标的工具（Shirky, 2011）。尽管如此，全球政府社会化媒体研究与传播学更广泛的交叉研究尚处于婴儿期，目前依然缺少将政府善治（目标）、社会化媒体（平台）、传播策略（方法）和国家政治文化（背景）四者融为一体的交叉性、完善性和对策性系统研究。

二、研究主题：隐含框架与发展脉络

之所以在此建立这种比较关系，是希望能揭示政府社会化媒体研究中那些最具影响力的理论和案例，关注那些最具前瞻性的研究和现象，它们往往随着时间的推移而影响力日益深厚。WOS 单库检索为展开这一分析提供了极大的便利，根据引用率进行排名而导出的论文数据表和发表年度的记录，有助于迅速锁定这些影响全球政府社会化媒体传播理念和策略的成果。

随着文本挖掘理论和技术的发展，一批利用自然语言处理分析文本主题的新方法得以涌现，适用于文本含量庞大的学术论文主题分析，比如 LDA。LDA 主题模型是布莱（D. M. Blei）等人于 2003 年最早提出的一种动态文本主题识别模型（Blei et al., 2003），现已广泛应用于文本主题、结构模型分析等领域（Du et al., 2012）。LDA 主题模型是一个分层的贝叶斯网络模型，包含文档、主题和词三个层次。在布莱等人看来，每个文档都隐含着混合分布的不同潜在主题，LDA 主题模型的任务就是以无监督计算的方式挖掘出文档中不同单词的分布规律，聚合具有类似分布规律的单词，提取出文档的潜在主题（意旨），而这些主题则最终呈现为一个包含同类词集的词汇表。机器语义分析可以有效降低人工编码的随机性和复杂性，并最大限度地挖掘文档间的真实关联。

为了确定当前全球政府社会化媒体传播研究的核心主题，这里选用文本数据和网络数据集成分析软件 Context（Diesner et al., 2015）对 1268 篇论文摘要进行 LDA 隐含主题模型分析。严格遵守 Context 软件的数据分析流程规范，首先对文档进行 5 个步骤的文本预处理。它们依次是：文本分词（Tokenization）、去除常用词（Dropping Common Terms，如去除 and、are、from 等词）、构建同义词典（Normalization，如 USA=U.S.=America）、词干提取（Stemming，如 caresses 变为 caress）和词性还原（Lemmatization，如 does 变为 do）、词性标注（Word Tagging，如判断 port 属于名词）。其次，在文本预处理的基础上，建立一个所有文档通用的编码簿（Codebook），将同义词典内的单词或词组做同一化处理，以便于整合同类词汇，避免重复出现的主题词影响词汇分布概率。

（一）主题框架

基于 LDA 主题模型分析，提取 1268 篇"政府"与"社会化媒体"公共管理方向相关论文的主题（见表 1-1）。

根据表 1-1，生成的 7 个主题是 WOS 国外政府社会化媒体相关论文样本中重复频率最高、最具强度的 7 个框架。每个主题由 10 个关键词构成，关键词群可以反映出各自的主题框架：T1 公众服务、T2 公共政策、T3 灾害应急、T4 选举政治、T5 数字民主、T6 智慧城市和 T7 新冠防疫。各个主题框架的权重系数有所不同，从上到下的排序呈现出框架的频度差异；而框架内各个关键词亦有不同的权重系数，表中单词的顺序即表明其在框架内的权重排序。

表 1-1　WOS 数据库国外政府社会化媒体论文主题权重及关键词群（2008—2022）

主题	主题权重	关键词群
T1 公众服务	0.502136054	government—social media—citizen—public—participation—local—service—information—communication—level
T2 公共政策	0.349309959	public—policy—social media—development—social—process—support—approach—technology—knowledge
T3 灾害应急	0.222923785	information—social media—datum—event—disaster—system—model—emergency—user—method
T4 选举政治	0.212984477	Twitter—political—election—social media—party—network—user—campaign—tweet—Facebook
T5 数字民主	0.176673716	political—media—social media—online—digital—democracy—internet—government—social—group
T6 智慧城市	0.134095797	city—datum—urban—smart—area—data—mobile—space—spatial—planning
T7 新冠防疫	0.08420797	health—covid—pandemic—government—risk—crisis—measure—information—state—communication

框架强度差异可以在单一样本与主题框架的权重系数 r 的比较中获知。这一系数从 0 至 0.9 不等，代表单一样本与某一主题框架之间的关联度。在传播学研究数据的诸多分层方法中，强关系（$r>0.7$）、中关系（$0.7>r>0.4$）和弱关系（$r<0.4$）（Wimmer & Dominick，2003）比较常用，可作为各框架样本权重分布可视化的依据。图 1-2 便对 1268 篇论文样本在每一框架中的权重系数分布按照强、中、弱加以篇数标示，并进行框架间比较，从关系强弱的程度和数量上说明各个框架的强度差别。

综合表 1-1 和图 1-2，可以发现：T1 公众服务（0.502136054）的权重无论是在框架频度和强度上都处于领先地位，该主题由关键词群 government—social media—citizen—public—participation—local—service—information—communication—level 构成，突出政府社会化媒体传播吸引公众参与和融入公共服务的过程，注重政府在系统、政策和技术上的准备，以期实现政府治理模式的现代化创新。与 T1 具有强关系的论文有 141 篇，另有 212 篇论文渗透了这一主题框架，占比高达 27.8%。社会化媒体如何助力本地公共服务、发起公

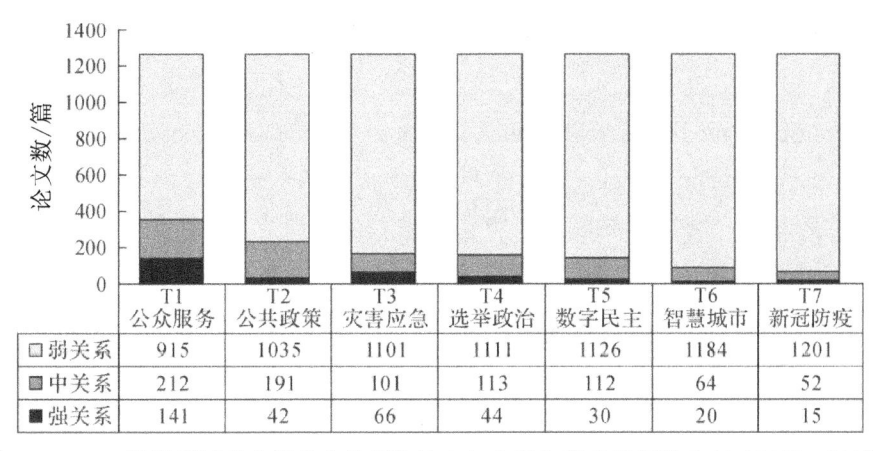

主题	T1 公众服务	T2 公共政策	T3 灾害应急	T4 选举政治	T5 数字民主	T6 智慧城市	T7 新冠防疫
弱关系	915	1035	1101	1111	1126	1184	1201
中关系	212	191	101	113	112	64	52
强关系	141	42	66	44	30	20	15

图 1-2　WOS 数据库国外政府社会化媒体论文与主题框架关系系数分布（2008—2022）

参与和开展信息传播堪称当前全球政府社会化媒体传播的共识、焦点和指归。

T2 公共政策（0.349309959）由关键词群 public—policy—social media—development—social—process—support—approach—technology—knowledge 支撑起主题框架，政府公共政策如何在社会化媒体传播中获得技术支持从而实现其知识社会化进程，是这一主题框架下学界探讨的核心内容。虽然强关系论文仅有 42 篇，但是仍有逾 15% 的中关系成果存在，说明社会化媒体在政策推广、舆情监测和决策发展中的重要功能和实际运作为全球政府所关注。利用特定的计算传播模型对社会化媒体用户的文本语词进行分析达到舆情监测的目的，从而影响信息公开、政策制定、问题修复和冲突解决等层面，已是全球政府倚重社会化媒体的重要原因。社会化媒体为此提供了前所未有的便捷渠道和精准数据。

T3 灾害应急（0.222923785）和 T4 选举政治（0.212984477）两大主题权重相当，堪称是目前公众服务和公共政策之外政府社会化媒体传播应用最为集中的领域。在 T3 主题关键词群 information—social media—datum—event—disaster—system—model—emergency—user—method 中可以发现，面对"灾害"和"紧急"事件，隐含此类主题框架的研究成果将"信息"和"数据"视为基础，将解决路径最终落实于"用户"，并以"系统"和"模式"作为研究方向，始终在试图提供一种由社会化媒体传播加持的政府灾害应急方案。T4 主题关键词群是 Twitter—political—election—social media—party—network—user—campaign—tweet—Facebook。政党候选人在选举前利用以 Twitter 和

Facebook 为代表的社会化媒体开展线上政治传播去实现竞选目标一直是领域研究热点，其中政党网络、用户运动和推文内容往往是重要的研究对象。

political—media—social media—online—digital—democracy—internet—government—social—group 关键词群共同构成了 T5 数字民主（0.176673716）这一主题框架，强关系成果仅为 30 篇，中关系达到了 112 篇。社会化媒体平台在被追捧为线上民主、网络民主试验园地的同时，也在不断地接受批判和反思。政治媒体、数字政府和虚拟社群在其中发挥的作用得到了反复研究，逐渐发展成为一个"现象级"主题，同时也是一个穿透政府社会化媒体传播工具化表象的"本质性"主题。

T6 智慧城市（0.134095797）和 T7 新冠防疫（0.08420797）两个主题框架均具有较强的现实需求导向、管理应用指向和跨学科研究特征，出现相对较晚但升温迅速。前者以社会化媒体移动平台大数据作为左膀右臂实现空间规划并致力于建设智慧城市，city—datum—urban—smart—area—data—mobile—space—spatial—planning 成为这一框架的关键词群；后者由关键词群 health—covid—pandemic—government—risk—crisis—measure—information—state—communication 来概括主旨，将视线转向新冠大流行之下运用社会化媒体平台开展健康传播、推出危机沟通的各地各级政府，在关注信息传播的同时更关注应对方案。

（二）主题脉络

现在，根据图 1-2 所依据的主题框架关系系数，将 7 个主题框架中的强关系论文共 358 篇逐一选出，并注明所发表的年度，依据每个主题某一年的论文篇数，就可以得到不同主题框架强关系论文的年度分布数据（见表 1-2 和图 1-3），有助于从纵向和横向进行有价值的数据解读。

纵向而言，不同的年度，主题的分布表现为主题框架种类和主题框架比重的差异。2010 年在论及政府社会化媒体时，显著的主题框架主要是政府公众服务和公共政策领域的观察和摸索，2011 年这种强关系框架甚至毫不突出，尚处于领域发展初期离散式研究的状态。2012 年占据领域主体的五大主题框架均开始出现，2013 年受年度背景影响聚焦于 T1 公众服务和 T4 选举政治，下一年又复归五大主题均衡用力的状态，直至 2020 年出现 7 种主题框架兼备的现象。

表 1-2　WOS 数据库国外政府社会化媒体主题框架强关系论文数据一览（2010—2022）

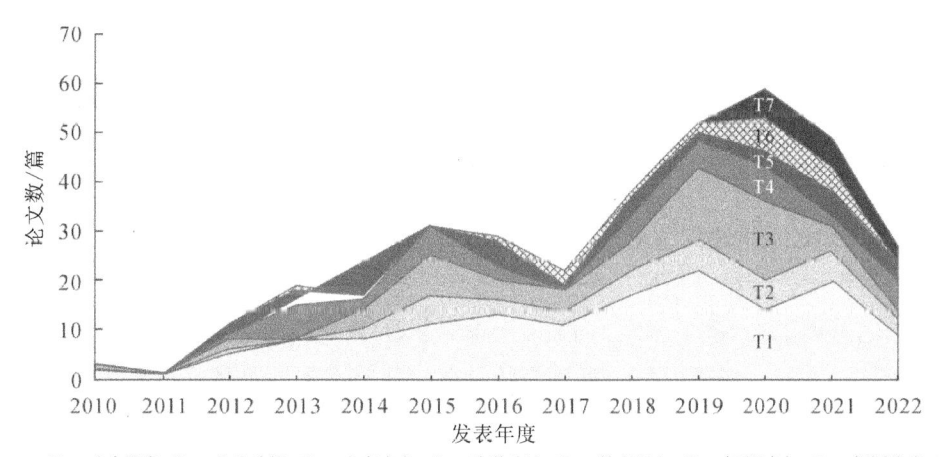

年度	T1 公众服务	T2 公共政策	T3 灾害应急	T4 选举政治	T5 数字民主	T6 智慧城市	T7 新冠防疫	年度总计
2010	2	1	0	0	0	0	0	3
2011	1	0	0	0	0	0	0	1
2012	5	1	2	1	2	0	0	11
2013	8	0	0	7	3	1	0	19
2014	8	2	4	2	1	0	0	17
2015	11	6	8	6	0	0	0	31
2016	13	3	4	3	5	0	0	29
2017	11	3	4	0	1	3	0	22
2018	17	5	6	5	4	1	0	38
2019	22	6	15	5	2	2	0	52
2020	14	6	16	7	3	7	6	59
2021	20	6	5	2	5	5	6	49
2022	9	3	2	6	4	0	3	27
主题总计	141	42	66	44	30	20	15	358

图 1-3　WOS 数据库国外政府社会化媒体主题框架强关系论文年度分布（2010—2022）

横向来看，主题框架处于逐年增多的状态，但是不同的主题趋势不尽相同。囊括了政府社会化媒体公共服务、公民参与和信息传播的 T1 主题构成了贯穿全程的研究底色，随着时间的逝去成为这一研究领域的一个基调，而且愈加高亢。T3 灾害应急堪称与 T1 同样浓墨重彩的一大研究主题。政府社会化媒体在应急管理中的特定功用自 2012 年开始得到研究，并于 2014 年开始逐步成为关键性主题框架，并且呈逐年上升之势，在 2019 年和 2020 年达到峰值，适应全球风险社会的趋势和背景，广泛覆盖了洪灾、雪灾、地震、海啸、疫情、恐袭和战争等多种灾难场景。T2 公共政策的强关系研究也只在 2011 年和 2013 年这两年缺席，更像是一条镶嵌于整个研究中的亮边，显示出学界对社会化媒体致力于公共政策制定和决策保持着颇为稳定的关注度。

社会化媒体在政党选举中的深度运用研究热度始终不减，T4 选举政治主题框架出现在 2012 年，在 2013 年和 2020 年达到峰值。这一主题受各国选举活动时间的影响，而且并不局限于英美大选，尼日利亚、坦桑尼亚、印度和瑞士等多国都在成为研究对象，其中社会化媒体上的舆情反响对真实公众选举行动的影响，以及候选人线上传播与线下结果之间的深层关系，可谓经久不衰的研究内容。由此可以深入延展至 T5 数字民主所关注的领域，包含这一主题框架的研究整体并不占优势，却也是全球政府社会化媒体理论和运用探索的题之中义，特别自 2016 年起便维持着一定水平的存在，社会化媒体在青年政治抗议运动、非暴力不合作行动、反战及反对派混合行动中所拥有的社会动员价值和实施逻辑得到了案例式探究。

T6 智慧城市和 T7 新冠防疫主题框架具有更强的工具属性和时代特征。将政府和社会化媒体共同纳入智慧城市建设与治理体系的设计亦是在 2013 年就开始在学界有所构想的议题。T6 作为一个跨界领域，发达国家政府往往乐见其成，在 2020 年达到顶峰，一批寄望于社会化媒体平台地理位置共享数据和社群组织运行架构支撑城市公共空间激活、街区社群联络和公共服务多样化、多元化的研究成果得以出现。而波及全球的新冠疫情让 T7 主题框架像一匹黑马闯入这一领域，形成了与一般意义的灾害应急略有不同且稍具典型的研究逻辑，作为隐含主题框架在 2020 年、2021 年和 2022 年的部分研究中若隐若现。

三、研究空间：全球图景与领域构想

提及研究空间，人们更多地习惯于基于国家地域加以认知，图 1-4 将 WOS 生成的论文作者所属国家分布数据进行可视化呈现，反映了政府社会化媒体这一研究领域中不同国家的贡献梯队和多元布局。由于作者国籍和所在大学存在重合及交叉，论文重复计数，因此总数超过 1268 篇。美国和英国遥遥领先，这种态势与美英政府社会化媒体传播实践有着较高的契合度。相关领域的研究也拥有大量交叉研究、在地研究、互动研究、跨国研究的成果，往往关注全球性和前沿性问题。西班牙、德国、荷兰、中国、澳大利亚、印度、意大利、加拿大、希腊的相关研究数量在 50 篇到 100 篇，很突出地处于相对活跃的层级。依据本国政府社会化媒体传播的实际需求和现实问题，上述国家政府和公众近年来出于提升政府透明度和加强问责制的考虑，均提出了很多各有侧重、各具特色的创新项目。

当前囿于国家空间的"现代化"研究视域尤为深重地体现了研究分布的失衡，在该研究空间尚能拥有一席之地的仅有 86 个国家的学者，除已提及的 11 个相对活跃国家，近 56% 的国家低于 10 篇。图 1-4 所示的数据标签着重显示了 10 篇以上的国家。事实上，社会性才是人最强大的能力，社会化媒体作为科学技术领域计算机增智技术发展中的重要一步，是对人的社会性的智慧释放。这种基于现实国家空间的"现代化"研究视域在未来终将要适应基于网络空间的"社会化"研究，而且在一些国家已然出现了进展。比如，德国的研究大多将视角投向了全球，会关注英国、墨西哥和叙利亚的社会运动，在研究合作上也具有强烈的跨国意味，在运用和研究上均具有全球前瞻性，而

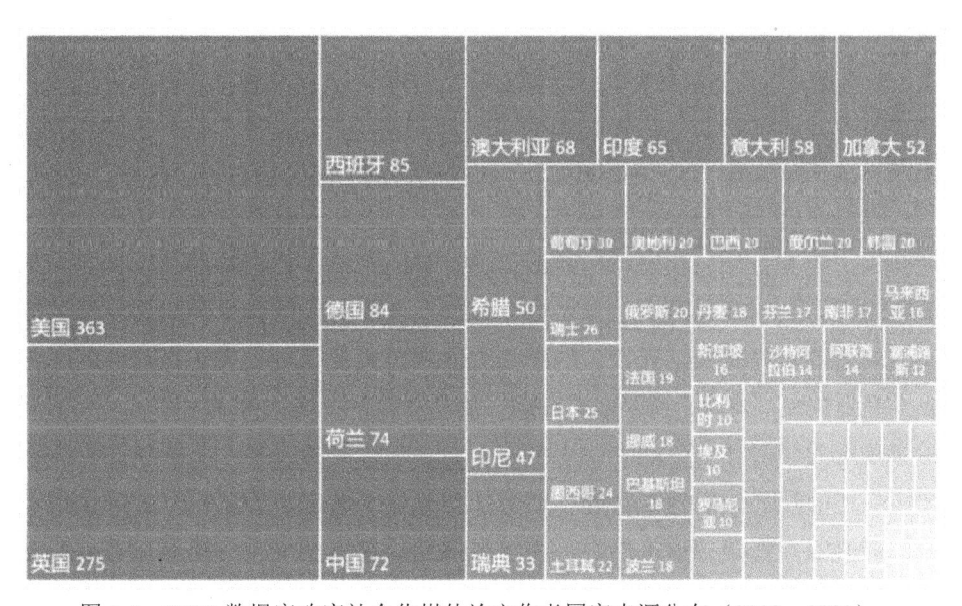

图 1-4　WOS 数据库政府社会化媒体论文作者国家来源分布（2008—2022）

且多数高被引研究从信息学和社会学视角出发对全球政府传播现状加以实证分析和理论思辨。而中国学者贡献的 72 篇研究亦反映了国内学界社会化媒体研究的全球性视野,且大多集中出现于 2019 年和 2020 年。网络社会研究大家卡斯特尔(M. Castells)曾经为《网络逻辑:谁统治着互联世界(Network Logic: Who Governs in an Interconnected World)》作后记《为什么网络很重要("Why Networks Matter")》,指出科技促成的社会化网络正在从 7 个方面改变社会:①这些网络是全球性的,全球信息传送几乎实现了即时到达,这是当前全球化的结构基础;②联网的组织胜过由指令控制的官僚组织;③新兴的联网公民和政治制度回应着国家管理危机所带来的挑战;④活动家的网络正在从本地至全球水平重新构建"公民社会";⑤网络个人主义、虚拟社区,以及"聪明暴民"正在重新定义社交;⑥媒体空间——我们的公共空间,现在已经包含了所有人类社会化活动;⑦在这个网络社会里,权力依然是社会形态和发展方向基础的建设力量。不过权力不是来自体制,甚至不是来自国家和大型公司,它来自构成社会的网络(Castells, 2004)。此前对全球政府社会化媒体传播研究的全面梳理立体地呈现了卡斯特尔所揭示出的这些包括政府在内的社会改变,尤其是政府的治理思维和方式的现实转型,如开放治理思维、公共治理思维、智慧治理思维和未来治理思维,能在一定程度上表明各国在政府创新能力、交往治理能力、集智治理能力上正在发生的向善变化。但是,卡斯特尔关于全球网络、联网组织、"公民社会"、虚拟社区、媒体空间和社会网络的逻辑参透,以及 15 年来基于善治目标的全球政府社会化媒体传播实践更像在召唤着一个全新的研究空间领域构想。

首先,就思路而言,它应当放眼世界。社会化媒体和政府善治均为全球性问题,尤其是社会化媒体与政治传播、政府传播、社会治理、公共参与的关联密切,且普及速度大于以往任何媒体。美英等发达国家固然仍将是这一领域的重要研究对象,亚洲、欧洲和大洋洲等灵活运用社会化媒体的政府也应当受到关注。其次,需要注重分层。政府是善治实现的多元主体之一,不同国家政府的善治环境、理念、程度的差异会导致传播差异,不同设计思路和使用群体的社会化媒体平台亦存在传播差异,不同的政府虚拟社会善治传播界面需要差异性的传播策略。传播研究因此很难以一当十,通过比较分层细化研究是题中之义。再次,格外依赖实证。以实证为基础验证理论、考察实践、启迪趋势应当成为弥补以往研究欠缺的重要层面。要针对典型案例,有指向地进行多种社会科学研究方法的灵活尝试。最后,更加追求立体系统。以社会化媒体平台为研究场域,以"政府—善治"为轴心,从政府善治地域空间和虚拟社会传播界面的角度树立系统意识,基于政府善治视角最终呈现出关于"全球社会化媒体传播研究"较成体系的理论与应用综合研究。

当下迫切需要依此思路从全球社会网络视域展开领域构想,不仅要认识到前述分析所体现出的治理"现代化"与传播"社会化"相适应的根本格局,还要关切到两大领域的趋势变化。

一是社会化媒体对于各国政府而言从"工具性"向"架构性"过渡的传播角色变迁。全球相关研究和实践表明,社会化媒体在政府的公共治理方式改善中并非仅仅扮演着"短期见效"的工具性角色,而是扮演着一种架构性的角色,它全方位地影响着政府治理的有效开展。社会化媒体有助于形成政府治理的重要契机,成为"政府—民众"沟通的主要中介,它既是政府治理推进的外部环境,也是政府治理发生作用的对象场域,并可能在政府治理过程中诱发种种风险。这些不同面向的角色,意味着在政府公共治理方式转型的过程中,不仅要考虑政府"如何用社会化媒体",还要同时考虑政府"以什么状态(方式)"来使用社会化媒体,政府应该使用"什么样的社会化媒体",政府将与"什么样的公众"开展协作活动,公众可能以"什么样的状态"在社会化媒体的环境下生存生活。这些问题都需要全盘考虑和设计。只有将政府、公众和社会化媒体看作密切相连的结构性整体,才能在未来真正提升公共治理的有效性。

二是全球政府社会化媒体传播功能的未来转向已然开启,即由"互动式"步入"协作式"的技术支持和用户能动正在形成。社会化媒体发生过三次平台功能更迭,从基础的搜索引擎平台到通信网络平台,再到如今的社会化内容聚合平台,它的每一次演变都对政府治理产生了重要影响。如今,社会化媒体作为交互式智能平台,已经全方位地渗透在人们的日常生活中,更是改变了人与人、组织及社会之间的互动方式。就政府而言,社会化媒体拓展了向公民"推送"信息的额外渠道,增加了公民政治参与的方式,促进了政府与公民之间的双向沟通,以及网络中的多方对话,政府与公民的边界出现了转移与消融。在政府治理的背景下,全球社会化媒体传播功能主要体现在推进开放政府,嵌入社区生活构建智慧城市;预估政策价值,采用"众包"促进政策制定与创新;增加公民政治参与,动员方式上出现多元主体互嵌;实现公民政府合作，贴合公众逻辑解决社会冲突；进行灾难预警，推动公民共救和重建等五个方面。社会化媒体改变了公民与政府之间的互动参与模式。厘清这一转向，有助于理解社会化媒体时代"政民协作"这一理想的治理状态，探索部署社会化媒体的最佳方略，以期发挥出社会化媒体的最大效应。

虑及未来"社会化"传播格局、"架构性"传播角色、"协作式"传播角色的三大发展趋势，这里尝试以"基于政府善治视角的全球社会化媒体传播研究空间图解"（见图 1-5）来形象阐释这一领域未来可供展开的研究维度，并覆盖空间图中各个要素、相互关联及其理论依据和应用价值，其中包括但不限于：推进全球政府社会化媒体传播理论研究，深入分析作为善治契机、环境、平台、风险和陷阱的社会化媒体，以期结合政府和社会化媒体在善治实现中的角色和功能，从传播学、社会学和公共管理学视角探索和创新基于政府善治的社会化媒体传播理论。

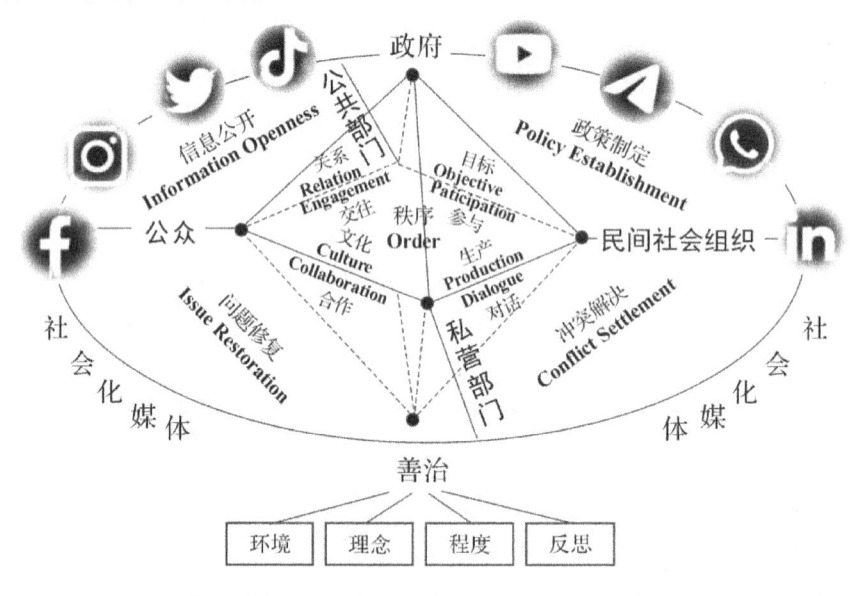

图 1-5　基于政府善治视角的全球社会化媒体传播研究空间图解

正如图 1-5 所示，社会化媒体平台所形成的虚拟社会如同**存在不同关键界面的正八面体**，维系着整个虚拟社会的运行及其与现实社会的关联，包括基本的**网络社会秩序界面、关系界面、目标界面、生产界面和文化界面**。**政府作为善治主体之一要想在这一平台融入虚拟社会，需要与公共部门、公众、民间社会组织、私营部门**等不同伙伴主体一起有序互动、合作协商，在政府善治理念与社会化媒体特质之间寻找**以透明为关系、以互动为秩序、以对话为生产、以参与为目标、以协作为文化**的共通规律和共性模式，针对面向积极实践政府善治的不同国家，根据社会化媒体技术的不同特点，展开善治地域空间和虚拟社会界面两个向度、宏观陈述和微观案例两个层面的全球政府社会化媒体传播组合研究。一方面，要从政府社会化媒体善治**环境、理念、程度和反思**四个角度切入考察全球各国发展水平，充分考虑地理空间因素、政治文化体制和国家社会发展的特色影响，俯瞰式地全局把握全球政府社会化媒体传播的实际水平；另一方面，展开基于虚拟社会界面的考察，运用案例分析法和网络分析法解释其在**信息公开、政策制定、问题修复和冲突解决**等公共治理维度正在发挥的特殊功用。

以政府为主体，以善治为目标，将社会化媒体作为平台与途径来研究其传播，在共性寻找和论证过程中，在现实社会与虚拟社会之间，在政府善治核心理念与社会化媒体传播特征之间建立界面关联，以一种基于"善治"本质和社会化媒体传播特质的创新架构，统合分析和呈现全球政府社会化媒体传播，将这一庞杂研究对象集零为整，为政府在各类社会化媒体平台实现善治传播拓展新空间、建立新思维、探索新策略、开创新绩效提供理论支持、实施框架和启示借鉴，最终达成将政府善治（目标）、社会化媒体（平台）、传播策略（方法）和国家政治文化（背景）四者融为一体的交叉性、完善性、对策性的系统研究，或许能为社会化媒体时代全球政府善治的共进互促带来新的生机。

结　语

本书尝试以"基于政府善治视角的全球社会化媒体传播研究空间图解"为蓝本勾勒出上述思路，形成有助于形象阐释本书的整体研究框架。该框架以四个部分展开（包括本章在内），全部研究将有重点地覆盖研究空间图解中的各个要素、相关内容及其理论依据和应用价值。

第一章从三个不同的角度切入，全面梳理全球政府社会化媒体传播研究，分析作为善治契机、环境、平台、风险和陷阱的社会化媒体，以期结合政府和社会化媒体在善治实现中的角色和功能，从传播学、社会学和公共管理学视角探索和创新基于政府善治的社会化媒体传播理论，解释其在信息公开、政策制定、问题修复和冲突解决等社会治理层面所发挥的功用。

第二章从政府社会化媒体善治环境、理念、程度和反思四个角度考察美、英、日、澳、俄五国的社会化媒体政府传播发展进展。上述五国地理分布均匀，均为社会化媒体政府传播的积极实践者。受空间因素、政治社会发展，以及邻国或具有相似政治体制的国家的影响，这五个国家的社会化媒体政府传播又各具特色。通过研究，可以从全球地理空间内俯瞰式地基本把握全球政府社会化媒体传播先进国家的实际水平。

第三章是对基于虚拟社会界面的全球政府社会化媒体传播策略的考察。正如研究空间图解所示，社会化媒体平台所形成的虚拟社会如同正八面体存在不同的关键界面，维系着整个虚拟社会的运行及其与现实社会的关联，包括基本的网络社会秩序界面、网络社会关系界面、网络社会生产界面、网络社会目标界面和网络社会文化界面。政府作为善治主体之一要想在这一平台融入虚拟社会，与公共部门、公众、民间社会组织、私营部门一起有序互动、合作协商，建立伙伴关系，就需要因循善治理念有针对性地探索和施展以互动、透明、对话、参与和协作为各自特征的传播策略来实现善治意图。本部分的用意在于以一种基于"善治"本质和社会化媒体传播特质的创新架构，统合分析、呈现全球政府社会化媒体传播策略。

第四章对基于政府善治目标的全球社会化媒体传播策略个案进行分析考察。从澳、美、英、日、俄五国各选取一个典型深度案例，分别体现政府社会化媒体传播的五大功能——政策推广、冲突解决、信息透明、问题修复和社会动员，并采用前沿的网络传播分析方法加以研究。

总而言之，本书以政府为主体，以善治为目标，将社会化媒体作为平台与途径来研究其传播策略。在整体框架的设计上，选择从善治地域空间和虚拟社会界面两个方向展开理论探索和实证研究，通过共性寻找和论证过程，在现实社会与虚拟社会之间，政府善治核心理念与社会化媒体传播特征之间建立了界面关联，为传播策略这一方法研究搭建背景、目标、平台的融合体系，同时又能巧妙覆盖社会化媒体政府传播的主要国家和政府善治的积极国家，希望能为社会化媒体时代的政府善治带来有益的启示。

第二节
"工具性"向"架构性"的过渡：
全球政府社会化媒体传播角色

一个在全球范围内已达成普遍共识的事实是，Web 2.0 技术在最大程度上打破了时空所造成的传播藩篱，并从根本上改变了人类的日常生活，以及他们参与公共事务的方式。Web 2.0 时代各国政府对社会化媒体的期待，已不仅仅限于利用数字技术来提高政府内部各部门的工作效率，以支持已有的行政架构和组织关系，而是反思公众与政府传统意义上的互动关系，尝试使公共管理的理念和实体机构在 Web 2.0 时代"同步进化"。十多年来，世界各国政府部门通过开展种种实践，逐步勾画出社会化媒体在政府治理过程中所扮演的主要角色，而这些实践活动成功或失败的经验教训，也值得在"公共治理转型"相关讨论盛极一时的今天加以细读和反思。只有以更加审慎的态度来锚定社会化媒体在政府治理过程中的角色定位，才能更为完善和实际地推进社会化媒体对政府公共治理活动的良性影响。

各国政府在许多构想和实践中，往往先验性地将社会化媒体看成是政府公共治理必然向好的重要抓手，并且将社会化媒体的使用和推广看作政府公共治理方式转型中"万金油"式的必行策略，很多讨论更容易先重视社会化媒体作为趁手工具参与公共治理的"效果测量"问题，而忽视为何在具体实践案例中，社会化媒体的参与会呈现出不同的效果。事实上，在政府的公共治理议程中，社会化媒体并非扮演着那些已成定论的角色。在具体公共议题中它扮演何种角色，如何扮演好这种角色，其间需要关注和规避哪些问题，仍然相对缺少较为明确的、具有操作性的答案。有鉴于此，系统性地梳理和审视全球范围内已有的相关实践和研究是很有必要的。通过关注政府、公众和社会化媒体三者在公共治理转型过程中的具体作为，本节将勾画出社会化媒体在公共治理转型中所扮演的五类重要角色，而能否充分认知这些角色并将其纳入具体的公共治理举措设计中，将对提升政府治理能力、设计具体的"政府—公众"协作活动有着十分关键的影响。

一、作为政府治理契机的社会化媒体

（一）社会化媒体是公共服务理念的转型契机

政府的公共作为先后受到过"旧公共管理""新公共管理"和"新公共服务"三种理念的影响。"旧公共管理"理念诞生于工业社会发展早期，在其指导下，政府组织能够获得有效规范以保证基本运作，但往往效率较为低下，官僚气息浓重，耗费成本惊人；"新公共管理"理念则诞生于行政现代化的改革实践中，旨在使用各种手段提高职能人员的工作积极性，减少程序冗余，避免权力集中，创造一个"花钱少而效率高"的新型政府系统。然而，这两种理念都未能将"服务公众"作为核心内容。登哈特（R. B. Denhardt）等学者提出，政府的主要任务应该是构建和保证实行一种基于公民权、民主和为公共利益服务的新公共服务模式，它以对话协商和公共利益为基础，而非经济理论或自我利益（丁煌，2005）。林德斯（D. Linders）认为，为提高运作效率，政府应当努力实现"公众联合生产"，即政府不把公众当作顾客，而是当作工作伙伴，公众的角色任务从"仅仅被动地消费公共服务"扩大到能够"积极参与，与政府部门共同解决社会问题"（Linders, 2012）。在这种联合生产中，公众以"时间、专门知识和努力"等形式贡献更多的资源，分担政府的公共责任和管理工作，并且将因参与决策而与政府部门共同承担公共治理风险。

过去，上述"新公共服务"构想因为技术限制而不同程度地存在着实践困难，例如政府无法有效协调大量公众协同行动，政府与公众之间的对话沟通在即时性上存在困难，普通公众的自我组织缺乏适当平台，等等。但是，社会化媒体让"多对多"的即时在线互动变为了可能，使得"个人—个人""组织—个人"之间拥有了更加高效流畅的沟通渠道，既能让公众能够以高效便捷并且成本低廉的方式参与到公共治理中，做出实际贡献，也能让政府在公共治理转型的过程中充分考虑到开发公众协作力量的可行性，通过最大幅度地削减"政府—个人"之间沟通交流的冗余环节，对公众进行有效动员，使公众能够通过社会化媒体"以时间、专业知识和努力的形式贡献更多资源，以实现特定结果，分担更多责任，并管理更多风险，以换取对（公共）资源和决策的更大控制"（Linders，2012）。而政府也能从中提高效率，降低成本，实现公共治理方式的优化升级。

（二）社会化媒体是新公共秩序的转型契机

社会化媒体促使政府公共治理转型的另一个重要契机在于，通信技术的快速普及和长足发展引发了一系列影响公共秩序的"新型冲击"，而政府既有的应对机制无法对此进行高效妥善的处理。这些冲击包括公众开始尝试利用高效的通信技术在短时间内调动、诱发大规模的公共活动，这种活动可能是公众线下集会，也可能是公众线上集中发声，这些活动经由大规模的"点对点""点对面"传播扩散，往往能够在短时间内形成巨大的社会影响，乃至左右政治议程，影响行政事务走向和正常的社会公共秩序。

类似案例最早可以追溯到21世纪初。2001年1月，菲律宾国会投票决定撤销提供有关前总统约瑟夫·埃斯特拉达贪腐的关键证据。这一决定被公布后，抗议情绪通过手机短信在全国民众中快速扩散。据事后统计，短信转发量接近700万次，并最终成功动员了超过100万菲律宾人走上马尼拉街头进行集会抗议。这一公共活动最终促使埃斯特拉达从总统任上离职，国会决议被迫更改。这被普遍看作全球第一例社会化媒体重塑政治议程的重大事件（王文，2011）。在此之后，随着社会化媒体技术的更新换代和快速普及，它渐渐在全球范围内展现出左右政治议程的巨大能量。通过短信互联扩散而形成的抗议声浪促使时任西班牙首相何塞·马里亚·阿斯纳尔下台；美国特朗普团队充分利用Facebook、Twitter等社会化媒体赢得总统选战，在充分享受到互联网红利的同时，还通过社会化媒体挑起种种国内和国际纷争；在"占领华尔街"运动及其他类似运动中，社会化媒体发挥了强大的线上动员和线下组织力量，大量公众同时表达情感和意见乃至促成线下集会，严重影响到既有公共秩序，引发巨大的社会动荡，并迫使公共政策议程内容发生改变。

由此可见，公众对社会化媒体的使用极容易对现存公共秩序形成冲击，面对动辄在短时间内快速集结的在线意见或线下集会，政府相关部门需要更加高效的回应速度，更加多样的处理方式，并且在根源上提升自身的透明度和开放性，规范自身行为，改善公众心中固有的封闭保守、高度官僚化的政府形象。为此，政府机构应当更重视社会化媒体在公共治理中的应用，并从法规制定、组织优化、对外协作等多个方面，逐步尝试将社会化媒体合理嵌入改进公共治理方式的具体进程中去。

（三）社会化媒体是新政府形态的转型契机

在社会化媒体出现之前，政府部门对其运作方式和具体形态进行过多次调整、改进，尝试通过精简人员来提高公共治理能力。例如，20世纪末在全球范围内开始提倡的电子政务，其主要目的就是提升政府部门的工作效率和透明程度，降低政府运转成本。以美国为例，从1992年1月到1996年1月，美国联邦政府在克林顿"无纸化办公"建议的倡导下，共计关闭了2000余个办公室，撤销了近200个联邦项目和执行机构，减少了1180亿美元开支，作废了16000多页过时的行政规章，简化了31000多页各种规定，使政府能够在处理公共事务时更为高效，轻装上阵（周宏仁，2002）。

除此之外，通过信息技术而非传统会议来联结各部门的工作业务，也使得政府公共治理过程中的部门合作方式更加灵活。得益于互联网在短时间内跨越地域和国家限制进行联通的能力，政府能够以某项特定公共事务为核心，在短时间内调动所有相关部门在线合作办公，这相比于科层制形态的跨部门合作，效率不可同日而语。在21世纪的第一个10年，许多西方国家陆续开展相关尝试，例如加拿大在2008年试点开放线上平台GCpedia，在短短4年内联通了150多个联邦部门中超过32000名政府工作人员。这一平台不仅能够在地方政府内部创建各种跨部门工作主题，讨论合作项目，进行公共知识（档案）管理，还有助于塑造跨政府的实践社区，为不同地区间的政府提供协作机会（Mcnutt，2014）。耶茨（D. Yates）和帕克特（S. Paquette）通过实地参与多部门在线协调活动后发现，政府部门之间的在线联结能够消除不同部门员工之间对正式联络结构（人员和系统）的依赖，对实时信息的分享使跨部门工作人员对相关知识得以重复利用，从而大大增加了协作效率；而社会化媒体平台上的公众信息使决策者对受灾程度、受灾者分布能够快速形成可视化的直观认知，从而快速合理地在灾区布置援助物资分配点，提高救援救助工作的效率（Yates & Paquette，2011）。

因此，政府对社会化媒体技术的理解，并不能仅限于一种"拿来即用"的工具。事实上，社会化媒体为政府部门带来的变化是全方位的和彻底的，它能够从结构上涤荡传统政府沟通低效、官僚色彩明显、封闭保守的弊端，更新政府的具体形态和运作方式。这意味着在公共治理转型的过程中使用社化媒体，需要以全面和长远的构想去支撑。

二、作为政府治理环境的社会化媒体

社会化媒体的发展正在深刻地改变整个世界的面貌，它所代表的一系列信息传播、交互和处理技术，颠覆了以传统大众媒体为主导的媒体技术环境——当然也严重动摇了政府与大众媒体机构在维护公共秩序、实现政治议程时既有的合作方式；社会化媒体平台的运行和经营充分体现出数字资本主义的运作逻辑，并正在动态地影响着政府部门和企业之间的关系；此外，由于社会化媒体正在日益紧密地嵌入公众的日常生活，公众舆论的强度和呈现方式也随之发生变化。这一切都意味着，如今社会化媒体已经构成了政府进行公共治理时所要面对的重要外部环境。政府必须适应和调整自身观念，意识到各部门机构、企业、社会组织及公众均已身处于被社会化媒体充分影响的环境之中，其间的各类关系，都因之面临着重新调整的必要。

（一）媒体技术环境的变化

在传统大众媒体时代，公众都是"被告知信息"的一方。长期以来，媒介技术存在不容忽视的专业门槛，专业信息生产只能由媒体机构进行，并且需要一定的经济成本和时间成本才能够实现。特别是社会化媒体技术相继开发，一条高速、巨量、低成本的信息通路得以打通，使大众在真正意义上实现了主动、高效的信息交互行为。随着传输介质升级和网络储存技术的开发，大量信息得以突破地理空间上的限制，进行生产、传播和储存，信息的交互性传播活动被前所未有地放大了。社会化网络在改变信息生产、获取和扩散的路径的同时，形成了让人们工作生活的线上空间，既能够响应和处理人们的实际需求，也拓展了人与人之间跨越时空的高效链接。

除此之外，社会化媒体也让信息环境中的"数字崇拜"变得更为显著。互联网信息的激增，把公众生活淹没在了信息的海洋之中。人们的注意力是有限的，因而不得不主动或被动地接受一些信息挑选规则，其中最为典型的就是由大量关注（点赞数/转发量/点击量）所主导的信息知情规则，以及依托大数据技术实现的信息偏好浏览。这使得信息空间巴尔干化日益明显，也意味着一旦社会化媒体平台运行过程中所依托的算法支持受到资本力量或政治力量的左右，就很有可能模糊公众的关注焦点。近年来的美国总统选战中已有诸多证据证明，当政党竞选团队与社会化媒体企业进行合作时，后者有能力协助竞选者充分收集选民信息，分析用户偏好，以协助设计极具针对性的宣传策略，这些都能够对选民的投票行为产生巨大影响，乃至改变政治竞选结果。①

（二）媒介发展环境的变化

首先，社会化媒体技术的飞速发展导致全球信息传媒产业乃至全行业格局的变化。以 Google（谷歌）及其母公司 Alphabet（字母控股）为例，主营业务包括搜索引擎、YouTube（油管）视频网站、软件开发运营、硬件开发运营、互联网基础设施建设、数字图书馆服务等。除此之外，Google 及其母公司还成立了生命科学公司 Calico（卡利科），高价收购了 Nestlé（雀巢）公司，进军物联化智能家居领域，与美国在线、美国宇航局等企业和机构进行技术和业务合作，设立 Ventures（风险）投资基金，扶持年轻的创业公司，主要关注领域覆盖消费级互联网、软件、清洁技术、生物技术、医疗等。借助于社会化媒体及相关技术应用所达成的深度联结，互联网巨头的影响力乃至控制力已经突破行业壁垒，覆盖到整个社会发展的方方面面，正在重新定义公众的生存生活方式。

其次，媒介影响公共政策议程的具体方式发生了变化。在大众媒介时代，社会和政府对专业媒体机构的期许在于信息公开。当政府在主持公共政策议程时，专业媒体机构需确保公众信息知情，描绘和维系公众对于共同体的想象，使政府的公共治理举措在有序安排设计的前提下顺利开展（赵永华、姚晓鸥，2015）。然而，当社会化媒体全方位地嵌套在整个社会结构中时，它对政府正常的公共治理工作产生了更大的影响。传统媒体机构的信息获取和发布优势不复存在，高度互联的公众不仅获得了更为多元和迅捷的信息渠道，还有机会深度参与公共政策议程。因此，社会化媒体的角色不再仅仅是"提供信息内容"，更重要的是提供让"公众—公众""公众—政府"进行充分信

---

① 以 2012 年奥巴马参加总统竞选的相关活动为例，有学者发现，他的竞选团队所开设的网站能够基于访问者提供的邮政编码自动判断其所在的地理位置，通过设置包括族裔、政治倾向、社会身份、宗教身份、特殊岗位等在内的各种身份标签，网站能够向这些目标人群推送不同的定制信息，甚至在选情不同的州采取不同的社会化媒体宣传策略。

息交流的空间。

最后,以社会化媒体为代表的互联网企业发展出新的生产方式,网络用户成为数字经济的生产者。网络互联使得大量原本只存在于现实社会中的政治、文化、商业和日常活动数字化了,社会化媒体则进一步成功地将社会个体的现实社会关系商品化了。以技术为敲门砖成功掘金和上位的少数公司,先于同行全方位地决定了人们使用网络的种种规则,并通过开发社会化媒体平台将网络用户变为了受到数字资本控制的"生产型消费者",不但消费"推"给他们的东西,还会通过已被设计好的点击或分享行为参与数字生产,反哺平台的生产和售卖活动,而用户的平台活动过程,更是"免费"赠送个人信息,并默许它们以此牟利的过程。

(三) 公众舆论环境的变化

舆论环境的变化首先体现在公众舆论的主题不见得由政府或媒体机构完全主导。在大众媒介时代,由于信息传播速率所限,政府往往能够具有计划性地处理公共事务,并通过制定相关媒体策略,通报确实信息,维护公共秩序稳定,避免引发不必要的社会动荡。然而,由于社会化媒体的信息传播速度远远优于专业的新闻生产机构,公众通过利用便捷的摄影摄像技术及在线社会化网络,成为主动的"新闻发布者"和"信息扩散者"。除此之外,社会化媒体"意见领袖"的网络空间影响力相比政府和专业媒体机构在信息通报方面的公信力不遑多让,更加容易在短时间内为公众所关注,进而影响乃至左右政府公共政策议程的推进。

在舆情的发酵过程中出现新的不安全因素,威胁公众的财产乃至人身安全,是舆论环境的又一变化。由于社会化媒体发言的匿名特性和不受地域限制的充分自由,传统公共领域中发表意见的诸多约束不复存在,公众在得以充分表达观点和意见的同时,暴露出公共发言的情绪化、极端性和无序化。由于公共发言在技术上具有监管定性的困难,法律法规的制定和更新也具有滞后性,因此匿名性极端发言、人肉搜索等网络暴力行为在互联网上层出不穷,使许多网络用户的日常工作和生活受到严重影响,乃至对人身安全产生重大威胁。除此之外,掌握大量私人信息的社会化媒体平台也时刻面对着数据泄露的风险。

日益明显的"回音室效应"也是社会化媒体为公众舆论环境带来的显著

变化。社会化媒体让传统意义上的地缘关系网退却，趣缘关系网络空前兴盛。互不相识的陌生人往往会因为某个共同的热点、议题或喜好而聚集起来，通过活跃互动来共同经营某一网络社区，个人因此得以建立和强化自己所偏好的知识网络，使自己获得更为愉悦、便捷和舒适的网际活动空间，而日渐丧失对多样化信息主动学习和感受的动力。大数据算法加剧了这种情况，当信息的推送与网络用户的偏好紧密结合在一起时，信息内容的曝光程度被算法规则而非专业媒体机构的把关能力所决定，信息选择"个性化"的实现也成为一种技术设计下的刻意迎合，这使得人们日渐进入一个封闭的、狭窄的信息茧房之中。

政府对这种变动环境的认知程度决定了它们重视和应用社会化媒体技术的深入程度。相对而言，能够更精准认知社会化媒体技术、更积极主动开展相关实践的国家（地区/部门），可以更加充分地开发社会化媒体对公共治理转型的协助作用。

三、作为政府治理中介的社会化媒体

（一）社会化媒体有助于实现治理目标

社会化媒体是连接公众与政府部门，促成政府治理顺利开展的重要中介。社会化媒体技术使政府与公众之间的协作活动能够以更为高效的方式实现，在此过程中，无论政府或公众，都必须通过适应和合理使用社会化媒体特性，来与对方达成协作关系，实现自身的目的。

1. 政治目标的实现

社会化媒体使社会和公众对媒介形成高度依赖，同时也正在吸引政治家们将公众设计为政治议程的一部分，通过向公众"借势"，来实现自身目的。其在政治事务方面的突出贡献在于两点：其一，社会化媒体提升了公众参与政治议程的热情；其二，社会化媒体带动了政治家与公众沟通的意识。随着社会化媒体将政治人物与公众之间的互动"混合"成为政治事件并广而告之，政治候选人使用社会化媒体广播信息，声张自己的政治观点，发动政治攻势，并鼓舞和感谢他们的支持者；公众则因为他们所展现出的更亲近的形象，被激发出参与政治事务的兴趣。分布在英国、俄罗斯、美国、以色列、罗马尼亚、澳大利亚、新西兰、荷兰等多国的选举活动已经充分证明：政治竞选团队通过与社会化媒体平台直接合作,一方面能够获得很好的宣传效果,让相关信息以最快速度抵达公众眼前;另一方面则能够高效收集来自公众的意见态度,获取实时选情,以制定策略来针对性地改变投票人意见。

尽管如此,日益成为政治事务中介的社会化媒体仍然存在很多进步空间。有学者认为,政治家和公众之间的社会化媒体交流仍然侧重于某种单向的、自下而上的传统路径,许多政治家仍然更看重将社会化媒体作为一种"广而告之"的工具来使用,用来维持自己所需的社会关系,增加宣传的力度,而并不将之作为与公众讨论政治问题和交换观点的渠道(Graham et al., 2013)。也就是说,社会化媒体让政治家与公众"显得"亲密了,但截至目前,二者仍然未建立起真正亲密的、持续性的互动关系。

2. 行政目标的实现

社会化媒体中介使得公众开始更多地参与到政府公共治理的活动中去,协助部门提高工作效率,开展社会互助,乃至创造经济价值。

首先,社会化媒体的使用正在充分渗入执政者的常规行政活动中。近年来,美国、以色列、西班牙、约旦、南非、土耳其、德国、瑞典、沙特阿拉伯、俄罗斯、叙利亚、奥地利等国的政府部门纷纷尝试引入社会化媒体进行公共治理,让政府部门提供更加完善的公共服务,并与公众充分交流公共信息。例如,奥地利开发社会化媒体平台来分享公共信息,包括选民投票率、道路和自行车赛道信息、城市财政数据、自然灾害风险等2000多个数据集(Schmidthuber & Hilgers, 2018)。

其次,社会化媒体也让政府处理各项公共危机实践的效率大大提升。放眼全球,在2011年泰国洪灾、2013年美国科罗拉多州洪灾、2013年美国波士顿马拉松爆炸案等公共危机事件发生后,研究显示不同国家和地区的公众都会自发地使用Twitter、Facebook等社会化媒体平台,以文字、图像、视频、定位等方式向政府职能部门提供实时信息,在客观上帮助医疗、公安、消防等职能部门高效开展工作。

此外,社会化媒体技术是调度公众力量的重要工具,政府部门与公众的协作生产因此成为可能,这种协作生产在许多场合被定义为"众包"活动。目前公共部门正在尝试实践四种类型的社会化媒体"众包"活动,分别是信息生成、服务性联合生产、创建具体的解决方案及制定政策(Dutil, 2015)。通过设置特定程序惯例,这种公众参与的新式协商还能成为约束官僚机构的重要手段,让决策过程更加透明和合法化,同时降低运作成本。

(二) 社会化媒体作为治理中介的影响因素

尽管从理想化角度而言,社会化媒体作为政府治理的中介能够使政府部门和公众充分联结、实现协作,但从实践成果来看,这一构想仍处于探索尝试之中。政府在社会化媒体使用方面的专业知识、公众媒介素养及社会化媒体平台自身的社会责任感,都是影响社会化媒体能否成功扮演政府治理中介角色的关键因素。

1. 政府的专业能力

政府的专业能力具体表现为三个方面。首先,有一个能够满足公共治理要求、并能够充分发挥社会化媒体优势的网络平台是前提。在大型救灾任务中,美国相关政府部门曾积极尝试将跨部门和跨地区合作整合在特定的社会化媒体平台上,从而使相关信息能够快速共享到医疗、救援、食品、军队等不同团队中,以提高应对危机的效率。其次,培养政府内部工作人员的专业素养和技术水平,以及协同其他公共部门共同提高公众媒介素养。2010年,美国陆军颁布的《陆军社交媒体手册》就着眼于对军人家庭如何安全可靠地使用社会化媒体进行有效指导,并且随着社会化媒体技术的更新而更新指导内容。最后,在政府部门试图通过公众协作达成治理目标的过程中,任务的设计和发布方式直接影响着公众协作能力的发挥。只有将"众包"行为与公共问题的解决方案妥善结合,合理分解目标任务,优化设置参与者接触任务的途径和参与动力,才能使之比政府部门的内部生产更有效率。

2. 公众的媒介素养

公众运用社会化媒体的媒介素养,如公众是否真正对公共事务感兴趣,是否能够对互联网上的巨量信息进行合理筛选和判断,是否有足够的能力和责任感参与到政府发布的具体任务中,是否能够在约束有限的情况下公正、真实地生产和传播信息内容,均直接关系到以社会化媒体为依托的公共治理协作是否能够有效达成。社会化媒体时代,公众媒介素养问题颇为复杂:网络信息内容每一天都在巨量膨胀并且迅速迭代,信息内容接受者也同时成为信息内容生产者;媒介讯息的传播路径不再单一,而是游走于庞大而复杂的社会化网络之中,难以循迹;公众对某一讯息的倾向、选择和接受,不仅仅影响着单一个体或小型群组,还往往决定了网络公共空间中某一时刻的核心议题；公众对社会化媒体的认识多数停留在"获取资讯和休闲娱乐的社交平台"，而"日常工作生活、参与公共事务的重要中介"的观念和习惯亟待建设和养成。

3. 平台的社会责任

从目前来看，无论是就技术水平还是交互频度而言，平台企业已成为政府和公众开展交流协作的主要中介。随着政府公共治理与社会化媒体合作的深入，一个横亘于平台、公众和政府部门三者之间的矛盾正在愈发明显地呈现在全社会面前：对于平台企业而言，为了使公众便捷享受各类服务，以最大程度地开发经济效益，打通网络壁垒使公众互联，鼓励用户分享且最大限度地收集用户偏好和活动路径是必要的；对于公众而言，他们既希望通过社会化媒体获得更多服务，又不希望把自己的隐私曝光在互联网上；对于政府部门而言，他们既有责任和义务保护公众隐私不被私营企业过度挖掘买卖，又需要获得一定的公众信息来保障网络安全，打击潜藏危害，获取民意达成行政或政治目的。三方的诉求互为掣肘，在此过程中，作为实际掌握核心技术和公众信息数据的私营平台，其作为直接影响到政府进行公共治理转型、开展公共治理的效度。由于公共性并非私企平台置于首位的运营目标，其自我监管仍然无法与公共治理改进进程同步调适，其所主导的社会化媒体在功能开发方面亦不可能与公共服务的需求全面重合。

四、作为政府治理场域的社会化媒体

（一）作为政府治理对象的社会化媒体

社会化媒体发轫于20世纪末，并在21世纪的第一个10年有了爆发式的突破，典型代表有生成趣缘关系的博客和SNS，通过文字、图像和视频充分呈现自我助力社交的Facebook和Twitter，出产集体智慧的Wikipedia（维基百科），以视频制作、分享和传播为核心业务的YouTube，等等。社会化媒体是欧美各国政府进行公共治理转型时的重要助力，但同时也是政府部门开展公共治理的对象之一。

以社会化媒体作为治理对象，必须承认其经济属性。2010年，Facebook在世界品牌500强排名中首次超过Microsoft(微软)，访问量首次超越Google，成为美国访问量最大的网站。此外，Facebook相继以10亿美元的价格收购

Instagram（照片墙），以约 20 亿美元的价格收购虚拟设备生产商 Oculus VR，以约 190 亿美元的价格收购移动信息公司 WhatsApp。Google 旗下 YouTube 只通过短短 5 年便吸纳了超过 10 亿的全球用户，并且提供超过 20 个全球区域频道，支持 10 余种语言。从经济体量和社会影响力而言，社会化媒体作为私营企业，无疑是成功的，而其为保持存活和盈利，必然首先遵循市场规则。政府部门在监管其经济活动的同时，也应尊重甚至鼓励其参与竞争，拓展业务的种种合法举措。

以社会化媒体为治理对象，必须重视其跨国家（地区）的特点。与其他传统媒体机构相比，社会化媒体的跨区域属性十分明显。社会化媒体能够跨越时空联通全球用户，使信息内容近乎无障碍扩散传播，这增加了政府部门对平台内容监管的难度。由于不同国家对网络信息安全和网络空间秩序的要求有所差异，当一些跨国（地区）的网络事件发生时，相关部门在搜证、定性、处理、执行等程序上会面对各种阻碍，这种情形也同时会影响涉事企业业务的开展。2013 年，Google 的新版隐私政策引发欧盟多国不满，英国、德国、意大利、法国、西班牙等国政府或监管机构认为新的隐私政策会让 Google 在用户不知情的情况下利用其私人信息数据牟利，故而纷纷要求其更改隐私政策内容。由于 Google 拒绝修改，其在之后多年间不得不持续应对来自多个国家的隐私侵权诉讼。最终，其在 2018 年才推出新的"更符合欧洲数据隐私立法要求"的用户隐私政策。随着社会化媒体跨国互联程度的加深，跨国监管、仲裁和诉讼活动如何顺利高效开展，将成为政府相关部门急需应对的问题。

社会化媒体作为治理对象，需要区分管理和控制的界限。据统计，在 12 岁以上的美国人中，对 Facebook 和 Twitter 的认知度分别超过 88% 和 87%，Facebook 和 Twitter 已成为美国社会化媒体的主体与基础应用。通过开发和收购各种互联网应用技术，社会化媒体已经与人们的生活、工作、经济活动密切缠绕，当政府部门想通过与社会化媒体合作来推动公共治理改进时，势必需要设计乃至引导部分社会化媒体功能，而这往往可能与私营企业的营利目的相悖。2019 年初，Facebook 宣布将推出电子货币 Libra（天秤币），并邀请 Visa（维萨）、Mastercard（万事达）、Paypal（贝宝）、Uber（优步）、eBay（易贝）等美国知名电商和电子支付企业及多家风投资本公司参与 Libra 电子币的运作。然而，由于 Facebook 常年因商业竞争而泄露和利用用户数据，美国国会众议院金融服务委员会对这一举措表示反对。2019 年 7 月，美国国会参议员银行、住房和城市事务委员会正式就此事召开听证会，充分表达了对电子币业务开发的担忧和质疑，但项目负责人最终仍然表示，Facebook 认为这件事是正确并有价值的，将继续推动项目进展。由此可见，随着互联网功能的深度开发，为满足政府部门更多的公共治理诉求，社会化媒体与政府部门之间，将可能面临更多的协商和磨合环节。

（二）政府的社会化媒体治理方式

各国政府部门对社会化媒体的监管治理方式，经历了一系列变化。在社会化媒体产生之初，政府和社会更多地将社会化媒体看作一种技术升级的信息传播方式，在常规监管活动中更加重视规范信息内容，提升技术和应用的普及程度；"9·11"事件发生后，政府对社会化媒体的监管开始侧重于维护网络安全、打击恐怖主义，对用户信息进行适度管理、共享乃至监控；近年来，由于社会化媒体频频爆出隐私泄露事件，政府部门和私营企业围绕"如何使用和保护公众信息"这一议题，多次进行交涉、沟通和磨合。这些经验均会影响社会化媒体在公共治理转型过程中所扮演的角色和实际涉入的程度。

1. 政策法规力量

政策力量是欧美国家监管社会化媒体竞争和运营的最有力武器。全球大部分国家和地区在监管网络不良信息、规范网络秩序方面进行了不同程度的立法，从已有案例来看，欧盟强硬的政策立场和处理手段，在保护公民隐私、抵制行业垄断和维护网络安全方面，效果较为显著。2011 年，欧盟委员会与 21 家社会化网络公司签署了《欧盟更安全的社交网络原则》，并就社交网站对每条规范的执行情况进行独立评估，以期防止网络犯罪并保护未成年人。此外，欧盟委员会围绕网络信息安全、隐私保护和反垄断等问题，对 Google、Microsoft、Facebook、Twitter 等私营公司加强监管，要求以上在线平台能够更积极预防、侦测及移除仇恨、暴力及恐怖主义相关内容。2018 年，欧盟委员会发布《欧盟反虚假信息行为准则》并开始执行《通用数据保护条例》。其中，《欧盟反虚假信息行为准则》适用于在线平台、社会化网络、广告商和广告企业应对不当信息和虚假信息的在线传播，文本特别强调，Google、Facebook 和 Twitter 需在欧盟委员会大选前每个月进行评估并提交评估报告。《通用数据保护条例》则加大了对网络违规行为的处罚力度，规定违规企业将面临高达全球收入的 2% 或 1000 万欧元的罚款（以较高者为准）；对于更严重的违规行为，最高可处以违规企业全球收入的4%或2000万欧元的罚款（以较高者为准）。

2. 行业自律力量

各国也积极鼓励行业自律和社会力量监督。在亚洲国家中，日本的行业自律体系相对较为完善，方法多样。除了一系列相关行业规范之外，日本的很多企业和大学制定了与网络伦理相关的章程，要求职员、学生在社会化媒体上发表负责任的言论。如被发现违反章程造谣传谣，他们将面临被开除的巨大风险。除此之外，日本也鼓励科技公司和团队开发有助于网络安全和隐私保护的各类应用，完善社会化媒体在公众日常生活中的使用。Line（相当于日本的"微信"）、Facebook日本、Twitter日本等网络公司自发组建"青少年网络利用环境建设协议会"，专门制定了有关网上自杀的信息应对指导方针，以防范社会化媒体在线下恶性杀人案件中可能产生的不良作用。值得注意的是，随着近年来大规模用户隐私信息泄露和网络安全危机频发，越来越多的政府和相关机构开始意识到行业自律的无力：一方面，行业自律不具备法律效力，对于大型企业的实际约束力微乎其微；另一方面，社会力量的监督，更多时候在于借助社会舆论的力量，促使政府部门有所重视，从程序上而言往往只能起到间接作用。

3. 用户选择力量

在社会化媒体平台上进行公共服务和公共治理的政府工作人员是用户的重要组成，他们正在严格根据所在部门的社会化媒体使用规则逐步改进自己的活动方式。回顾Facebook的多次改版，真正迫使社会化媒体有所改变的直接力量是公众用户对社会化媒体态度和行为的变化。2006年，Facebook推出News Feed（动态消息）服务，即页面可以按照时间顺序展示好友最近的活动，而这些活动信息都来自用户的个人资料页面。有用户认为个人隐私被侵犯，故而发起"停用Facebook一天"的抗议活动，直到Facebook允许用户在News Feed中隐藏自己活动信息。2008年，Facebook推出新版页面，其中包括多个独立且可以定制的标签对网站分区。数万用户因不喜这一页面设计而表达抗议，最终，标签被转移到Facebook的侧边栏。2011年，Facebook针对部分用户测试了一项名为Happening Now（正在发生）的功能，在屏幕右侧展示了一个独立的信息流，为很多参与测试的用户所不满，其中部分用户甚至组建了一个名为"Facebook Happening Now仇恨者"的小组以示抗议，这一功能最终被改进为News Ticker（滚动新闻条）。

五、作为政府治理风险的社会化媒体

相对而言,在展望社会化媒体对政府公共治理方式转型的重要作用时,往往相对较少关注和论及社会化媒体所可能引发的协作难题和公共治理风险。但事实上,政府在考虑使用社会化媒体技术和平台时,需要充分考虑到其中隐藏的风险,这些风险与社会化媒体的特性有关,与社会大众的特性有关,也与政府和其他社会组织的核心目的相左有关。

(一)双刃剑:政府在创新之路上的隐忧

无论政府对社会化媒体参与公共治理方式转型有多少期待和构想,从现阶段已推行的举措来看,政府部门内部仍存在许多亟待解决的问题。

一是缺乏经验的工作策略。美国政府部门制定了很多有关隐私数据、信息安全、信息准确性和储备归档等方面的管理规则,其中一些已经充分考虑到真实在线环境中所可能遇到的问题,但是许多规则"治标不治本",无法在私营平台层面影响社会化媒体公共性的践行程度。此外,政府部门也缺乏普适性的社会化媒体互动评估办法,对于公众的参与方式、参与能力和参与的持久性的测量,仍然存在许多误差。同时,在许多基层政府部门,对社会化媒体的使用仍然没有形成实操性强的工作规章,在社会化媒体上的信息传播和互动交流仍显随意。这些不足使得各国政府部门在社会化媒体上的工作表现良莠不齐,进而影响公共事务的推进和公共治理的开展。

二是节省成本或是美好的肥皂泡。一方面,那些确实能改善公共治理的社会化媒体项目往往需要大量资金投入。英国"红带挑战"(Red Tape Challenge,简称 RTC)计划的推出一度被誉为全球政府"众包"活动的领跑者,该项目计划用 2 年时间向全国征集削减和简化各类管制法规的意见和建议并加以推进。由社会化媒体导入的公众在 RTC 上发布的审查意见的存储、管理和筛选被政府外包给一家私营公司,需要大量政府经费来维持其运行和监控(Lodge & Wegrich, 2015)。另一方面,即使从程序上看社会化媒体减少了汇聚集体智慧的成本,但是在内容上,公众意见表达要么是高度重复的,要么是以激烈情感表达为主的,甚至还可能与正常的公共事务并无关联,又需要在发现、判别和筛选过程中消耗大量的经济成本、技术成本和时间成本。

三是"政府—公众"观点交互的贫乏。来自不同国家和地区的学者相继观察发现，社会化媒体被用来维持社会关系，而并没有成为充分讨论政治问题和交流观点的公共意见平台。特朗普在总统竞选过程中对社会化媒体的使用充分说明了这一点。对政治家们而言，社会化媒体是方便的，因为它在某种程度上也可以是一种单向传播的宣传工具；与传统媒体相比，它能让政治家的观点和主张更加快速高效地接近目标人群；而与此同时，政治家却有多种方法单方面关闭沟通渠道——删除或关闭评论、以时间迭代讨论议题、不回复等等。一些公共治理活动推进力度的大小，往往更依赖于某位关键领导者的强势或大范围的政治联盟的支持，而非公众参与讨论而达成的协议。

（二）幻影公众：公共参与的风险

第一次世界大战结束后，李普曼（W. Lippmann）提出"幻影公众"的概念。结合自己在一战中的所见所闻，他认为西方传统民主理论所塑造的"公众"其实是遥不可及的幻影，政府能够充分影响大众媒介，向所谓"公众"提供被美化、掩饰和精细设计过的信息内容，而这些真实的社会个体则如同坐在剧院后排的听障观众一般，对政治事务表现得"茫然又麻木"，根本无法促使社会向更为民主和理性的方向变化。

现实证明，李普曼的这一论断不仅适用于大众媒体时代，也适用于社会化媒体正在成长和普及的今天。尽管互联网较之大众媒介能够更加快速地向大众提供信息，并提供公众与政府之间的"可见"联结，但公众并未因此得以更加明智和深入地关注政治事务，相反，公共参与进一步变得形式化、情绪化和短视化。2012年，澳大利亚当局曾为创造就业机会和经济利益，进行多方评估后决定引入超级拖网渔船，但相关保护团体和部分渔民的政治游说和社会化媒体舆论导致了全国超过9.5万名反对者签署在线请愿书，最终迫使澳环境部部长和渔业部部长公开宣布计划修改和审查相关立法（Tracey et al., 2013）。更甚者，公众的情绪在社会化媒体平台上会更为快速地聚集和放大，从而成为政治人物在党派争斗、竞选议程中可利用的有力工具，并使得政治环境变得更加混乱、极端和不可控。

除此之外，"众包"活动的核心要素——来自公众的智力支持也并非恒定和普遍的。已经有研究表明，随着时间的推移，在公众协作中即使参与热情很高的人也可能会在达到目的之前放弃参与过程（Yetano & Royo, 2017）。而政府倚重"众包"活动的过程，实际上也是"以概率取代计划"，这对公共治理活动的持续开展而言,是极大的潜在危机。"众包"活动对少数人口的依赖,一方面可能导致参与者"精疲力竭",另一方面协作活动带来的益处实际上"并没有均匀地分布",也不是"人人都能平等获得",活跃的在线内容贡献者似乎更侧重于"受过高等教育、关系良好、收入丰厚的专业人士"(Linders, 2012),而风险弱势群体则会更加被边缘化。

(三)协作缺口:市场力量的风险

由私营企业掌握的社会化媒体正在渐渐影响着人们的公共生活。各国政府部门为更好地进行公共治理转型,尝试在各类构想中强化社会化媒体的作用,但这些协作构想却无时无刻不面临着市场力量的冲击。

冲击一方面体现在隐私信息的使用与保护方式上。作为平台的社会化媒体的收入来源相对较为单一,以 Facebook 为例,其盈利来源主要依靠移动广告、增值服务和第三方应用分成,但移动广告业务要占据总营收的八成以上。社会化媒体相较于传统媒体,投放广告的优势即在于个性化的广告匹配,这势必关系到平台使用用户隐私数据的频度和程度。除了广告商之外,将隐私数据售卖给第三方应用或社会组织也成为平台盈利的重要来源。社会化媒体在隐私数据买卖方面的作为,会引发政府监管部门的不满,公共信任度因此大大降低。如果政府希望继续让社会化媒体在公共治理转型过程中扮演重要角色,就必须帮助平台首先解决盈利模式的问题。从目前来看,还没有最优解出现,即使是活跃度和品牌价值十分亮眼的 Twitter,也直到 2017 年第四季度才首次实现盈利。

另一方面的冲击则在于公共信息的使用与开放方式。在公共治理转型过程中,为节约成本甚至获得经济效益,政府部门会通过开放公共数据的方式与私营企业或第三方组织达成合作,例如开放网络课程资源、卫星定位服务、图书档案资源、气象信息定制等,私营平台通过再次开发利用公共信息,为特定用户提供专业定制内容,帮助用户制定商业决策、减轻风险及获得利润。但是,当政府与私营企业开展协作时,政府往往缺少一定的技术手段来监督和调控企业行为,以保证公共信息被妥善处理和使用(夏义堃,2014)。

此外,私营企业寻求存活和盈利,可能使社会化平台出现"法外之地",从而与政府的公共治理要求相悖。YouTube 上有过各种宣传极端思想的言论和视频,点击量达数十万,而平台长期对这些严重危害公共秩序的言行视若无睹。直到 2010 年，YouTube 才允许观众在浏览视频的时候根据自己的体会标注此视频是否涉及恐怖主义，后来又在外界压力下才宣布封禁相关账号。除此之外，社会化媒体还催生了大量极端事件的直播、数字货币欺诈活动及毒品买卖等，几乎所有政府都在呼吁科技公司应该推出打击在线恐怖主义、防范网络犯罪的措施，但一直到目前，这些危害公共安全的隐患仍未被杜绝。

结　语

综上所述，社会化媒体虽然在因然层面上得到了广泛重视，并且具备开展实践的各种动力要素，但是在实然层面上，仍然需要考虑到方方面面的问题。长期以来，政府对媒介的期待和公众对媒介的期待，一直处于一种变动的、复杂的相互关联之中，这种相互关联，也影响到今时今日政府和公众对社会化媒体角色的想象。通过对西方各国开展的相关研究和具体实践进行深入分析，我们可以发现社会化媒体在政府公共治理方式改善中并非仅仅扮演"短期见效"的工具性角色，而是扮演着一种架构性的角色，它全方位地影响着政府治理的有效开展：社会化媒体有助于形成政府治理的重要契机，成为"政府—民众"沟通的主要中介。它既是政府治理推进的重要外部环境，也是政府治理发生作用的对象场域，并可能在政府治理过程中诱发种种风险。这些不同相面的角色，意味着在政府公共治理方式转型的过程中，不仅要考虑政府"如何用社会化媒体"，同时还要考虑政府"以什么状态（方式）"来使用社会化媒体，政府应该使用"什么样的社会化媒体"，政府将与"什么样的公众"开展协作活动，公众应该以"什么样的状态"在社会化媒体的环境下生存生活。这些问题都需要全盘考虑和设计。

当前，社会化媒体的用户在大众媒介生产规则的长期浸淫下，还不能成熟地利用社会化媒体参与公共事务；遵循商业逻辑的社会化媒体亦无法将协助公共事务作为企业的核心诉求。目前最为活跃和最能够体现公共参与的活动之一"众包"，也只能在有限的层面开展，并且在持续性上存在困难。要想解决这些问题，政府需要在寻求与社会化媒体合作的同时，在制度和实际操作上设置更多的可行性保障，而公众的媒介素养也应通过各种教育手段加以提升，只有将政府、公众和社会化媒体看作密切相连的结构性整体，才能在未来真正提升公共治理的有效性。

第三节
"互动式"向"协作式"的转向：
全球政府社会化媒体传播功能

社会化媒体不仅改变了人与人、个体与社会组织之间的沟通方式，还改变了公民与政府之间的互动参与模式。就政府而言，社会化媒体拓展了向公民"推送"信息的额外渠道，增加了公民政治参与的方式，促进了政府与公民之间的双向沟通，以及网络中的多方对话。可以说，社会化媒体为政府治理提供了重要平台和发展契机。当前，世界多国政府在将社会化媒体纳入政府传播并拓展其传播功能方面做了大量的有益尝试，特别是在信息公开、政策制定、社会动员、冲突解决及问题修复五个公共治理维度上发挥着特殊的功效。社会化媒体技术和应用的普及，使政府与公民的界限出现了转移与消融，传播功能正在由最初的"互动式"趋于"协作式"。厘清国外社会化媒体在政府治理中的具体传播功能及其转向，有助于理解社会化媒体时代"政民协作"这一理想的治理状态，并把握其传播策略。

一、信息公开功能：从推进开放政府转向构建智慧城市

提高信息透明度是社会化媒体在政府治理中的基础传播功能。默格尔教授认为，透明度意味着开放、沟通与问责，而信息透明则是指政府管理过程中的信息公开性（Mergel, 2013b）。在 Web 2.0 的语境下，社会化媒体通过支持公民信息访问和以教育为宗旨的单向"推送"策略来提高政府信息的透明度。一方面，信息透明度的增加能够推进开放政府的发展；另一方面，随着开放数据、开放创新及协作的发展，信息透明则可以促进智慧城市的构建。

（一）推进开放政府

近年来，政府透明度与公民参与一直是学术研究的焦点，所以开放政府（Open Government）的概念并不新鲜。在传统意义上，开放政府包括了透明和参与。透明指向公众开放决策，它意味着公民可以获得政府信息；参与则是指公民参与决策过程，它意味着公民与政策制定者之间发生互动。到了Web 2.0时代，社会化媒体为开放政府创立一种新范式，即协作，它是指不断发展的信息通信技术不仅有可能消解传统的政府机构信息孤岛，而且还有可能与社会组织和公民建立起合作伙伴关系。如今，透明、参与和协作构成了开放政府的核心内容。

与此同时，开放政府的国际合作也在逐步推进，旨在与世界各国共同增加政府公开性、加强问责制并提高公民参与。自2011年至今，由8个国家政府牵头、由9个民间团体组成的开放政府合作联盟（Open Government Partnership，简称OGP）发展迅猛，至2019年联盟成员国（地区）已增加到78个，并涵盖了数百个民间社会组织。在加入OGP时，各国（地区）承诺制定开放政府的国家行动计划，其中不乏针对地方政府、志在公共服务的举措。2015年，美国发布的第三份开放政府国家行动计划（The White House，2015）提出"地方政府"开放倡议，包括向联邦当地社区开放联邦数据，支持市政数据网络，促进数据生态系统和扩展数字/数据驱动的政府。对此，有学者进行了实证研究，通过对美国和加拿大两国共20个地方政府的社会化媒体使用情况进行分析，发现大多数城市在社会化媒体平台上开设了多个账号（Evans et al.，2018）。各城市对平台内容、账号创建、员工和受众参与保持严格控制，以确保遵守联邦和州立法，并减轻技术和内容上的风险。城市利用社会化媒体传播信息，响应服务请求，并提供问题管理。结果证明，在开放政府的背景下，美加两国的地方政府通过社会化媒体提高透明度、落实问责制、拓宽公民参与的方式，增加了公民对地方政府的信任。

尽管借由社会化媒体来提高政府信息的透明度确实在一定程度推动了开放政府的发展进程，但仍需反思的是，开放政府不应局限于政府信息的公开，它需要批判性地告知公民问题并让公众与政策制定者进行实质性接触，公共管理者必须切实推进透明度工作，而不只是专注于提高数据信息技术的研发工作。这就意味着开放政府不仅涉及信息内容的开放性，还涉及交互式开放性，而交互式开放性与社会化媒体的参与功能密切相关。为此，美国学者基于美国联邦和社会服务部门的社会化媒体参与研究，建立了一个开放政府成熟度模型（Open Government Maturity Model，简称 OGMM）（Lee & Kwak, 2012），旨在指导政府机构借由社会化媒体及其他相关技术而提高其开放程度，以最大限度地降低风险并增加公民参与，防止政府机构追求无效或无序的开放措施。该模型将开放政府分为五个成熟度级别，不仅可以识别技术和组织能力，也涉及一系列全面的维度，如文化、监管、政策、领导、流程、成果、挑战、机会、指标和最佳实践。该模型表明，政府机构成熟度水平越高，公众投入程度越高，开放政府的公共价值得以实现，而较高的成熟度水平同时也会面临技术和管理方面复杂性的增加，意味着更大的挑战和风险。成熟度模型的一个重要原则是，政府机构应该从最低的建议阶段开始，循序渐进，达到更高的成熟度水平，而不是一次达到所有成熟度水平或者越级跳到另一个新的层级。多元成熟水平的开放政府经常会面临一些挑战性问题，如预算、时间、技术、文化变革和公众采用。通过专注于一次完成一个成熟度级别，政府可以循序渐进地建设基础设施并提高其开放水平，这样不仅不会使政府工作人员负担过重，同时也会减轻公众对相关举措的困惑。

（二）构建智慧城市

城市是政府与公民的对话。从历史的角度来看，城市的大小、规模和形态等特征是不断变化的。尽管变化速度相对较慢，但却经过了不同时期的特定设计，以应对源自交通、能源、经济和社会关系等关键城市维度的结构变化的力量。巴蒂（M. Batty）认为这些变化通常是自下而上的事件，城市也因此产生了以开放关系为特征的创新行为（Batty, 2015）。这种开放关系在很大程度上依赖开放信息。长期以来，政府一直收集数据信息并加以分析，以支持其决策过程及规划，而近几年对开放数据和大数据的关注逐渐转向以证据为基础的城市政策制定。智慧城市（Smart Cities）作为解释城市系统的最新浪潮，本身就源自信息技术的创新发展，并最终体现于这种信息数据在城市社区生活和交流中的创新运用，而自下而上的社会化媒体与自上而下的开放数据相结合，为智慧城市的开放创新行为提供了新手段，并以公民参与到公共服务的政策流程中作为其核心思路。社会化媒体正是在 Web 1.0 电子参与工具的基础上再次升级，促进更广泛、响应性更高的公民参与。随着现代化进程的不断深入，日益增长的城市化和城市管理问题迫使地方政府需向公众提供有价值的服务。信息通信技术是重塑城市与公民之间关系的重要驱动力。智慧城市强烈依赖信息通信技术支持的战略和解决方案，并直接涉及地方政府、公民和社区。

智慧城市模式是城市可持续发展的战略方法，汇集了知识经济的要素，旨在通过有效管理自然资源，提高公民参与度和居民生活水平。社会化媒体是这一过程的催化剂，用于监测和管理有形基础设施，简化政府行动，将知识与创新和创造性行动者联系起来，为更广泛的城市人口提供服务，促进公民参与。近几年，智慧城市利用社会化媒体平台，让关键利益相关者参与治理过程，寻求复杂社会问题的解决方案，该平台提供了公共管理环境下可能的价值共创。可以说，社会化媒体是智慧城市的技术平台。

当前，智慧城市成为社会化媒体实践的新方向，依托于社会化媒体的开放式创新理念正在渗透智慧城市话语的多个方面。智慧城市中公共服务的创新来自城市政府、公民和社区共同合作的创新过程，服务创新的结构是通过公私合作的参与者网络来组织的（Paskaleva, 2011），而这种合作式的参与范式离不开社会化媒体所提供的交互平台。简言之，基于社会化媒体的开放式创新在影响智慧城市发展方面具有巨大潜力，特别是考虑到它可以产生的共同愿景，可以纳入政策制定过程的知识和技能，以及可能带来的服务、商品和政策的新战略。

智慧城市包含了智慧政府、智慧生活、智慧经济、智慧环境、智慧人群和智慧移动等六个领域，每一个领域的发展都离不开社交网络平台，其中智慧政府的构型更是主要依托于社会化媒体。例如，智慧政府与城市社区存在跨部门的合作，通过高效的资源管理问责制和透明度来提高人们的生活质量，而生活质量的提高需要智能治理系统。智能治理系统对于智慧城市战略的成功至关重要，其中作为电子政务工具的社会化媒体被认为是必不可少的要素。事实上，电子政府的社会化媒体应用程序不仅能够提高公共部门的成本效率和有效性，而且还能够在公共服务提供、管理和与公众的接触方面带来新变革。

二、政策制定功能：从预估政策价值转向建立"众包"机制

社会化媒体作为"第五波信息通信技术"，已被各国政府广泛采用。在政

策制定方面，社会化媒体可以让政府及时了解公民情况并听取他们的意见，其主要功能主要表现为两个层次。首先是预估政策价值，它是建立在社会化媒体为政府与公民提供互动平台的基础之上的；其次是公共部门采用"众包"以实现政策制定与创新，这是以公民参与合作为基石的治理机制。

（一）预估政策价值

社会中各类组织均可在社会化媒体平台中与其成员进行沟通互动，社会化媒体也因此成为政府了解公民并听取其意见的关键工具。默格尔将基于社会化媒体的政府—公民互动模式分为三类：表达（单向推送信息）、参与（公民政府双向对话）及交互网络（多元主体对话）（Mergel, 2013b）。而这三种互动模式正体现了政府预测政策价值时社会化媒体所扮演的重要角色。

预估政策价值是政府通过社会化媒体及时了解政策实施情况并接收受众反馈，调整不足，进而结合与公众的互动来估算该项政策所产生的社会价值。有关预估政策价值的学术研究会涉及社会化媒体所属的社会营销领域。20世纪70年代，销售者通过运用销售策略和原则来向受众推销某种态度、想法和行为（Kotler & Lee, 2008）。而后该营销机制被逐步引进政府管理层面，旨在运用信息通信技术向公民传递政策信息，影响公民相应的态度和行为，以求推进政策实施执行。到了Web 2.0时代，政府通过社会化媒体营销策略推广预防性政策，通过及时、广泛、高频、深入地传递信息，改变公民在诸如公共服务或公共卫生等领域中的态度和行为。与此同时，政府采用的营销机制也在某一程度上完成了社会化媒体在预估政策价值时从市场属性到社会属性的转换。

政府预估政策价值的部署和实效还依赖于社会化媒体的传播特性，交互性使公民与政府的沟通渠道得以拓宽，及时性则能使政府对受众反馈进行快速响应。这种"有来有往"的互动过程有利于政府把握政策实施方向，相对准确地预估新政策所带来的社会价值。例如，一项调查墨西哥普埃布拉州健康政策推进的研究发现，州政府把使用社会化媒体作为社会营销策略的一个组成部分，通过沟通与反馈来调整该政策的实行情况，最终促进该地区公民养成良好的健康习惯（Picazo-Vela et al., 2016）。由此可见，社会化媒体在预估政策时所体现的传播特性，在某种程度上是政府利用其社会属性所发挥的公共价值。受众对政策的快速反馈不仅使政府能够及时修正政策不足，还能预估政策所带来的可能性结果。可以说，预估的政策价值得以实现离不开社会化媒体的参与和交互网络功能。

此外，社会化媒体作为信息通信技术的产物，无论是对其在预估政策价值时所体现的市场属性的讨论，还是对社会属性的分析，都无法规避它天然的技术属性。具体而言，信息技术被认为是组织变革的源泉，在一定程度上塑造和限制了组织实践和结构，但是它的技术设计也会起反作用。也就是说，社会化媒体的技术使用在一定程度上会影响政府的政策决策行为。当政府推行一项政策时，由于社会化媒体的高到达率和强互动性，会使得政府需要不断调整其政策内容及实施战略，从而使政策尽可能达到预期效果。

（二）建立"众包"机制

"众包"是互联网环境下的产物，是指个人或组织获取商品和服务的采购模式，是一种日常生活中人们利用互联网平台帮助解决问题的现象。杜威（J. Dewey）曾指出，技术可以促进公民之间的更好沟通，提高他们解决公共问题的能力，并直接影响他们的日常生活（Dewey, 1927）。尽管"众包"是呼吁公民通过技术手段来帮助解决公共问题，但实际上它更关注的是公民参与的作用。"众包"既可以被政府管理部门所采纳，也可以运用于私营企业中。"众包"适用于不同的环境，包括不同的组织层面、不同类型的服务或产品，以及不同的生态系统。因此，当前关于"众包"的理论研究就涉及了组织、服务或产品和系统三大范畴。首先，有关组织中"众包"的研究。此类研究大多数来自管理学领域，植根于决策理论，它侧重讨论"众包"对于研究与开发，市场研究和市场营销等传统业务的可替代性，以及其他劳动密集型项目的评审与评估（Picazo-Vela et al., 2016）。其次，服务或产品是"众包"文献中最常研究的方面。此类别中的"众包"被定义为一种参与性在线活动，具有明确的发起者、目的、目标、激励机制、流程设计和开放性，所涉及的领域有营销、战略管理、信息管理与科学、计算机科学等。目前，对"众包"研究的理论框架有动机理论、群体动力理论及协同生产理论，其中协同生产理论主要应用于公共部门，它将公众定义为政府的"合作伙伴"，主要指涉公民参与公共政策的规划与实施（Thomas, 2013）。最后，系统研究主要来自信息和系统管理领域，该类别通过探索相关行动者和社会技术系统来考虑社会背景下的技术发展，它评估了技术与行动者之间的社会互动。这些研究通过了解技术在"众包"活动中的协调作用，将"众包"视为社会建设过程中一个嵌入网络和文化领域的生态系统（Kozinets et al., 2008）。

随着"众包"被引入政府管理层面，通过公众集思广益，身体力行地提供甚至传播或施行信息、意见及解决方案，为政策制定与创新注入了新活力。从某种程度上说，"众包"是公民参与的一种形式。只是私营部门的"众包"并不依赖于任何人的态度，而是取决于赞助商在解决方案上所赋予的合法性，而政府治理的公民参与型"众包"则取决于公开发表意见且可能会受到公共政策影响的公众。政府可利用"众包"来创造更好的公共服务，降低成本，制定政策创新，并促进公民在线参与到公共服务的生产中来。例如，美国政府专门成立了"众包"网站 Challenge.gov 呼吁公民提出解决问题的具体建议，澳大利亚政府建立的"众包"网站 Future Melbourne，将公民参与纳入政策制定之中。

如何采用"众包"来提高公共服务和政策创新也相应成为"众包"研究的一个关键议题。"众包"研究学者刘（H. K. Liu）归纳总结出政府提高"众包"水平的六项建议（Liu, 2016）：①将"众包"与公共问题解决方案相结合。例如，美国国家档案与记录管理局（NARA）发起了公民档案管理员的活动，让公民参与转录文件，从而在网上公开存档。转录文件是一种涉及信息创建的"众包"活动。②使"众包"任务与参与者的能力保持一致。有大量研究证明"众包"的质量取决于群体和创新理论的效果，其中"众包"参与者的能力对于"众包"活动至关重要。当"众包"任务和参与者能力保持一致时，"众包"效果才能呈现最大化。③设置奖励机制，为参与者提供奖品和奖励。充足的奖品和资金奖励可以吸引公众注意并提高其参与意愿。④通过创造学习和培训技能机会来提高贡献的质量。尽管提供奖品和奖励能够增加参与者的数量，但这并不能直接影响他们的贡献质量。因此，通过创造学习机会，提高参与者的能力才是提高贡献质量的关键环节。⑤通过设计公平的选择和审查程序，赋予参与者权力。公平的过程可以增加参与者贡献的合法性并改善参与者的贡献。在实践过程中，最常采用的方法是评级系统，其中包括参与者的投票和评论。⑥通过将信誉系统纳入"众包"流程，使评估合法化。信誉系统可以将活动与参与者的贡献与透明度联系起来，这对"众包"至关重要。有效的信誉系统可以改善"众包"产出，揭示参与者的偏好，并提高奖励系统对参与者的公平性。

三、参与动员功能：从在线政治参与转向自组织行动

政府治理离不开公民参与，社会化媒体作为公民政治参与的重要平台，它能帮助公众参与政府决策过程，促进参与性对话，协助政策的制定和实施。在社会化媒体介入政治参与之初，政府扮演着更为积极主动的角色，公民在线参与是一种被引导下的政治参与；而随着公众的广泛参与，Web 2.0 平台出现了组织集体行为的新方式，社会化媒体将网络中分散的个体进行集聚，形成自组织团体，并动员产生群体性行动。

（一）在线政治参与

长期以来，公民参与在广义上可被定义为将公众关注、需求和价值观纳入决策的过程。为了提高治理的合法性、透明度、问责制和其他民主价值观，各级政府应让公民参与各种公共问题的解决。1969 年，阿恩斯坦（S. R. Arnstein）首先提出了"公民参与的阶梯"这一概念，解释了政府和公民在从非参与到公民权利的决策过程中的互动过程和影响水平（Arnstein, 1969）。随后，库珀（T. L. Cooper）等人引入概念模型，将传统的公民参与形式分为五类：对抗性方法、选举方式、立法与行政信息方法、公民团体途径和协商审议方法（Cooper et al., 2006）。还有国外学者强调"协商性公民参与"，它是指在以往公民政治参与的基础上增加公众对政策制定机构的事务和决策的参与（Rowe & Frewer, 2005）。该观点是由两种相互关联的现象产生的。首先，人们对政治和公共事务的直接参与逐渐减少。政治参与在实践中是不平等的，代表性和影响力并非随意分配，而是系统地偏向于特权、财富和受到更好教育的人。其次，审议是民主的重要因素，但很难通过传统的参与机制实现。审议的减少与政治参与的增加并存，这反过来又会影响公共政策的质量。

为了改善不平等参与，Web 2.0 工具的应用会变得愈发重要，尤其是社交网络技术的使用。与传统参与方式不同，社会化媒体可以实现更直接、实时和网络化的公民参与治理手段，并提供在审议环境中有效沟通的机会。信息通信技术的发展提供了多种新型的在线参与方式，如在线民意调查、论坛和其他形式的在线咨询，并使公民更多地参与讨论。尽管关于政策和公共问题的讨论在社会化媒体平台蓬勃发展，政府亦提供了越来越成熟的参与机制，但如果没有公民在公共事务中更为有效的反馈，社会化媒体改善民主的力量

依然有限。可以说,双向协商沟通意识和机制的确立才是关键。

当前,社会化媒体公民在线参与的一个重要而显在的影响是政治选举,在选举的参与动员层面表现尤为出色,公民在其中不仅可以进行广泛的动员,还能与政治、媒体精英一起成为有影响力的参与者。政治家(被选举人)和公共行政人员都采用了 Web 2.0 工具作为与公民联系的重要方式,尤其在政治选举中,社会化媒体已成为政治候选人拉拢选民的关键手段,在策略上也日臻成熟。一项考察 2004 年美国总统大选期间的选举网站和博客的研究提出了以下框架机制来分析候选人的诉求策略,它将候选人的网络策略分为五类:①候选人意识形态:候选人在特定问题上的立场;②竞选活动:专注于竞选活动或关于战略和民意调查数据的讨论;③支持者:建议来自特定支持者或支持者团体,包括官方认可;④号召行动:呼吁选民参与,如捐赠请求、志愿服务、在线互动或投票;⑤对手攻击:针对对手的观点及对其缺陷,不足或弱点进行批评(Bichard, 2006)。相较于西方政治背景下的选举环境,中国台湾学者研究了 2008 年某地的选举活动,发现竞选人在 Facebook 中采用六种主要策略来获得支持。①每日信息共享:竞选人提供他们的日常信息,并将他们的日常生活与支持他们的公民的经历和感受联系起来。②强调个人特征:竞选人强调他们积极的个人特征,并与其他政治家区分开来。这些特征包括能力、韧性、坚持、经验/教育、和蔼可亲、道德价值观、文体素质、政治哲学、专业性及外表等。③认可:竞选者为特定支持者或支持者团体提供证明,包括统计、专家来源或官员。④动员和参与:竞选人提供活动信息,邀请民众自愿参加各种活动。⑤攻击对手:竞选人攻击对手的有关缺陷、不足和弱点。⑥政治信息:竞选人提供诸如陈述公共问题立场的信息,以表达他们对公共事务的观点(Chen & Chu, 2013)。

(二)自组织行动

社会化媒体不只改变了公民政治参与的方式,还改变了网络群体的动员行为。互联网自诞生之初就被用于政治活动。社会运动学者认为,互联网已经补充,甚至扩大了集体行动的清单。研究表明,它还有助于创建一种新型的完全基于互联网的行动,究其原因共有三点:一是社交网络可将分散的个人联结在一起,形成自发性组织或团体,导致新组织数量激增;二是新技术的发展极大地降低了组织集体行动的成本,从而容易引发网络群体行动的发生；三是社会化媒体具有强大的动员功能，可以针对某一现象进行广泛动员，及时地通知和鼓动他人在线集聚并参与活动。

其中，基于互联网的公民自组织行动的重要组织机制是动员。具体而言，公民的政治参与可分为潜在政治参与和显在政治参与。潜在政治参与是指公民愿意或准备采取政治行动，其主要包括关注政治新闻、与周围人非正式地讨论政治，以及其他有助于政治意识并可能会导致个人或集体政治行为在内的活动。显在政治参与是指公民意在影响社会政治和公共事务决策的具体活动。潜在政治参与是显在政治参与的先决条件，它对显在政治参与具有重要影响。

为厘清两者的关系，可将公民政治参与过程分为三个阶段，即潜在参与（第一阶段）、动员（第二阶段）和显在参与（第三阶段），可以说，从第一阶段过渡到第三阶段是离不开动员的（Ekman & Amnå, 2012）。动员在这里是指任何具有企图煽动公民政治行动的行为，动员既可发生在线上也可发生在线下。然而，在社交网络如此便捷的今天，线上动员成为公民日趋倾向的活动方式。例如，人们通过 Twitter 看到最新信息（潜在参与），通过社会化媒体发起动员，人们在线集结以共同参与到某个公共议题讨论当中，从而影响其政治行为的改变，从在线讨论转而投身于线上/线下的抗议活动当中（显在参与）。

当前，国外有大量研究表明，青年群体的抗议活动主要通过社会化媒体来完成。年轻人是社会化媒体用户的重要组成部分，他们利用社交网络进行大规模的宣传动员，采取非暴力抵抗策略，通过在线内容向其政府施压，从而引起社会各界对他们的同情，进而改变政府的公共决策或活动。一项针对英国政府削减大学教育经费引发的青年群体占领活动的社会化媒体传播研究发现，青年群体在抗议活动中能够娴熟地运用各种电子工具（如网站、智能手机）来完善他们的抗议策略，从而引起学术界、政界和公众关注并对其遭遇产生同情，鼓励公众加入抗议行列，同时与媒体耦合，获得国内外媒体的关注并与之互动。最后，青年群体通过社会化媒体共享信息和抗议策略，在线上达到空前团结，致使 38 所大学的学生群体团结起来，动员了线下数千人的集体活动（Theocharis, 2012）。

除了在抗议活动中所形成的自组织，还有在政府的鼓励下所构建的社区自组织框架。在社区自组织中，政府为促进其发展需要扮演更加被动的角色，即必要时引导且不过多干预。社区自组织可被视为一个特定的实践共同体，其形成前提是社区能够提供公共服务与支持。它主要由领域、实践和社区三个部分组成。首先是领域，即公民对公共服务的特定领域有着共同的兴趣；其次是实践，是指公民开发共享的资源、框架和观点，以促进关于公共服务的信息交流；最后为社区，即公民形成了一种社会形态，在该形态中他们的目标与参与受到认可。到了 Web 2.0 时代，社会化媒体具有了多元的通信渠道、通信的异步性及通信记录的存储性，这使社区自组织得到迅速发展，成为提供公共服务的中坚力量（Meijer et al., 2012）。事实上，无论是在政府引领下的政治参与，还是公众自发性的参与动员，它们都是以社会化媒体为依托的公民参与治理方式，在一定程度上都能够加强与推进政府治理中的民主治理历程。

四、冲突解决功能：从预测骚乱事件转向公民政府合作

近几年，通过对社会化媒体的数据监测来预估现实世界中事件的发展方向已成为一个热门研究领域。不少研究者通过对社会化媒体数据的采集来预测各类事件，如预测电影票房收入、政治选举、股市走势、流感趋势，甚至还有地震的发生，其中预测骚乱事件或抗议行为已成为社会化媒体预测功能的构成要件。在骚乱事件发生前，政府利用社交网络中的用户生成内容来预测骚乱事件的发生范围与规模，而当骚乱事件发生时，社会化媒体的功能则转向与公民政府合作，即政府运用社会化媒体与公民进行积极协作，如共享信息、共同合作，该功能有助于高效地解决社会冲突。

（一）预测骚乱事件

骚乱事件又称抗议、罢工和占领事件，它的范围涵盖了从解决具体问题的小型非暴力抗议到大规模骚乱事件。骚乱事件的爆发有着复杂的发生机制，引发骚乱发生的因素包括社会互动与不公、国内与国际政策的变化、贫困、失业率和商品价格等。但值得注意的是，抗议事件极有可能会演化为使社会发生动荡的骚乱事件，即使再小的非暴力抗议事件，也有可能会因为处理不当而衍生为轰动社会的全国性事件。因此，预测骚乱事件已成为决策者和学界所关注的重要议题。

学界对于骚乱事件的预测研究往往通过建立统计模型进行分析。有研

者通过抓取2012至2014年拉丁美洲六个国家的骚乱事件在社会化媒体中所呈现的数据，分析其抗议事件发生的政治、经济和社会背景，采用逻辑回归模型和LASSO算法（Tibshirani，1996）[①]，并且验证了多源方法预测的有效性，发现社会化媒体所提供的数据比新闻数据（如拉美国家有专门记录政治事件的数据库）数量更多、来源更广，因而通过社会化媒体来预测骚乱事件的准确度更高（Korkmaz et al., 2016）。

需要注意的是，社会化媒体虽然可以对骚乱事件进行预测，但目前无论在方法还是数据内容方面都存在一定的限制。由于骚乱事件是一个复杂的发生过程，不能仅仅通过单一渠道的数据审核就完全表征。不同类型的抗议活动具有不同的衡量指标，如何系统地结合如社会化媒体、主流媒体、政客意见、参与者评论等数据内容，才能更加准确且有效地预测骚乱。同时，数据并不是准确无误的，尤其是在浩如烟海的互联网数据中，如何筛选有价值的真实数据也是一个值得研究者考量的问题。

（二）公民政府协作

政府中的社会化媒体在改善信息共享、创造合作机会和提高政府响应能力方面做出了突出贡献，该贡献是建立在信息通信技术增加公民参与等举措的基础之上的。社会化媒体对请愿、咨询和论坛等在线活动进行了补充或取代，它开辟了更广泛的机会来提高政府工作效益。随着社会化媒体逐步渗透在政府工作的各个层面，公民与政府之间不断变化的互动关系成为相关领域的研究重点，尤其是社会化媒体所持有的协作性特点，成为公民积极参与政治活动的关键因素。

卡拉汉（K. Callahan）将"协作"定义为公民参与的众多形式之一，其中指涉公民和管理者彼此协作以解决问题并完成工作。公民参与协作行动可能涉及与提供服务、计划、融资、应对突发事件或组织，以及其他形式的伙伴关系等相关的活动（Callahan，2007）。麦奎尔（M. McGuire）发现，与公

[①] LASSO算法是一种压缩估计，即通过构造一个惩罚函数得到一个较为精练的模型，使得它压缩一些系数，同时设定一些系数为零，并因此保留了子集收缩的优点，是一种处理具有复共线性数据的有偏估计。该统计模型的基本思想是在回归系数的绝对值之和小于一个常数的约束条件下，使残差平方和最小化，从而能够产生某些严格等于0的回归系数，得到可以解释的模型。

民参与相关的"协作"通常被认为是公共管理中的一个积极因素,尽管有效地组织协作行动会面临一些挑战,如官僚主义、缺乏问责制或沟通困难(McGuire, 2006)。但是,在很多情况下,信息技术并不受到这些挑战的限制,它被视为协作的推动者。

然而,在 Web 1.0 时代,信息通信技术增加了公民获得信息的渠道,但却很少促进协作的发生。例如,有学者将协作描述为地方政府门户网站中最高级别的功能,除了突发性紧急事件之外,这种功能却很少能够实现(Sandoval-Almazan & Gil-Garcia, 2012)。还有人进一步进行实证研究,发现公民与政府之间的在线互动主要处在信息层面,很少能体现在公民参与政策制定或组织共同行动之中(Olphert & Damodaran, 2007)。在这些背景下,"协作"的主要假设是由政府邀请、管理和指导行动,政府与公民之间属于一种自上而下的关系。

最近,社会化媒体的使用为公民与政府的关系提供了新选择,其中速度、数量和新类型的交互可以导致更多双向形式的协作。林德斯将社会化媒体背景下公民与政府之间的协作分为三个类型:"众包";公众帮助政府提高响应性和有效性(如公民报告网站);政府作为公民提出并改进建议的平台(如犯罪地图、开放数据倡议),并在公民自我组织形成的促进框架中(如社区自组织)发挥着更被动的作用(Linders, 2012)。概言之,社会化媒体促使政府与公众之间的界限发生了转移与消融,它为双方协作提供了机会。其协作形式则体现了当代网络传播学者卡斯特尔所提出的"网络国家"概念,即临时动员和集体行动可以独立于政治机构与大众媒体而存在(Castells, 2008)。

尽管该领域的理论得到了发展,但社会化媒体如何被用作公民和政府之间的合作平台并没有受到高度关注。对于社会化媒体中公民与政府的互动研究多以策略研究为主,且多聚焦于公民如何利用社会化媒体进行抗议运动。因此,有学者对骚乱事件进行研究,发现在整个事件发生过程中,社会化媒体为公民—政府之间的协作提供了一个良好的契机,并最终促进了冲突的解决。例如,有研究者以 2011 年 8 月英国骚乱为案例,对英国政府在 Twitter 上与公民的互动进行了系统分析,重点探索英国各地的地方政府是如何在事件发生期间及事件发生后使用 Twitter 的。在这项研究中,对 81 个地方政府 Twitter 账号及 1746 条帖子的分析显示出公民与政府之间特定的协作机制,使得反暴乱行动得以组织起来。具体而言，在某些情况下，组织反暴行动是相互演变的，即不仅公民参与地方当局发起的行动，而且地方政府也积极推动并参与Twitter用户自行发起的行动，如清扫街道和识别嫌疑人。因此，在很大程度上，骚乱事件的发生过程说明了社会化媒体能够促进新形式的协作，即政府围绕特定问题采取集体行动，或成为公民自我发起行动中的参与者（Panagiotopoulos et al., 2014）。

此外，通过反思骚乱事件中公民与政府的协作手段，有学者将社会化媒体中公民政府的协作方式分为以下四种：第一，社会化媒体的个人用户从可信赖来源（如警方、政府部门）处转载官方声明，然后再作为值得信赖的来源被其他用户转载。第二种协作形式是直接互动，以支持地方当局作为官方来源的存在，主要是与描述性信息和防止谣言相关的推文进行互动。在某些情况下，官方账号或个人用户还可直接反驳与谣言相关推文。第三，识别嫌疑人，劝阻骚乱参与者。由于社会化媒体发布信息的及时性与多元化，人们可以了解到骚扰所带来的后果，也会突显出公众和政府恢复秩序的意愿，而这些信息也会扩散到骚乱参与者中，在某种程度上会影响人们拒绝参与进一步的骚乱活动。第四，公民还可以在线发起集体合作行动，促进冲突解决，恢复正常秩序。如英国骚乱中Twitter用户自发组织清洁活动，并受到了地方当局的正式支持。总体而言，这四种形式的临时协作说明了公民通过社会化媒体可以成为政府行动的参与者，同样，政府也能够支持和促进公民自我组织的集体行动。

五、问题修复功能：从灾害风险沟通转向公民合作生产

全球众多政府灾害管理机构正在利用社会化媒体来改善公民与政府、媒体与组织之间的信息共享和双向对话，由社会化媒体所提供的多元信息帮助灾害管理者在地震、洪水、飓风、火灾发生之际进行风险信息验证、态势感知和决策，在灾害事件中起到了关键作用。整体而言，社会化媒体为灾害的预警、减轻、响应和恢复创建了一个交互式信息通信平台。人们可以轻松地接收和发布周围发生的实时灾害事件，响应者可以利用社会化媒体作为新的通信渠道，共享有关灾害的信息，以提高情景意识并协助公共决策。当然，灾害是分阶段的，社会化媒体在灾害事件发生前、发生过程中及发生后承担着

不同的传播职能，呈现出前期为风险沟通而后期转向于公民合作生产的特性。

（一）灾前预警阶段的传播

对灾难事件的处理反映了政府机构的应急机制，这在很大程度上影响了整个社会的发展进程。尽管无法预防灾难的发生，但政府的目标是通过灾害预警系统来减轻其影响，这当中信息的及时发布与共享显得尤为重要。在灾难发生之前，政府通过灾害预警系统，提供及时和可操作性的信息，使处在危险中的公民能够采取有效行动，避免或降低其风险，并做好有效的应对准备。从传递信息的角度来看，预警系统至少要满足三个要求，即沟通速度、到达率和信息质量（Chatfield et al., 2013）。近年来，社会化媒体除了在信息流向、信息控制、可访问性、情报和成本等方面显示出与传统媒体的比较优势，社会化媒体用户的高覆盖率和网络式分布，更是为灾害预警的信息共享提供了一个良好的扩散环境。

然而，政府如何及时、迅速、高效的方式将预警信息传达给目标受众，以便撤离或做好其他保护措施，并非灾前预警的重中之重，其良好运行需要灾害预测系统和决策支持系统的可靠支撑、及时联动和整体建设。肖勒（H. J. Scholl）和帕廷（B. J. Patin）提议建立"弹性信息基础设施"（Resilient Information Infrastructures，简称 RII）框架，以求更好地应对极端事件发生的整个过程。RII 解释了信息基础设施的性质和规模，即使在极端恶劣情况下，信息基础设施有较强的适应能力继续在社会进行动员，以便在灾难事件发生前、期间和发生后提供及时和可靠性的信息，促进有效响应和恢复。在其广义的定义中，RII 不仅包括了物理层面/有形的构成单元，如组织、信息系统、信息库、物理通信渠道、检索程序和传输网络，还包括了无形的组成部分，如社会资本的力量、社会网络和关键时间的"信息流"，这种无形的构成部分可以理解为行动者之间共享意义或记录的过程与关系。因此，RII 主要由组织（例行程序、规则、资源、治理结构和过程）、社会（个人、群体、人际和群体间关系）和技术（硬件、软件和嵌入式服务）三大部分构成，它的概念框架主要研究三者之间相互作用的关系。RII 的框架假定，信息基础设施的弹性越强，它们就越能在不可预测和动态变化的环境中作为信息驱动决策的支柱，并在任何给定的情况下继续提供基本服务（Scholl & Patin, 2014）。社会化媒体便是这样一种富于弹性的信息设施，政府建立灾害预警

RII 框架可以在一定程度上降低灾害所带来的危害性影响。

(二) 灾中支援阶段的传播

正如很多研究表明，目前许多灾害管理机构利用社会化媒体来改善公民与政府、媒体与组织之间的双向对话，由社会化媒体所提供的多元信息可以帮助灾难管理者进行风险信息验证、态势感知和决策。因此，社会化媒体在灾难发生过程中的传播功能也成为此类研究的焦点。

在灾难发生过程中，社会化媒体可以提高公众的情境意识，对现有情况和随时间推移而发生的潜在变化进行实时理解。同时，谣言控制是灾害管理的重要组成部分，虚假或不可靠的信息可能导致严重的后果，因此决策者应借由社会化媒体施行有效措施遏制谣言传播。当提供实时信息来支持决策时，社会化媒体可以增强决策能力。决策过程包括分析和评估备选方案及选择最优方案，信息是其中的决定性因素，社会化媒体则是获取信息的首要途径。在灾难发生后，社会化媒体可使民众与灾区居民建立联系，以便民众帮助和激励灾区居民，将危机的影响降到最低。此外，慈善捐赠和志愿者服务在灾后恢复中也扮演重要角色，社会化媒体通过在线招募志愿者来扩大志愿者管理的能力，从而增强情境意识和决策支持。

灾难传播研究学者围绕日本东部大地震社会化媒体传播，依托媒介系统依赖理论（Media System Dependency Theory）建构了多层次社会化媒体概念模型，分别从微观、中观和宏观层面来探索在灾难事件中社会化媒体是如何进行沟通的。他们发现，社会化媒体渗透到了三个传播层面，成为微观、中观和宏观各自层面内和跨层传播的信息舞台，进而得出社会化媒体在灾难事件中的五种主要功能：①与他人的人际交往（微观层面）；②集体沟通渠道（组织、地方政府和当地媒体）（中观层面）；③大众媒体的渠道（宏观层面）；④信息共享和收集（跨层次）；⑤个人与大众媒体、政府和公众之间的直接渠道（跨层次）（Jung & Moro, 2014）。由此可见，社会化媒体在灾难事件中起到了重要作用，尤其是在灾难发生过程中，社会化媒体让公众连接起来，不断增加对事件的情境认知，建立起体验共同体，促进公民参与。尽管灾难期间，对社会化媒体的使用和方略存在很大程度的临时性和应急性，但该系统会为日后的灾难事件提供借鉴框架，为相关的技术开发和公民政府的多层次合作提供指导意义。

（三）灾后重建阶段的传播

灾后重建是指通过灾前规划和灾后行动恢复、重建和重塑物理、社会、经济和自然环境的差异过程（Smith & Wenger, 2006: 234-257）。在此过程中，政府部门需要面临各种挑战，如协调恢复行动，向公众适当施压以加快程序恢复，以及需要平衡短期和长期目标（即通过实施灾难风险重建政策以将各方面恢复到灾前水平）。布莱克曼（D. Blackman）等学者认为，在短期应急期间与长期恢复阶段需要政府采取不同的沟通与管理手段，因为在短期有效的措施可能并不适用于长期（Blackman et al., 2016）。这意味着，政府在恢复期间需要不同的方法来分析和管理各项工作，其中沟通策略是开展各项工作的重要依托。加之灾后重建时间较长，在此期间，政府的政策制定需要公众参与和共同知识生产的机会也就更多。

在救济和恢复阶段，信息需求通常与物资、临时安置点、紧急医疗援助等方面有关。而在长期重建阶段，公众更为关注的是有关损失报告、土地使用、政府恢复政策、降低风险策略及获得资金补偿等方面的信息。在重建过程中，信息必须针对不同的社会经济和人口群体，针对广泛的利益相关者（如受影响的个人、政府合作伙伴、非政府组织、公众、媒体等）进行差异化发布。尽管在应急期间，公益机构、非政府组织、当地企业和政府部门一起发挥着主导作用，但随着过渡到长期重建阶段，社区团体的作用变得更加关键。目标人群及特征的差异需要政府在灾后重建中采取多元的沟通方法，其中包括点对点（人际沟通），还有网站与社会化媒体的连接。

除了沟通方式的不同，沟通范围也会随着灾难事件的不同阶段而发生改变。在灾难期间，沟通的目的是减少伤害、提高生存率和恢复关键基础设施。从长远来看，沟通应着眼于促进社会和行为方式发生改变，并为更广泛的对话提供空间。然而，由于灾后重建需要人力、物力、财力相互配合，且周期较长，因而在整个过程中政府的政策制定就更需要公民参与和共同知识生产，这样更有利于政府部门使用社会化媒体促进公民参与、协同监测和灾后重建。由于公民政府关系是建立在公民合作生产的基础之上的，这意味着公民可通过多种方式来提供公共服务。而在灾后重建中，政府部门正是利用社会化媒体平台来促进公民积极参与到协同监测等工作。换言之，灾害重建体现了公民合作生产推动政府公共服务的恢复过程。

结　语

总而言之，社会化媒体在近 50 年内发生了三次转变，从以基础的搜索引擎平台到通信网络平台再到如今的社会化内容聚合平台，它的每一次演变都对政府治理产生了重要影响。如今，社会化媒体作为交互式智能平台已全方位地渗透进人们日常生活中的点点滴滴，更是改变了人与人、组织及社会之间的互动方式。在政府治理的背景下，国外社会化媒体传播功能主要体现在推进开放政府，构建智慧城市；预估政策价值，采用"众包"促进政策制定与创新；增加公民政治参与动员方式；实现公民政府合作，解决社会冲突；进行灾害预警，推动灾后重建等五个方面，其中呈现出由单一互动到共同合作的传播功能转向。当前，各国政府正在尝试找寻部署社会化媒体的最佳方略，以期发挥出社会化媒体的最大效应。

第二章

基于国家地域空间的全球政府社会化媒体传播进展

第一节

开拓与沟通：
美国政府社会化媒体传播

美国是社会化媒体的发源地。美国的诸多知名平台拥有庞大的全球和国内用户，包括多数西方国家政府部门机构。外界浮光掠影地来看，社会化媒体在美国人政治生活中的显著性首先表现在选举领域，从奥巴马至特朗普，两位总统均是2008年、2012年和2016年大选中驾轻就熟、如鱼得水、举世瞩目的"社会化媒体ID"。选举属于政治传播，美国政府的社会化媒体传播受之影响，与之相关，却又不能置于同一范畴加以解释，甚至不能用同一思维加以研究。社会化媒体在国家与社会治理中的作用不止于传播信息、追踪民意、塑造形象和动员舆论。美国政府在国家层面努力推进着社会化媒体在政策、法律、技术和文化上的准备和调整，传播理念依托于全球"开放政府"的大趋势，又希望在其中有所特殊贡献。与以往任何一次媒介技术的更迭机遇不同，此番尝试有着主动开拓全球政府传播新媒介疆域的摸索意味，同时也有着沟通美国社会与政府，尝试建立新型信任关系的使命意图。事实上，理念皆有所实践，又必有所自审，美国政府确实在社会化媒体时代开启至今的15年间进行了各种政府传播理论和实践上的开拓和创新。然而，社会化媒体传播在全球并无模板范本，可谓一条共同摸索之路，此处取其优作为可供借鉴和思考的他山之石。

一、美国政府社会化媒体传播的政策基础

政府社会化媒体传播的影响因素涉及政策和社会的多个层面，作为一种新兴传播领域和实践，对上述影响因素的考察又不得不涵盖已有的客观基础和其间的适时调整。这里，尝试从历史和发展的思路分析美国政府社会化媒

体传播的政策基础，把握 15 年来，甚至更早几个时期，与之相关的政策积淀和走向。

（一）技术扩散过程

罗杰斯在他的创新扩散研究中发现："一个新观念，纵然具备明显优势，但要想让普通大众认可它，绝非易事。"（罗杰斯，2016：3）政府社会化媒体运用在美国存在一个政策变迁、思维变革和行为变化的历程。这里结合其"认知→说服→决定→执行→确认"的创新决策过程来简化这一复杂现实（罗杰斯，2016：175-177），基于相关文献研究，尝试解释美国政府社会化媒体政策的积淀。

● **认知阶段（2008）**

一方面，政府见识到了社会化媒体作为一种强大的连接技术，在不断创造新的社区，充满着各种围绕公共利益、服务和价值的互动；另一方面，政府也在世界社会运动中领教了社会化媒体作为一种空前的动员技术，自下而上，以去中心的态势消解着政府的权威。电子政务利益集团（W3C eGovernment Interest Group）在 2008 年确定了政府对社会化媒体感兴趣的三大互动领域：G2C（政府到公民）、C2G（公民到政府）和 C2C（公民对公民）（Sheridan et al., 2008）。"大势所趋"应当是决定未来 15 年美国政府社会化媒体传播最重要的认知。

● **说服阶段（2009）**

政府对新技术采取拥抱态度已有先例，早在 1994 年 Web 1.0 兴起之时，美国政府信息技术服务部门就以报告《政府信息技术服务的前景》表达了基于网络技术的"开放式政府行动"意志（卢永春等，2017）。或因于此，当政府的技术先驱们力陈社会化媒体技术的益处时，接纳显得不那么困难，正如国防部副首席信息官温纳格伦（D. Wennergren）所言："网已互联，我们无可救药地嫁给它了。我们需要把它视为基于互联网的能力……而不仅仅是社会化网络……作为工具，它们有着尚未为人所知的、更为广阔的用途。"（转引自 Corrin, 2009）

● **决定阶段（2010）**

这一年名为"开放政府倡议"的总统指令在政府部门得到了讨论，社会化媒体成为奥巴马政府决心接受和推广的信息沟通渠道。但是，地方政府总体上并不十分确定是否要将社会化媒体作为政府治理的工具（Kavanaugh et al., 2012），很少有政府部门建立清晰明智的互动策略，谨慎防御型传播成为主流。在机构内部，社会化媒体成为按照结构化的方式建立和改善关系的工具，以此促进公职人员的业务参与和彼此互动，更加快捷、完整地进行工作信息判断；面向机构外部，官网、论坛和博客依然是传播主力。无论内外，"私下"和"限制"成为这一阶段的技术扩散特征。

● 执行阶段（2011）

美国政府社会化媒体的成建制使用兴起于 2011 年，大多数地方政府已开始将社会化媒体用于与交通管理、应急管理和公众安全相关的信息传播，也有一些地方政府以此为营销工具，从事宣传活动。这一时期的平台运用很大程度上以单向沟通为主。不过，其中不乏经典之作。2011 年 5 月 1 日，"9·11" 10 周年纪念序幕将揭，2012 年总统大选在即，美国政府大胆突破了保守的传播传统，选择 Twitter 作为击毙拉登行动首选信息出口，彻底改变了以往反恐行动传播的公众体验和媒体经验，让行动传播的速度、信度、广度、力度和透明度均发生了重大的改变。

● 确认阶段（2012）

全方位考察此前使用并加以整体反思。从 2008 年至今，WOS 引用率前 10 位的政府社会化媒体相关论文中，美国学者 2012 年的涉美研究占五分之二，这些维度多、影响大、既是总结也是启示的成果，从一个侧面反映了政府对社会化媒体运用决策的肯定，以及解决矛盾、规避问题的努力。从这些基于政府实践、因应政府需求的研究中，可以发现社会化媒体技术本身在美国政府中的应用已得到了完全认可。自 2012 年之后，政府更多地开始从具体环节和传播细节中追求技术与政务的创新结合，把握政务对技术的实际影响。

（二）法规政策保障

社会化媒体能在短时间内完成在美国政府的技术扩散，得益于法规政策的保障。美国政府的社会化媒体法规保障政策来源众多，包括立法、法规、指令、备忘录、计划、通知和行政命令。当然，传统媒体时代已有的政府信息传播法规政策管辖范围，仍在影响政府社会化媒体传播。只是在使用社会化媒体时，政府机构相关政策的存在不仅不能保证解决全新问题，甚至会在若干问题上存在重大脱节。而且，每种社会化媒体技术会提出特定的法律问题，需要通过不断更新条款和完善细节来适应现实需求，只是与技术发展的速度相比相对缓慢且缺乏战略性。这里分政府和公众两个层面加以阐释。

1. 政府层面

●**信息公开**

美国政府的信息公开建立在一系列成文法律基础之上，包括《联邦行政程序法》（1946）、《信息自由法》（1966）、《隐私权法》（1974）、《电子信息自由法》（1996）、《电子政务法》（2002）等等。成文法之外，政府社会化媒体备忘录以行政命令的方式发挥法律保障作用，同时也弥补了原始法律的模糊性和滞后性。例如，自2010年4月以来，美国行政管理与预算局（OMB）发布了三份关于联邦机构使用社会化媒体的重要备忘录：①M-10-22《网络测量和定制技术的在线使用指南》；②M-10-23《机构使用第三方网站和应用指南》；③2010年4月7日未编号备忘录《社会化媒体：基于网络的互动技术和文书工作减少法案》。

●**信息安全**

已有信息安全政策环境基础之上，考虑社会化媒体带来的特殊安全问题，如何确保第三方平台的政府传播的信息保密和版权，何以维护可能敏感的政府信息，如何防止政务数据滥用，如何避免政务网络不受外来攻击，又如何确保公共服务的连续性，在通过社会化媒体政策约束内部员工之外，还需要在法规上做出新的安全考虑。OMB备忘录M-04-04《联邦机构电子身份验证指南》就要求政府对机构网的信息公开、内容审核、身份验证和归因级别进行适当的限制性规定；《联邦信息安全管理法》要求所有利用社会化媒体技术的联邦信息技术系统都要采用认证流程，并且必须由独立的第三方审核团队执行；OMB备忘录M-05-04《联邦机构网站政策》要求各机构提供足够的安全控制，以确保信息不被篡改，必要时保持机密性。

●**信息存档**

社会化媒体与政务结合之后，改变了政府信息的编辑、传播和获取方式，给信息存档和检索带来了极大的挑战。更多的情况是，社会化媒体平台还没有关张，多数决策和议政信息就彻底消失了，更不用说这些网络科技企业直接走到尽头，政府信息究竟何去何从了。政府大面积入驻社会化媒体的同时，公共服务的连续性、数据检索的持久性正在成为重大的问题。为了解决这些问题，政府机构已开始与国家档案与记录管理局、印刷局和联邦储存图书馆等传统存档部门展开合作，以确保有关社会化媒体技术的公共记录能够永久保存。

2. 公众层面

● **信息访问**

政府"不仅仅是服务和价值的分配者，它还是一种用于汇集和管理与公共意志表达和公共政策相关的政治信息的工具"（Bimber, 2003: 17）。政府有责任利用社会化媒体增加政府信息和服务的访问机会，并通过公众访问和使用成功地促进公民参与。贝尔托（J. C. Bertot）团队认为政府的这一愿望取决于保障公众社会化媒体使用能力的三个条件：①社会化媒体访问技术的提供与获取；②支持平等访问的技术发展与服务；③理解政府服务与资源的信息素养与公民素养（Bertot et al., 2010）。政府在社会化媒体与政务相结合的过程中，更多地考虑社会化媒体信息的特殊性，比如在信息茧房、信息圈层、信息泛滥等现象存在的情况下，如何向那些设施不足、能力有限、语言障碍和素养欠缺的公众提供平等的无差别信息访问和永久性信息访问的机会。

● **信息质量**

这是一个信息质量堪忧的时代，将社会化媒体作为公共服务平台，政府信息出口和政民交互渠道，就需要以法律法规的形式尽力确保信息的准确性。一方面，对政府自身加强约束。2001年的《信息质量法》要求各政府机构最大限度地提高公众信息服务质量，包括客观性、实用性、完整性、可靠性和有效性。另一方面，对公众传播加强管理。2019年白宫起草提案，授权联邦机构控制Facebook、Twitter和Snapchat（"阅后即焚"照片分享应用）等社会化媒体平台的内容审查（CNN, 2019）。该草案要求联邦通信委员会制定新法规，明确法律如何及何时保护社会化媒体网站删除或禁止其平台内容的权力，还要求联邦贸易委员会在调查行为不端公司时能考虑这些新政策。

● **信息隐私**

公民网络信息隐私保护法起于1998年，当年国会通过的《儿童线上隐私权保护法》是美国第一部互联网隐私法案，2002年明尼苏达州通过了《网络隐私法》（孟茹，2017）。虽然政府也出台了一些针对在线环境的具体法规政策，但是大多数涉及社会化媒体信息管理问题的政策文书仍然是以广泛、非特定的方式来处理公众信息隐私问题，未能在操作层面充分解决受社会化媒体影响的许多重要信息管理问题。2015年美国政府颁布的《网络信息安全法案》则允许社会化媒体私营公司将其用户信息与国土安全部共享，国土安全部亦有义务将这些数据分享至所有相关政府机构。总体而言，在政府传播中就公民信息隐私政策坚持原则、保持透明、保证合规、及时存档被认为是在信息隐私方面达成公众信任的重要策略。

二、美国政府社会化媒体传播的基本理念

2018年，美国知名社会化媒体数据公司Hootsuite和政府网络资源公司GovLoop联合推出过一份《社会化政府指数报告（*Social Government Benchmark Report*）》（Hootsuite & GovLoop, 2018），以美国政府涉社会化媒体战略和工具的公共机构雇员为调查对象（地、州两级占70%，联邦部门占30%），考察社会化媒体的政务价值，为基于政府治理的社会化媒体战略和策略提供关键指数。结果显示，美国政府机构运用社会化媒体的诸多目的中，"公众介导"（76.9%）为首选，当然，介导之外，"提供公共服务"（48.4%）、"沟通回应问询"（47.3%）、"形象塑造"和"职员招募"（45.1%）等也是美国政府最为常见的社会化媒体传播目的。事实上，社会化媒体的传播功用远多于政府青睐的传播目的，在问卷调查中能够上榜的四大目的与现实基本吻合，也是10年间社会化媒体技术与政府政务在结合中相互磨合和相互选择的结果。一个特别值得关注的现象是，当技术功用与治理理念相一致，即那些与开放政府政策、技术机遇判断、政民信任的治理理念拥有高匹配度的社会化媒体功用往往能得到更多的执行和实践。

（一）在介导中治理

政府主动走进、了解、告知、联络并吸引、影响和动员公民，这一"政民互动"过程即为"公众介导"的精髓。在社会化媒体进行公众介导不仅是运用最为广泛的政府传播功能，在2018年《社会化政府指数报告》中，其实际效益认可度亦高达94%。政府在社会化媒体上的这一系列"介导式"传播既有助于政府想公众之所想，感知公众情绪，也有助于公众知政府之所想，参与政府事务。介导是一种姿态，治理才是目的，社会化媒体传播的这一介导理念最直接地表现为政府治理的透明化，随即拉动了政务治理的参与度，最理想的状态则是促成政民治理的协作性。

1. 社会化媒体致力政府透明

政府透明是 20 世纪下半叶美国政府改革的"四大浪潮"（Light，1998）之一，也是 21 世纪美国开放政府建设的核心。在美国，政府透明度的关键问题在于获得与财务、预算、采购和开放式决策过程相关的政府信息和数据（Ganapati & Reddick，2014）。以预算为例，它对于社区的财政健康和未来发展的可持续性至关重要，但是要在相互竞争的利益之间分配有限的资源本身困难重重，需要利益攸关方参与其中。而让公众参与预算对话的前提是让社区公众关心预算，了解预算，也就是预算的透明。就预算透明发起大胆创新、古怪有趣的社会化媒体视频传播已成为得克萨斯州圆石市（Round Rock）市政府备受瞩目的年度项目。2015 财年，一个滑稽的虚构角色罗恩·皮奇曼（Ron Pitchman）以商业推销风格引人入胜地呈现了圆石市城市预算所带来的惊人价值。2016 财年，魔术微电影《这是魔法！不，不是！（*It's MAGIC! No, It's Not!*）》强调所有伟大之事皆包括在预算提案之中。2017 财年在 YouTube 和 Facebook 上大火的预算视频 *Purrrrr-fect* 由各种可爱有趣的猫来发布大多数人眼里枯燥乏味的预算提案信息，同时进行社区互动（Klosterboer，2017）。快节奏、近距离、接地气的社会化媒体传播带来了政府透明新气象。

2. 社会化媒体推广政务参与

在社会化媒体平台进行政务参与推广，只有拥有这种来回往复的过程理念——"Engage In（介入）""Engage Back（导回）"，抓住社会化媒体的交互实质，才能在政府与公众之间的信息交换过程中达成传播共识，既表现为一种政府计划性传播，又呈现出一种公众自发性传播，通过公民政务参与规则的形成来提高政府治理的合规性，从而提高公民法规的遵从性。"奥巴马+拜登"竞选组合 2008 年推出的 Change.gov[①] 作为执政过渡项目，至奥巴马任期的结束而告终，其核心策略是通过社会化媒体以广邀公民分享治理意见为名争取和动员公众的执政支持。公众在 YouTube、Twitter 和 Facebook 等社会化媒体平台或工具被置于政务参与的中心，并获得持续赞赏和群体激励，产生强烈的归属感和被需要感，通过分享观点、投入讨论、组建社群、建立联盟，切实参与到总统任期的议程制定中来，实现"改变政府"的愿望。因此，Change.gov 是一个建立在与社会化媒体交互基础上的计划性施政承诺推

---

① 网页档案材料参见：http://webarchive.loc.gov/all/*/http://change.gov/content/home.

广项目，同时也是一个公众政务表达参与的自发性项目，对美国政府的社会化媒体传播产生了示范效应。

3. 社会化媒体实施协作生产

协作治理与社会化媒体的参与精神和互动本质最为贴合，也被奉为社会化媒体政府传播的最高境界。"公民协作生产（Citizen Coproduaction）"是一种理想中的政民关系，政府不把公众当作客户，而是当作伙伴，将公民的角色从"仅仅被动地消费公共服务"扩大到积极参与共同解决社会问题（Mattson, 1986）。社会化媒体使得这一概念得以重新构想，促成政府与公众关系的现实演变。Web 2.0 平台使政府机构能够获取大量公众关于政府治理的创新想法，公民以"时间、知识和努力"的形式为政府治理贡献更多的资源，以实现"分担更多的责任和管理"并因更大程度地控制资源和决策而承担更大的风险（Linders, 2012）。政府与公众在线互动的体制性采用也开辟了一个强大的新问题解决机制，即邀请普通公众使用他们的技能和专门知识来解决政府的挑战。美国专利商标局通过自建 Web 2.0 在线平台 PeerToPatent[①] 向公众开放专利审查程序，把开放网络社区与法律决策过程联系起来，允许行业专家和普通公众在线上参与评估待批专利申请，专利审查员根据法律标准做出最终裁决。这一过程将公开参与的民主性与行政决策的正当性和有效性结合起来，从而有效提高了专利签发质量。

（二）在机遇中引领

1. 社会化媒体介入政策制定

政策的有效制定和高效执行皆有赖于政府和公众的观念形成和改变，在人际交往、信息沟通和社群组织具有特殊能量的社会化媒体在这方面的网络传播优势显而易见。通过社会化媒体更精准地为不同群体提供政策制定讨论和执行方面的发言权，为政策攸关各方介入决策创造条件，对政府机构来说是一项重要的组织创新。鉴于此，美国国会对立法机构和人员的社会化媒体使用持鼓励态度，后者有助于政策制定者履行接触公众、听取意见和代表选民的职责，同时也可促进公众愿望和专家意见以实时交互的方式进入政策制定环节。密苏里大学医学院健康管理与信息部 2015 年发布的一项研究可以作为政府鼓励态度的佐证（Kapp, 2015）。在研究者创建的联邦"卫生政策制定

---

① 参见官网：https://www.peertopatent.org/.

者"名单中，这些卫生立法的实际撰写人全部都在使用 Twitter，并能通过线上传播极大缩小了决策立法与学术领域和普通公众之间的沟通鸿沟。不仅如此，鼓励、建议和培养大学研究人员作为选民和专家，以双重角色通过 Twitter 等社会化媒体与决策者互动，共享科学依据，阐释专业知识，提出批评意见，平衡各方利益，最终在教育和探讨中促进科学证据和思维转化为政策和实践，实现科学民主。

2. 社会化媒体融入公共服务

社会化媒体可为政府公共服务提升效率、节约成本，这一点正在美国政府部门中取得越来越多的认同，却远未达成共识。在《社会化政府指数报告（*Social Government Benchmark Report*）》中，仅有 48.3% 的受访者认可社会化媒体的实时回应速度优于传统渠道，42.5% 的受访者发现社会化媒体融入公共服务的好处在于减少了客服电话的接听，31% 的受访者承认其在节省成本方面的作用，尚有 18.4% 的受访者不认为这项技术对现有公共服务有任何益处（Hootsuite & GovLoop, 2018）。而社会化媒体在公共服务提供方面可能带来的变革和提升其实是这项技术诞生之初就被屡屡提及的，可见技术效益生产及认同对于美国政府而言存在困难。尽管如此，社会化媒体依然被政府积极地运用于公共服务部门的用户监测、问题预警、公共缴费和服务反馈。不仅如此，基于技术机遇这一基本理念，政府社会化媒体传播与公共服务的结合仍然处于主动寻求创新的状态，例如，美国疾病控制中心曾经利用 Google Flu Trends 网站收集数据，随时监控公民健康问题，便于提供及时高效的疾控治理服务。尽管 2008 年基于大数据的 Google 流感趋势最后被证明是失败的，依然可以感受到美国政府部门在社会化媒体融入公共服务的过程中所具有的机遇意识和引领愿望。特别是在突破服务对象的盲目性，解决服务范围的分散性和改善服务效果的感知度上，社会化媒体的优势正在得到深度挖掘，也因此在赢得更多的政府经费投入。

3. 社会化媒体纳入危机管理

2016 年 4 月，Facebook 推出了实时视频流服务 Facebook Live，任何人都可以从移动设备直接广播 Facebook 动态消息。自推出以来，直播视频的受欢迎程度呈爆炸式增长。这一社会化媒体内置功能迅速吸引了美国政府机构的关注，将其转化为政府新闻发布的平台之一。佐治亚州查塔姆县更是将这一具有即时性、可视性、交互性和社群性的新媒体方式用在了飓风"伊尔玛"

的危机传播中，Facebook 账号 Chatham Emergency Management Agency（查塔姆应急管理机构）运用视频直播为灾民提供了一个实时了解政府行动、无缝对接灾害现场、真实感受救灾努力的窗口。米尔斯（A. Mills）等人认为理想的紧急通信系统是一种低成本、易使用、可扩展、可移动、可信赖的快速网络，不仅要有多对多通信的能力，还具有产生有价值信息的能力，地理信息系统定位能力和可视化传播能力（Mills et al., 2009）。几乎完美地拥有以上全部特征的社会化媒体，作为危机管理中的关键性响应渠道和通信平台，是缓解公众情绪、控制谣言传播、动员互助资源的创新选择，政府已为此投入了大量的研发资金和人力。

（三）在信任中沟通

1. 社会化媒体塑造执政形象

社会化媒体时代的执政形象塑造一度也被认为与传统媒体一样是在单向传播中实现的。一项美国地方政府公共关系研究甚至发现，由于社会化媒体可以更加轻易地"控制何时，如何以及传播什么信息"，从而强化人们通过这类媒体实施单向传播的观念（Graham, 2014）。社会化媒体为政府擅长的单向传播带来了一定的可控性和自主性，特别是在信息发布型和形象塑造型传播上，能以满足知情和平衡信息的方式确立政府—公众信任关系的基础。随着其社会化媒体规律认知和现象理解的加深，相关手段和策略则越来越有效。2017 年，得克萨斯州弗里斯科市市长连续 100 天每天在 Facebook、YouTube 和 Twitter 上同时投放一段微视频，名为"100 Days of Progress in Motion"（《100天影像策划》）（Frisco Enterprise, 2018）。这项政府传播以社会化媒体运动的形式用视频形象而生动地讲述了这个城市的各个部门、服务团队和社区居民的故事，突出且真实地展示了市政机构公共服务实景和真情。由于视频格式契合近年来社会化媒体传播潮流，《100天影像策划》迅速在全美走红，以其创意和实效赢得了行业特定的 Sava 奖最佳社会化媒体活动奖，并在此后得到了各种效仿。

2. 社会化媒体协调政民关系

engagement 是美国各级政府在社会化媒体指南和手册上使用最为频繁的一个词，意味着在"告知（inform）"这种传统互动之外，还要运用这一新型的传播方式实现"联络（connect）"，并在两者的基础上用心去"理解

（understand）"民众形形色色的社会化媒体传播话语、情绪、需求、动机、行为和现象，借此拥有政民之间的信任基础。社会化媒体作为政民关系协调的绝佳平台得到政府认可有一个渐进的过程。2012 年由哥伦比亚特区推出的 Grade.DC.gov 政府部门评分项目[①] 旨在实现政民沟通方式的透明化，授权致力于智能化政府的 NewBrandAnalytics（新品牌分析公司）收集和分析网站和 Facebook、Twitter 和 Instagram 等社会化媒体数据，分析结果采取两种发布方式：一是在 Grade.DC.gov 网站上发布 15 个政府机构的月度评分；二是通过电子邮件把每日互动报告发送给政府相关部门。项目运营最重要的收获不是评分本身，而是随着项目的发展，逐渐成为政府与民众互动、与公众深入沟通的服务通道。比如，哥伦比亚特区的老龄部从该项目的社会化媒体数据报告中获悉了公众对某个老年服务中心餐饮服务的抱怨，及时调整了供餐安排。社会化媒体数据挖掘的管理价值也得以突显，让政府部门用较短时间了解并解决了服务问题。

三、政府社会化媒体传播的创新实践

（一）海地救灾：社会化媒体知识管理策略

2010 年 1 月 12 日海地地震，美军南方司令部组织实施了为期 6 个月的"统一响应行动"支援美国国际开发总署、支持联合国的海地救灾工作，时间跨度创美军国际救灾行动之最，行动兵力部署峰值是兵员 2.2 万人，战机 58 架，舰船 23 艘。军力之外，救灾响应通常需要调动运输、医疗、通信和救援等各方协同能力，要将与危机响应语境对应的知识快速、高效地投入整体行动资源的调配决策中，协同领导组织的知识管理就显得格外重要。

海地救灾行动期间，美国马里兰大学信息研究院学者受邀作为通信和信息技术人员参加了空军参谋长危机行动小组（AFCAT），帮助配置了社会化媒体工具，在长达两周的合作时间里，记录了灾难应对语境下的获取、共享、使用和维护的社会化媒体知识管理过程，评估了此次政府行动的社会化媒体知识管理策略，为还原该实践案例提供了便利（Yates & Paquette, 2011）。AFCAT 成员经过专业信息采集组织的培训，负责呈报危机事实和知情意见

---

① 参见官网：https://grade.dc.gov/.

供空军高层进行危机研判和行动建议。在海地救灾行动中，AFCAT 的主要任务是确保美方援助能够按需流入海地，确保美军军事和文职领导层获得最新最准的信息用以决策，并与参与反应的其他机构以有效的方式进行信息协调。这个危机行动小组由团队领导、执行官和来自 20 个不同职能领域的代表组成，这些职能领域包括公共事务、空勤人员和后勤保障等。

AFCAT 在救灾时使用了两种社会化媒体工具来履行上述职能，一是 Microsoft SharePoint 信息基础设施，通过切换到 SharePoint，AFCAT 建立了所有协同部门工作人员之间的知识共享机制，供内部救援协调；二是海地救灾行动的维基页面，任何具有 Intelink 访问权限的用户都可以访问，面向整个救援工作。在 2010 年海地地震救灾中，施以援手的各国政府、组织、企业和个人所面临的知识管理挑战是显而易见的：灾区的通信设施遭到破坏，行动任务非同寻常，救援资源异常匮乏，现有知识和信息可用性极差，常规方法已不足以解决现实问题和承担现有职能。基于有限的或延迟的甚至冲突的信息做明智和迅速的决定，要求极强的知识管理能力。社会化媒体以短消息、短视频、超链接和实时图像为信息流通内容，拥有不同专业知识和学习背景的各方参与者聚集而成的信息传播主体优势，能够运用标签、评论、社群等平台模式在混乱中快速创建秩序。社会化媒体因此而具有成为救灾响应严肃管理平台的理想环境。在有效的收集、共享和使用策略基础上，做到了无数个小型救灾知识块全向度、全专业、全媒体的快产出、易获取、广分享和简操作，最终得以为救灾目标服务。

（二）虚拟学生外交服务：社会化媒体关系协调策略

虚拟学生外交服务（VSFS）由美国国务院"E 外交"办公室于 2009 年创建。作为一项社会化媒体外交创新项目，可为散布在全球各地的美国学生提供各类外交相关的远程无薪政府实习课程。包括国土安全部在内的 40 个联邦机构设置有数字外交官、公共联络官、环境观察员、外交翻译官、社会化媒体专家等职位供学生申请。项目内容包括打击恐怖主义、加强人权监测、开发虚拟程序、参与数字通信、设计信息制图、撰写政经报告、数据可视化分析。每年 5 月至 6 月，美国政府驻外机构根据外交工作需求设计和提交项目需求，通过社会化媒体与拥有不同教育背景和工作技能的学生建立联系。从申请提交，到视频面试，再到正式录用，以至最终的线上协作，学生们可以在宿舍、图书馆、咖啡店或任何舒适的地方，按照自己的时间规划完成全部流程。以 2015 年为例，VSFS 从 2700 多名申请者中选出了 720 名 VSFS 官员投入项目工作（Tate, 2016）。社会化媒体作为贯穿始终的创新基础、思维前提和实践策略，以其网络关系协调优势使得项目具有了以下特征。

一是全球参与性。虚拟外交服务媒体协调员贝赫（A. Beh）认为"这项远程实习计划有助于促进国家的多样性，将更多的公民与国家及其工作联系起来，并为有兴趣成为外交官的学生铺平道路"（Smith, 2016）。美国国务院国际署 MapGive 在 2015—2016 学年招收了 30 多名虚拟外交服务实习生。这些来自全球各地大学的学生们接受了 OpenStreetMap 的深入培训，并致力于编辑和验证任务（Gertin & Nealon, 2016）。这些以支持人道主义倡议和绘制高风险国家地图为名义的平台活动，实则具有典型的国际情报属性。

二是领域前沿性。2017 年，VSFS 曾发布过一项区块链工作组项目（Nieh, 2017），帮助全球伙伴关系办公室及其区块链工作组的合作伙伴促成美国国务院参与全球区块链对话。项目接受实习生申请研究和报告区块链和分布式分类账技术的发展，包括该项技术在美国外交政策中的应用研究，跟踪研究世界各地区块链技术实施案例，并且为国家区块链工作组撰写每周简报，最终形成区块链创新电子实习报告直接向创新总监和全球伙伴关系代理特别代表提交。

三是外交工具化。国际研究专业的学生杜邦（K. Dupont）曾通过 VSFS 远程实习为阿塞拜疆美国大使馆工作。他主要通过 Twitter、Facebook 和微信来观察和研究大使馆与当地居民之间的接触，利用社会化媒体了解了大使馆如何在阿塞拜疆连接和代表美国（Smith, 2016）。研究显示美国留学生通过创新性数字实习计划，与驻外大使馆建立了灵活化、低成本的联系，帮助改善了大使馆在驻在国的社会化媒体形象，也促进了美国青年与外国青年之间的互动。

（三）NextDoor 应用：社会化媒体资源盘活策略

社会化媒体，作为一种信息集聚型平台通常附加有从大型数据集提取知识的自动化工具，能够便捷简明地生产出新的政府和公众数据资源，造就更知情的公众和更知情的政府。社会化媒体时代的信息自由往往"取决于从这些数据中提取信息和建立知识的可用性工具和技术"（Whitmore, 2012）。这种技术开源特质，使社会化媒体政府用户具备了快速处理和利用开源信息的能力，主动盘活各种特色小众平台，按照部门职能的差异性和适应性分门别类地选择介入开展精准工作，是美国政府利用社会化媒体开源特质的关键策略。

2011年投放市场的NextDoor（邻里）本是一款面向社区邻里的私人社会化网络服务，定位于居住在同一街区邻居之间的信息分享和日常交往。这款目标用户和社会关系极为明确的应用，非常受欢迎。它立足于对现实邻里熟人关系的虚拟复制和搭建，突破了城市生活中人与人之间彼此缺乏沟通和信任的交往怪圈，符合当前怀疑主义流行的现代社会交往规则。这也代表了社会化媒体近年来的一个新趋势，出于对社会整体的不信任，信任又重新回到了社会化媒体上的直系朋友、家人和熟人身上，人们的沟通偏好也开始从公共论坛转向小型网络或一对一通信。NextDoor作为第三方商业性平台有着积极的政府公共机构联姻策略，成立了专门的公共机构介入部，主动与地方各级政府建立业务关联。他们为方便政府公共机构入驻提供技术便利，简化操作程序，并开展课程培训。总体而言，由于盘活了平台用户和关系资源，政府Nextdoor运用的成本和时间节约效应非常显著。

目前，全美超过3000个政府公共机构利用NextDoor与所辖社区居民建立起了稳定、牢固的信息交往和服务沟通关系，尤其是公安、消防和应急管理部门等地方公共安全机构，以及通信、医疗和卫生等公用事业部门，特别还针对地方基层市政创建了统一的可供多个部门使用的NextDoor界面，便于进行直接便捷的政民交互，如发布定点信息、进行民意调查、发起投票表决、召开线上会议、组织社区活动，等等。相较传统的政府机构网站和通用型社会化媒体，政府在NextDoor的传播因平台的特性而具有以下优势：一是私人化，作为一个现实邻居的在线社区，每个NextDoor社区都是一个私人和安全的网站，只能由经过验证在社区内居住的成员访问；二是本地化，公共机构可以将信息精准定位到特定社区和区域，直至区域中具体的邻里成员；三是实用性，邻居和公共机构工作人员合作精准解决生活问题，避免了不必要的冗余信息，也不担心错失重要信息；四是便利性，省去了大海捞针般进行网络信息检索的程序，降低了数据信息接近的门槛。总之，信任是公共机构和社区邻里共同入驻平台的基石，而这种信任在政府与公众之间的同台沟通中得到了不断的加固。

结　语

美国政府的社会化媒体传播在理想到现实的碰撞中、在初衷与结果的分歧中、在成本与收益的徘徊中有所沉淀、有所变化：

一是在理想与现实的碰撞中，社会化媒体的治理风险逐步显露。2008年白宫高层在《开放政府：进步报告（Open Government: A Progress Report）》中兴致勃勃讨论社会化媒体的工具理想时，恐怕还无法预测到社会化媒体今天之发展态势。面对庞大的用户人群，社会化媒体的政府传播已然不能仅仅被当作一种政务与技术的工具性结合，社会化媒体本身就构成了一个与现实难以一一重合、结构截然不同的虚拟世界。其结果便是，社会化媒体这个传播工具给政府带来了各种技术创新和信息传播的"不合意""不科学"和"不确定"，往往是在通过传播解决一项现实不合意、不科学和不确定时，又带来新的问题，促使人们产生新的信息获取需求，也就是新的政府信息饥渴。也就是说，理想中用以解决问题的社会化媒体在现实中成为问题的诱因，因为所有的不合意、不科学和不确定都会令人难以舒适。

二是在初衷与结果的分裂中，社会化媒体的互动本质趋于淡化。社会化媒体的本质在于互动，社会化媒体最初能吸引政府运用并且最终能吸引公众参与，同样是因为其互动本质。然而，正如在前文一直强调的一个传播现象，无论如何创新互动传播模式，单向传播的思维在政府中目前来看还是根深蒂固的。这种初衷与结果的分裂也是社会化媒体作为一项创新技术在政府扩散的最大悲哀。诚如哈佛大学全国数字政府中心的创始人芳汀（Jane E. Fountain）的观点，技术不能决定它自己的发展历程，也不能以一种理性的方式被加以使用，决定技术怎样内嵌于组织环境、制度环境、政治环境和社会环境中并对其加以设计、执行和应用的是个人（芳汀，2010：中文序）。如果说理想与现实的碰撞更多是由客观因素导致，政府社会化媒体传播所出现的这种根本性的非预期结果则来自政府主观因素，如执政思维和官僚文化的守成。

三是在成本与收益的纠结中，对社会化媒体的传播思维有所颠覆。美国政府的社会化媒体传播思维正在发生变化，特别是经历了初期发展和中期繁荣后。比如，政府开始意识到颠覆性思维的重要性，明白一再纠结于预算限制会扼杀创造力，而放下身段发挥创造力才是社会化媒体的生存法则；社会化媒体引领的视觉传播时代完全可以凭小成本和大策略成就有效的政府传播,不再专注于不惜血本的规模型分享策略,而是转向内涵型的内容策略;所谓的技术屏障也不损害创新性,技术的投入并非政府传播致效与否的关键;兼容性文化的营造亦可以实现低成本高收益,等等。也就是说从政府文化自身的社会化入手去适应社会化媒体时代,实现政府的价值观与平台文化的兼容。是相较于技术上的接纳,这种文化兼容上的发展过程不易被察觉,速度也会较慢。

总之,一方面,憧憬犹在,一如既往地理解公众普及率、技术应用性和信息生产量等若干个与政府社会化媒体传播密切相关的现实技术指标所带来的关键影响力,美国政府依然会继续强化政府社会化媒体传播团队的技巧、工具和策略。另一方面,冷静调整,更加关注新旧融合、虚实跨界和公私模糊的社会化媒体全新传播文化给政府的组织传播模式带来的直接挑战,美国政府会不断地对这项技术与政务相结合所产生的治理风险、互动本质和传播障碍加以反思,从而达成社会化媒体传播投入的切实回报。如何让政府高层深刻领会到社会化媒体的公共服务价值,更加成熟有效地监管社会化媒体平台的交互安全,如何让草根公众真正意识到社会化媒体的政民互动价值,更加主动从容地参与社会化媒体平台的政府治理,将继续成为挑战。

第二节

服务与参与:
英国政府社会化媒体传播

2017 年 3 月 1 日,英国政府正式出台《英国数字化战略(*UK Digital Strategy*)》,立足整体经济环境、社会福利乃至国家利益,明确将英国建设成为一个数字化、现代化、全球性贸易大国的战略途径(Department for Digital, Culture, Media & Sport, 2018)。社会化媒体在英国政府数字战略拼图中不可或缺。截至 2018 年 1 月,英国人口为 6638 万,网民总量占 95%(全球排名第 4 位）（Hootsuite, 2018b）。英国政府的数字化战略正是以整个国家数字化高普及率作为支撑的，而社会化媒体数据一直以来被视为衡量国家数字化程度的关键指数。无论是网络连通性的体现、技术包容性的实现、业务平台化的构建，还是数字化企业的转型、安全网络空间的提供，及至数字治理和数据信心，在 66% 的人口活跃于社会化媒体，并且 41% 为 15 岁至 34 岁的年轻人的情形下，英国政府很难绕开社会化媒体谈数字政府理想，从政府部门和机构高达 85% 的社会化媒体活跃度（Statescoop, 2017）可以体会英国政府对这一新兴平台的关注。

然而，社会化媒体的使用规模并不代表其在政府治理中具有天然的优势。统计数据表明，尽管 Facebook、Twitter 这样的大型社会化媒体来势汹汹，英国网民依然会根据内容的主题差异选择包括电子邮件、短信和论坛在内的不同渠道加以分享（Statista, 2014）。同一调查显示，面对网络共享规范和隐私保护之间的冲突和矛盾，英国人的认知和态度同样相对理性和谨慎，相信数字新技术的机遇大于风险，持"数字乐观主义"态度的为 54%，认为数字隐私和保护至关重要的达 88%，拥有浏览网络随即删除 cookie 习惯的网民占 47%。

战略与数据所能揭示的只是英国政府社会化媒体传播理想与现实的表象，若探求本质特征和实际水平，则需追根溯源。社会化媒体"互联文化（culture of connectivity）"的提出者，社会化媒体批判学者范·戴克（J. van Dijck）认为，社会化媒体是一种在不到 10 年的时间里迅速发展起来的全新基础设施，与"线上社会性（online sociality）"和"线上创造性（online creativity）"密切相关，并渗透到文化的每一根纤维（范·戴克, 2018）。澳大利亚学者布伦斯（A. Bruns）则首创了"产用合一（produsage）"的概念，借以突出社会化媒体生产与使用相结合的"线上参与性（online participation）"文化（Bruns, 2008: 2）。社会化媒体平台与政府传播之间的社会性、参与性和创造性建设是相互构成、彼此成就的。正是走过了线上社会性的特殊历程，拥有了线上参与性的独到理念，走出了线上创造性的多层实践，英国政府社会化媒体传播才得以造就当前的成效，才得以解决浮出若干的问题。也只有通过对其转型的社会性历程、对其理念的参与性本质、对其实践的创造性模式加以分析，才可以相对立体、全面地呈现和理解英国政府社会化媒体传播的本质特征与实际水平。

一、转型：线上社会性的历程

包含信息、交流、协作和共享的社会性理念已是线下机构和个人融入社会化媒体的生态标识，其中既有政府，也有民众。英国政府用"转型（transformation）"来定性全新的数字政府战略的实施，政府社会化媒体传播作为转型拼图中的一块，在本质上是一场因循同时影响社会化媒体生态系统标准的线上社会性转型。与之相适应的是政府服务和政治传播的版本升级换代，英国民众在政府社会治理领域里的身份亦随之转变，包括公共服务理念中"客户"的社会性趋势和政治传播概念下"公民"的社会性养成。这一线上社会性历程构成了英国政府通过社会化媒体传播实现善治的重要背景，植根于英国的政务历史和政治传统，又具有现实解释性。

（一）政府服务2.0与用户社会性趋势

自1979年起，两届英国保守党政府的行政改革重构了政府、市场、社会在公共治理中的角色。撒切尔政府推行的大规模私有化政策，使得企业和社会组织成为公共治理的重要组成部分。梅杰政府发起的公民宪章运动，建立起了一系列政府服务公示、监督、咨询制度，让民众成为公共治理的检验者和参与者。随着公共治理的多元主体化，政府的服务姿态愈加显著，公众"被服务"的用户地位逐步形成。

1993年的《开放政府（Open Government）》白皮书，让英国成为全球开放政府行动的先行者，"开放政府"执政理念成为此后英国政府一以贯之的核心目标。英国政府于1997年发布《公众知情权（Your Right to Know）》，于2000年通过《信息自由法案（Freedom of Information Act）》，逐步实现了开放政府由"管理模式"向"法律模式"的转变（Clark, 1996）。正如威廉姆斯（N. Williams）所言，基于"新公共管理"的开放政府理念，以效率和责任为目标把政府决策推向开放，扩大了政策制定的参与主体，集聚了政策审视的广泛关注，同时增进了民众对政策实践和选择的了解（Williams, 1998）。

"电子政府"始于1999年，以英国政府发布《现代化政府》白皮书、《21世纪政府电子政务》《电子政务协同框架》等一系列文件为标志。这一战略不仅要达到政府所有公共服务项目全面实现电子化的"虚拟政府"目标，更强调建立"以公众为中心"的政府，是英国政府传播从渠道到理念的深度变革。如何在了解和满足"用户"的个性化需求的基础上,通过"用户"的参与来促进"电子政府"的应用和适应,从而实现公共服务的转变,成为电子政府技术基础搭建关注的重点。

基于20年的开放政府执政理念和14年的电子政府技术准备,英国政府的公共服务实现了从软理念到硬技术的进阶,而2013年"开放数据"项目和2017年"数字政府"战略的启动,则意味着硬技术与软数据整合新阶段的到来,英国已走在了世界各国前列。在这一阶段,英国政府强调围绕民众和企业的需求开放有效易用的数据信息,通过关联政府数据推进数据的透明性和再次使用率。因此,英国政府转型是一个"开放""电子"和"数字"相继启动、互为支撑的升阶过程。积极应用新兴信息传播技术和平台,创新政府传播理念、完善政府传播技术,构建政府传播框架,以此提升政府服务水平,吸引民众参与治理,重塑"服务用户"型的政民关系成为英国政府显在的转型趋势。

(二)政治传播2.0与"公民社会性"养成

英国政府服务的现代化转型以用户为宗旨,政治传播的现代化升级则以公民为要义。社会化媒体时代是政治与传播充分融合的时代,只有当以政府、政党、传媒和公众为主体的政治传播成长至以开放和互动为特征的2.0版本,为英国政府社会化媒体传播创造了公民线上社会性养成的适宜环境,使得政府通过创新形式的互动交流实施现代治理成为可能,立足于公共服务的英国政府社会化媒体传播才能真正实现其公众参与的理想。

一是介入社会化媒体的政府政治传播。截至2015年,英国地方当局的社会化媒体官方账号拥有率由多至少依次为:Twitter(100%),Facebook(90%),YouTube(65%),Flickr(54%),Instagram(38%)。政府机构以官方身份体验社会化媒体或与之"联姻",不仅仅意味着组织意图传播和社会舆论影响平台的拓展,更意味着独特的传播框架、全新的传播价值和未知的传播效果。而地方政府领导层格外热衷于以官方身份登录平台为其政治传播开疆拓路,则直接激励着组织成员积极参与和利用平台,影响着组织机构的平台运营方式。

二是嵌入社会化媒体的政党政治传播。五大英国政党无一例外都在普遍利用社会化媒体吸纳、构建、维系各自的"粉丝社群",这一线上共同体被认为"延伸了政党的组织边界,扩宽了政党成员的人际范围,吸纳了社会网络中的分散力量",政党组织结构走向"扁平化、网络型、松土式、弹性制"(韩前广,2017)。选举动员方式的变化则在 2010 年和 2015 年两次社会化媒体时代的英国大选中有着鲜明体现。以 Twitter 为例,2010 年大选还只是政党政客主动将 Twitter 作为单向沟通形式(Graham et al., 2013)。至 2015 年,公民在 Twitter 参与选举政治动员、表达政治呼吁的主动性得到了大幅提升,文本政治呼吁、Hashtag 行动聚集①、动员内容分享和频繁加量发帖成为公民与政党传播互动的四大策略(Segesten & Bossetta, 2017)。

三是接入社会化媒体的传媒政治传播。英国传媒业的数字化转型与政府同期起步于 20 世纪 90 年代网络的兴起,虽然大众传媒关于政治新闻传播的核心要义并未被撼动,网络政治传播加强政治参与,加深政治理解的影响力已深入民心。20 多年来,传统媒体政治传播以开放的形式在技术、编辑、评论和数据等层面逐步接入社会化媒体,在塑造"公民社会性"养成方面起到了关键作用。英国最早致力于网络转型的《卫报(The Guardian)》以"开放"为理念持续探索社会化媒体政治传播共赢模式,其 2010 年的"议员的花费"、2012 年"税款去哪儿了"的政治新闻"众包"项目之所以全球瞩目,就是因为得到了全英公众在社会化媒体平台上的热烈响应。

四是融入社会化媒体的公众政治传播。英国国民素有追求自由、理性竞争和渐进改革的传统文化精神、民族性格、政治心态和公民素养,国家民主政治制度又以民众参与权利的扩大为主线,讲求参与、协作、共享的社会化媒体平台一经普及,便拉动了英国公众参与"指尖政治"的热情。社会化媒体平台的公众政治传播勃兴的一个突出现象就是"公民新闻"浪潮在英国的出现。社会化媒体带来了英国公众政治传播的"数字参与模式"转向,催生了"新闻生产者""新闻贡献者""消息来源者"和"新闻评论者"四种地方公民新闻生产角色类型,在政府公共传播和参与战略中发挥着重要作用(Firmstone & Coleman, 2014)。

---

① 指通过围绕特定主题的"#XX"(Hashtag)标签来聚集人群、发起行动的社会化媒体互动传播策略。

二、权衡：线上参与性的理念

"参与式文化"通常被视为社会化媒体区别于传统大众媒体"广播式文化"的本质所在，前者基于双向互动，重在用户主动参与制作和创造，后者基于单向传送，重在受众被动接收和消费，线上参与性是社会化媒体传播的本质。在英国，公共服务为政府现代化转型的主线，并且仰赖政府、社区、私营部门、非营利机构等多元利益攸关者的贡献，包括公共服务享用者本身，英国公众参与公共服务的传统也因此由来已久。社会化媒体的参与性本质前所未有地激发了政府致力于公众参与式公共服务的线上理想，不过其理念以线上参与性的理性权衡为特征。

（一）以交往为目标，同时考虑参与的困境

英国政府将调动政民交往（public engagement）视为公共服务数字转型的目标，对英国公众的公共参与（public participation）所面临的现实困境亦不乏理性的考虑。社会化媒体的核心要素包括用户主导的平台（Web 2.0）、用户原创内容（UGC）和社交网络（Social Networks），英国政府对社会化媒体在政民交往中增进公众参与的这种独特优势有着充分的认知，并在努力付诸实践。比如，食品标准局通过食品安全传播优化公众关系（Panagiotopoulos, 2015），交通运输部门通过动态交通信息互动提升公众体验（Gal-Tzur et al., 2014）。

然而，在过去 20 年里，以网络为基础的电子政务究竟在多大程度上提高了政府透明程度、完善了问责制度、强化了服务反应能力、提升了公民互动水平？这一直处于英国政府的追问之中（Lowndes et al., 2001）。英国政府社会化媒体传播同样心存疑问，并清醒地认识到技术本身并不能克服公众参与所面临的困难，例如是否能切实激励公民、如愿提高效率和真实创造丰富的面对面交流机会。也正因如此，第三方制定游戏规则的社会化媒体平台并未被英国政府视为唯一的或核心的公众参与渠道。当前英国政府积极通过社会化媒体介导公众参与的动因主要还在于平衡性财政政策，以削减和平衡为特点的财政现状让英国政府将目光更多地投向参与成本低、参与效率高的社会化媒体。

（二）以传播为手段，同时认识沟通的局限

本着"民众在哪里，政府就应当在哪里"的朴素理念，英国政府对官方入驻社会化媒体平台乐此不疲，理由很简单：社会化媒体以其"即时性""互动性""共享性"的传播特征，为调动公众参与积极性和提高公共服务反应力带来了三种实质性的好处：提高参与效率，实现双向沟通，提供舆情走向。在2017年11月牛津街恐怖谣言事件中，伦敦市警察局公共信息分队为最大限度地减少谣言传播，利用社会化媒体搜索、接触正在谈论此事的公众，征招他们扩散官方信息，从而大幅提升了官方信息覆盖范围和效率，达到了稳定现场局面、促成危机解决的效果。此举诠释了社会化媒体在促成开放、互利的政民关系中所扮演的关键角色。

然而，类似于此的公众参与调动，并非政府常规动作。Brandwatch 公司的调查显示，英国公共部门机构并没有及时跟上社会化媒体围绕自身的广泛对话，在平均每天5200条关于政府机构的 Twitter 中，只有41条来自机构官方账号（Jones, 2016）。这表明，英国政府对社会化媒体并非全情拥抱，对这一新的沟通手段有所忌惮。社会化媒体官方传播确实更加广泛，但是沟通并不一定导致参与，也可能因为被关注而被嫌弃；社会化媒体官方账号确实更加正式，但是沟通并不是在孤立的空间中进行，要在信息潮水中发挥中心作用绝非易事；社会化媒体官方传播确实更加迅速，但是未必能在线下获得及时落实——尤其当线上承诺超出现实能力时，其结果往往是怨声载道。

（三）以平台为介质，同时摆正技术的地位

平台是社会性建构的核心力量，政府作为平台的用户，受这种社会性建构影响，又以平台为介质去影响接受公共服务的用户，继而对平台建构产生影响。意识到这一点，就不难摆脱对平台及其技术的盲从和迷信，做到理性正视。得益于学界持续的反思式研究、政府人员的媒介素养培训、舆情咨询公司的年度分析报告，这一介质的功效在英国并没有被神化，相反表现出普遍的冷静和理性。

一项利兹市政社会化媒体与公共参与的调查显示，几乎所有受访人都认为，政民交往的过程远比所采用的工具更重要。市政部门的政民交往路径更多地由特定背景下"交往"的含义而非工具和技术的可用性来决定（Firmstone & Coleman, 2015）。交往工具选择的错误通常只会导致公众未能

参与市政，交往实施过程的失误则会导致严重的政民信任问题。而且，社会化媒体本身根本无法以一己之力去激励克服传统上长期存在的公民参与障碍。在此情形下，英国政府更多地则是将社会化媒体平台视为一种改善方式、补充介质，进行社群化、反思式和挑战性信息流动和行动回馈的空间，而不是一个全方位的替代方案。政府自有数字互动平台、数字化转型的主流媒体、非政府组织仍然是传播公民信息、引发公众舆论、引流公众参与的关键渠道。

（四）以公众为驱动，同时正视网众的复杂

社会化媒体正在重新界定和组构公众在英国政府治理中的作用。一方面，以公众为驱动的政府社会化媒体传播影响着治理效率。与公众进行协商是英国市政运行的法定条件，而平台上每天都在发生的对话，以及其间存在的风险和挑战，持续为政民交往增压，继而成为政府激励和吸纳公众参与治理的显著驱动力，并最终成为真实推动治理效率的重要因素。另一方面，以政府为对象的公众社会化媒体参与改造着治理模式。公众传播成为管理机构利用现有社会网络预判公众舆情的依据、获取治理经验的手段和讨教专门知识的机会；公众传播促成了政治沟通风格和交往类型走向多元化，重新决定了政民之间的话语规则和话语因素，将部分市民或公民社群置于影响政府决策的意见领袖地位；公众传播让政府越来越意识到政民风险沟通所面临的新挑战，社会化媒体舆情监测、干预和利用便成为英国政府新的投入方向。

对于虚拟平台网众的复杂性，英国政府并不是盲目乐观。社会化媒体平台的网众超越了现实社会治理中习以为常的时空边界、组织边界、技术边界和知识边界，传播对象边界的模糊性和虚实的不确定性影响到政府公共服务的效度。数字鸿沟致使那些表达自信、思路清晰、数字资源充足、数字技能娴熟的人往往更有可能实现公众参与，不成比例的网众发声加剧了现实社会的不平等，加大了政府公共服务的难度。而在全民数字素养教育理念中耳濡目染的英国网众，被反复强调"不仅要有数字环境中的生活和学习能力，还需具备批判性思考和研究的能力"（JISC，2014），对政府传播的信度提出了极高的要求。

三、服务：线上创新性的实践

公众参与在英国国家政治和社会生活中具有很长的历史和重要的影响。公众参与，一方面可以让政府决策更科学，另一方面可以使公众更好地理解政府即是服务，也更容易让公众成为政府善治的保护者、监督者，更有利于实现共治（环境保护部宣传教育司公众参与调研组，2017）。根据公众参与程度的递进可以将社会化媒体生态下的英国政府公共服务分为不同阶段，对其线上服务创新实践加以呈现。

（一）公共信息式线上服务

由于在运用社会化媒体与公民互动方面尚存在勇气不足、技能欠缺，英国政府部门向公众提供的大多还是以信息发布和信息推送为主单向传播服务。其实，在社会化媒体这一互动平台，任何可能增加公众市政认知的政府信息行动都是互动性的，都是高阶公共参与的起点，与传统信息传播方式有着本质不同，具有快乐分享、快速反应、快捷沟通的互动参与价值。

经过近 15 年的尝试，最初单纯的信息发布服务正在以更加贴近公众敏感性和逻辑性的话语方式出现。不仅如此，由于社会化媒体传播生态本身的创新性，各种不同平台特征还在为公共信息式线上服务不断输入新鲜血液，政府部门因应机构职能而选择平台面向特定公众，根据项目功能而选择应用实现特定意图，呈现出一派别开生面的传播图景。早在 2008 年 10 月就创建了 Flickr 账号的英国国家档案馆，图片档案上传达 2 万多张，包括有千年历史之久的羊皮纸档案。24 岁以下的青年用户达 46%的 Instagram，2015 年初有网红气象，便拥有了 38%的英国地方议会账号（BDO，2015）。2014 年 5 月，布莱克本和达尔文市议会联手作为英国政府 Snapchat "第一户"，这是一个伴随 4G 移动网络而兴起的 "阅后即焚" 照片分享应用，该政府账号提供仅持续 10 秒的 "议会选举投票提醒" 服务，作为鼓励人们投票的新方法，有助于制造紧迫感，让智能手机不离手的选民切实地感受到选举近在身边。

（二）公民对话式线上服务

对话式的公众参与，其成功的标准与交往的形式密切相关，以交互式的观点交流为典型特征。社会化媒体便是这样一类交互平台，政府和公众在这个平台上讨论并解决公共事务，提供并享有公共服务。2015年7月由英国政府和议会发起，旨在促进英国政府与民众的互动，以及公共事务的解决的"线上请愿（e-petitions）"①活动，便是一项高度依赖社会化媒体渠道传播和传导公民对话式线上服务的创新模式。

英国公民和居民可以发起一项申诉，当签名支持数量达到1万以上时，该申诉会得到政府的回应并考虑在议会进行辩论。线上请愿运动可以说是让议员和政府"想民之所想，急民之所急"最快速、最简单的方式。该网站运行第一年，收到23232份请愿书，接受并公布了6121份请愿书，进入议会辩论的请愿仅20份，以不符合规则为由拒绝的请愿高达两倍之多。这表明，帮助人们了解请愿网站和请愿诉求是何其重要，而社会化媒体恰恰是在传播诉求、集思广益、动员请愿和引流入网等方面功不可没，在请愿网站签名的所有用户中，近一半是通过社会化媒体访问的，其中Facebook占其中的大部分。这一公民对话式线上服务，若脱离社会化媒体生态根本无力存在。而且，请愿辩论并不意味着请愿要求被最终落实，辩论只是议员讨论问题的一种方式，其效果甚至不如请愿本身在社会化媒体平台传播所产生的影响力，社会化媒体平台的公众参与的价值还在于公共教育的达成。

（三）公众协作式线上服务

英国有学者提出，社会化媒体互动特性促进政府与民众互惠机制建构的理念，民众可以更充分表达民意，政府则可以完善治理（Ellison & Hardey, 2014）。进入协作阶段，公众参与已走出单纯的信息接收、表达民意和互动对话的层次，政府通过社会化媒体平台的治理，进入了赋予权力的过程，在这一过程中公民既是政府决策和服务的接受者，也可以成为政府决策制定和服务提供的合作伙伴。2011年4月，卡梅伦政府持续3年的"红带挑战"计划就是公众协作式线上服务的典范。

红带（Red Tape）在英语中有繁文缛节之意。英国有2.1万多项现行的法规和条例，包括多年来阻碍商业发展、经济繁荣和社会进步的过渡性行政法规。每隔几周，政府就会公布一个特定部门或行业的所有规定，公众、企业和非政府组织可以通过社会化媒体、电子邮件对此加以响应，集中讨论某行政法规、管理政策的合法合理性，实际效用，提出简化、取消或改进的建

---

① 英国政府"线上请愿"官方网址：https://petition.parliament.uk/.

议，经过相关部门充分听取线上反馈，并加以论证，完成规定政策的简化、取消或改进，从而减轻由烦琐的政府监管所带来负担，促进商业和经济增长，节省行政开销。截止到 2014 年计划终结，经社会化媒体平台传播推广和网民参与，"红带挑战"计划举国瞩目，共收到 3 万多条评论，讨论了 28 大类 100 个子类共计 5662 个可以废除或得到改进的政策法规，并成功简化或取消了 800 多个政策法规，共节省开支 15 亿英镑。①"红带挑战"计划运用社会化媒体创造的线上社会性和参与性语境，以"众包"协作的形式创造了政府治理权力下放的机会，不仅改进公共服务，也促进了政府改革。

结　语

社会化媒体传播在英国政府数字战略中的地位和作用已不言而喻，在英国政府公众参与式公共服务的环境、理念和实践中，在活跃而理性、创新而谨慎的政民社会化媒体交往中，可以感受到认同感的形成、体验性的实现、信任度的恢复和伙伴式的支撑，由线上及线下，由虚拟至现实。但是，社会化媒体是把双刃剑已成为共识，成效与问题共存，英国政府的社会化媒体传播也不例外。除却传播风险、数字鸿沟和个人隐私等在全球范围内普遍存在的政府社会化媒体传播问题，英国具有公众参与式公共服务特质的社会化媒体政府传播环境、理念和实践，必然存在英国独有的传播问题，综合分析，主要体现为以下四个问题。

1. 系统问题：一致规划与分散运用

由于社会化媒体属于第三方传播平台，社会化媒体传播又只是英国数字政府战略的子部分，不同于电子政府时期政府部门建网建平台的专门性和自控性，数字政府战略无力对社会化媒体战略进行系统部署和指导，只能提供基本的传播理念和传播案例，英国各级政府的传播基本处于零敲碎打、自行摸索状态。不同级别的议会，不同职能的部门，不同岗位的人员，在不同的事件中使用不同的社会化媒体工具，创新方法层出不穷，但是数字参与战略

---

① 鉴于"红带挑战"计划已宣告结束，官网已停止服务，数据源自官网"About"介绍页面，具体内容参见：https://webarchive.nationalarchives.gov.uk/20150522175321/; http://www.redtapechallenge.cabinetoffice.gov.uk/home/index.

意识尚不清晰，专门知识有所欠缺，运用水平参差不齐。如此一来，社会化媒体自带的连通性及其连通性资源无法在政府传播中显现出自身的优势，英国政府所期待的一致规划理想与分散运用现实的矛盾问题就浮现了出来，通过社会化媒体传播提供公众参与式公共服务存在的不公平问题就不仅仅是数字鸿沟所能解释的。

2. 定位问题：政府转型与治理机遇

社会化媒体在英国以公共服务为本质的政府改革中究竟是什么角色？政府部门、政界领袖、公务人员大批量地嵌入和倚重社会化媒体对于政府而言究竟意味着什么？这就是政府转型，或者这只是治理机遇？15年的实践经历已有，如何定位政府社会化媒体传播对于英国政府而言格外迫切。显然，英国政府的转型不是社会化媒体传播足以解决的，数字政府是基于开放政府和电子政府的进阶，社会化媒体提供的是一个全新的政府治理机遇和生态。它需要政府运用社会化媒体的线上社会性、参与性和创造性的思维和资源去思考政府如何开放化，政府如何电子化，政府如何数字化。将全球社会化媒体平台作为转型工具到底怎么用是政府传播近15年的问题，未来10年的问题应当是全球社会化媒体平台作为互联生态到底怎么生存其中。以专业、专门、专项的电子政务为基础，建构与社会化媒体生态和资源相适应、相结合的政府数字服务体系将是英国问题解决的关键。

3. 路径问题：接受治理与消费服务

以"政民交往"为目标、以"公共服务"为要义的英国社会化媒体政府传播对于公众而言存在路径困惑，公众既在作为民众接受治理，又在作为用户消费服务。只有当公众参与治理真正等同于公众消费服务的情形下，也就是政府治理与公共服务的同一性得到最大程度实现的情况下，即超越组织界线"向后及于服务提供者，向前达于服务消费者"，建立了政民之间的参与信任和服务信任，政府的社会化媒体传播才能实现其线上理想，否则公众对自身参与行为和政府服务行为的质疑都会成为一种常态。现代政府治理是以公共服务为核心内容的公共权力分配、公共资源协调、公共事务管理的总和（吴军宏，2014），社会化媒体扩大了公众参与其间的可能，其最大的作用并非对公众治理接触行为的改变，而是对政府治理公共传播方式的改变，如何让公共参与成为公共服务的一种，关键取决于政府的改变，英国政府与这一境界尚存在较大距离。

4. 模式问题：公共社区与商业营利

由社会化媒体平台构成的"互联媒体生态系统没有提供一个隔绝商业空间的单独空间用于公共平台"（范·戴克，2018: 159），各大社会化媒体公司的运行模式从本质上是以社会性、参与性和创造性为卖点的商业性平台。吸引英国政府怀着公共服务理念介入其中的是它们的公共社区精神，吸引英国民众以公众参与姿态活跃其中的则是它们民主赋权精神，而无论是公共社区精神，还是民主赋权精神，都在社会化媒体平台的运营过程中被渗透在了其商业动机和强制规范中，并正在被社会化媒体时代的"数字土著"们视为理所当然的政府治理公共服务设施。公共社区理想与商业营利现实带来的是政府公众参与式公共服务的模式难题，开拓社会力量参与的多元模式，保持公众意见表达的多样渠道，不去纵容社会化媒体平台上的舆情音量决定政策走向，避免听证、公示、咨询、责任等政府治理制度出现失灵状况，才能有效解决这一问题。

总之，面对公众参与式公共服务政府转型的现实需求，单纯的社会化媒体政府传播战略、策略并不是英国政府可以倚借的唯一路径，如何推动建立一个能够兼顾各方利益且符合社会化媒体生态中社会性、参与性、创造性和商业性等基本特征的治理体系，是摆在英国政府治理面前的一个巨大挑战。

第三节

冲击与革新：
日本政府社会化媒体传播

作为世界第三大经济体，日本自认为在经济实力、政治管理、教育水平及国民素质等各个方面都处于世界领先水平。但是，他们也深知自己国家存在着相当多的问题与危机。在历年日本总务省及内阁府的工作报告中可以看到，社会少子高龄化所带来的生产力的低下、人民收入的停滞、日本国内市场的萎缩、社会活力的减退，以及由于全球化带来的国际竞争的激烈、环境资源的制约、地区差异、自然灾害等都是困扰日本政府多年的难题。如何从现实社会的困境中走出从而保持国力的全球领先，日本政府对于数字技术寄予了厚望。

从 20 世纪 90 年代互联网出现至今短短 30 多年间，日本关于数字信息处理技术的概念由 IT（Information Technology）进化到了 ICT（Information and Communication Technology），关注的重点由单纯的信息技术的开发转变为人与人、人与物的信息交流。近年来，一种更为崭新的 IoT（Internet of Things）的概念逐渐深入日本通信、设计、制造等各个领域，认为通过互联网，未来所有物品都能够搜集、存储和分析数据，实现物与物的沟通，并成为人类的助手和伙伴，从而使得人类社会展开新的纪元——Society 5.0。

在自然环境、人口环境与社会环境一直危机四伏的日本国内，社会化媒体作为实现 inclusion（包容）与 innovation（改革）的重要工具，成为 i-Japan 战略布局中的关键词，成为日本政府实现善治的重要一环，也成为一向危机感十足的日本民族自救、自足、自信、自强的寄托。

在日语中，"社会化媒体「ソーシャルメディア」"是一个外来词，为英语 social media 的音译，因此在定义上与西方没有大的差异，都是由使用者之间互送信息产生关联从而形成的媒体。但是在日本，社会化媒体不完全是一个舶来物。由于生存土壤的不同，它的发展目标、轨迹、特征、表现形式都与欧美其他发达国家不同，体现出了日本国家的特色。本节将首先梳理日本社会化媒体的发展环境，然后归纳日本政府社会化媒体传播的理念，总结其具体实践中体现的特色，最后指出目前存在的问题。

一、生存环境

政府完成利用社会化媒体实现善治，既需要匹配完善的硬件设施，也需要现实社会中民众的呼应。对于日本政府来说，后者是更为重要。

（一）不断升级的网络环境

日本是一个网络高普及率的国家。根据 2018 年 1 月 Hootsuite《全球数字报告 2018（*Global Digital Report 2018*）》的调查结果（Hootsuite, 2018a: 31-32），日本网民的人数占全国人口的 93%，远高于 53% 的世界平均水平。日本总务省《平成29年通信利用动向调查的结果》表明，2017年日本网络个人利用率达到了80.9%，其中13岁至49岁的青壮年人群的利用率在96%以上（日本総務省，2017）。

日本网络使用环境也相对优越，目前3G/4G在移动通信中的使用率达到了98.7%，位于世界第7位。网络下载速度达到平均78兆比特每秒（MBPS），也高于美国、加拿大、法国、英国、德国等欧美发达国家，位居世界前列（Hootsuite, 2018a: 35）。

获得这样的成绩与日本政府一直以来都重视发展信息化社会不无关系。"二战"结束后，日本不甘落后于欧美强国，积极引进国外技术发展通信业。昭和48年（公元1973年）日本总务省发布了第一次通信政府报告（「通信白書」），题目为"生活与通信"，回顾了日本通信技术从日本明治政府建立以来的轨迹。从通过有形工具来实现传播的邮政事业，到利用电波进行交流的电报、电话、广播、电视，逐渐进化到了计算机出现后的数据通信，日本的通信建设一直紧追欧美强国。特别是20世纪80年代，日本通过信息技术领域的自主开发，甚至一跃成为仅次于美国的第二大信息技术大国。但是，由于泡沫经济的影响，日本信息化社会的进程一度停滞，面对这一危机，日本政府开始了反思与规划。

1. e-Japan战略

1994年是日本信息化革命的重要一年，在日本政府当年的通信白皮书《多媒体开拓的信息通信的新世界》中，就提出了通过多媒体实现"无论何时、何地都能够即时地通过对话的方式获取高品质的、多样化的信息"的构想，并切实地制定了"面向21世纪新的信息通信基础整备计划"（日本総務省，1994）。1995年至20世纪末，日本政府网络基础建设全面展开，日本逐步进入了高速信息通信社会。

进入21世纪，日本加快了成为世界IT大国的步伐。日本政府不仅在2000年制定了《高度信息通信网络社会行程基本法（IT基本法）》，还基于该法律于2001年在内阁设立了"信息通信技术战略总部（IT战略本部）"，相继提出IT基本战略——e-Japan战略、e-Japan战略Ⅱ，力求通过整备超高速网络基础设施、优化电子商务环境、完善电子政府及强化IT人才培养等努力使得日本在5年之内成为世界最为先进的IT国家。在这一阶段，日本政府的战略重心开始逐渐从基础的网络通信硬件设施建设转移到了IT在生活中的实际推广。从成果来看，2005 年日本网络使用人数达到了 7948 万人，普及率为 62.3%，比 e-Japan 战略实施之前的 2000 年增加了 3200 万人，普及率提高了 25.2%。此外，企业的网络使用率接近 100%，B2C 的实施率以电脑媒介的为 28.9%、手机为 9.1%，网络广告在 2004 年也超过了广播，成为第四大广告媒体，网络银行从 2001 年到 2003 年两年就扩大了 4 倍（日本総務省，2005）。网络信息化进展迅速。

2. u-Japan 战略

由于经济持续低迷、少子高龄化社会问题加剧及国际竞争不断白热化，日本不敢也没有停止前进的步伐。2006 年日本总务省又提出了 e-Japan 的后续战略——u-Japan 政策（ubiquitous，ユビキタス，无处不在）。其最大的特征是在 IT 战略中加入了 C（Communication），强调要建构 ICT（信息交流技术），提出要在 2010 年建立"无论何时、无论何处、无论做什么、无论是谁"都可以体验到网络便利的泛在网络社会。这一阶段与前阶段相比，日本政府的视角开始了改变，其战略的立脚点已经从政策制定方、信息技术提供方能够做什么（政府和企业的行为）转移到了政策参与方和技术使用方可以得到什么（日本广大民众的接受度），也就是技术服务民众的思想。这一转变使得整个国家的信息化真正得以实现。此外，这时的日本希望把自己这种对于信息化的设想推广至全世界。它的目标早已不再是五年前的追上 IT 产业发达国家这么简单，而是要在 2010 年之前成为世界上最先进的 ICT 强国，作为国际领跑者影响整个世界的 ICT 发展。

在日本政府 u-Japan 的战略布局下，到了 2010 年日本网民数量达到了 3458 万，FTTH（超高速光纤宽带网）用户数达到了 1977 万。移动用户数量已经达到了 11954 万，与 2004 年相比增长了 37%。而且采用移动设备上网的用户比例达到了 83.3%（日本総務省，2010），基本做好了接纳社会化媒体的硬件准备。

（二）逐步开放的日本受众

虽然日本的网络环境世界领先，但从社会化媒体的利用程度来看，日本并没有领先于世界。Hootsuite 数据显示，2018 年日本社会化媒体利用人数增长了约 700 万人，与 2017 年相比提高了 11%，但是利用率仍仅为 56%，低于大多数欧美发达国家，并且低于中国的 65%。从具体行为来看，日本人

Facebook、Instagram 的使用比例明显低于美国、英国和德国。日本人对于社会化媒体的热衷程度与对其功用的认识也与欧美存在明显差异。

不仅是个人,日本总务省提供的数据表明,目前使用互联网的企业中利用社会化媒体的企业比例仅为28.9%(日本総務省,2017)。日本中央政府与地方政府对于社会化媒体的利用还处于初级阶段。虽然在 e-Japan 提出伊始,实现电子政府已被提上日程,但依据2018年早稻田大学电子政府与自治体研究所发表的第14次世界电子政府先进度排名,日本在世界65个信息交流大国中排名第7,与"世界上最先进的信息国家"建设规划目标仍有距离(早稻田大学电子政府自治体研究所,2018)。造成这种网络环境高配置与社会化媒体传播低势能差距的原因可以从日本民众(或者说民族)的思维模式与生活惯性看出端倪。

1. 对传统媒体的依赖

社会化媒体具有创造与他人建立新关系的机会,加强与现有的亲朋好友的联系的功用,同时也是民众收集信息或者打发时间的工具。但是,ICT 2018年的问卷调查结果显示,日本受访者对于社会化媒体树立新的朋友关系及加强现有联系这一功用的认同远低于美、德、英三国。对于他们来说,社会化媒体的作用更体现在获得自己感兴趣的信息及身边生活区域发生的话题,它仍然是单向的信息载体,是传统媒体的延续。

由于特殊的地理与自然环境,日本民族对于信息的敏感度较高,他们热衷于关注新闻,并且习惯于通过传统媒体来获得信息。具体来说,日本的报纸杂志行业虽然近年来受到了互联网新媒体的冲击,但是根据日本报纸协会的调查,2018年10月日本报纸发行总数为4892万份。其中,世界发行量最大的报纸《读卖新闻》推定其读者数目在2000万人左右。第二大报纸《朝日新闻》的读者也有近1370万人[①]。根据日本2018年信息通信白皮书第268页的统计,2017年日本民众工作日实时观看电视节目的平均时长为159.4分钟,长于网络的100.4分钟。实时观看电视民众的比例为80.8%,略高于使用网络的78.0%。休息日的差距更为明显,观看电视的平均时长为214.0分钟,长于网络的123.0分钟。观看电视的比例为83.3%,高于网络的78.4%。

---

① 参见《读卖新闻》媒体数据(发行数量、发行区域以及读者数据等):http://adv.yomiuri.co.jp/mediadata/index.html#target。

此外，据此调查，日本民众仍有50%以上的人把电视选为"最快获得世界动态"及"获得最可信信息"的首选媒体（日本総務省，2018a）。

2. 日本文化中的"内外有别"与"不给外人添麻烦"

在Facebook、Twitter和Instagram上，在解读日本人的文化性时，常常提到"内外有别"这个概念。中根千枝（1972）认为日本社会的构造是长辈与晚辈、前辈与后辈这种纵向关系构成的。因此，对于从这一组织内部观察到外人的态度是排外的，甚至是怀有敌意的。日本人并未完全适应社会化媒体的开放性，所以多数人并不善于在社会化媒体上披露自己的情况，或者对于他人的发言进行反馈，而是仅仅采取阅览、观望的态度。无论是Facebook、Twitter、Instagram，还是相对在日本使用率较高的Line，积极发布消息或者发言的人群都远远少于阅览他人消息的人群。

日本心理学家土居健郎在《撒娇的构造》一书的第二章中也提出，日本人善于通过"内"与"外"来判断人与人之间的关系。对于外人，他们是警惕的，而且不希望自己的行为打扰到别人（土居健郎，2007）。日本2018年信息通信白皮书的调查结果表明，日本更喜欢通过电子邮件实现与他人的联系。20岁至69岁之间成年人使用电子邮件的比例都在80%以上，均高于社会化媒体的利用率。此外，对使用社会化媒体人群问卷调查的结果显示，通过社会化媒体"交到新朋友""找到了可以交流的人""加深了和家人朋友的交流""强化了现有的关系"的人群比例都低于20%，远远低于美国、英国、德国等欧美国家。

3. 老龄化社会的特殊性

日本从2010年起人口开始减少，2010年至2016年已经减少了约100万人。另外，老年人（65岁以上）人口的比例也出现上升趋势。从1950年的4.9%增长到2016年的27.3%。据预测2026年将达到38.4%。老龄化的不断加剧对日本社会化媒体的发展影响巨大。日本总务省调查统计日本从未使用过社会化媒体民众比例为19.4%，而60岁以上人群的这一比例达到了30%以上（日本総務省，2018b）。

高龄者对于新事物的接受速度远比年轻人要慢。作为社会化媒体的重要载体，智能手机自2010年开始在日本普及，2017年的数据显示：20岁年龄段的持有率为94.5，30岁年龄段的持有率为91.7%，40岁与50岁年龄段分别为85.5%和72.7%。但是，60岁与70岁年龄段的持有率仅为44.6%和

18.8%，年龄层之间的差距非常明显。因此，在日本总务省的信息通信报告中，2017年日本民众总体上使用智能电话的比例仍然低于电脑，与美国、英国、德国相比落后明显。老龄人对于传统媒体依赖程度也远甚于年轻人。无论是工作日还是休息日，只有10岁与20岁的年轻人其网络利用时间长于电视。从30岁年龄层开始，电视的实时观看时长均大于网络使用时长。60岁人群电视观看时间长达252.9分钟（工作日）与320.0分钟（休息日），而上网时间仅为38.1分钟（工作日）与44.6分钟（休息日）。另外，据日本内阁府2016年"关于高龄者生活与意识的国际比较调查"结果显示，日本老人对于亲人的依赖程度与美国、德国、瑞典接近，但是对于朋友或者邻居的倚靠程度与这三个国家相比低了20%及以上。日本老年人与家庭之外的人的疏离可见一斑。

（三）产业与自治体等组织的初步利用

由于社会化媒体的便利性、及时性等特征，日本各个产业开始在社会化媒体上开设账号，利用社会化媒体进行企业宣传及积极获取用户需求及反馈，但从数据来看仍在处于起步阶段。日本总务省2014年信息情报白皮书指出，日本制造业、商业、信息通信业和服务业开设社会化媒体账号的比例在20%至30%之间，而农林水产业、建造业、电力煤气行业、房地产业、运输业的利用率更低，仅在10%到20%之间（日本総務省，2014）。利用SNS收集顾客意见信息的比例则都在20%以下。2018年日本总务省"ICT带来的革命与新经济形成的调查研究"中提到的"国际企业ICT引进及使用状况调查问卷"显示，日本企业中回答已导入ICT的比例为70.2%，低于美国的80.8%、英国的94.4%及德国的93.8%。日本企业社会化媒体的利用率也同时低于美、英、德三国多个百分点，例如日本企业中使用公司内部SNS的比例为23.5%，积极使用的比例为7.3%。而美国企业的数字为64.1%、35.2%；英国企业的数字为53.6%、25.7%（日本株式会社三菱综合研究所，2018）。

另外，日本线下组织对于社会化媒体的利用从总体来说并没有欧美普遍，街道、自治会的利用率只有16.0%，而美国达到了70.3%，英国为69.9%。即使是利用率较高的PTA及志愿者团体、学校同窗会，也仅为40%以上，与欧美相比较更低（见表2-1）。

表 2-1　线下团体对社会化媒体的利用（国际比较）[①]

团体名称		社管委/居委会	家委会	农业协会团体	工会	消费合作社等团体	志愿者团体	居民运动团体	宗教团体	同学会	离职公司职员团体
日本	利用率/%	16.0	41.3	21.1	23.8	16.0	41.3	25.0	11.1	43.9	48.7
	N	212	46	19	42	25	46	8	18	139	158
美国	利用率/%	70.3	59.3	60.0	55.2	63.9	57.2	49.1	55.2	73.3	72.4
	N	202	54	65	67	72	187	53	210	75	170
德国	利用率/%	53.4	58.3	69.0	50.6	47.2	52.6	38.0	56.4	47.4	60.9
	N	118	60	29	81	36	133	50	55	38	169
英国	利用率/%	69.9	51.0	56.9	57.1	64.2	63.4	39.3	37.5	54.8	69.8
	N	153	51	58	49	67	123	56	72	31	149

* 统计数据采自参加各个线下团体的人；为了与其他国家对应，日本的数据排除了 70 岁到 79 岁人群。

二、发展理念

社会化媒体作为一种新的线上交流平台已经被看作社会构成的一部分。2018 年日本总务省在信息通信报告书中将社会化媒体定义为"博客、社会性网络服务（SNS）、视频共享网站等由使用者发送信息而形成的媒体"。在日本，社会化媒体包括 Facebook、Twitter、Instagram、Line、其他的 SNS（如 Mixi）、其他的在线聊天（如 Skype）、博客、信息与评论共享网站（如価格.com、食べログ）、公告牌、公邮、在线游戏等。

这些社交平台按照交流的形式可以分为两类。一类是"广场型"，一类是"加料型"。"广场型"的主要是由运营商设立一个交流场所，参加者对某一特定主题参与信息交流，是需要人的集合才能形成联系，如区域性的 SNS、Mixi，或者介绍美食等的口碑网站。而"加料型"是指每个人都根据自己的情况提供信息，由于人们已有的关系而形成信息的进一步传播。比如，Line、Facebook、Twitter 等这些属于"加料型"。"加料型"的平台仍可以根据使用者的习惯分为发送个人信息比例较大的媒体和阅览获取情报的媒体。在日

[①] 该表格数据源自日本总务省《关于通过 ICT 实现包容的调查研究报告书》，参考：http://www.soumu.go.jp/johotsusintokei/linkdata/h30_03_houkoku.pdf。

本，Line 和 Skype 是人们用于和亲近的人发送自我情况的媒体，而 Facebook 与 Twitter 主要还是获取信息。

虽然社会化媒体表现形式多样，但是，日本政府对其认知及规划的理念是统一的。日本总务省的"2017年通信利用动向调查"明确了日本社会化媒体的特征是"为促进使用者相互联系采用各种方法从而能够从视觉上把握彼此的关系"①。其中有一个重要的关键词就是"联系（繋がり）"。与欧美国家所强调的"参与""互动"这些表示行为的词不同，日本政府更加强调行为的结果即"形成人与人之间的联系"。

历年来的日本信息通信报告都可以看出，日本政府对于社会化媒体的期待首先就是促进人与人之间的联系。"我们认为，社会化媒体在加强人与人的连接，重造以及形成纽带，解决个人身边的不安和问题等，藏着可以对现实世界产生正面影响的力量。"②（日本総務省，2011）在少子化老龄化的背景下，日本人口不断减少，政府必须面对由于单身家庭，特别是老年单身家庭及单亲家庭可能造成的国民的社会性孤立与孤独。此外，人口减少直接带来的问题就是劳动力减少。加强女性、老年人及残疾人的社会参与度，特别是就业也成为需要考虑的课题之一。为了在持续低迷的世界经济中一直保持日本 GDP 的领先地位，为了保持日本社会的活力与健康发展，为了真正发挥社会化媒体的优势，为了实现"人与人的联系"，日本政府对社会化媒体的规划围绕"包容""实用"及"安全"等理念展开。

（一）力求体现包容

日本总务省近年来的信息通信政府报告中，都出现了一个关键词——包容（インクルージョン，inclusion，包摂）。inclusion 一词作为 exclusion 的反义词，其概念的形成来自欧洲。欧盟曾经在 1992 年的文件《走向团结的欧洲：加强团结反对社会排斥（"Towards a Europe of Solidarity: Intensifying the Fight against Social Exclusion"）》中提出建立欧盟以缓和国家与社会之间的排

---

① 日语原文为：利用者同士の繋がりを促進する様々なしかけが用意されており、互いの関係を視覚的に把握できるのが特徴。

② 日语原文为：ソーシャルメディアは、人と人とを結びつけ、その絆を再生、形成し、また、個人の身近な不安や問題を解決する等実社会に対してプラスの影響を与える力を潜在的に有していると考えられる。

斥、促成统合。而日本把该词用在最新的 i-Japan 战略中。

2015 年，在 e-Japan 和 u-Japan 之后，日本政府提出了 i-Japan 战略，原因除了更好地解决日本日益严峻的经济、人口等危机之外，还在于政府越来越认识到"人"对于建立数字强国的重要性。日本 IT 战略本部发布的 i-Japan 战略 2015 报告书（日本 IT 战略本部，2009）指出，在 e-Japan 及 u-Japan 政策下，信息通信基础获得迅猛发展，但国民并未实际感觉到政府的工作。日本政府由此反省策略的方向性，希望今后发展以人为中心的数字技术。这一战略立足于每一位国民的需要，从使用者的角度出发，要求现有的计算机网络技术更加方便实用，使老弱妇孺都能够通过 ICT 技术加强联系、消除不安，从而建立新的国民主权社会。

在日本 i-Japan 战略中"包容"具有双层意思。第一层是社会性包容（ソーシャルインクルージョン，social inclusion）。根据日本厚生劳动省的定义，社会性包容是指"保护所有人远离孤独、孤立、排挤与摩擦，为了实现健康的、文明的生活，作为社会构成的一员互相包容与支持"[①]。第二层是数字化包容（デジタルインクルージョン，digital inclusion）。这里的数字化包容是指"力求数字技术渗透到社会的每个角落，包围着整个经济社会。就像空气和水一样，让人可以自然地、普遍地接受"。

围绕这一理念，日本政府对各级行政机关、企业、软件开发者做出了许多具体的建议和呼吁。例如，呼吁"加料型"社会化媒体的设计者加强例如音声输入、声音控制等功能的开发，以吸引比例越来越高的日本老年人及残疾人使用。

（二）追求实用性

日本政府立足利他视角，对社会化媒体的实用性有很大的期待。

从个人方面来说，日本政府认为，由于社会化媒体特别是"加料型"社会化媒体的信息来源多数是由亲友获得，这种通过亲友间的知识、信息、思考、感情的共有，一定程度上可以解除现实社会产生的不安与孤独。无论是通过 SNS 与学生时代的老友再次相聚，还是通过在"广场型"博客中通过登录自己的病名和症状，与病友进行信息交换等，都使个人脱离孤立无助的状

---

① 日语原文为：すべての人々を孤独や孤立、排除や摩擦から援護し、健康で文化的な生活の実現につなげるよう、社会の構成員として包み支え合う。

态。此外，个人还可以通过社会化媒体平台解决生病卧床需要照看及无法外出购物等特殊人群的实际需要。这种人与人之间的互助与共生，可以达到整个社会的和谐，对于维护社会稳定具有实际的影响。

从企业的生存与发展来看，日本政府一再宣传，企业可以通过社会化媒体加强与顾客之间的沟通，以更低的成本，更高效地完善开发、生产、售后等各个环节。另外，由于社会化媒体的引入使得办公不再受地域的局限，能够吸纳更多的劳动力，提高工作效率，因此在近年的信息通信政府报告中，政府都在鼓励企业更好地建设和利用企业内的社会化媒体平台。

另外，日本政府鼓励自治体和民间组织通过社会化媒体平台解除地区之间的阻碍，加强地区联系，有利于地方政府信息的快速发布与传播，也可以使民众信息反馈的获得和处理更为及时。

（三）保障线上安全

日本总务省将危害社会安全的网络信息分为违法信息及有害信息两类，并分别制定了对策。针对违法信息中损害他人权益（如通过诽谤损害他人的名誉，或者侵犯了音乐的版权等著作权）的信息，政府将依据《网络供应商责任限制法》及相关的方针，支援发布平台删除信息，挽救信息公开引起的受害（日本総務省，2009）。

日本政府面对日益发展的社会化媒体与不断升级的网络威胁，加大了线上安全的宣传力度。其中，由于青少年特殊的身心特征，日本政府把青少年的网络安全指导放在了首位。2009 年，基于《青少年网络环境整备法》（平成 20 年法律第 79 号），内阁府制定了青少年网络环境整备计划[①]，内容包括多次召开全国性的研讨会讨论如何应对智能手机使用安全问题，讨论如何提高可以过滤不利于青少年信息的过滤器性能。此外，日本总务省还与文部科学省及相关的通信团体，在全国范围内开展了针对监护人、教职员工与儿童学生等为对象的讲座"网络探险队（e-ネットキャラバン）"，至 2017 为止已经在全国 2309 个地方开讲。2016 年，针对网络使用者的低龄化趋势，开设了专门教授家长如何使用和设定网络过滤器的讲座"网络探险队 plus"，把讲

---

① 日语全称为：「青少年が安全に安心してインターネット利用できるようにするための施設に関する基本的な計画」。简称为：「青少年インターネット環境利用整備基本計画」。

座对象由五年级小学生及其家长降到了三年级。

为了解决企业使用社会化媒体所遇到信息泄露、网络攻击、欺诈等犯罪行为，制定和出台了各类网络安全规范（指针）。例如，日本总务省在原有的"远程办公安全指南（テレワークセキュリティガイドライン）"的基础上，针对"云服务"和社会化媒体的普及，改定并发表了"远程办公安全指南（第四版）"。

三、传播实践

日本政府在推动泛在信息社会建设过程中十分重视自身的信息化建设，试图通过运用 ICT 来提高管理水平和服务水平，建成世界上最便利和最有效率的电子政府。在通信设施方面，早在 1997 年，日本政府就开通了行政网——霞关网（kasumi gaseki WAN），该网面向中央政府各部门，用于政府各部之间电子邮件及电子文件的交换等信息共享方面。2002 年 4 月，霞关网已经与地方政府的综合网实现了网络一体化，至此形成了统一的政府信息。

此外，为了更好地利用网络实现便民服务，IT 战略本部曾在 2008 年 9 月出台"扩充在线使用的行动计划（Action Plan for Online Usage Expansion）"来加强在线行政手续的业务开展，以求申请者填写申请书、行政单位受理、交费等手续都可在网络上完成。2011 年 IT 战略本部又形成了"新在线使用计划（New Online Usage Plan）"，继续采取相关措施来推动行政手续的在线办理。

与此同时，日本的政府及地方机构慢慢意识到，没有公民的参与是无法实现宣传与服务的目的。2009 年，日本经济产业省"意见箱（アイディアボックス）"开始试运行，以求与市民形成对话，实现服务的多样性。2010 年 7 月 29 日该部门还与三菱综合研究所一同开发了"开放政府实验室（オープンガバメントラボ）"。目的是"实现信息与流程的公开透明（Transparency）""让国民和企业参与各种政策的制定（Participation）"，以及"实现超越国家、自治体壁垒的协同合作（Collaboration）"（守谷学，2010）。

可以说，在社会化媒体进入日本之前，日本政府已经积累了一些网络政务的经验。随着社会化媒体逐渐渗透至日本国民的生活，日本政府也逐渐意识到了这一新的交流方式对于善治可能产生的正面影响，社会化媒体成为日本实现开放性政府的重要一环。

（一）推广关注、提升影响

自 2011 年日本东部大地震之后，由于 Facebook、Twitter 等在灾情搜集、传播、民众沟通等方面发挥的作用，社会化媒体相对于传统媒体的优势越来越显现出来。于是，日本政府机构积极地在 Facebook、Twitter 等社交网站上开设了账号。此外，为了扩大自我宣传的力度，政治家们也与日本普通国民的矜持与守旧不同，早早开始了对 Facebook、Twitter、YouTube 等社会化媒体的利用。

1. 首相与首相官邸

早在 Twitter 日本株式会社建立之前的 2010 年 1 月 1 日，鸠山由纪夫就以日本时任首相（第 93 代内阁）的身份在 Twitter 上发布信息，被认为是"作为国家领导人来说比较少见的一种方式"，但是也"成为日本首相以及首相官邸逐步强化网络信息发布的第一步"（吉田光男、松本明日香，2012）。在此之后历任 94 代首相的菅直人、95 代首相的野田佳彦并未开设 Twitter 的个人账号，而是由首相官邸的公开账号统一进行信息发布。前首相安倍晋三自上任以来，逐步在 Twitter、Facebook、Instagram 开设账号，Twitter、Facebook 每个账号的关注人数都在 100 万以上。Instagram 账号的粉丝也达到了 38 万人。发布的内容涉及政府活动、外交社交、文化生活，以及对于国内外事件的个人想法等，附图多是安倍的个人照片。从文字上看，有安倍本人撰写的，也有首相官邸的工作人员发布的。社会化媒体使得首相与民众之间的距离缩短，更为快速、直接地传达自己的政治理念，从而提升民众的支持，获得更大的影响力。

此外，日本首相官邸也是率先利用各种社会化媒体的政府机构。目前首相官邸不仅分别在 Instagram、Facebook 及 YouTube 上拥有账号，还同时在 Twitter 上开设了首相官邸、首相官邸（灾害与危机管理信息）、首相官邸（受灾者支援信息）三个账号，分别发布内阁的各类活动信息，政府各类机关（如气象厅、消防厅等）的防灾救灾消息，以及各个城市灾后重建的消息，从各个方面树立和提升了政府勤政爱民、重视防灾救灾等良好形象。

2. 政治家

日本的政治家面对社会化媒体这一宣传自己、扩大政治影响力的新手段，多数采取了积极的态度。2011年社会化媒体刚刚起步之时，公开微博或者日记的议员已经达到了98%（吉田光男、松本明日香，2012），而当时Twitter的利用率也已经超过了2成。日本胜利政治家网站① 2017年就日本715名国会议员的社会化媒体使用状况的调查结果显示，90%的议员拥有自己的博客，82%的议员注册了Facebook，65%的议员注册了Twitter，此外，Instagram、Line的使用率也在逐步提高。从个人来看，有83%的议员同时拥有用三种或者以上的传播平台。

但是，从传播效果来看，议员的粉丝数目、推送的阅读量以及转引率都不高。小野塚亮、西田亮介（2014）调查了Twitter上开设账号的214名2012年众议院选举前的国会议员，对他们的22.8万余条推送进行了分析，从互动性和传播力两个维度对议员政治传播的特征进行了归纳。他们认为，只有那些同时具备互动性和传播力的议员（在该研究中比例仅为11.7%）的推送才能够真正使国民获得他们之前并没有关注到的信息，从而拥有真正的影响力。而单单只具备互动性或者传播力的议员只可能聚集一些和自己相同见解的国民的关注，往往加剧了集团的分化，无法达到通过网络扩大交际圈从而扩展视野的目的（小野塚亮、西田亮介，2014）。

3. 地方自治体

日本的地方自治体，是日本的地方政府，虽受到中央政府的制约，但是具有较为独立的自治权力。日本地方政府2010年已经存在519个地区性的社会化媒体服务平台。例如，日本大津市SNS市2008年建设并开始运营的社会化媒体服务平台。2009年，这一平台的用户自主企划了"大津的好东西、好地方手机照片展"，共计获得了400多个作品，展示了大津市的市内设施，并且后期还被制作成了海报。后来，日本该市市民反映，为了拍照，他们开始不开车走路，平时看习惯的景色看起来也更美了等。通过这些地区性社会化媒体服务平台，不仅宣传了城市魅力，还培养了市民的地域意识，成为线下交流的有益补充。

当Twitter、Facebook进入日本之后，地方自治体又积极在这些社交平台上开设公共账号。2011年日本佐贺县武雄市用Facebook公共账号代替了市政府的官方网站，是日本地方政府中最早开设社会化媒体平台账号的城市，在

---

① 网址为http://www.katsuseijika.com/。该网站为帮助议员开展宣传的专业网站。

当时引起了日本各界的广泛关注。之后很多城市效仿,其中日本筑波市在高新技术领域发展较快,在社会媒体的利用上也一直处于领先地位。筑波市的信息系统科(现更名为企划部信息政策科)总结了自 2010 年起使用 Twitter 的心得,并制作成手册提供给至少 25 个其他自治体作为参考。手册中包含公共账号的总体设计、方针、实践报告、灾害时期使用报告等。意见和信息也非常具体。比如,建议账号名的设计要有特色,不能只是发布一些更新信息,要能够吸引用户,并扩展用户。不要自说自话,而是要以获得机构外部意见作为运营的目的。此外,还提出要重视市民的跟帖,以获得更多关于市民的意见或者期待等的信息。日本自治体通过社会化媒体的利用,不仅加强了地区内民众的交流,还创造了自治体之间交流学习的机会,从而提高了影响力。

(二)收集民意、监测舆情

交流的可视化是社会化媒体的一个重要特征。由此,民意和民声也成为一个大数据库。日本政府通过利用这个数据库,深入了解人民的需要,并体现于政府工作的规划与实施中。

日本地方政府关注的范围多局限于区域的发展。例如,静冈县浜松市通过利用日本富士通公司开发的"FUJITSU DataPlaza 社会化媒体分析工具",对 Facebook、Twitter 与博客等社会化媒体含有"浜松"的发言、文章等进行了搜索,并结合一些问卷调查和访问,面向浜松市的市民,对城市发展的潜在期待及问题意识进行了调查,并且决定将数据分析的结果用于"浜松市未来设计会议"上的讨论,以及 2015 年之后的市政计划中(ITmedia エンタープライズ,2013)。

而在日本中央政府则具有更加宏伟的愿景。日本总务省下属的日本国立研究开发法人信息通信研究机构(NICT),一直以来致力于开发和研究自然语言处理基础及脑信息通信技术。这一机构下设一个研究领域专攻基础数据利用,其中的全球交流研究所(ユニバーサルコミュニケーション研究所)主要研究如何将全球范围内的,以社会化媒体大数据为首的大规模文本、音声数据进行检索、翻译、认知、评价、解析。随着这一技术完善,日本政府可以掌握的民意民声将扩展到世界范围。

（三）灾难应对

社会化媒体已经被日本政府用于面对频发的地震、海啸、暴雨及洪水灾害。其实在日本东部大地震发生之前，日本总务省消防厅就已经在 Twitter 上开立了账号，目的是用于"震级 5 级及以上的地震或者失踪人数超过 20 人的大规模灾难"。开设两个月之后，因为发生了局部的大暴雨，首次执行了 24 小时在线制。日本东部大地震发生后也立刻执行了灾难时期特别在线制度，即时传送受灾情况，广受好评。日本的地方自治体也在大地震时采用了 Twitter、Facebook 等即时应对地震时的突发情况。例如，青森县在地震发生之后，由于停电等原因，官方网站停止了报道，而是改由 Twitter 提供避难所地点、医疗机构及供水地点等方面的信息。筑波市政府在大地震发生 2 小时后，开始在 Twitter 上发布由该市集中到的信息，4 个小时之后，因为有关注者要求，开始了英语信息的传送。据日本总务省 2011 年的信息通信白皮书指出，大多数的受灾地的官网信息发布困难，这时社会化媒体的信息提供发挥了很大的作用。

日本是一个自然灾害频发的国家，为了利用 ICT 技术更好地应对灾害，日本内阁、总务省及国土交通省自 2008 年起开始设立了"G 空间城市建设计划"①。在这一计划设计中，社会化媒体除了发挥灾害发生时提供相比于传统媒体来说更为即时的信息，通过灾情交流、信息共享等安抚民众，维护社会稳定等功用之外，还能够在灾害发生之前为日本政府提供大数据，分析以往的受害情况，使得 G 空间防灾系统更加多元与有效。

结　语

综观日本政府对社会化媒体的接纳、认识、推动、利用、建设等过程，可以看出，面对这一新的传播与交流的方式的出现，日本不是要随波逐流，而是希望成为世界的领航人。在忧患意识的驱动下，他们利用欧美发达国家信息化建设中的先进理念，在此基础上再创造出如 Society 5.0、IoT 等具有日本特色的概念，反输入至欧美及世界，并且在强烈的危机意识下不断进行自

---

① G 空间城市计划中的 G 来自英文 Geotechnology 的首字母，是"地理空间信息技术"的简称。

我更新。日本政府联合企业、各类民间机构投入了大量的人力、物力，掌握和分析社会化媒体在日本的使用状况，推广社会化媒体对社会、经济、人际关系等各方面变革可能带来的积极作用，从而确保日本政府的数字化、开放化进程不落后欧美先进各国。

但是，面对高龄化、少子化严重的日本社会，社会化媒体显然被日本政府赋予了过高的期望。日本民众，特别是高龄民众对于传统的制作及面对新生事物的"刻意疏离""慢热"，让日本政府感到无从下手。政府希望民众通过社会化媒体"找到一起工作的人，找到可以一起参加志愿者活动和进行社会贡献的人，找到有同样的烦恼和需要商谈的人"；"与附近的居民共享信息、解决问题、消除烦恼"等。但根据 2018 年日本总务省的调查结果，民众们只是"解决了自己和家人在上学、就职、结婚、育儿的问题""解决了健康问题""产生了新的生意伙伴"（日本総務省，2018b）。日本虽然开发出了使用更为简便、更符合日本民众心理的 Line 等非欧美的社会化媒体，并且在本地获得了比 Facebook、Twitter、Instagram 等欧美平台更高的利用率，但使用率仍然不超过 50%，而且其主要用于家人、朋友等熟人沟通的这一传播模式并不能带来新的链接、新的交流、新的见解及新的视野。

另外，社会化媒体对社会及个人生活所带来的麻烦，特别是网络犯罪也成为日本政府当前面临的重要课题之一。虽然调查显示日本通过社会化媒体发送信息而引起麻烦的比例为 23.2%，远低于美国（59.9%）、英国（49.2%）和德国（50.0%）（日本総務省，2018b），但是据日本警察厅"2017 年由于社会化媒体引发的受害儿童的现状和对策"中所示，近年来因为社会化媒体服务平台而卷入犯罪的儿童数目从 2008 年到 2017 年呈增加倾向，且在 2017 年达到了历史新高（1813 件）（日本総務省，2018a）。同时，Twitter、Facebook 发文引发的误解、批判甚至诽谤，作为社会化媒体的副产品，近年来也成为日本热议的社会问题之一。目前来看，日本政府也没有出台有效针对在社会化媒体平台上形成的虚假消息、谣言的处理方法。此外，公共机构对于社会化媒体的利用也存在法律方面的规范问题。如何利用社会化媒体这把双刃剑，对于包括日本在内的各国政府来说仍然任重而道远。

第四节

公平与致效：
澳大利亚政府社会化媒体传播

澳大利亚《公务员法》第 10 节规定了 APS 价值观阐明了议会对公务员在绩效和行为标准方面的期望，良好的公共行政原则体现在 APS 价值观中：公平、致效、负责、尊重和伦理（Ethics Advisory Service of Australia Government, 2013）。"公平"和"致效"是澳大利亚政府公共服务价值体系中的核心，"公平"意味着基于诚实的平等和平权，"致效"则代表着基于专业的创新和高效。社会化媒体作为一种给予用户参与空间的在线媒体，以"参与""公开""对话"为特征，讲求社区性和连通性。十余年来，澳大利亚政府更多地在以"用户"的身份介入这样一种草根性极强的社区，倚借它独有的连通性去参与到公众中去，向公众公开，与公众交流、同公众对话。这一特殊而前沿的政民感知、接触和体验方式对于着力实现公平并实践致效的澳大利亚政府而言至关重要。

一、公众与企业之间：澳大利亚政府 2.0 阶段图景

在澳大利亚，"社会 2.0"的率先出现和客观存在，直接影响着"政府 2.0"的进程，其中包括企业社会化媒体生存的演进和公众社会化媒体生活的提升。毕竟企业与公众及代表企业和公众利益的第三方非营利机构所共同构成的社会，正是政府治理和服务的主要对象。与政府人员或部门交往也是公众和企业社会化媒体生存的一部分，这既与社会的选择倾向相关，也与政府的介入程度相关。

澳大利亚数据调查公司 Sensis 自 2011 年起发布澳大利亚社会化媒体报告，分别对公众和企业的社会化媒体使用进行调查，颇具影响力。2018 年 Sensis

报告显示,"社会化媒体生活"或者更确切地说 Facebook 生活是澳大利亚公众的现实状态,超过六成(62%)的公众每天使用社会化媒体网站,而 91% 社会化媒体用户选择 Facebook(Sensis, 2018)。澳大利亚公众对社会化媒体平台的态度正在从单纯的热情走向理性的成熟,而且拥有两极分化的社会化媒体生活格局,要么是社会化媒体的深度浸入者,要么是完全与之隔绝的拒用者,处于中间位置的人数并不占优。客户在哪里,企业就要在哪里,超过一半的小型企业(51%)和中型企业(58%)活跃在社会化媒体平台,大型企业更是高达 85%。在诸多的社会化媒体平台中,Facebook 是澳企首选,大中小企业的账号拥有量均处于 90% 左右。大型企业尤其注重这一平台,视其为"大本营";小企业勇于探索新型平台并拓销售业务和人才引进渠道,活跃在 LinkedIn(73%)、Twitter(60%)、Instagram(46%)和 YouTube(34%)上。

澳大利亚"计算机社会(ACS)"的《2018 数字脉搏报告(*Australia's Digital Pulse 2018*)》表明,使用社会化媒体的企业和公众通常更有可能从事创新活动(ACS, 2018)。澳大利亚的数字革命主要是由企业和公众推动的,社会化媒体创造的便利化生存、创新性生存和集群式生存条件是"社会 2.0"迅速形成的动力。基于 Web 2.0 技术的"政府 2.0"从表面上看是一种面向公众和企业的回应式、仿效式建设,事实上它也得益于澳大利亚政府自身力求成为全球电子政府引领者的雄心。具有"保先"意识的电子政府战略起于 2002 年,之后便是以带有"政府 2.0"探索色彩的开放政府宣言,2016 年开始启动的数字政府转型带有政府自建平台的归位意味。在联合国的概念里,这些均属于电子政府的范畴,而在澳联邦政府的思路里,它们属于经济计划的组成部分,这也是澳大利亚的特别之处。

(一)保先期(2002—2010):立足创新和效率的电子政府战略

21 世纪初,澳大利亚曾是全球政府数据公开的领导者。1997 年,当时的政府专注于加快经济改革、提升国家竞争力的建设框架"为成长投资"中就包含有一个雄心勃勃的联邦政府部门互联网在线服务目标,并于 2002 年 2 月在世界信息技术大会上宣告完成。"政府 2.0"的建设恰恰植根于 2002 年立志于"创新和效率"的"更好的服务,更好的政府:联邦政府电子政府战略"。作为 ICT 的前沿领跑者,澳大利亚对信息技术在国家竞争中的影响力及其与国家繁荣的关联性有着深刻的认识,让公众、企业和政府在成熟的电子政务中获益是电子政府战略的初衷所在。该战略将公众视为电子政务时代的核心,每天 24 小时开放、每周 7 天透明的电子政府就是为了让公众和企业节省时间、简化程序,便利而有效地享有政府和社区的集成服务,从而建立公众信任,加强公众参与。

这一时期的领导性机构主要是为响应该战略而专门成立的"澳大利亚政府信息管理办公室(Australian Government Information Management Office,简称 AGIMO)"。该机构自 2004 年成立时便设立在财务部,接管了前国家信息经济办公室的部分职能,负责制定整个政府技术政策,涉及联邦政府的内部信息技术运营,并公布了 2006 年电子政府战略"响应型政府:新服务议程"。一方面,新战略意识到信息通信技术 10 年间的发展和变化,力求实现技术上的跟进;另一方面,新战略试图突破仅仅将 ICT 技术运用于政府的表层实践,而是希望通过政府权力下放营造合作和分享的电子政务文化。为了在 2010 年建成一个互联型和响应型的政府,战略分三个阶段着力于四个领域的电子政务建设:①满足公众全面需求;②建立部门互联服务;③确保投入物有所值;④加强公共部门能力。

然而,雄心并不代表实际成效。根据 2003 年至 2018 年联合国电子政务报告[①]的全球 Top 10 排名,虽然在战略制定之初的 2003 年,澳大利亚的电子政务发展排名处于全球第 3 的引领地位,但是自 2004 年起一路下滑,2005 年未曾上前 10,2008 年至 2010 年始终处于第 8 位,2012 年再次落榜。公众的电子参与排名在榜单上却始终具有一席之地,并处于逐年上升的趋势。澳政府电子政务的发展滞后于公众电子参与的能力,基于 Web 1.0 技术的电子政府已丧失了担任全球领导角色的地位。

(二)探索期(2010—2016):力求协作与参与的开放政府宣言

2009 年 6 月,联邦政府成立了由政府首席信息官、信息技术专家、电子档案及博物馆专家、民间技术工程师等 15 名专家组成的"政府 2.0 专家组",期冀通过新兴的 Web 2.0 技术为政府治理领域开辟一方新天地。"政府 2.0 专家组"以加强公众互动和参与为目标扩大政府的开放性,提出 19 个推进项目,全部方案向公众公开,广泛征集社会意见,力求提升政府与公众彼此

---

① 参见历年联合国官网电子政府排名:https://publicadministration.un.org/egovkb/en-us/Reports/UN-E-Government-Survey-2018.

之间的"领导力""参与力"和"开放力"。

2010年7月的《开放政府宣言》是践行专家组建议的开端,它明确将"致力于基于参与文化的开放政府"与"致力于基于信息服务的技术创新"作为新时期电子政务的着力点,主张通过"社会化媒体、众包资源与线上协作项目,员工线上活动参与"来"促进和鼓励与公民的协作"。宣言将政府方面的"信息公开创新""公民政务协作"和"政府咨询参与"作为关键性原则,从而创造公共部门公开、透明和参与的文化。当年12月,政府信息管理办公室推出了细则化的《政府2.0入门(The AGIMO Government 2.0 Primer)》,指出"'政府2.0'本质上是利用一种鼓励在线讨论、共享和协作的技术实现更加开放、透明和协商的政府形式"(Australian Government Information Management Office, 2010)。这部政府机构关于在线参与的政府2.0指南计划了建设事项,规范了建设流程,明确了业务场景,列举了业务工具,特别指出"一个机构的'政府2.0'重点不应放在所使用的具体工具上,而应放在与公众接触及利用工具或以其他方式处理其反馈的过程中"(Australian Government Information Management Office, 2010)。其中,Blog、Facebook、Twitter等第三方社会化媒体和Govspace、Govdex等政府社会化媒体作为"政府2.0"工具,要求基于参与原因、目标受众和最终诉求来选择在线工具、互动方法和传播范围。

这一阶段基于Web 2.0技术,特别是倚重第三方社会化媒体平台的"政府2.0"探索未能达到政府美好的预期,2012年联合国电子参与指数排名出现明显下滑,电子政务发展指数未能上榜,直至2014年才开始有所回升,所谓"虽然还称不上非常成功,但是唤起并提升了国民参与政治的意识。国民对政府政策关注度不断提升,在开放政府政策的核心领域产生了良好的效果"(唐川,2011)。

(三)归位期(2016至今):志在简明与易用的数字政府转型

第三方社会化媒体平台在功用上更多地相当于大众传播媒体的新技术继任者。尽管在技术迭代、功能整合上在不断创新,但是基于Facebook、Twitter、YouTube的"政府2.0"并不是真正意义的政府转型。具有公众和企业良好使用基础的社会化媒体平台,其最大的价值在于为政府走进公众、走近企业提供了渠道、创建了场景、建立了网络。它在数字政府转型中不可或缺,却不能担当重中之重,"政府2.0"的平台应当是政府平台的转型。为此,2016年10

月,政府信息管理办公室被新成立的数字转型局(Digital Transformation Agency,简称 DTA)彻底"拔掉了插头",按照重组的 DTA 新拟定的高级路线图,声明 2017 年政府将在线提供所有主要服务,并与公众实现在线互动(Cowan,2016)。

然而,2017 年由 DTA 主导的政府在线网络 Centrelink 崩溃,表明试图确保不同的机构(联邦、州和地方议会)在同一级别拥有中央化运行的数字容量依然困难。事实证明,成功的转型并不仅仅是技术的转变,而是基于 Web 2.0 模式的政府流程转变。正如 2018 年 11 月由 DTA 新推出的"数字政府转型战略"所描述的,数字化转型一直在持续,这是一个必达的期望,而不是可选项。DTA 面临的挑战是为整个转型过程赋值,而不是放慢步伐。澳大利亚的"政府 2.0"建设可贵之处就在于,一直有雄心,一直在受挫,一直在探索。负责人基南(M. Keenan)在国家新闻俱乐部宣布这一战略时称:"数字转型正在发生在私营部门,并越来越多地发生在政府。如果不能接受技术变革,澳大利亚人将被剥夺由数字政府转型所带来的令人难以置信的机遇和优势,也就意味着我们将被全球抛在后面。"(转引自 Hendry, 2018)

这幅六年转型路线图提出:到 2025 年公民可以无缝化和个人化地采用数字方式访问所有政府服务,转型成功的目标是适应数字时代确保公民的知情权,确保政府服务"简单、灵活、易用"。当年提出的路线图是 DTA 在过去 12 个月中与 30 个机构的 500 多个利益攸关方协商制定的,并会随着新举措的实施持续进行更新,每年报告进展情况。"2025 数字政府蓝图"实则是一种"归位",从探索第三方社会化媒体平台回归至性质类似于早期电子政府战略的数字政府转型,即自建政府平台实现政府服务数字化,但是并不代表其放弃了之前在社会化媒体平台的互动投入。目前,澳大利亚数字政府转型迫切需要解决的一个重要问题还是如何引流入池,推广和吸引公众积极参与和使用,而"请进来"的前提是"走进去",社会化媒体显然是政府"走进去"的捷径。

二、机遇与问题之间:澳大利亚政府 2.0 传播理念

关于社会化媒体,英国学者斯丹迪奇(T. Standage)有过一个独到而知名的解读:"社会化媒体 2000 年"(Standage, 2013: 1)。也就是说,从古至今,信

息流动从来都是通过社会化网络中的个体进行连接和传递，这是人类与生俱来的社会化属性决定的，Web 2.0 技术的出现打破了报纸、广播、电视的单向传播统治，释放了人的天性，解放了人的传播，让这样一种本质性的传播方式重获新生。那么，社会化媒体传播的新生究竟给政府传播带来了什么机遇？又带来了什么问题？不同的国情，不同的需求，答案显然有所不同。澳大利亚政府拥有多元文化主义发展诉求、公众参与政府治理传统和不偏不倚的社会公平价值观。将社会化媒体所提供的普罗大众的社会网络和社交模式与上述理念相结合，所体现出的平权交往与平等沟通的传播态度和立场，是其机遇所在。

（一）广泛接触数字公众，社会化媒体娱乐属性是致效瓶颈

澳大利亚政府的社会化媒体使用在其"政府 2.0"建设的实验期具有强烈的介入意识，这使得其平台账号数量和涉及种类相当可观，为其发展奠定了良好的基础。据 2020 年该国政府社会化媒体列表（Australia Government, 2020），政府共有社会化媒体账号 853 个，涵盖 5 大类型共 10 种社会化媒体：①博客和微博客类——Twitter（246 个）和 Blog（31 个）；②播客和视频分享类——YouTube（142 个）和 Podcast（16 个）；③图片分享类——Instagram（37 个）和 Flickr（29 个）；④社交网络类——Facebook（188 个）、Google+（20 个）和 LinkedIn（73 个）；⑤信息订阅类——RSS（71 个）。

将这一政府社会化媒体使用数据与 2018 年度 Sensis 社会化媒体报告中公众与企业的使用数据加以比较可以发现，政府还在使用的 Podcast、Flickr 和 RSS 等社会化媒体早期平台，已为公众和企业舍弃。而公众和企业偏好高达 90%以上的 Facebook，仅在政府账号中占 22%。由于群体社会化需求的差异，排名第二的应用中，公众更喜爱视频分享平台 YouTube，公司则倾向于人力资源网络 LinkedIn，政府对公众与公司的偏好已有所意识，亦有所跟进，比如，YouTube 达 17%，LinkedIn 为 9%。组织机构属性对政府和企业在 Twitter 的使用上产生了相同的影响，政府最爱的 Twitter 是 29%，企业则为 40%，而政府与企业的共同用户公众仅为 19%。相较于政府，企业作为私营部门有着趋利动力和竞争压力，对公众社会化媒体脉搏的把握更加主动和成熟，使用上也更加趋同。这一点在 2015 年至 2016 年间成为网红应用的 Instagram 的使用数据上有着显著体现，39%的公众偏爱，37%的企业存

在，却仅有 5%的政府选择开户。

也就是说，当前联邦政府的社会化媒体使用规模和取向还停留在 2016 年的认知上，只是实验期的社会化媒体政府传播有意全方位接虚拟社会的草根地气，并乐于保持活跃和积极状态，已然能够基本做到与数字公众的平权接触，却又稍显滞后于公众和企业的社会需求。问题的关键在于社会化媒体有其娱乐属性，企业可以迎合，政府则背着包袱。一个普通的澳大利亚公务员作为政府雇员，也是线上线下社区的成员，虽然有权平等参与社会化媒体平台的公共交往，却依然要接受《公务员法》的限制。因为，在线参与意味着信息和意见交流速度和幅度的几何倍增，不仅难以根本删除，而且可以无限复制，其传播范围和走向往往处于不可控状态。澳大利亚政府对其雇员的线上参与建立在公众平权的基础之上，再以不得损害公众对政府部门及人员的信心，不得影响机构公正行事和服务能力为条件加以指南性规范。政府组织与社会化媒体存在天然的不兼容性，政府也因此在努力适应和平衡，以求真正融入其间。

（二）平等参与线上社区，社会化媒体参与悖论是致效软肋

简便强大的社会化媒体政民接触使得政府在信息通报、意见沟通和影响推广中，了解公众舆情、提供公共服务、实现公民参与，最终为决策制定和政策施行创造了条件和路径。相对于政府雇员的参与规范，政府部门则积极倚借人气聚集的社会化媒体平台搭建和营造线上社区，与线下社区形成呼应、互补之势，同时注重在虚拟社区以情感交互与心理换位，话语去官方与表达去中心的方式去打破现实社区中的政民差序。

Facebook 拥有用户、内容、社会网络和在线工具的网络结构，在打造虚拟社区方面有着平台优势，一个账号页面便是一个社群，共有相近的行为规范、思维模式和兴趣诉求。2018 年澳大利亚公众在这一平台上的活跃度高达 91%，这与众多知名企业、非营利组织和政府机构数年来在其中深耕不同主题的虚拟社区也存在关系。目前，澳大利亚数字转型局仅在数字政府网站开放了 2014 年政府公共服务领域 144 家机构 Facebook 年度点赞量（Digital Transformation Agency, 2014）。2014 年也是该国公众电子参与跃居全球第二位的一年，虽然缺少与当时相对应的粉丝数量，对点赞数据加以分析不难发现，在为民搭台参与线上社区这一理念的践行中，究竟哪些是可圈可点的活

跃机构。其中，旅游局以 6941 万个赞拔得头筹，驻爱尔兰使馆以 89 个赞垫底。但同样是驻外使馆账号，点赞量进入前 50 的包括驻印尼使馆（2158039）、驻越使馆（762625）、驻泰使馆（377711）、驻菲使馆（330680）和驻印使馆（310192）等 10 家，主要面向东南亚、南亚和南美国家，驻美使馆（96006）位列 10 家之末。点赞量居于第三的类别为军方或涉军账号，陆军部（2719218）排第 3 位，皇家空军（584824）排第 10 位，皇家海军（572511）紧随其后，退役军人事务局（106577）则位列 42。联邦政府贸易投资委员会（1641399）、移民和边境保护部（1617855）、财政部税务办公室（451447）、社会服务部（343299）、选举委员会（238763）、竞争暨消费者委员会（132590）和公众服务部（124328）等多个民生相关部门推出的官方主题社区皆有入榜，受到公众的认可。此外，国家残疾人日、国家青年周和土著权益保障部门的账号也开办得有声有色。这些政府部门建设经管的 Facebook 社区往往是作为日常服务平台与公众进行线上互动，维系社群关系。

"人机交互十大设计原则"的提出者尼尔森（J. Nielsen）博士指出，并非所有在线社区的成员都平等地为社区生活做出贡献，"在大多数在线社区中，90%的用户是潜伏者，他们从不贡献，9%的用户贡献很少，1%的用户几乎占据了所有行动"（Nielsen, 2006）。由此可见，一方面社会化媒体创造了公众参与的条件，另一方面社会化媒体的实际参与并不乐观。政府意识到了这一参与悖论，并在主动地创造在线社区的平权参与条件和氛围。

（三）共同创造公共价值，社会化媒体话语策略是致效秘诀

公共价值概念的提出者摩尔认为，价值来源于人的期望与感知，公共价值是公民对政府的期望，而公共部门管理工作的目的便是创造公共价值（徐国冲、翟文康，2017）。政府可以通过执政"成果（outcome）""信任（trust）"和"服务（services）"提升公共服务质量从而生产公共价值（Kelly et al., 2002）。但是政府并不能单独进行社会建构，需要依赖公民的支持，需要在社会中分散的"私人"间凝聚归属感、意义感、目标感和连续感，形成社会的价值共识，持续不断地建构"公众"或"公共"（王学军、韦林，2018）。

政府介入具有赋权于民优势的社会化媒体，意味着要在公共价值的创造上采取一种政民平权交往的理念，即政府与公众同为平台参与者，在权力平

等的协同互动中才可能彼此产生信任、相互承诺服务、共创公共价值。正如澳大利亚莫纳什大学学者所提出的,"公民的努力在于,在通过'政府 2.0'共同创造公共价值的过程中共享信息和表达意见;政府的努力则在于,向公民提供信息、工具和主张,并允许他们通过'政府 2.0'与政府一同创造自己的公共价值"(Aladalah et al., 2018)。澳大利亚南昆士兰大学学者以昆士兰州地方政府的社会化媒体传播为样本,通过在线调查评估了该州公众对 20 个各级地方政府使用社会化媒体创造公共价值的评价(Attiya, 2017)。这 20 个地方议会传播经验丰富,线上用户达 310134 户之多。它们广泛分布于全州,5 个位于市级地区,8 个位于县级地区,7 个位于农村地区。结果表明,从公民的角度来看,地方政府使用社会化媒体极大地有助于政府与公民共同创造公共价值。Web 2.0 技术支持的双向平等对话、集群智慧和"众包"力量为这种共创经验的产生提供了平台,而能够共创公共价值的主动意愿及在价值共创过程中的满意体验会使公众更有动力主动参与其中,如此才能真正发挥社会化媒体的交互优势。

公共价值是公众通过切实的公共政策与服务所获得的一种效用,公共管理者的重要使命就是探寻和回应公众真实的期望,话语策略便成为探寻和回应期望的关键。平台影响话语,社会化媒体是一条多媒介交叉传播链,其中官方、私人多信源混杂,人际、群体多渠道组合,大众媒介、网络媒介多平台融合,需要采取开发多元渠道、传播充足信息的话语策略,在言说形式、言说节奏和言说场合的把握上顾及社会化媒体的传播特征。行动影响话语,社会化媒体传播对政府言行一致有着极高的要求,其实真正能改变舆论的是行动,行正则言信,才能赢得公众的信任和投入。

(四)努力填补社会鸿沟,社会化媒体情感支持是致效突破

在 Web 2.0 时代的政府传播理念中,社会化媒体的赋权神话始终都被津津乐道,公平的公共服务价值观体现为社会化媒体政府传播的平权交往理念。随着社会化媒体内容、数据和平台的多样化,政府机构越来越多地使用社会化媒体迅速而有效地与公民互动情感、共享信息和提供服务,政府部门就越来越有责任确保包括残疾人在内的所有公众都能平权获得这些数字服务,确保平台的覆盖面和有效性。此时,平权并不只是第三方社会化媒体平台的技术和规则,平权更是作为现实权力中心的政府所做出的一种平衡。对于致力

于多元文化主义社会构建的政府而言，政府社会化媒体账号的可访问性和可使用性的提升，内容的多样化和包容性的追求便成为关键之举，否则便有悖于公平服务的初衷。

经典如政府"宪法承认运动（the Recognize campaign）"中在社会化媒体平台上的种族和解努力。澳大利亚的种族和解是指在土著澳大利亚人与非土著澳大利亚人之间构建一种平等、尊重、包容和携手前行的关系（汪诗明、王艳芬，2015）。经过多年抗争，2013年，政府开始考虑举行全民公决，正式通过《宪法》承认澳大利亚土著人。作为一项至关重要的政策干预，社会观念冲突在所难免，而且面临公众支持率极低的阻力。政府组织"和解澳大利亚（Reconciliation Australia）"为此设计了一个广泛与土著交往的咨询、教育和反馈方案"承认之旅"，并试图将社会化媒体 Facebook、Twitter 作为传播战略要素将这项运动推向全国各地社区，提高改革方案的认知度，强调其必要性，从而鼓励和争取更广泛的社区支持和公众参与，最终在全民公决中赢得理解和支持。① 根据澳大利亚伍龙贡大学学者的研究，社会化媒体平台上的"承认之旅"为多元的声音和意见表达提供了肥沃的土壤，与"宪法承认运动"意见相左社团其 Facebook 页面同样活跃（Dreher et al., 2016）。虽然距离种族和解目标最终的达成依然有很长的路，双方意见领袖之间、媒体之间、主流媒体与社会化媒体之间，展开了一场场针对这一历史问题的对话和辩论，成就了运动本身的全国和国际影响力。

"宪法承认运动"在社会化媒体平台上所收获的成功与失落并不是孤立现象。社会化媒体不同于传统媒体单向的信息发布型传播，也不同于有所互动的记者参与型传播，最大面积的公众接触也就意味着最大程度的情感互动。无论是现实中的数字鸿沟，还是历史遗留的社会鸿沟，社会化媒体确实是目前为止最好的填补路径。但是，这个平台的分享原则决定了它的传播是一件表达与倾听之间的事，政府的参与不能只是一种表达式介入，更需要倾听式介入。倾听往往需要情感的加持和理解，与理性的思考、刚性的政策或许格格不入，却是问题顺畅解决最有可能的突破口。

---

① 参见"和解澳大利亚"官网：www.recognise.org.au.

三、主动与被动之间：澳大利亚政府 2.0 传播策略

在澳大利亚"政府 2.0"建设从实验期步入回归期的进程中，社会化媒体逐步走出被神化的状态，因其有助于提高透明度、强化问责制、增进参与率和加大协作力，被视为一种选择性信息和服务提供渠道，同时对可能随之而来的负面影响有了更清醒的认识。一方面不想被"社会 2.0"的潮流所抛弃，一方面又愿再重回"政府 2.0"初期的狂热，政府正是在这种相对理智的主动与被动之间积累着各种的实践技能。

（一）互动秩序：联邦政府公众服务部 Facebook 传播维系策略

澳大利亚政府公众服务部（Department of Human Services）的社会化媒体传播始于 2009 年该部发言人戎冈（H. Jongen）以官方身份开设的 Facebook 账号。时至今日，该部已按照服务对象年龄分层营建了 6 个 Facebook 系列社区，分别面向公众、家庭、学生、老人、发言人关注者和全国毕业项目关注者，一直是政府部门社会化媒体社区传播的佼佼者。这些 Facebook 账号主要用来发起缴费，发布服务，回复提问，提供提醒，分享新闻，更新事项，纠错辟谣。与此同时，这些账号将来自社会化媒体平台的反馈传递至相关业务领域，从而改善服务。以一种平和的姿态、亲和的语气和详尽的说明，对公众事无巨细的提问逐一进行精准回复，是该部 Facebook 社区维系热度、保持活跃、强化关系的互动秘诀。除此之外，幕后长期的专业策划和公众动员至关重要。

该部与澳大利亚科学与工业研究组织（CSIRO）保持长期的虚拟社区情境实验。2016 年，双方公开了一个实验性在线社区，这个名为 Nextstep 的协作在线社区尝试以一种公助、共助和自助相结合的方式帮助那些目前正在接受福利金的父母过渡到全职工作以实现自给自足（Nepal & Paris, 2016）。同年，两位学者还发布了另一个在线社区实验数据，尝试在信息、经验和情感的虚拟社区互动中扶助现实社区中的弱势群体。其实，针对同一对象的类似实验早在 2012 年就进行过（Bista et al., 2012）。当年双方合作开发了一个针对在线社区的游戏化模型，试图通过将游戏动态性插入网络社区交互中以提升用户参与，增强成员的社区贡献。

由于"社会化媒体已是一个快速发展的、不断变化的环境"，公共服务部

自建官方线上服务平台也在积极为社会化媒体集思广益。该部派专人在工作时间通过上述平台进行实时监测和及时回应，每次回复性互动之后，都会提供一份用时1分钟的社会化媒体调查问卷，收集使用反馈，从而提升服务。2013年，公共服务部通过官网线上论坛Speachbubble进行过为期两周的公众意见采集和分析，出具了发展和改进政府社会化媒体传播方法的总结[①]。Speachbubble论坛的宗旨就是"inform（发布）、engage（介导）、collaborate（协作）"，而实践这一宗旨的方式是"We Asked（我们问）、You Said（您来说）、We Did（我们做）"，从而创造一种参与条件，形成一种协作方式。超过1200人参加了三个主题的讨论，完成了150项在线调查，贡献了约130条评论。讨论主题包括如何评价部门当前的社会化媒体使用，如何改进未来的社会化媒体使用，以及公众对于使用社会化媒体与政府部门建立联系的具体想法。

（二）透明关系：新南威尔士州政府社会化媒体信息管理策略

社会化媒体上的政府信息推送与以往的信息透明渠道本质上似乎并无二致，均属于"我说你看"的广播性透明关系，因其基础和简易的特性而被广泛运用。随之而来的便是并不简单的社会化媒体信息管理问题，即鉴别、保存有重要意义的社会化媒体官方文件和文书并提供获取服务，这是政府透明化的重要环节。鉴于社会化媒体"第三方所有，定位于云端，规则不恒定，信息非永存"（NSW State Archives & Records, 2014）的特点，新南威尔士州档案与文件部（NSW State Archives & Records）主张将政府信息被置于整个社会化媒体系统之中加以主动而非被动，前瞻型而非反应型的管理：主动采取适应不同的社会化媒体平台特征及其变化的信息管理策略，尽可能接触到更多的新公众，从而通过信息的有效传递来创建社区，提升服务，创造价值，既增加社会直接参与政府决策的可能，又减少社会化媒体平台政府信息的潜在风险。为此，该部于2014年为各个政府部门拟制了8项社会化媒体信息管理策略，并提出了相应的运用建议。

"广播型信息管理"适用于通过多个社会化媒体传播平台紧急、迅速、广泛传达消息的大型应急管理组织；"留放型信息管理"针对那些可以承担平台

[①] 参见Speachbubble官网：http://speachbubble-blog.dhs.gov.au/outcomes/your-say-on-social-media/.

变故、任其自在留放的信息;为避免日后调用不便的问题,"基础型信息管理"整体下载保存部分内容;围绕机构业务目标,运用特殊的舆情监测软件实施"监测型信息管理";"需求型信息管理"会截图保存那些因负面评论最终采取删除或屏蔽措施的Facebook帖子及评论,以此满足向管理层报告公众的重大反应,为未来的活动规划和沟通提供经验教训,保护组织免受可能导致的诽谤或诉讼;"报告型信息管理"则对特定的社会化媒体信息数据加以梳理分析,评估效果,形成周报或月报形式的定期战略咨询报告,通过信息的定期和持续纪录反思机构策略、采纳公众反馈、提高传播效果;"循环型信息管理"通过捕获、保存和重复使用社会化媒体平台信息满足降低成本、节约时间、保持一致和提高效率的工作需求;"问责型信息管理"则考虑到大型政府部门处于高风险、高责任和高诉讼的运作环境,拥有众多利益攸关者和大量社区咨询,采用专门软件将涉及某项事务的社会化媒体平台完整信息加以严格的截图、记录和管理,确保有力证据能随时访问和随需调用。

新南威尔士州档案与文件部为政府社会化媒体信息管理提供上述指南同时推荐有相应的软件工具。这一实践之所以经典,在于它以分层、按需、应变的信息管理逻辑为政府与社会透明关系的建立提供了实操性的专业指导。

(三)对话生产:"拯救勃朗特"运动中政府Twitter话语介入策略

自20世纪60年代起,悉尼城市规划的主导范式便是基于中高密度住宅建设的城市集约化。进入90年代,城市集约化范式转变为提升住宅负担能力,针对人口老龄化现象和公共交通有效利用来提供解决方案。然而,与之相伴的交通拥堵率增加,住户隐私权丧失,城市街景失落及低收入家庭涌入等问题,使得城市集约化项目遭到了部分社区的强烈抵制(Searle, 2007)。发起于2012年的"拯救勃朗特"社团运动就是一次针对"勃朗特退役军人俱乐部(Bronte RSL)"重建计划的抵制行动。军人俱乐部所在建筑物始建于20世纪70年代,为创造一个可持续、可操作的长期解决方案,俱乐部与房地产开发商达成土地开发协议,建设兼具俱乐部活动功能的综合商业体。勃朗特地区属于中高收入社区,建筑混合了低密度独立式住宅和中密度公寓楼。在澳大利亚,高社会经济地位郊区与规划异议和上诉的可能性之间存在强相关性(Taylor, 2013),而且社会对立在社会同质的中高收入社区中往往最强,这是在某种程度上决定了的必然。

两位澳大利亚学者威廉姆森（W. Williamson）和鲁明（K. Ruming）以"拯救勃朗特"运动中地方政府、国家规划机构、独立专家与社区团体、普通公众的 Twitter 文本展开研究，呈现了政府与社团的三年间的对话生产和策略（Williamson & Ruming, 2017）。结果显示，社会化媒体实际创造了两个并存的网络参与规划过程，即分别由政府和公民发起的两场对话达成了最终重建计划被政府否决的结果。这表明，社会化媒体对话正在成为规划和评估过程中政民沟通的关键生产模式：首先，政府部门在失去信息控制权，不断受到公众愤怒话语攻击的对话场景中解释规划，做到了有备而来、毫不气馁、宽和以待、坚持不懈，化解了话语攻击；其次，社会化媒体在扩大抵制运动影响和凸显社团形象的同时，也在壮大社区里的反对声音，介入这一话语场域的政府部门对此能够有所观察和反应；最后，政府借由"拯救勃朗特"社团运动的社会化媒体传播成功"进入"了公众在线网络，在对话中生产事关城市规划项目的议题内容，并作为公开的数字对话记录，使公众"参与"了政府规划决策。

进入 Web 2.0 时代，政府被置于一个更为活跃、复杂和多元的对话环境中通过交流沟通来实现公共信息生产、公共关系维护和公共治理转型。悉尼政府改变了既定的政民沟通参与方式，善于在虚拟环境中树立、稳固和创新自身的对话地位，就不同的公共治理目标确立多元对话身份，依据平台对话特征来创新对话产品生产，丰富对话表达策略，"拯救勃朗特"社团运动也因此成就了一次政府社会化媒体传播的经典实践。

（四）情感参与：联邦政府公众服务部在线社区支持策略

相对于政府信息和服务网络平台，无论是电子政府时期，还是数字政府时期，社会化媒体在创造和维系社区情感关联方面有着无可比拟的优势。澳大利亚政府公共服务部一直在尝试通过社会化媒体在线社区的搭建来超越政府网络平台机器化、冰冷式的互动体验，在情感参与中拉近与公众的距离，赢得公众的理解，特别是强化对弱势公众的支援。

在一项与联邦政府公众服务部合作的为期一年的实验性在线社区数据研究中，社会化媒体研究专家与政府人员一同就公众服务部社会福利付费服务设计和部署了一个安全的在线社区，参与其中的公众与政府人员可以彼此提供信息和情感支持（Paris & Nepal, 2016）。

在这个为期一年的实验性在线社区里，政府人员担任主持人并提供信息，专家作为监督员，也可为实验提供量身定制的信息，并通过对在线社区文本数据进行主题和情感分析，考察政府在社会化媒体在线社区的情感参与，尝试一种提升弱势群体服务体验的新方式，最终总结了一系列情感参与实战策略。

一是提供一对多有针对性的信息和服务可争取服务对象的情感信任。通过对社区成员身份、经历、态度和交往特征的沉浸式把握，无须公众问询，政府人员便可为公众预先提供量身定制的信息帮助和服务支持，从而表明在线社区是一个别具价值的服务提供渠道。二是"政府管理"的背景有助于公众迅速准确地获取和核实信息，但是"政府管理"的背景也会招致公众对在线社区用意的怀疑，感到自己"无法自由表达"。因此，政府在线社区的运营为尽量降低公众的疑虑，当采用宽和的态度珍视互动，尽可能减少对公众发表内容的限制，即使是公开批评也不滥用管理者的审查和删帖权。三是政府人员作为主持，通过言语的互动建立亲和关系与情感信任，能够改变参与者对自己的态度，便于援助服务的开展。在线社区参与者的敌视态度，通常源于混淆了政府（决策者）、部门（政策实施者）和主持人（援助提供）之间的区别，主持人可在持续不断的社区参与、公众接触和情感理解中逐步改变这种态度，使评论趋于中立，并对部门显露出同情。四是将在线社区视为一个通过故事分享、目标共识和情感参与来建立凝聚力和信任感的群体，使用代词"我们"和"我们的困境""我们如何感觉"等短语给予社区成员团结的动力，通过彼此的情感扶助和信息支持维系在线社区的现实联系。

公众服务部的实验性在线社区表明，政府社会化媒体平台的情感支持效应不逊于信息发布效果，政府与公众在社会化媒体平台的相互倾听与彼此表达同样重要。

结　语

面对数以万计的社会化媒体社区，Facebook 或许已是政府快速、有效的日常通知平台，一个个面向居民的"私人网络社区"有效地培养着公众的集体意识；LinkedIn 作为动态方法识别、吸引和招聘顶尖政府管理人才的渠道而被使用；Twitter 直接、公开的用户反馈被用以评估公众舆情走向；Facebook

Messenger即时发布着紧急警报和恶劣天气预警，第一时间提供犯罪预防和警方援助；Instagram中正在推出新落成的市政设施，给公众以别具一格的感官体验；YouTube提供市政会议和公众会议现场直播，鼓励公众查看和参与地方政府事务……虽然，社会化媒体平台作为第三方公司产品并非提供公共服务的主要工具，亦不是"政府2.0"的落点，真正的"政府2.0"是政府搭台、Web 2.0技术支撑的数字政府。但是，社会化媒体的特性使得它依然是与公共服务价值观相契合的重要工具，公众与企业的社会化媒体生存依然是政府介入其中的重要理由。到有公众的地方去，到公众需要的地方去，将社会化媒体纳入传播策略已是澳大利亚联邦政府和地方政府的必选项之一，因为它们是以参与方式公平而致效地接触公民的重要平台。

第五节

选择与回应：
俄罗斯政府社会化媒体传播

俄罗斯学者顾班诺夫·德米特里维奇认为，社会化媒体贡献首先在于组织人与人之间的社会沟通，其次在于满足他们的信息需求（Gubanov & Chkhartishvili, 2013）。借助于社会化媒体，政府既可以获取、提供信息，也可以与社会各界进行沟通，建立双向传播。社会化媒体是形成个人和整个社会公民政治立场的工具之一，也是建立政府与公众之间业务多边对话、优化信息流动、协调发展社会关系的有力工具。俄罗斯政界已经意识到这种与民众互动的有效渠道重要性。该国政府是社会化媒体传播的积极实践者。本节概述俄罗斯互联网发展史和以互联网技术为基础的社会化媒体发展水平，以及它们与政治领域的互动，从环境、基础、实践和反思等角度探析该国社会化媒体政府传播现状。

一、俄罗斯政府社会化媒体传播环境

社会化媒体是俄罗斯增长最快的传播渠道之一。根据全俄舆论研究中心，俄罗斯互联网用户在社会化媒体上有注册账号的占 82%。该研究中心于 2018 年 2 月进行的一项研究结果显示，45% 的 18 岁以上的受访者几乎每天都使用社会化媒体，62% 的人每周至少使用一次社会化媒体。与此同时，18 岁至 24 岁的年轻人参与社会网络比例世界最高——91%，25 岁至 34 岁——69%，年龄较大的群体——15%（ВЦИОМ, 2018）。俄罗斯社交网络品牌分析机构（Brand Analitics）认为，评价社会化媒体的受欢迎度，重要的是不仅关注其注册账号的数量，还关注它积极发布信息的用户数量，即发布各种形式的帖子、做评论和转发信息的用户数量（Brand Analitics, 2018）。机构重点研究活跃用户，并以社交网络上活跃用户和其发布的公开消息数量来评估俄罗斯各社交网络在用户中的受欢迎程度。2018 年 10 月该机构对俄罗斯社会化媒体俄语、鞑靼语、乌克兰语、哈萨克语和其他一些语言的 4600 万用户超过 18 亿条公开信息加以分析，结果显示俄罗斯最流行的社交网络是 Vkontakte、Instagram、Twitter、YouTube、Facebook、Skype、WhatsApp、Viber、Odnoklasniki 等。俄罗斯大城市居民已在很大程度上被社交网络所覆盖，但该国其他地区及年龄较大群体中使用社会化媒体仍然有增长潜力，而且整体上呈现出视频内容流行、积极用户竞争加剧、信息服务个性化的发展趋势。

社会化媒体的广泛普及迫使政府认真思考如何利用这一新传播渠道提高公民参与国家治理积极性，并从与公民建立关系过程中获益。一些俄罗斯研究人员认为，与俄罗斯政治体制和媒体传统隔离开来研究该国社会化媒体政治传播是不合适的，因为它们是影响现代俄罗斯政治的关键因素之一（Bykov, 2013）。这也决定了俄罗斯和其他国家网络政策之间存在着显著差异。俄罗斯学者认为，社会化媒体本质上不是民主或极端的（Kaminchenko & Baluev, 2012）。但特定国家政治体制的性质决定该国当局对待媒体的态度和与之互动的特点。俄罗斯政治体制的上述特征很大程度上决定了俄罗斯政府社会化媒体传播程度和特点。

（一）俄罗斯政府社会化媒体传播的历史底色

俄罗斯互联网及以互联网技术为基础的社会化媒体发展似乎与该国政治

历史背景变迁密切相关。俄社会学家伊万诺夫·德米特里指出，俄罗斯互联网有别于其他国家发展的一个重要特征是该国互联网技术在政治和媒体环境里的需求更大，而不是在商业领域。20世纪90年代后期俄罗斯互联网发展的决定因素是大型媒体和政治机构的活动，而非商业组织的活动（Ivanov, 2002）。俄罗斯学者扎罗斯基也认同此观点。他认为，两个因素构成了俄罗斯20世纪90年代互联网领域发展的强大动力：1998年8月因国内政治社会不稳定等因素引发的国家经济问题和1999—2000年总统选举（Zalessky, 2000）。2008年，俄罗斯与格鲁吉亚为期5天的战争在俄国内独立在线媒体和博客中引发了热烈讨论。许多网站受到了极大的欢迎。切尔尼科夫娃认为这是俄罗斯互联网发展历程重要节点（Chernikova, 2014）。

然而，俄罗斯政府真正意识到社会化媒体作为新政治传播渠道的巨大影响力及它在国家治理中的重要地位是在该国2011年议会选举后和2012年初总统选举前后各大城市的抗议运动期间。一系列自苏联解体以来最大规模的抗议活动基于社交网络动员发起。Twitter 和 Facebook 被用来传播关于抗议集会地点和时间等消息，无处不在、未经审查的社会化媒体信息促进了抗议活动的动员。这种基于社会化媒体信息进行动员的抗议活动让公民和异议人士认识到自我认同和自我表达的必要性和可行性，但同时也让俄罗斯政府意识到推动自身在社会化媒体里存在的重要意义。

（二）俄罗斯政府社会化媒体传播的建设意愿

俄罗斯政治体制通常被描述为"混合政治体制"（Petrov et al., 2014）。"民主"一词经常出现在俄罗斯官员的公开演讲中，使其成为政府自我介绍的常规组成部分。比如，2012年，时任俄罗斯政府总理弗拉基米尔·普京在他的纲领性署名文章《民主与国家质量》[①]中提出，在他看来，民主既包括公民选举权等基本权利，也包括他们持续影响权力及参与决策过程的权利。因此，民主应该有持续和直接行动的机制，有效的对话渠道、社会监督，及时沟通和反馈平台。普京还强调，需要在新技术的帮助下赋予俄罗斯公民"积极权利"，即：使公民参与制定立法议程，提出议题并制定优先事项，而不仅仅是赋予他们对政府的某些想法和提议做出反应的"被动权利"。

也就是说，政府深刻理解对于俄罗斯社会，让公民参与政治机构活动的

---

① 参见网址：https://www.kommersant.ru/doc/1866753.

问题变得更加紧迫。没有公民可以评估和衡量政治进程、提出具有重大社会意义的倡议和建议、参与竞选活动、支持或反驳拟议的政治政策的积极公民行为模式的形成，就不可能实现政治制度民主化可持续发展。一方面，许多长期存在的社会问题决定公民参与政治、改变现状意图及其必要性；另一方面，无法影响决策或不愿承担责任等原因使大部分公民持非政治性倾向或缺乏主动。这样的矛盾导致公民参与政治形式的不同路径——非建设性反抗或建设性参与。

（三）俄罗斯政府社会化媒体传播的限制色调

然而，21世纪初开始，俄罗斯的国家治理纳入了许多措施，如出台限制或消除政治和媒体领域异议的法律法规。随着俄罗斯互联网普及率的增加，其对公民态度和行为的影响将显著扩大。这些影响已经引起了俄罗斯政府的注意。为了实现公开透明，以及提高公民参与，保证政权稳定，俄罗斯联邦政府也屈服于利用社会化媒体满足公众需求的全球趋势。

与此同时，政府也意识到了参与社会化媒体传播进程对保护国家安全的重大意义。在任何一个国家，引进、使用信息技术过程中国家规范系统不完善，国家信息支持政策效率不高都会导致信息领域对该国国家安全构成内部威胁。保证政府机构在互联网领域积极和高质量的存在是保护国家信息空间免受各种破坏性攻击的有力手段之一。

（四）俄罗斯政府社会化媒体传播的维稳期待

信息已成为现代社会最重要的资源之一。对政府而言也不例外。实践表明，政府可以用信息改善社会生活质量，提高社会支持率与投资者信心，促进经济增长，增强制度的合法性和效率。通过社会化媒体，政府既可以收集信息，也可提供信息。

现代互联网政治传播背景下，在社会化媒体空间里创建正面形象应该被视为权力主体最重要的存在模式之一（Belenkova，2017）。这种存在可以通过有效使用信息和通信技术来实现。因其广泛的交互性和便利性，社会化媒体在塑造形象方面有巨大潜力。现代社会政治条件下，各国政府应高度重视利用信息和通信技术塑造正面国家权力形象，以获得民众信任和支持。以现代互联网技术为基础的社会化媒体给国家机构提供了一个战略机会。社会化媒体平等互动等特点增强了政府活动信息透明度，从而提高了民众对政府的信任度。俄罗斯学者萨赞诺夫称包括社会化媒体在内的 Web 2.0 资源的"一个相关的更为广泛的任务是促进社会结构的发展"（Sazanov, 2013: 221）。政府必须保证对作为社会结构一部分的社交媒体进行管理，同时也须保证自身在该领域的建设性参与。

（五）俄罗斯政府社会化媒体传播的民主诉求

经过 20 世纪末的政治动荡，21 世纪初俄罗斯社会各领域迅速发展，"公民社会"政治意识逐渐提高，对国家的信息透明度提出了更高的要求。技术进步和新一代媒体素养使社会化媒体等互联网资源成为公众表达不满和诉求的主要平台。这一切促使政府开始正视社会化媒体在国家政治生活中的作用。

政府逐步认识到，社会化媒体可以提供低成本、高效率双向传播。它可以被称为一种"生活虚拟镜像"，既反映社会关注的热点问题，也反映社会热点话题背景下的观点和评价。它也是一种有效的反馈渠道，允许用户监督权威主体行为。社会化媒体参与既能保证政府了解民意的需求，也可保证满足民众监督权力机构的意愿。政府开始顺应社会发展潮流，对此做出正面回应。总之，社会化媒体为俄罗斯政府治理提供了战略平台，政府参与社会化媒体政治传播进程既是被动的回应，也是主动的选择。

二、俄罗斯政府社会化媒体传播基础

（一）基于开放治理体系建设

2012 年 2 月，时任总统梅德韦杰夫下令成立了由数百名专家组成的俄罗斯开放政府体系建设工作组（Medvegev, 2012a）。同月他在自己视频博客主页上发布题为"社会化媒体可以成为俄罗斯外交官工作的有力工具"（Medvegev, 2012b）的视频，呼吁相关官员和负责人重视社会化媒体。根据 2012 年 5 月 7 日第 601 号"有关完善国家治理体系的主要方向"的法令，再次当选总统的普京确定了朝开放政府方向转变的若干目标和一系列实现确定目标的具体措施，其中包括确保：①国家治理体系的开放性；②公共服务的可达性和质量；③公民参与讨论，采纳监督政府决策的实施（Putin, 2012）。这些目标指标和具体措施表明了政府着眼于社会经济发展的国家体系现代化矢量。

为了在联邦一级实施"开放"理念，俄罗斯政府于 2014 年 1 月批准了成为联邦政府开放标准基础的行政当局"开放"概念。①"开放政府"体系是俄罗斯"开放国家治理"的主要机制之一。作为一种现代管理模式，它基于公民参与制定和监督管理决策的原则和机制，促进公民与政府机构的互动，提高政府工作的清晰度和透明度。俄罗斯联邦执行机构"开放标准"②制定了作为实施开放原则一部分的国家和市政当局正确使用社交网络的标准。标准指明当局社交网络运用主要工作领域包括发布新闻，组织调查，收集提案，提供咨询，这使他们可以跟踪关注账号的数量动态和评论，关注并分析他们的意见和对特定消息的需求。

"开放政府"是俄罗斯在数字媒体时代迈出的一大步。"开放政府"原则的实施要求所有参与者，特别是国家各级政府雇员，对使用信息技术机制和工具的方法进行基本改变。引入和实施符合"开放标准"要求的社会化媒体成为组织公民与国家和市政当局之间非正式沟通最丰富的信息平台。"开放政府"概念的实施一定程度上确保政府对社会大众的可达性和公开性，促进社会与政府的互动，减少政府腐败，提升公共服务质量与民众的满意度，提高国家与社会间信任度。

（二）基于"社会倡议"制度实施

2012年，普京在他的纲领性文章《民主与国家质量》③中提请注意公民公共倡议在特定政治决策领域的作用，认为人们已经开始实践使用互联网提交法案，每个人都可以发送提案或修正案，在最终版本中会考虑最好和信息量最大的提议。这种集体选择最佳解决方案的机制，或者如专家所说的"众包"，应该成为政府各级的常态。

2013年俄罗斯政府建立了名为"俄罗斯社会倡议（ROI）"④的电子网站。社会倡议指的是俄罗斯公民有关国家社会经济发展、联邦和市政府工作改善的建议。这一制度对于发展和加强"公民社会"、保护人权和公民权利及公民参与国家事务管理都具有重大意义。公民可以就市政、地区和联邦不同层面问题提出建议。该平台也允许注册用户提出立法倡议并对其进行投票。根

---

① 参见网址：http://government.ru/docs/10122/.
② 参见网址：http://openstandard.ru.
③ 参见网址：https://www.kommersant.ru/doc/1866753.
④ 参见网址：https://www.roi.ru/.

据要求，为被审议公民提出的倡议必须得到一定的支持：在联邦一级和人口超过 200 万的俄罗斯联邦地区至少要有 10 万票支持该倡议；在区和市级至少要得到 5%的注册人口支持。为了避免投票混乱，互联网资源使用统一授权和认证系统运行，即一人一票。"反对"票数不会从"支持"票数中扣除，但在由政府机构设立的专家组做出决定时予以考虑。提交的倡议必须通过初步审查，如果该倡议获得了所需的投票数，则将其发送给联邦、地区或市级的专家组，以便对实施倡议做出决定。

普京本人于 2013 年 5 月与该国议会党派领导人会面时称该网站的工作令人满意，已经取得了积极的成果，同时强调该当局与社会交流的渠道是有效且是急需的（РИА ОВОСТИ，2013）。

（三）基于电子政务发展态势

电子政务的发展也是俄罗斯国家治理发展最具前景的领域之一（Gubanov & Chkhartishvili, 2013）。俄罗斯公民参与电子政务的程度可以通过在与政府信息系统（例如，门户网站 gosuslugi.ru）交互时使用的统一识别和认证系统（ESIA）中登记的人数来判断。据俄罗斯电信公司提供的数据，截至 2018 年 11 月超过一半的俄罗斯公民在该系统里进行注册并积极使用它。通过该系统，公民可访问 2000 多个国家和商业门户网站。在 ESIA 的帮助下，每分钟超过 9000 名用户访问国家统一和区域公共服务门户网站、联邦国家登记、地籍和制图局、联邦税务局、养老基金、俄罗斯公共倡议（ROI）等网站。[①]

联合国定期发表研究电子政务发展报告，并对世界各国在该领域的发展进行排名。2012 年，电子政务发展报告《联合国电子政务调查：面向人民的电子政务》评估了 190 个国家的政府机构使用信息和通信技术（ICT）为公民提供公共服务的意愿和能力，俄罗斯列第 32 位（United Nations, 2012）。随着现代信息技术发展，国家治理活动变得更加理智，政府的电子政务目标计划为国家机构向"非接触式"与公民互动过渡奠定了基础。政府介入社会化媒体传播有利于政府善治的进一步推进。俄罗斯联邦政府同时还出台了一系列"国家信息社会计划"相关政策，以确保新信息社会条件下政府与公民有效互动。例如，2013 年 11 月 1 日发布了"有关批准俄罗斯联邦 2014—2020

---

① 参见网址：https://digital.gov.ru/ru/activity/directions/13。

年以及未来至 2025 年信息技术产业发展战略"第 2036-p 令（俄罗斯通信与大众传媒部，2013）。

（四）基于媒体权力关系传统

俄罗斯政府与媒体，包括社会化媒体的关系很大程度上继承了苏联传统。伊利亚·基利亚将苏联媒体的可访问性称为一种社交契约，其中可访问性与控制内容做交换。俄罗斯媒体的现代运作类似于苏联媒体系统：国家直接管理媒体（通过所有权），或通过对其合法化（限制法律、审查等），或通过给予财政补助等辅助手段（Kiriya，2012）。

但在数字媒体时代，政府管理媒体会遇到一些阻碍。国家通信监管机构有足够的权力来管理线下媒体，但对互联网的影响较小。人们在许多平台上生成内容，包括通常由西方公司拥有的社交网络，这在访问和管理方面造成困难。社会化媒体难以控制也部分取决于互联网的开放性等特点。但俄罗斯政府并未逃避社会化媒体这个新兴传播平台。政府可以利用社会化媒体带来的这种可能性以确保政权稳定，并提高政府服务质量。俄罗斯政府是社会化媒体传播的积极实践者。实践证明，俄罗斯政府在社会化媒体传播领域采取的措施是一方面对信息进行选择性审查，采取各类限制性措施，同时另一方面推动自身在数字领域的存在。

三、俄罗斯政府社会化媒体传播实践

2011—2012 年起，俄罗斯政府开始认真考虑社会化媒体传播平台的重要性，其在社会化媒体传播实践过程中所采取的措施大致可以分为两种：一是加强媒体管理权，出台限制性法律法规；二是政府实施、加强自身参与社会化媒体领域的各类措施。

（一）加强媒体管理

俄罗斯政府采取了一系列措施：一方面，加强平台管理；另一方面，加强法律限制，连续出台了一系列法律法规，对社会化媒体信息进行选择性审查，确保不当言论不在社交网络上大规模传播。政府出台了一系列俄罗斯媒体发展历史上最严厉的限制性法律，包括以下主要内容。

2012 年，立法允许官员在没有法院命令的情况下可以关闭任何含有毒品、自杀宣传和儿童色情等相关内容的网站。

2012 年 7 月，签署通过有关接受外国资助的非政府组织应被注册为"外国代理人"的联邦法令。

2013 年，俄罗斯通信监管机构要求 Facebook、Twitter 和 YouTube 删除监管机构认为令人反感的信息。

2014 年，针对那些发布极端主义信息的人实施了前所未有的制裁，例如"点赞"或"转发"极端主义信息的用户可能面临长达 5 年的监禁。

2014 年 5 月 5 日联邦法第 97 号《信息、信息技术和信息保护法修正案》及《俄罗斯联邦关于使用信息和电信网络信息交流的个别法令》（也称作《博客法》），要求"每天读者超过 3000 名订户"的互联网资源（网站、博客等）所有者在俄罗斯电信公司上进行注册并遵守对这些资源的内容限制要求（2017 年该法案因无法适应过快的网络技术发展速度而废止）。

2015 年 9 月 1 日起，联邦法第 149 号《信息、信息技术和信息保护法》（2006 年 7 月 27 日颁布）正式生效，要求所有互联网公司仅在俄罗斯服务器上存储俄罗斯公民的个人数据（法律将个人数据定义为"与特定或指定个人直接或间接相关的任何信息"）。该法律的通过赋予俄联邦通信监管局权力以要求通信运营商限制对不保证在国内存储个人数据的互联网资源的访问（Frolov, 2015）。

2016 年 7 月通过了《雅罗瓦亚法》。该法规定通信服务提供商必须将通话、信息、图像等数据保存 6 个月以供查证，并将时间、发送信息接收人等元数据保存 3 年，同时还要求通信服务提供商在没有法庭命令的情况下主动提供这些信息。官方称，该法律的出台旨在加强对恐怖主义和极端主义的控制和惩罚。

2017 年 11 月俄罗斯国家杜马三读全票通过一项法案，将外国资助的媒体定性为"外国代理人"。哪些媒体可被认定为外国代理人将由司法部决定。拒绝在俄罗斯联邦注册为外国代理人的外国媒体代表可能面临罚款或长达两年监禁的刑事责任。

（二）政府实施、加强自身参与

采取这一措施的初衷有三：一是保证和加强政府自身在社会化媒体空间的存在；二是通过社会化媒体掌握和了解民众舆情；三是通过社会化媒体实

现政民双向互动，吸引公众直接参与决策。

政府社会化媒体积极传播确实也取得了一定的推进和成效。比如，其中最引人注目的尝试包括俄罗斯东正教会的官方视频频道、梅德韦杰夫的 Twitter 账号、紧急救灾部的 Twitter 账号、总检察长办公室和财政部的 Twitter 账号，等等。然而，俄罗斯社会化媒体政治传播潜力还未被完全挖掘。例如，社会网络既可以用于日常生活，也可以用于竞选期间或国家生活中的其他重要政治事件中。当社会形势恶化时，也可以用于解决冲突。社会化媒体也可以成为有效反宣传的舞台——通过社会化媒体向公民提供有关国家机构活动的可靠信息，以及监督公众舆论状况。这将确保公民个人生活和其作为民主社会和合法国家公民的价值观免受侵犯。圣彼得堡国立大学新闻传播学院斯韦特兰娜·谢尔盖耶夫娜教授和安娜·谢尔盖诺夫娜研究表明，当前俄罗斯社会化媒体在解决社会冲突中扮演的角色并不乐观（Bodrunova et al., 2017）。也就是说，俄罗斯政府社会化媒体运用并不理想，这里以政府活动主体的官员使用社会化媒体实践为实例，分析该国政府社会化媒体运用过程中存在的几点主要问题。

1. 实践项目与质量均有待提高

俄罗斯开放政府网站于 2014 年进行的有关政府部委和部门社交网站活动研究显示，该国 67 个部门和部委中只有 17 个部门对社交网络表现出积极兴趣，16 个当局公共机构在社交网络中开设账号，但他们在社交网络中的活动很少（俄罗斯政府鉴定委员会，2014）。当然，近几年开通社会化媒体账号的官员数量逐年增加。俄罗斯电子通信协会（RAEC）分析师卡伦提到，目前在俄罗斯有大约 150 万官员，其中大约 70% 使用社交网络账号（Zykov, 2016）。只是使用社会化媒体的效率依然低下，各级政府官员即使有社会化媒体账号，但真正使用该工具与公民进行交流的几乎很少。大多数账号长时间不更新，或无人管理，无人回复，成为"信息鬼城"。据相关报道，在社交网络上注册的联邦机构中有一半以上没有提供定期反馈。结果，真实关注他们用户的比例减少。他们即使发布信息，其质量也堪忧，严重影响当局形象。马琳娜·朱列瓦在博文中讽刺道："也许官员们不理解为什么以及如何使用社交网络；他们可能不想与公民互动；他们可能不会认为公民值得与当局积极对话和互动。"（Zureva, 2017）在政府机构中使用社交网络没有明确的界限和原则。但发布的信息内容被认为是面向社会化媒体最重要的考虑因素之一。而大多数政府官员社会化媒体账号内容都是从相关机构的网站上直接复制过来的信息，即更多的是针对自己利益和自己需求发布信息和通知，而不是根据公众的需求与其进行互动。总的来说，在俄罗斯，许多账号是被政府用来当现代技术版公告栏，用于通知或宣传的。显然，国家社交网络中缺乏双向沟通将导致其他用户对这些账号的忽视或遗弃。

2. 社会化媒体运用失范

除了发布这些僵化的信息外，更让人啼笑皆非的是有些官员在社会化媒体上发布的一些信息竟然违背社会道德伦理，或甚至违反法律法规。因自己在社会化媒体上不恰当言论被解雇的俄罗斯官员不止一个。例如，前圣彼得堡疗养区新闻中心主任瓦西里·阿尼西莫夫在发生西奈半岛坠机事件后在 Facebook 上发布了状态，他将每年俄罗斯道路上遇害的人数与 A321 坠机事件的受害者人数进行了比较。阿尼西莫夫称为这些坠机遇难者哀悼的人为白痴。后来即使他删除了这条状态并道歉，还是难逃被解雇的命运。

也有政府官员不知如何利用社会化媒体对社会需求和民众质问进行回应。即使是以社会化媒体明星著称的某位政府高官也不例外。2016 年 5 月 25 日这位高官访问某地并与当地居民进行非正式交流。当场，有一位退休人员抱怨养老金数额太少，只有 8000 卢布，且被拖欠。高官生硬地答道："现在我们就是没钱。有了钱会给你们。但你们要坚持住。祝你们心情愉快，身体健康！"然后他马上转身离开。媒体和公众从这段话中节选"没钱，但你们要坚持住"这几个字并发布到网上，引发了社会对这位高官的强烈不满与抗议。

（三）规范尝试及反响

目前，没有规范当局官员使用社会化媒体的监管或参考类系统文件。在联邦部级解决这一领域问题的首批尝试之一是由联邦国家财产管理局进行的。该管理局指令中有专门条文指出联邦当局的活动中使用社交网络的规则。为规范官员社会化媒体使用，俄罗斯"国家公务员制度"（79）法第 20.2 条规定，政府雇员在 2017 年 4 月 1 日之前必须向管理层通报他们社交网络和论坛使用以及以何种名称使用等信息。该规定从 2017 年 7 月 1 日起生效。该国劳动部新闻中心称，根据该规定申请公务员职务的俄罗斯公民和在职公务员必须提供自己发布公开信息的个人网站和账号，以及允许其被识别的信息。如果官员忘记提交或不想通报现有账号信息，他将面临解雇。此类措施褒贬不一。积极公民和非商业组织在《国家问题》一文中质问："事实上，社交网络已经成为私下表达意见的主要平台。那么，为什么国家突然要侵入公民的私生活？"（Zolotov, 2019）针对这样的指责，俄罗斯劳工部解释称，实施该规定的主要目的是确保公务员遵守职业道德规则，他们提交的个人社交网络、博客和论坛的数据将不会对外开放公开。

让官员上报个人社交网络账号信息无法完全解决他们社会化媒体使用不当或使用不足等现象，反而引起社会民众更多的质疑。据报道，俄罗斯互联网发展研究所（IRI）将对地区当局展开社会化媒体传播工作提供帮助。具体将在总统全权代表研讨会的框架内对地方当局互联网和社交网络使用进行培训，提供有关互联网建设工作的建议：如何在社交网络上建立官方社区以及对它进行妥善管理，如何对社交网络用户的投诉和呼吁进行回应，出现紧急情况时如何做出反应，等等。记者，俄罗斯联邦公民会议室信息社会、媒体和大众传播发展委员会主席，科学技术教育中心专家亚历山大·马尔克维奇认为，为官员提供有关互联网通信的教育计划是很有必要，也是非常正确的，因为几乎每天都会碰到官员在互联网社会化媒体里的各种失误。尤其当这种培训由一个权威机构组织，其工作由国家杜马相关委员会负责人监督时，其意义显得更加重大。他还称，俄罗斯联邦公民会议室也在认真考虑开展类似的教育计划：准备为官员组织一系列的研讨会，着重强调应注意个人形象，即如何在社会化媒体里"控制自己"。更糟糕的是，目前社交网络上有人正在对官员进行攻击，官员们的许多话从背景里被截出来成为社会嘲笑的主题。官员需要为这些挑衅做好准备，最重要的是要学会如何避免这些挑衅（Malkevich, 2019）。

结　语

"在媒体空间中不存在的东西也不会在公共意识中存在"（Manuel, 2007）。考虑到社会化媒体对现代政治社会生活重要地位，似乎所有政府机构至少应确保自身在社会化媒体里的存在，以保证自己的声音迅速有效地被更广泛地听到。与此同时，由于社会化媒体双向互动特点，在该领域政府不仅需要被听到，还需要听对方的声音。俄罗斯国家机构也积极将互联网信息技术和社会化媒体平台纳入国家治理进程中。

评估国家机构对包括社会化媒体在内的互联网资源运用效率和水平并不简单，不能从某个单一角度去进行评估。然而，可以确定的是，目前，俄政府未能完全开发利用社会化媒体国家治理领域的潜力。在俄罗斯，将社会化媒体用于政治传播和政府治理的经验有一定的参考价值，但很难称其为高效、完善。社会化媒体提供广泛机会来搜索目标受众，与之互动、影响并形成公众舆论。国家机构在该领域一方面需要加强自身的活动和存在，以满足公民的期望，另一方面，在自己人民眼中创造良好形象让自身权力合法化。在这两点上俄罗斯政府实践都不算理想。限制和审查虽然满足了政府保持社会稳定的需求，但阻止了部分公民通过这个本应更加开放的平台获取更加多元信息的需求。与此同时，当局官员对社会化媒体笨拙且不当的使用状态不仅没有提升该国家政府形象，反而有时让其成为社会笑柄和让反对派进行攻击的对象。这种非理想效果有其主客观原因。

一是社会经济发展水平不均衡。社会化媒体可以提供公民均享信息和相互联系的平台。然而，俄罗斯社会数字鸿沟问题使全民平等参与在线政治讨论成为一个难点。俄罗斯社会"数字鸿沟"表现在该国互联网地理渗透不均衡中。知名社会学家罗戈夫指出，俄罗斯分化为两个"部分"：俄罗斯1和俄罗斯2。俄罗斯1由居住在大城市的44万—50万人组成，中产阶级居多，拥有更高或更专业的教育水平，能够轻易访问互联网，并可能对政治感兴趣。相比之下，俄罗斯2由生活在低收入、低教育水平小城市的1亿人口构成。他们缺乏或无法获得接触现代通信技术的机会（Rogov, 2012）。数字鸿沟也表现在不同年龄段，跟世界大部分地区一样，年轻人构成该国社会化媒体网络绝大多数，中老年人对其运用率不高。

二是公民对政治对话准备不充分。巴什卡列夫·安德烈·亚历山德维奇研究现代计算机网络中的政治传播，称其为最大限度吸引社会所有成员参与政治生活的工具。但大多数俄罗斯民众还未完全准备好在社会化媒体领域与政府进行直接沟通（Bashkarev, 2008）。即使是近几年随着社会经济发展该国公民意识逐渐提高，使用互联网进行政治社会问题讨论的俄罗斯人数依然相对较少。

二是官员运用水平欠佳。俄罗斯政府社会化媒体传播未能得到理想效果另一个重要原因是政府官员社会化媒体运用不当和不足。俄罗斯政府虽然强调互联网和社会化媒体在社会政治生活中的重要性，并出台一系列政策来支持其发展,但到目前为止,作为政府行为主体的政治领导人和官员依然用"剩余原则"使用 Web 2.0,而重点使用传统媒体作为政治传播渠道。除此之外,政府官员对社会化媒体运用策略缺乏认知,导致其效率低下,甚至有损政府形象及政府与公众的关系。

第三章

基于虚拟社会界面的全球政府社会化媒体传播策略

第一节

虚拟社会秩序界面：
全球政府社会化媒体互动策略

社会化媒体的一个关键描述语句就是人与人之间的关系网络，它不仅仅是现实社会形态的反映，而且是神奇地并存着两种遵循不同法则的秩序——"整体大于部分"与"个体超越整体"。这使得虚拟社区与现实社区、在线网络与社会网络存在显著差别，也是社会化媒体政府传播不同于以往的特别之处，这就要求政府将单打独斗的传播策略与左右逢源的社交能力相结合，追求在社交式传播中提升互动技巧。然而现实的情况是，政府运用社会化媒体传播15年来，能否通过创造性的理念实现互动奏效，仍然是国外多数国家政府涉足这一领域时存在的问题。

一、遵循场域时空秩序触发互动生产

就保持高频率互动和群体的活跃度而言，在线下社会活动组织方面不乏经验的政府在社会化媒体虚拟场域面临着同样的困境。大众媒体时代造就的政府往往擅长和偏爱邀约式的、规模型的互动邀请，得益于社会化媒体平台与公众的直接接触，在互动双方尚感新鲜的初期，确实能产生一定的效应。然而，无时无刻、无休无止、无处不在的公众虚拟生活方式，让这一场域在空间上遵循着散在法则，在时间上存在着变序法则。虚拟空间特殊的时空秩序决定了以往的方法再主动、再积极也无法保鲜，甚至顷刻朽落。几乎所有的互动都是从一项微不足道、毫不经意的接触开始，再不断滚雪球而行、沿长梯而上，才得以涉足更高层次的互动。以符合社会化媒体传播秩序的方式激发互动动机、触动互动际遇便成为重要的传播策略。

（一）散在法则：互动动机的激发

公众的在线社会行为，既有自利因素也有利他动机，既受到经济驱动也包含精神动力，比如趣味相投、志同道合、共同进步，比如追逐挑战、表达同情、造福人类。政府作为这个场域的共同参与者，有着与之类似的自利和利他动机：提供信息、加强民主、促进市政、建立网络。与现实的区别在于，这是一个去中心的场域，带着自利和利他动机的政府与公众都在以散户的方式共生共存。即使在身份互知的情况下，公众亦希望本着一颗散户的心，乐于以散户的身份与政府进行突破性和创造性的互动。介入其中的政府亦当由中心转为散在，在传播姿态上要拥有克制控制欲的自觉意识，让渡权力、付出努力，以不同以往的方式介入公众，认知、感知并行动于、受益于信息驱动的社会化媒体世界。

1. 交叉间彼此共存

警务部门通过社会化媒体联络所辖社区在西方国家已越来越普遍，其间交叉共存的互动策略堪称基础性、经常性的策略。一项针对美国弗吉尼亚州汉普顿路地区 7 所警察局的 Facebook 和 Twitter 账号数据研究清晰地显示了 2013 年 10 月 1 日至 2014 年 3 月 31 日期间，两大社会化媒体平台的警民互动（Dai, 2017）。对 Facebook 帖子、评论、喜欢和分享数据和 Twitter 推文、评论、收藏和转发数据的文本挖掘表明，警方经常性利用社会化媒体进行社区互动，将其作为组织整体战略的一部分，或寻求行动支援，或提供警务信息，或寻找犯罪信源，或进行关系沟通，并以此作为警务质量的重要衡量指标。公众对两大平台的警方账号表现出了不同的互动偏好，Facebook 在社区网络维系上更有优势，Twitter 则在服务信息速递方面更具吸引力，两者兼用有助于覆盖不同的用户群体。为扩大互动空间，汉普顿警局还以链接的方式将公众引导至 YouTube，通过视频更为生动地解释辖区警务，与 Facebook 的循循善诱和 Twitter 的短平快文相配合。就互动频率而言，"推""拉""回"三大信息发布策略运用得越频繁，公众互动回馈越积极，构筑信任的可能性越高。就互动内容而言，"有用""有趣""有交互"是吸引公众互动的三个关键特征。例如，尽管数据显示，7 所警局发帖量最高的是征集犯罪线索和发布执法内容，它们却极少获得公众的喜欢、转发或评论，不过这并不代表公众在线下毫无支援。2013 年 10 月 4 日诺福克警局发推却享有了极高的热度："告诉我们谁是你最喜欢的'老派'电视警察？"对于警局而言，在警务工作上获得线上社区有力支援的前提是成功地融入，与社区公众共同生活而非工作于此。

这就涉及一种"小行动的力量"，"变革从来不会发生在权力的殿堂之内，变革发生在餐桌上，在客厅里"（杜尔斯基，2019：17）。警民互动，以及更大范围的政民互动与此同理，都是四两拨千斤的理念，需要时间和耐心。在这一过程中，尤其要善于通过保持中立性和平衡性展示职业权威。控制和维护与公众之间的边界，同时还要保有个人化和日常化的交流，从中显露亲和品格。跨越和拉近与公众之间的距离，在交叉间达成"你中有我，我中有你"的社会化媒体平台合理化共存。

2. 开放中相互发现

政府告知并邀请公众，这只是形式的开放而非思维的开放。让信息和信息互相发现，让信息和信息易于组合才能贴近社会化媒体互动思维的本质。比如，人们其实不需要邀请，每天都在谈论政事，牛津网络研究院的调查结果显示，61%的英国人经常或每天都与朋友或家人谈论政治，线上显然毫不逊之。伊拉克战争期间，英国广播公司"i-news"政务论坛收到35万条评论信息，事实上很少有政客会浸入其中与他们就实际问题展开讨论（Coleman, 2005）。尽管已然不乏各种所谓开放的政论征询空间，如市政会议、公众听证、意见征集等，但它们与公众散在的谈论完全处于两个不同的空间，其效果亦不可相提并论。一个是指定议题，一个是自由议题，如何让两个空间的论见在社会化媒体上互相发现，易于组合就涉及互动策略问题。

墨西哥拉马斯市政水务局2011年6月20日注册启用了Facebook账号，主页说明栏写道：这里可以接受您的投诉、建议和评论，让我们以一个更直接的方式跟踪和解决任何服务问题。巴索洛（V. Basolo）等研究者将该账号长达18个月的275个帖子按照公众互动与否分为静态（54.9%）和动态（45.1%）两大类（Basolo & Yerena, 2017），结果表明绝大多数的互动帖子（88.7%）包含2到4轮多人回帖，例如：

市民1：您好，我想报告特拉克街角的饮用水泄漏。谢谢你的关注。

市民1：顺便说一句，泄漏是在街上。水流向戈麦斯·法利亚斯，然后向菲德帕兹。很多水被浪费了。

水务局：我们已经把您的报告转给了5区的员工，相关员工会关注。谢谢，竭诚为您服务。

市民 2：哈哈哈，管他们叫"飞人"。

水务局：谢谢您，非常感谢您。今天有很多工作，希望我们都能做好。

市民 2：你们必须明白，若我们无礼，那是因为你们没有提供优质服务。我们的期望是，既然账单总能准时，服务也要如此。

水务局：您好"市民2"，有时进水口内部有树枝和污垢，这可能导致断水，或个别家庭甚至整条街的水压不足。所以我们需要知道您的地址，便于派维修组提供个性化服务，及时解决您的问题。希望您能尽快让我们为您服务。竭诚为您服务。

显然，水务局 Facebook 上的整个互动过程不同于传统电话客服的一对一封闭式对话，市政工作人员围绕市民关注的水务问题通过动员、识别、倾听、鼓励、学习、总结和回应不同的声音来实现对话，约 81.5% 的问题在开放的多人互动话语、情绪和示范中得到了解决，水务局的工作也得到了社区公众的高度认可。

3. 玩乐式政务协作

基于 Web 2.0 的数字游戏产业造就了"Playbor（游戏劳动）"这样一种混合了游戏和劳动的互动形式，玩家们不满足于游戏，而是通过为游戏创建内容来提升游戏体验。这种休闲而自由的劳动模糊了在线游戏与劳动之间的区别，而 Facebook、Twitter 和 Tumblr 等社会化媒体又在进一步粉碎娱乐和工作之间的最终区别，导致"区别游戏、消费与生产，生活与工作，劳动与非劳动变得越来越难了"（Scholz, 2010）。这恰恰给予了政府推进玩乐式政务协作的机遇，以玩乐的形式激发公众互动的兴趣，吸引公众将公共服务、个人抱负和自我娱乐合而为一，最终以协作表达的方式贡献于政务。

默格尔带领她的研究团队考察过美国州一级应急管理机构的 Twitter，关注此类机构如何以及在多大程度上利用社会化媒体增加公众互动并影响预期行为，结果显示在 2013 年 9 月、10 月和 11 月间，绝大多数政府传播停留在一对多的单向传播，却也不乏游戏化的创意互动（Wukich & Mergel, 2015）。为提高公众灾害认识和防御水平，10 月举行了全美"Shakeout"地震演习，传播备灾信息协调公众集体行动是当时 29 个参与州应急管理机构 Twitter 传播的重要信息类型。为鼓励参与，有 26 个州大量采用了游戏和竞赛的互动策略扩大与公众的接触面，促进社区和家庭参与到备灾协作中。其中，亚利桑那州以 37 条信息领先，亚拉巴马（20 条）、佐治亚州（19 条）和马里兰州（11 条）依次紧随。例如，俄勒冈州应急管理部门创建的 Twitter 游戏，只要用户在游戏中读到"掉落""覆盖""别动"等备灾关键词就能获奖；亚拉巴马州设计游戏要求公众完成一项备灾任务，如发布与当天主题相关的创意照片和描述；亚利桑那州发起全国"应急套餐烹饪"Twitter 大赛，要求民众使用家庭救灾工具包中的不易腐食品类型，寻找他们最好的烹饪配方进行游戏式比赛，最终服务于公众。

游戏化的互动策略在线下并不新鲜，只是社会化媒体为公众创造性的全员思考、智慧协作和集体行动搭建了游戏平台，公众对知识的判断力、品味、深度、广度作为一种个人能力在玩乐式政务协作中，彰显了公共动机，成就了公共产品，实现了公共价值。

（二）变序法则：互动际遇的触动

从线下到线上，社会化媒体带来的一个重要转换就是将常序转为变序。一个个熟悉的陌生人之间，用户之间的多样、多能、多类的存在，会带来不同寻常的变序，而但凡存在变序就会带来各种不确定性，从而引发人们对失控的担忧。然而，反其道而行之，变序意味着出乎意料的互动可能、潜力无限的互动机遇和与众不同的互动名片。

1. 发掘多样存在的互动可能

起源于希拉里的数字外交就是这样一种策略。在担任国务卿期间，希拉里试图超越传统的"政府到政府"治理模式，意在将社会化媒体这一流行新趋势当作其治国之道的工具，从开发新技术的角度调整美国外交政策战略，社会化媒体被视为国务院许多运行程序的重要组成部分，用来与世界各地的公众建立关系并直接接触（Verrekia，2017）。为了通过社会化媒体挖掘外交互动可能，希拉里在国务院专设了 25 个不同的节点专注于数字外交，超过 1000 名员工围绕其开展国内外工作。同时启动超过 100 种语言的社会化媒体内容监控，作为与用户进行互动的依据（Sandre，2013：11）。如今，各国驻外使领馆在社会化媒体上进行账号布局和积极互动已是国际外交通行规则。根据澳大利亚数字政府网站发布的 2014 年 144 家 Facebook 政府机构账号点赞量统计，前 30 位中，驻外使领馆账号就占据了 7 席。其中，澳驻印尼使馆点赞互动排位第 4，高达 2158039 次。①

　　社会化媒体所创造的这种直达公众的际遇当属公共外交范畴，它与国际广播盛行时代的媒体传播相比，直接从独白走向了对话；与传统公共外交渠道相比，彻底从精英走向了草根。值得注意的是，在一种成体系的政府数字外交政策下，澳大利亚各使领馆的 Facebook 点赞互动频率每个月基本是在持平的基础上逐步走高，没有常见的政府机构账号虎头蛇尾、忽冷忽热的状态。可以想见，那些遍布全球、彼此陌生的个体，会因为这种互动际遇的广泛播撒、偶尔触动、频繁接触和持续对话逐步萌生出与一个国家和它的政策相类似的见解和行为，外交部门也会因为与驻在国公众真实、直接的意见交流和活动交往而更加清晰地把握外交政策和跨国传播的现实脉搏。

　　2. 把握开源生产的互动机遇

　　API 开源是美国数字政府战略的重要举措②，社会化媒体 API 为政府提供了一种个性化政务推广与直接性公众沟通的新途径，成就了一个巨大的互动机遇。API 代表应用程序编程接口，作为一组编程指令和标准，允许一个软件与另一个软件通信，并访问另一个软件的资源和服务。开放和交互为本质的 API 具有天然的共享性和协作性，在输入输出之间实现运行的开源程序允许用户用一个软件同时访问多个不同的应用服务，便带来了非同寻常的互动变序可能，这恰恰与社会化媒体精神和法则相契合。目前，主要的社会化媒体网络都有 API 开放进行开源生产，比如，Graph API 就是 Facebook 平台的核心，提供访问数据库中每个用户的权限，包括用户、照片、视频、状态、对话、地点以及它们之间的相互联系。登录到 Graph API 的开发人员可以使用数据来为自己的用户创建更深入和个性化的体验；Twitter 的嵌入式 Tweets 工具允许接收任何推文，并将其直接嵌入文章或网站的内容中实现完全互动，观众可以从外部网站直接跟踪作者、回复、转发并点赞内容；开发人员可以通过 YouTube 的 Data API 请求和存储希望在其站点上显示的视频以及标题、标签、描述和持续时间等关键性元数据，甚至可以直接将完整的 YouTube 功能集成到自己的应用程序中。美国数字政府网站开放了"美国数

---

①　参见澳大利亚数字政府网站：Digital Transformation Agency. APS Facebook Leaderboard. https://data.gov.au/dataset/ds-dga-3352f775-31ef-4083-ab66-13fc965546cf/details?q=facebook.

②　美国联邦政府 API 总表参见网址：https://www.data.gov/developers/government-apis.

字注册表 API"，将其作为确认政府社会化媒体账号、移动应用和移动网站官方地位的权威资源，鼓励政府、公众和开发人员使用 API 来验证数以千计的官方账号和移动应用程序，以保持对官方公共服务承诺的信任，并建立了新的以用户为中心的程序来赋予公民权利。例如，2017 年 1 月 29 日，网民莱恩（K. Lane）曾描述过自己利用这一开源 API 的现实需求和技术过程："缓存美国数字注册表 API，可以为我提供一个政府机构列表和他们的社会化媒体账号，随时检索文件配置细节和任何其他相关信息：每个账号有多活跃，哪些账号处于休眠状态，是否发布了有趣的内容，等等。联邦机构的社会化媒体景观就这样在项目网站上直观地映射出来，可以监视政府正在做什么或没能做什么。"（Lane, 2017）在这里，主动提供 API 的政府机构其互动潜力和信任资本在开发人员的作用下得到了无限扩展。

3. 触发标签分类的互动名片

标签是人们对特定主题的对话进行分类、查找和加入的一种简单方法，"#"标签起源于 Twitter，并迅速扩展到了其他平台，给表面混乱的社会化媒体世界带来了别开生面的秩序。政府机构账号为自己发布的内容添加标签是希望融入社会化媒体的表现，在一个单词、短语或代码前面放置一个"#"标签时，意味着可以与其他任何具有相同标签的内容共同被搜索，也意味着政府想触发或参与一个更大规模公众关注的实时互动，而不只是自说自话。标签互动策略的精髓便在于此。如果一项政府社会化媒体内容、观点、活动能够触动和吸引人们聚集在一个共同的志趣或经历中，就相当于发出了一张交互性的机构名片，目标公众、机构声誉、社会影响、服务推广、社区意识都会接踵而至。

美国白宫和宇航局分别有一项社会化媒体活动标签创意取得了非同凡响的成功，受到了固有粉丝追捧，也吸引了大量新的追随者，更得到了传播业界的认可（Sukhraj, 2017）。宇航局 2014 年在 Facebook、Twitter 和 Instagram 推出的"#GlobalSelfie"标签，是一个名为"全球自拍"的创意协作项目，通过收集人们在社会化媒体上运用全球卫星发布的地球环境照片，最终集聚成了一幅壮观的"马赛克地球"图景，触动了人们对"世界地球日"前所未有的兴奋感和使命感（NASA, 2014）。白宫的标签创建案例实则为一场危机公关。2013 年，一个由美国联邦政府运营的健康保险交换网站 healthcare.gov 推出，项目一上马便争议不断。白宫推出了一个"#getcovered"标签，用来分享和转发那些美好的康复经历，受到公众的积极响应。一个个普通人的故事在互动中吐露，并最终转换成了积极的项目动力。

因此，并不是所有的标签都生而平等，只有那些经过精挑细选、智慧运用的标签才会带来脱颖而出、不期而遇的政民互动效果。同一平台，可以根据发布性质的不同在帖子中包含内容标签、流行标签或活动标签。这些标签不能过长，内容也不宜过"度"。不同平台，标签运用规则也不尽相同：Flickr作为照片共享平台，其标签侧重于描述内容；Twitter 的标签更侧重于对话主题；Instagram 标签则越细致精准，曝光力越强；Facebook 无论有多少标签，却几乎没有什么影响力。对于同一标签，决定其最终效果的是内容本身的信息框架：它们或是在释放一项独特的活动，或是在表达一个原创的观点，或是在传递一个有趣的陈述——好标签值得拥有好内容。

二、理解人本社会秩序营造互动仪式

人类本质的核心就是通过社会化活动进行发明创造的能力。人类适应社会化活动，也在设计社会化技术（莱茵戈德，2013：19-20）。因此，社会化媒体的社会性力量来源于人，而非技术的特质。是人创造了这种工具来挖掘和发挥人的特质，也正是由于在线的社会性网络能够扩展人的社会性，社会化媒体才得以对群体行为产生强大的推动力。社会化媒体世界是由每一个用户个人的活动、言语、思想和情感构成的，在这样一幅复杂的互动画卷中，其中任何一次互动都是独一无二的。如此一来，与传统媒介时代相比，政府在社会化媒体传播中营造互动仪式，就意味着要对用户个体特殊而非普遍的传播行动加以关注，以人本法则搭建互动情境，以角色法则沟通互动情感。

（一）人本法则：互动情境的搭建
1. 志愿型互动情境

这里先还原一个"全民福尔摩斯"的志愿型互动情境的诞生。2009 年，英国政界人士被曝提交了价值数百万英镑的虚假个人开支，引发朝野轰动和媒体关注。6 月 18 日，迫于压力的英国下议院公布了数千份议员贷款、购房和买家具等名目繁多的收据，其中 70 万份个人文件包含在 5500 份 pdf 文件中，涵盖了议会所有 646 名议员（Rogers, 2009）。在《卫报》看来，政府此举非常开放，因为它史无前例地允许媒体接触议员们的开支，同时又非常封闭，因为密钥地址和个人详细信息被完全屏蔽而导致无从分析。政府未能预料的是《卫报》编辑们并没有束手无策，一名程序员设计了一个网络应用程序，邀请公众随机选择收据加以分析、评论、说明、列表，从而发现"隐藏在复印的手写收据中的伟大故事"，其中被判断并描述为虚开的收据会得到深入调查。为增加刺激性，《卫报》推出了公众贡献排行榜，人人争相上榜，这项任务最终变成了一场全民游戏。在不到 4 天的时间里，约 2 万名玩家分析了 17 万页惊人的数据。《卫报》据此发表了一些令人震惊的发现，比如一名议员以 225 英镑（合人民币 2250 元）的价格购买了一支纯银笔。

克里斯塔基斯（N. Christakis）在题为"社会化网络的化学（The Chemistry of Social Networks）"的访谈中讲道："人类社会化网络的一个关键概念是人与人之间的联系，以及这些联系遵循的特定数学法则，即整体大于部分之和。人类集体具有个体所缺乏的性质，集体能做出一人之力无法完成之事。当单独的元素构成更大的整体时，就可能出现个体并不具有的新性质，我们无法通过研究个体元素和性质来预知这些新性质。"（Christakis, 2010）在这个表面上根本难以完成的艰巨任务中，志愿型互动场景的创建为乐此不疲参与其间的人们带来了愉快的回报。

2. 感知型互动情境

兰德尔·柯林斯的互动仪式理论认为人们参与传播活动是基于特定的动机，定义为"情感能量的力行选择"。而仪式是一个身体经历的行为，所以每一个参与者必须亲身在场参与到互动仪式之中，才能达到身体和情感的互动，其需要才可以得到满足。柯林斯强调互动仪式过程中身体实在的真实在场，也承认"大规模的、相对正式的仪式相比小规模的自然仪式而言，远程的交流效果会更好一些。因为大规模的仪式可运用已建立的符号，通过先前互动仪式链的不断重复建立起来"（柯林斯，2009: 23）。

美国国土安全部就曾尝试通过社会化媒体为公众安全提供情境感知型的援助，联邦紧急事务管理署（FEMA）设计了一款与各大社会化媒体平台相关联的灾难报告应用程序，允许用户拍摄和上传照片，并发送关于灾区的简短文本（DHS, 2013）。能过社会化媒体信息了解、理解和预测周边事态变化，并造就与之相统一的信息互动情境，有效服务于远程应急反应和决策，就体现了社会化媒体创造灾难情境感知的魅力所在。在这个应用程序上，用户和幸存者可以访问地图上的有用信息，联邦应急管理局官员也可以从中获得态势感知，帮助确定公众所需资源的类型。营造这种情境感知的数字工具包括社会化媒体、地理信息系统、传感器、大数据、生物数据和环境数据的多项协同运作，加以结果预测和建模，并配备一定的辅助决策、资源分配和响应策略的工具，形成一个各取所需的感知型远程互动情境。

3. 功能型互动情境

基茨曼（J. H. Kietzmann）等人提出以"社会蜂巢媒体"来描述社会化媒体中的功能分类（Kietzmann et al., 2011）。在蜂巢这个情境中，有人领导团队、有人勤劳分享，有人工于关系、有人善于对话，有人倚借声誉，有人依靠身份，有人仅仅是存在。功能分工的存在是显而易见的，但是社会化媒体远非一个均质的蜂巢，在线信息生产基本是一种不平等的状态，因为每个参与其中的人总是代表着特定的群体、背景、利益、经验和观点，可是在大多数情况下"缺乏系统的策略来处理参与信息中的差异性和代表性"（Hansson & Ekenberg, 2015）。社会化媒体最重要的维度便是其社会性维度，为一个个分散化、个性化的用户，归类分工，创造更具互动性的情境，提供更加全面、更多可能的解决方案，人尽其才就显得极为重要。

英国谢菲尔德海兰姆大学意识到了社会化媒体可达、可用、可访且快速、便捷、普及的特征，将其整合入应急指挥和服务 APP 系统"Athena Project（雅典娜项目）"(Andrews et al., 2013)中。系统将 Facebook、Twitter、Blogspot、Word Press、Flickr、YouTube 等社会化媒体信息和用户作为信源基础，利用高科技的移动设备，有效地获取、分析和传播危机信息和情报。同时根据角色分工创建专门的指挥、控制、服务、公众社会化媒体社区，如 Facebook 危机页面、YouTube 危机频道、Wiki 危机词群、Twitter 危机账号等。一旦发生恐怖袭击、极端天气事件或疾病暴发等危机，雅典娜危机 APP 报告和社会化媒体信息将通过信息处理中心进入指挥和控制中心。经过中心分析和聚合的信息最终以实时可视化地图资讯传送至不同角色分工的危机响应者，通过危机传播实现有效沟通和态势感知，鼓励市政、警察、消防、医护和普通公众作为功能型新媒体响应用户为危机中的公众安全和搜救行动做出贡献。该项目已获欧盟第 7 研究和技术开发框架方案资助，并由英国西约克郡警署联合公共部门启用。

（二）角色法则：互动情感的沟通

情感是导致政府与公众社会化媒体上互动效果的重要因素。有学者研究发现：成功的政府社会化媒体互动计划有一个重要的组成部分，那就是积极的情绪基调（Zavattaro et al., 2015）。社会化媒体传播过程中，公众作为用户要么是在场沉默者，要么为共同贡献者；政府人员或是边界沟通者，又或是网络治理者。双方角色不同，立场不同，情感便会存在沟通障碍。因循角色规则，了解并影响公众在社会化媒体事件中的情感基调，引导并发展政府在社会化媒体网络中的情感存在，在公众与政府之间建立彼此认同、相互认可、有力有据的情感互动，往往是奏效的互动传播策略。

1. 吸引沉默者情感互动认同

情感被认为是信息共享和关系互动的重要推动力。社会化媒体信息中所包含的"社会谈话不仅有可能成为社会信仰的基础，而且它所激起的情感也有可能导致人们以积极或消极的方式参与或脱离社会谈话的目标"（Peters et al., 2009）。一项对德国政治的 Twitter 调查显示，具有影响力的用户其 Twitter 发布往往更有感情，拥有整体积极情感基调的社会化媒体事件其公众参与度则更高（Stieglitz & Dang-Xuan, 2013）。技术上，社会化媒体为政民在线双向和自由互动提供了前所未有的机会和可能，现实中，却很难要求公民在社会化媒体上采取整体积极的情感基调与政府机构互动。另一项针对 2010 年英国大选的研究显示，即使是在超过三分之二的候选人使用 Twitter 的情况下，由于 61% 的推文属于最新竞选动态，宣传政党政见等选举相关的党务问题，极少对关系国计民生的政治问题发表观点，公众无法与之形成理想的互动状态（Lee & Shin, 2014）。然而，这并不代表在线沉默者缺席了整个事件，他们更多地在以无声参与者的方式出席，并最终以离线行动对政府治理实践产生影响，甚至出现与在线舆情预测大相径庭的结果。

政府首先应当意识到大批的在线沉默者或者无声参与者的存在，并且充分认识这个群体对决策判断的重要性，因此考虑尽可能地对其加以情感识别。比如虽不公开发表评论，但会以"喜欢"或"分享"的方式表达自己的情感，也可以通过追踪其在线轨迹掌握沉默背后的真实想法，再对其基本特征进行归纳、描述和分类，据此适当调整信息内容和传播形式，在潜移默化中培养与这一特定群体的认同性情感互动。

2. 给予贡献者情感互动认可

2011年，沃特斯（R. Waters）和威廉姆斯两位研究者运用公共关系模型框架分析了60家政府机构1800条Twitter，结果表明政府机构主要通过这一社会化媒体平台告知和教育追随者，属于单向交流而不是双向对话（Waters & Williams, 2011）。政民互动实现之困难显而易见，那些真正乐于发起、设计、实施、参与政民互动的公众就显得难能可贵，值得珍惜。通过社会化媒体来寻求指导、支持、建议、讨论、提问和验证已成为公众的社会化媒体使用习惯。正是用户的自创内容，以及那些在线贡献知识判断、生活品位、思想深度和视界广度的联网贡献者，才得以支撑庞大的用户关注。政府介入社会化媒体的诸种动机要想有所收获，必须给予这些贡献者足够的情感互动认可，让他们从中收获反馈、回应、关注、乐趣、赞美、声誉、机会和自我实现。

2018年1月16日是美国国会图书馆Flickr Common项目10周年，印刷与摄影部主管吉可汉（H. Zinkham）再度邀请摄影迷和历史迷加入这个团队。她感慨道："对于任何一个社会化媒体项目来说，10年后仍然保持强势都是一个了不起的成就。"（转引自Natanson, 2018）2008年社会化媒体勃兴之时，由于资金匮乏，加之缺乏人力进行深度挖掘和描述，国会图书馆将大量记录国家历史和描述国人生活的馆藏照片上传至社会化媒体网站Flickr发起标记号召，很快便有上百万名志愿者为自己喜爱或熟悉的照片进行义务添加标签的工作。他们或具专业知识，或怀研究技能，或知历史逸事，不分时间、不拘地点，在网络上聚集在一起交流、分享和探讨，用一个个简洁明了的标签帮助图书馆完成了历史难题，成为馆藏摄影作品的资深粉丝，也推动了国家和国人影像在社会上的认知。项目本身具有品味人生、凝聚人心的人情味，更加难得的是热情洋溢、怀旧深情的再度邀请，这种社会化媒体情感互动认可给人们留下了深刻的印象和启示。

3. 创建治理者情感互动依据

为实现情感提取，研究人员在20世纪80年代就专门开发了专门的情感词库，根据13000个词的使用和分布进行文本分析，可以识别包括愤怒、厌恶、恐惧、悲伤、惊讶、期待、喜悦和信任在内的8种情绪类别及其等级（Plutchik, 1980: 3-33）。社会化媒体的发展使人们能够以前所未有的方式公开表达自己的情感，而情感在公共决策方面日益发挥着重要作用。根据社会化媒体分享和表达的公众情感，分析其中的情感强度和情感类型，可以帮助决策者制定更合适的策略来满足其公众的互动需求。社会化媒体网络分析为大型虚拟社区特定议题的情感分析及影响判断创造了条件。

2013年5月1日至2015年2月15日，中美学者合作就Twitter上移民和边境安全相关的8个特定领域议题进行推文数据收集，包括"全面移民改革""非法外国人""非法移民""移民辩论""移民政策""移民改革""美国边境安全""美国移民"，共检索出617536个用户发布的2418590条推文。其间经历了这一领域的重大事件，即2014年11月奥巴马大赦数百万非法移民，给予他们合法身份。当月105304名用户发布了相关推文189012条，达到数据集观察期的峰值（Chung et al., 2015）。这项研究正是依据愤怒、厌恶、恐惧、悲伤、惊讶、期待、喜悦和信任等8个情感类别指数对每条推文进行情感提取，并进行了情感流向的分析，证实了人的情感通过有效互动实现融合，社会化媒体互动对情感社会化具有推进作用，为政府决策者和治安管理者利用公众情感互动依据有效地制定政策、执行任务提供了依据。

三、因循数字流动秩序助推互动进程

政民互动是政府调节政治偏好，公众表达集体意见，彼此之间实现信任和履行承诺的过程创造，在这个过程中动员社会资本创造公共价值。社会化媒体上的互动并非平面场域的交流活动，也是一种具有纵深感的过程创造。这一进程的推动要遵循社会化网络数字流动秩序，包括形成互动关系的网络法则，构成互动社区的圈层法则。利用不同的关系性质、针对不同的社区结构让政民社会化媒体互动凸显网络特质是必备的互动策略。

（一）网络法则：互动关系的动员

互动关系的动员基于关系中蕴含的社会资本。《信息教育百科语典》以打比方的形式形象地描述和解释了人际关系图谱中关联的三种社会资本（Smith, 2009）："纽带性"社会资本指那些拥有很强的共同背景，并且为彼此之间的关系付出很多的联系，比如说具有强关系的朋友、家人、邻居和同事；"桥梁性"社会资本是较弱、距离较远的关系的集合——便同时也由拥有共同特点的人组成；"连接性"社会资本则是处于不同的环境和社区的人们的联系，或

者说组成小世界网络的那种必要联系。强关系、弱关系和网络关系对应着三种社会资本，其中基于强关系的"纽带性"社会资本有助于增强信任和团结，具有直接回报行为；基于弱关系的"桥梁性"社会资本有助于小集团打破狭隘的世界观，引入外来的信息，并促进信息扩散到多重网络。政府在社会化媒体传播中对这三种互动关系加以有效动员，均将有助于基于网络关系的连接性社会资本形成，为探索互动策略提供了重要的维度。

1. 互动纽带：建立持久信任

日本总务省的 ICT 白皮书已连续发布 15 年，伴随社会化媒体的兴起，2008 年之后"推进社会包容度"成为一个关键性议题。2018 年白皮书特别强调了在人口下降、老龄化、就业率低迷的形势下，通过社会化媒体的信息互动和合作促成提升社会包容度（inclusion）的重要性，期望借此努力建立"信任关系"将更多的公众以不同的社会活动和互动方式组织起来。日本的互动策略实际就是通过强关系演进至网络关系，并在社会化媒体的辅助下建立政—民和民—民持久信任关系的路径，与多国情形类似，尽管社会化媒体人口覆盖率高达 60%，浏览帖子和评论而不发表评论的用户依然远高于发布帖子的用户。对于日本而言更严重的问题在于，社会化媒体更多地被用来搜索有趣信息而不是加以关系互动，并且受日本人日常交往文化的影响，相当一部分人难以融入社会化媒体上的陌生化沟通。在通过社会化媒体强化家人关系的前提下，先建立在线社区，再借助社会化媒体的线上"互惠准则"建立初步信任关系，以便促成线下活动，复转为在线联络，达成线上线下交错的持久信任关系，最终推进全社会的包容度。这需要日本政府付出极大的努力开展互动关系的动员。比如，通过将社会化媒体互动与现实社区解决方案捆绑达成公众互助关系，通过市政和社区社会化媒体互动与日常生活问题联系建立公众服务关系。又如，帮助只属于在线社区的公众确保与离线社区的联系，协助只参加离线社区的市民提高虚拟社区参与度，最终利用社会化媒体平台或技术作为纽带强化公众间的社会联系。

2. 互动桥梁：搭建组织框架

Tweetminster 是一款英国的社会化媒体应用，它基于"地球的脉动"Twitter 对英国政坛进行分类搜索和互动关联，目的是让选民与议员进行更公开的互动。这一组织创想的前提是，至 2012 年时英国 650 名议员中就有 331 人以自己的名义开设了 Twitter 账号（Sawers, 2012），只是它的互动桥梁作用却又不止于在众议员间建立组织关联。在这款应用上，包括邮编和议题搜索，允许用户查看他们的本地议员是否在使用 Twitter，哪位政客、哪家政党、哪个选区最活跃一目了然，政治新闻、议题评论和辩论对话条目清晰，政党政客、政府机构和新闻媒体济济一堂。2009 年 4 月，该平台又推出子应用 Tweetminster Wire，在同选民、政客交流时，用户可以阅读当时正在线上使用 Twitter 的 49 名跨党派议员的帖子或推文。不仅如此，该应用还汇集了来自议会候选人、政党、政府部门、议会和唐宁街的实时对话。以上述数据库为基础，Tweetminster 还提供根据话语情感分析计算得出的口碑评估，最终形成对选举结果的预测，其效果在 2010 年英国大选中以"特别选举"程序（O'Hear, 2010）得到了验证。

事实上，这项应用的成功注册和长久实施并不只是商业运营的功劳，英国政党、政府的认同和协作在其中功不可没。2008 年 12 月 18 日 Tweetminster 成立之时共有四名议员——内阁府部长沃森、工党议员安迪·里德、保守党的格兰特·夏普斯和自由民主党乔·斯文森提到了这项服务，此后又有三名议员加入：自由民主党议员林恩·费瑟斯通、工党议员克里·麦卡锡和高等教育部部长戴维·拉米（Kablenet, 2008）。诚如联合创始人阿尔贝托·纳尔德利（Alberto Nardelli）所言，这项应用的问世表明"英国政坛终于接受了在线社会化媒体可以发挥重要作用的观点"（Thomson, 2009）。

3. 互动连接：实现跨界联网

2015 年，93%的瑞典人为互联网用户，其中 70%时不时地使用 Facebook，50%的人每天都用（Findahl & Davidsson, 2015）。根据瑞典地方当局和地区协会（SALAR）2014 年社区电子政务和电子服务报告，67%的瑞典直辖市注册开放了通用的 Facebook 页面（SALAR, 2014）。尽管市政机构服务与公民日常生活直接相关，从地理和物理贴近度上也极易产生市民与政府的接触，社会化媒体理应是两者之间直接而快捷的接触方法。但是这一切并不必然导致市政府与公众在社会化媒体平台的互动。在瑞典，即使政府确实意识和体验到了社会化媒体传播改善政府治理的潜力，绝大多数工作仍然还集中在传统的电子服务和电子管理上，而不是利用社会化媒体增加公民影响和改善政府治理（Nygren & Wiklund, 2010）。为什么社会化媒体显而易见的高互动优势被忽视甚至无视？两位瑞典西方大学学者的研究尝试给出了答案（Norstrom & Hattinger, 2016）。通过对瑞典三个城市负责社会化媒体传播沟通的市政公务员访谈发现，只有重新定义和培养市政公务员的政民"边界"互动素养，在穿越边界的过程中通过学习成为一个沟通者，才有可能在不同界别和社区的用户之间跨界联网，将各方的社会化媒体运用动机转化为真正的行动。

瑞典学者的考察为建立跨界联网的互动关系提供了启示。市政公务员不同于政客、官员，作为边界交叉者，他们既是政府人员，也有公民身份，其传播素养包括但不限于中立而非个性的内容，平衡而非威权的语气，负责而非随意的态度，开放而非控制的界面。在跨界沟通的过程中，积极参与边界实践，接触公众、组织讨论、发出反馈、建立网络，允许来自不同社区的任何人跨界参与对话，鼓励代表不同利益的任何人穿梭其间展开交际。这一切对于长期处于传统政务体制义化中的政府人员而言非常关键，却绝非易事。

（二）圈层法则：互动社区的培育

1. 建设型互动策略

布兰查德（A. Blanchard）和霍兰（T. Horan）强调，当虚拟社区围绕物理社区建设，并且能够促进共同利益时，便可产生积极的互动（Blanchard & Horan, 1998）。社会化媒体的政民互动同理，政府根据现实社区实际需求，建设虚拟社区，创造条件吸引人们参与其中并创造价值，最终以公共服务的形式支持和满足社区公众的需求。意大利历史名城乌尔比诺（Urbino）提供了建设型互动策略实现社区培育的典例（Corinna et al., 2015）。

这是一座位于半岛"心脏"的小型城市，和周围的诸多古老城市一样，被列入世界文化遗产保护名单。也正因如此，城市发展空间与居民生活期望之间的差距越拉越大，社会化媒体时代，政府基于遗产保护的城市改造所受到的干预常常从线下转到线上。这座城市与众不同之处在于，相对封闭的地理位置和社会结构成为外界互动的天然屏障，城内的一所综合性大学里15—30岁的大学青年在临时人口比例上占优。这一切使得建设一个独立的社会化媒体公共互动空间成为可能，有利于政府的遗产保护和市政实施。乌尔比诺市并没有在特定的社会化媒体平台发展社区，而是在城市公共空间的改造上充分考虑了数字交互技术的嵌入。在城市遗址全方位布局数字屏幕设备，建立多媒体交互场馆，特别在位于城市历史中心的公共空间创建整体的数字交互系统。其中包括研发推出基于社会化媒体技术的应用OpenUrbino，便于在场公众谈论、描述、随时随地实时分享其体验。而信息流的引导加大了线上线下的互联和互访，增进了学生的市民身份认同，让每一位市民成为公共领域的共同创造者，成为巩固和传承古城文化的数字社区纽带。

乌尔比诺市以建设型互动策略培育起来的互动社区。天时地利之外，最重要的是人和，也是互动策略的关键落点。市政当局结合遗址特点在建设中通过不断激发公众的互动乐趣和参与活力，最终形成一种保护和共建家园遗产的"公共信念"，直至影响到"到此一游"的普通游客。

2. 合作型互动策略

社会化媒体是一种促进社区合作的新技术，技术改变了人们的社区观念，社区又进一步改变了人们的技术运用。社会化媒体技术支持的虚拟社区与技术本身拥有共同的 DNA。交流实时却能不同步，沟通简化但思想多元，情感模糊却目标明确，交互要求降低又不可忽视。这使得合作型互动策略支持下的社区更加强调一种凭借动态边界、网状关系和独立个体实现相互依存的培育模式。政府在其间不再是鸟瞰全局的策划者，而只是贡献其中的协作者。

2018 年 4 月，美国联邦食品和药物管理局（FDA）首次与美国著名的在线患者协作社区 PatientsLikeMe 建立合作，根据患者报告数据用于药物安全性的上市监管、决策支持和科学告知（Sullivan, 2018）。PatientsLikeMe 有 35 万名会员，线上报告高达 2500 种病症的个人真实体验。患者、家庭成员或其他感兴趣的人可以搜索特定的患者、病症和治疗。网站药品安全试点项目起于 2008 年，当时只是允许多发性硬化（MS）患者直接向 FDA 报告不良事件，并在一年后推出首个社会化媒体药品安全平台，使行业合作伙伴能够履行监管义务。PatientsLikeMe 已经收集了 1000 种不同药物的 11 万多个不良事件报告，FDA 将其作为传统来源的补充，通过自愿报告系统来获取和分析数据。大多数临床试验只代表几百个或最多几千个病人的经验，因此不可能预测现实世界中药物的所有潜在副作用，来自社会化媒体 PatientsLikeMe 的患者自生成数据可以随着时间的推移，了解患者的生活和医疗保健经验，从而有助于 FDA 更全面地掌握药物的安全性。作为监管科学过程中积极参与者的基础，PatientslikeMe 与一系列政府团体合作，为其提供咨询，并与之合作撰写讨论文件，这些团体包括医学研究所、国家卫生研究所、疾病控制和预防中心以及美国卫生和人类服务部。

PatientslikeMe 这一社会化媒体社区具有提供高活跃度经验分享和生产高质量信息服务的潜质，并且与 FDA 的政务拥有合作潜力，极具资源价值。

后者没有拘泥于传统的公共管理方法和官僚运作模式，充分认识到了与这一平台的合作将为医药服务提供有价值的补充，这是双方能够实施合作型互动策略的基础。

3. 共享型互动策略

2011年泰国遭遇50年来最严重的洪水危机。洪水淹没了泰国77个省中的65个省，包括曼谷北部的7个主要工业区，造成815人死亡，1360万人受灾。世界银行将此次洪灾列为全球第四大经济后果最严重的自然灾害。2011年10月初，当25个省已经被淹没时，政府在东木港机场成立了一个抗洪救灾行动中心（Flood Relief Operations Centre, FROC），计划与相关部门合作解决危机。该中心在信息技术专家和志愿者的支持下，通过电话热线和民间网站Thaiflood.com共享洪水信息（Winijkulchai, 2012）。但是，两个实体之间存在信息共享和传播理念的冲突。FROC更加墨守成规，顾及政治因素，依赖传统媒体，通过NBT11频道电视直播的每日洪水情况简报时时出现罔顾事实、迟报瞒报的情况，公众信任破坏殆尽。一直与之并肩而立的Thaiflood.com主要将相关部委网站上提供的信息以及从公众志愿者独立帖子通过Facebook和Twitter的信息交流中心加以传播，并分析和归类平台用户提供的即时信息，得到了公众的普遍认可和参与支持。因与之共享信息的泰国政府缺乏灾情实时互动意识和传播立场差异，Thaiflood.com很快宣布与FROC分离。

这是一个典型的反例，通过这个共享案例可知，在社会化媒体已显示出其危机传播优势的情况下，政府、民间社会组织、非政府组织、公民志愿团体、私营部门和公众都热衷于使用社会化媒体技术。FROC作为政府救灾中心意识到了其救灾议程和机制中缺少双向通信系统和关键的洪水信源，继而与Thaiflood.com共享信息绝对是一个好的开端。但是它没有意识到其间更加本质的问题，社会化媒体时代的共享不再停留于信息，合作的前提是认识到对方是具有实时信息供应和救灾资源动员能力的成熟互动社区，拥有第三方私营机构和公益组织实施公共救援的互动立场、理念和思维。针对因洪灾形成的社会化媒体社区互动信息，应当考虑融入圈层、分析信息、正本清源、协调资源、动员行动、配套措施，支持和管理互动过程，而不是简单地加以转播或控制。在这里，共享型互动策略才能在救灾层面取得成功。

结　语

默格尔曾经提出过三种可能的政府社会化媒体互动策略：①展示（representation），也就是"推"的策略；②介导（engagement），也就是"拉"的策略；③联网（networking），也就是"回"的策略。并且根据她在美国联邦政府层面的调查，以单向传播为特征的政府自我展示策略最为普遍，介导策略正在有所意识，联网策略很大程度上只是一种假设（Mergel, 2013a）。人们在一种新媒体兴起的头几年里如何使用它，往往能深刻影响其长达几十年的命运，决定着它是被合理利用抑或滥用（莱茵戈德，2013）。时至今日，默格尔在2013年做出的这一传播策略概括仍然被相当一部分学者用来概括和评价政府社会化媒体传播模式，便显现了政府传播最初忽视社会化媒体互动本质所产生的决定性影响。事实上，政府对于数字媒体互动本质的无视是一种惯习，再往前推10年，查德威克（A. Chadwick）和梅（C. May）在2003年对数字治理背景下政府—公众互动三大模式的解释和定位就揭示了这一点。相较于通过数字技术吸引社会利益攸关方共同制定政策的"咨询"模式和各方积极参与民主进程的"参与"模式，政府更侧重于提供有效公共服务的"管理"模型。他们认为，"管理"模式占主流政治议程的局面正在使数字媒体的参与特质和民主潜力边缘化（Chadwick & May, 2003）。

这一现状，究其根本，是因为对政府—公众互动秩序的转变缺乏当代的理解。互动固然始于接触，只有了解准则、遵守契约、遵循秩序，心若明镜，看清并懂得如何加入社会化媒体这个世界的场域时空秩序、人本社会秩序和数字流动秩序，才有可能发现和创造出真正高频率、高品质、高价值和高效能的政府互动策略，这便是本节探讨的关键所在。

第二节

虚拟社会关系界面：
全球政府社会化媒体透明策略

塞缪尔·亨廷顿在《变革社会中的政治秩序》中指出，"王者的困境"在于统治拥有知识且彼此联络的公众时所面临的困境（亨廷顿，1988:179 182）。历史证明，治理者脱离困境的有效思维之一便是从控制走向开放，而透明属于最为基础的开放。政府提高透明度，即面向公众、公司和媒体公开政府信息，也因此在国际上被视为公民参与、政府信任、预防腐败和知情决策的关键衡量指标。网络通信技术出现之前，政府实现信息透明有四个主要渠道：①公开宣传；②文件发放；③公共会议；④内部披露。20世纪90年代末，网络通信技术领域的持续创新导致了政治运作的变化，引发了政府变革的需求，当下各国政府所面对的一项重大的创新便是正在对政府与社会、公众、公司及非营利机构关系产生重大影响的社会化媒体。在奥巴马主持发布的2009年美国《联邦开放政府指令》中，"透明"先于"参与"和"协作"，位居三大原则之首。在过去的40年里，每一届美国政府都发展出了一种独具特色的"开放政府"理念（Mergel, 2016），奥巴马这一届的开放政府所强调的"透明"无疑是社会化媒体时代的"透明"。这种透明不仅仅是政府假以社会化媒体技术予以信息公开，更是一种对新型政府关系的愿景。事实上，身处社会化媒体时代的全球各国政府，其透明度无论质的升级还是量的累积，都有赖于社会化媒体所基于的开放关系、信任关系、多元关系和交互关系。这里以美国国防部、万隆市政府和希腊国家政府三个不同的政府层级作为案例，解读和分析如何从社会化媒体极具创新价值的关系界面来思考和实践透明策略，才能够给政府组织的透明性带来新的努力方向和活力潜能。

一、基于开放关系夯实透明基础：美国国防部的公关转向

社会化媒体在人与人、人与社会、社会与国家之间开放关系的构建方面有着卓越的能力。开放政府合作联盟成立于 2011 年，如今成员已发展至 79 个国家和 20 个地区，并与数千个民间社会组织合作。2011 年至今，也是社会化媒体这一新兴技术和传播文化走向高度普及的 10 余年。在各国纷纷出台的开放政府行动计划中，社会化媒体在其中扮演着重要的角色。事实上，这一开放式组织愿景，无论机构层级高低、组织规模大小、部门性质如何，要想实现，都有赖于基于开放关系视角进行文化、技术和政策层面的过程性突破和策略性尝试。美国国防部作为美国执行开放政府计划的机构之一，层级众多、规模庞大，其组织性质决定了它不得不自始至终面对"保密与公开"的矛盾，纠结"封闭与开放"的冲突。美国国防部投身于基于开放关系的社会化媒体时所走过的一连串透明过程，所采取的一系列透明策略，都具有典型而可贵的关注价值。

（一）透明技术的采纳

大多数政府部门和机构都在其官方网站上以图标按钮的方式列出社会化媒体链接，利用这一新的技术，将政府运行和决策信息公之于网，支持组织使命、提供服务缴费、发布公共信息和管理公众关系。根据美国政府社会化媒体传播研究专家默格尔的统计，截至 2012 年 4 月，共有 699 个组织单位（包括项目、团队和个人高级官员的交流）在美国联邦政府创建了 2956 个 Facebook 账号、1016 个 Twitter 账号、695 个 YouTube 频道和 498 个 Flickr 账号（Mergel, 2016）。社会化媒体技术的采纳已成为共识，然而透明策略并不止于开设账号，需要具体的采纳行为来支撑。美国国防部的特殊性在于政府人员规模和公众瞩目程度等量齐观，均极为庞大，社会化媒体技术这一普罗大众的关键因素其意义显现得更加直观。

1. 社会化媒体"技术粉"奠定基础，高技术渗透率有助于透明治理

早在 2009 年，美国公共事务部门对空军社会化媒体使用情况的调查显示，空军现役军人、文职及家属中，使用视频共享媒体 YouTube 的高达 69%，使用社会化网络 Facebook 和 MySpace 的分别为 50% 和 75%。15% 的现役空军开有博客，从二等兵至参谋士官 71%—96% 曾用 YouTube 上传、浏览过视频

（AFPAA，2009）。庞大的用户基数是美军决定采纳社会化媒体技术的重要原因之一。此后，美军在提高渗透率方面做了大量的工作。以苹果应用商店AppStore中的美国陆军iPhone应用为例，它显示出了将桌面网络内容整合为移动社会化媒体的官方努力。其间可谓包罗万象，既有陆军官网（Army.mil）上图文并茂的军事新闻和生动形象的视频产品，也可分享陆军网络相册Flick上的近万幅图片；既包括陆军Twitter、Facebook页面和ArmyLive博客站点，也有《士兵杂志》等传统媒体的电子版；既能收听陆军网络电台，也能参与陆军游戏，兼有陆军常识、武器知识的数字化普及、推介功能。美国陆军官方版苹果应用在已有的桌面网络内容的基础上实现移动化整合，通过提供智能手机增值服务，出色地发挥了全时段、全方位媒体功能，积极主动地占据了这新平台。事实上，美国陆军内部在这一领域的发展更为可观，已建起了类似于AppStore的Army MarketPlace（陆军集市），研究和推出专有APP用于对内传播和作战任务。

2. 社会化媒体"技术圈"长于透明，信任有赖于技术对行为的曝光

美国国防部试图通过构建系统的社会化媒体"技术圈"对其国防相关行为加以透明，从而与成员和作为纳税人的公众建立信任关系。国防部及各军种部"八仙过海，各显其能"，包括培训公共事务专业人员的社会化媒体素养、规范相关回应程序；尝试向官兵普及社会化媒体常识、游戏规则、运用策略，教会他们生动讲述军队的故事；推荐倾向于军方或为军方认同的社会化媒体网站、博客榜单、YouTube频道、Twitter账号、Flickr空间；吸聚美军用户齐心协力重点打造美军YouTube频道、空军维基通道、陆军Flickr、驻伊多国部队Facebook等官方社会化媒体平台；另辟蹊径在国防部防火墙内组建Milblog（军事博客）、TroopTube（军队视频）、Milbook（军队社区）等军版社会化媒体来加强自身组织传播和社区建设。已然奏效的举措是全新改版的国防部网站，它在功能上更专注于实现新闻、图片、视频的各类社会化媒体链接和转引，无形中扩大了传播半径。2009年胡德堡枪击事件中，军方通过嵌入社会化媒体建立自有危机传播平台，积极引导基地官兵的社会化媒体舆论，有效解决了传播混乱引发的次生危机。

3. 社会化媒体"技术盲"不是障碍，对透明原理缺少认知才是问题

在网络社会里，信息传播者期冀通过"选择"扩散性能和资源保有较高的优质节点"到达"尽可能多的网络节点。"高到达、高选择"的传播策略似

乎高不可攀,"低到达、低选择"又显然背离初衷。最具实效的策略即"高到达、低选择"和"低到达、高选择"。前者如传统媒体通过非个人的、大众媒体的方法来传播信息的"大众传播"策略,后者的典型是社会化媒体这种以个人化传播网络为路径的"微传播"策略。曼纽尔·卡斯特认为"网络"在信息时代社会里扮演着核心角色,网络种类则不一而足。可以设想,社会化媒体与传统媒体两个节点之间的"微—众"联手结网则极有可能意味着"高到达、高选择"传播策略的实现。

2009 年 11 月 17 日,美军 F22 战机在阿拉斯加坠毁后,常规新闻发布之外,空军利用社会化媒体直面公众,以 Twitter 的速度和 Facebook 的深度及时、持续发布相关信息,一时间令各大主流媒体记者对这两大社会化媒体信源趋之若鹜。无独有偶,此前 3 月,有人在 Twitter 上声称目击一架 C-17 战机失事,仅 1 分钟即为"高到达"媒体 CNN(美国有线电视新闻网)所报道。@AFPAA(美空军公共事务部)为此也曾采取过"微—众"联网的策略,利用 Twitter 这一"高选择"媒体对制造谣言的 CNN 加以回击,报纸、电台、电视台纷纷跟进,以信息透明原理为切入点,打了一场漂亮的危机公关仗。

4. 社会化媒体"技术控"远非根本,双向透明的技术本质才是关键

采纳社会化媒体技术,并不意味着单纯地追求技术、了解技术、钻研技术和喜爱技术,而是要认清社会化媒体技术的透明本质上是一种双向透明。社会化媒体是政府信息传播基础设施之外的第三方平台,政府对社会化媒体的使用是公开受公众观察的技术采用行为。一方面对公司透明,一方面对公众透明,这种前所未有的透明化,使得其技术采纳也必须采用一定的策略,方能建立真正的开放关系。为此,在平衡多方因素的社会化媒体政策出台之前,拥抱传播技术创新的举措在美军其实已全面展开。国防部、各军种、各部门均在积极召开相关研讨会、座谈会,邀请军内外新媒体专家畅所欲言,寻求对策。

2009 年 6 月 25 日,由国防与政府推进学会(IDGA)主办的"国防部与政府的社会化媒体:新媒体战略的创新与发展"会议集聚了国防部和政府新媒体政策决策层关键人物和公共关系、IT、网络传播、新媒体业界专家,会议相信"现在是开启高效社会化媒体战役的最佳时间"。2009 年 10 月,美陆军权威刊物《军事评论》刊载陆军中将威廉姆·卡德维尔的论文《培育介导文化》(Caldwell, 2009)。该论文深刻地指出,现今军事传播领域的当务之急

就是必须改变目前的组织文化和对互联网的态度，培育"网络介导文化"，投身社会化媒体，积极拆除与公众之间屏障，建立持久的相互关系。

（二）透明文化的营造

时至今日，政府机构通过社会化媒体在虚拟世界中公开自己的存在早已不新鲜，这种透明的姿态源自一个组织建立在开放关系之上的透明文化，即自信而自觉地放弃控制和封闭传统，被动又主动地接纳技术和理念创新，尊重且注重公众权力和权利。

1. 对公开的自信和要求

倘若用一个词来形容美国国防部与媒体的状态，那就是"矛盾"——保密与公开的矛盾。随着具有鲜明"自媒体""我媒体"特征的社会化媒体的出现，加之美军成员积极主动地参与其中，这一矛盾的对立范围就无限扩大了，美军在面对这一永久性矛盾时难免表现得难以定夺。然而，美国国防部的透明文化基础体现在最初所持有的对公开的自信，以及逐步显露出的对公开的要求。

2004年，大兵科比·布泽尔开博记录"我的战争"，成为"士兵博客之父"。2005年，"士兵博客"相关账号由200个升至1000多个（Ambrosio, 2005）。2006年，视频共享网站YouTube让视频上传、搜索和链接更为简化，标有"美国大兵造"的血腥作战视频带着激烈震撼的金属音乐扑面而来。对于士兵博客、士兵视频现象，美军官方表示现有相关政策遵循《信息自由法》，视频上传本身不违反政策，但核心原则是不涉密、不涉及平民伤亡和低级趣味。

军队内庞大的个人用户基数外，影响美军社会化媒体政策走向的另一个关键在于，越来越多的高级军官和国防部领导也频频触网，利用社会化媒体平台实现信息共享、收集信息反馈，弥补传统媒介渠道的不足。能够在社会化媒体上游刃有余的高级将官们，往往都对"Y世代"和"Z世代"的触媒习惯有了深刻的认识，这代人已然放弃了读报，开始转向新闻网站或官方网站来寻求信息。美军高级将官们希望以此作为"E时代"组织传播的突破口和创新点。

2. 对创新的拥抱和接纳

2009年12月1日，负责IT战略部署的国防部副首席信息官温纳格伦在接受记者采访时，生动诠释了国防部当时的态度："网已互联，我们无可救药地嫁给它了。我们需要把它视为基于互联网的能力……而不仅仅是社会化网络。社会化媒体不仅仅能提升海外驻军的'生活质量',作为工具,它们有着尚未为人所知的、更为广阔的用途。"(转引自 Corrin, 2009)美军高层正在积极敦促公共事务部门展开对这些用途的挖掘,这些用途包括通过军队组织和个体军人的社会化媒体平台开展危机公关、进行形象宣传、维系社区关系,最终赢得支持、对抗敌军、提升海外驻军的幸福指数。

美国陆军赞助了的一款线上多人战斗游戏《美国陆军》便是一个"虚—实"跨界的创新典范。它通过现实战争在虚拟游戏中的模拟和再现,让身临战争的传播需求内化为网络新人类的文化特征,将提升陆军品牌形象的传播意图内化为游戏的文化背景,达到影响游戏互动者现实观念、感情、态度和行为的效果。对于国外玩家,《美国陆军》游戏官网直言不讳地指出,想让世界知道美国的强大。在这个大型虚拟空间中,借由社会化媒介技术支持进入游戏的不同地域玩家,要点击确认的一句共同誓词就是"我为美国人民服务,陆军精神永存"。美国海军研究办公室也曾面向全球推出了以打击索马里海盗为主题的在线视频战争游戏 MMOWGLI,其线上交流类似于社会化媒体互动。该游戏最终挑选出超过 1000 名玩家(包括军人和平民),分别扮演海盗、打击海盗的多国部队及民间安保公司雇佣兵,进行为期三周的"战斗"(Ackerman, 2011)。在社会化媒体交互文化的助力下,军事文化传播与商业娱乐传播实现了创新性的交互融合。

3. 对权利的尊重和理解

各个国家因其国情社会不同、各个部门因其文化传统不同,在社会化媒体的具体运用方式和程度上会有所不同。但从整体来看,建立长期持久的透明文化还依赖于公众的认同,并在此基础上形成社会文化。而要赢得公众认同,起点在于尊重公众,终点在于信任政府,过程则包括了各种基于尊重和理解的透明措施:迅速回应公众意见,注重提升公众价值,主动虑及公众体验,尽力提供公众便利,全力保障公众隐私,悉心顾及公众声誉。最终以此为前提,真实、及时、有效地实施信息透明。

《开放:社会化媒体如何影响领导方式》的作者李(C. Li)曾作为知名博主受邀参加美军"尼米兹"号航母博主开放日,并特别记录了舰长在欢迎仪式上的一句话。舰长曼那兹尔鼓励博主们与舰员们多交流时称:"这是你们的海军,你有权利了解它是如何为你们效命的。"(李,2011: 14)这种权利分享式的透明姿态给博主们留下了深刻的印象。就美国军队的组织性质而言，社会化媒体平台上大量的"军方"视频、图片和文字给作战保密所带来的严峻挑战是显然的，从来都是以控制制胜的作战部门对此一直保持高度警惕，从未放松。不仅如此，放任自由的社会化媒体给属于相对封闭型的美军形象所带来的威胁，也总会令公共事务部门心存隐忧。而在社会化媒体禁与不禁的问题上，美军之所以在徘徊之后选择开放关系，并基于此发展透明文化，更多是出于对公众知情权利的尊重和理解，是政府组织面对公众时一种责任的体现。

（三）透明政策的保障

在社会化媒体平台基于开放关系实现政府透明，有三个关键因素：一是透明技术准备，二是透明文化嵌入，三是透明政策保障。当公众层面的技术覆盖率和政府方面的技术渗透度达到一定水平，并且公众与政府的技术能力能够与之配套，透明文化有处可嵌，透明政策才能有的放矢地为其保驾护航，政府与公众之间的基本信任才有可能发展，从而真正创造一个透明的治理环境。

1. 透明政策取决于部门性质

社会化媒体使人和社会在内部和外部同时发生分化和重组，而社会化媒体的分化和重组威力又远非"虚拟世界"与"现实世界"就可以划分的。军队以相对封闭、等级森严的系统为组织特性，如此庞大的社会化媒体用户基数所带来的碎片化传播，无疑会对现实中的军队组织产生强大渗透力和冲击力。2007年5月7日，陆军部曾就社会化媒体的使用发出一纸禁令：士兵在互联网发布资讯前，要向上级报告接受审查，个人博客网址也要备案。如公开敏感信息，将受到违抗合法命令的指控。一周后，国防部颁布新的管制政策，其全部计算机和网络将在全球范围内禁止登录 YouTube、MySpace 和其他13个流行社会化媒体网站（Frosch, 2007）。同一天，五角大楼在 YouTube 上开设美军官方频道，由专业摄像师上传视频进行正面宣传。一年半后的2008年11月，美军高调推出自己的内部影音分享社群 TroopTube。不出一年，2009年8月，美海军陆战队官网新闻又透露，该部门将全面禁止所有社会化媒体网站，国防部正在考虑在全军范围内采取此举。仅一个月后，美军公共事务部门又表示要出台鼓励使用社会化媒体的政策。之所以如此摇摆不定，就是因为政策的透明依据部门性质的不同有所区别，必然是局部透明。在社会化媒体登场之初，美国军方隐约意识到了这一新媒体潜在的形象宣传实力，在面对作战安全和网络复杂性时，又难以摆脱对新媒体防范、戒备的传统传播思维。在 2010 年后所采取的一系列公开透明政策，一方面是美国开放政府建设的大环境所致，另一方面也是美国国防部及其下属各部对上述顾虑进行了风险规避考虑。

2. 透明政策关键在顶层设计

种种迹象表明，兼顾此类网络新媒体的机遇与风险，依靠顶层设计来领跑那些融入社会化媒体中的庞大美军用户，已成为美国国防部选择的全新透明模式，并通过高层推进、学术牵引、规范引导和组织实践得以实现。顶层设计从顶层亲涉开始，当时国防部一级就有国防部部长盖茨的 Facebook 和参联会主席迈克尔·穆伦的 Twitter，后者追随者多达 3300 余名。美国非洲司令部司令威廉·沃德在领导层中最早开通了连通外网的博客"非洲司令部对话"，开放评论反馈与网民互动，最大限度地向全球公众阐释"反恐和人道主义救援"的宗旨。美国中央司令部司令戴维·彼德雷乌斯的 Facebook 拥有粉丝 6250 人，对评论采取不过滤、可贴图的态度。

鼓励社会化媒体应用的同时，又理解并强调其中存在的风险。2010 年，时任国防部副部长的林恩在 4 月末做客 Facebook 总部时强调，社会化媒体在对外传播过程起到非常重要的作用，重要的是不仅国民需要理解正在做的事情，世界也需要理解。美国军队运用社会化媒体开展对外传播的渐进性认知和全新性尝试及其可能产生的影响，值得"E 时代"国家、政府、军队的高度关注。

3. 透明政策重点是规范引导

美国国防部的社会化媒体透明是以引导性、规范性开放为特征的。面对社会化媒体这一相对自由的平台，无论是国防部计划还是各军种指南，基本体现了沙盒公约（Sandbox Covenant）（李，2011：77）的指导性规则制定原则：第一，规则空间充裕，给予了用户比较舒适的使用体验；第二，规则相对稳定，公开承诺的规定不轻易朝令夕改；第三，边界清晰，限制条件和条款明白无误；第四，奖罚分明，保持了军队一贯的立场和价值观；第五，细则周至详尽，使用规则和策略简明易懂。典型如美国空军 2009 年 4 月推出的用于指导空军社会化媒体应用的《空军新媒体手册》。空军将传统的公共事务

"四步"传播流程——调研、计划、执行和评估运用于社会化媒体平台,以一种带有解疑、前摄、回馈性质的科学传播理念来筹划、规范和引导成员实现部门在这一平台上的透明。整个社会化媒体回应及评估流程具有持续性、重复性和循环性,典型地体现了这种科学、规范的沙盒公约式引导原则。面对网帖,评估办法采用了"是"或"否"的方式,分"发现→评估→回应"三个步骤对成员的网帖处置态度加以理性、沉稳、克制和建设性的引导,并最终从透明性、信息源、适时性、语调和影响等方面对线上回复给予指导,对大加称赞者积极响应、对误导中伤者及时纠偏、对钓鱼胡闹者静观其变、对消极悲观者积极影响、对志同道合者热情分享,力求实现有效性透明。

二、基于信任关系赋予透明张力:万隆市市长的数字策略

社会化媒体中的社交关系是一种在信任的基础之上才能得到发展和发扬的关系,而信任关系建立在彼此透明的基础之上,是在行为、思想和情感的长期分享中不断累积生成的。这种基于透明的信任关系一旦建立,又会让透明不再停留于单向、单一的公开,彼此之间坦率而为、开诚而思、诚信而交,透明的意义和价值就会变得非同一般。社会化媒体以信息分享、思想集智、行动聚合、情感交互为特征,意味着公众与公众,公众与企业、公众与非政府机构和公众与政府之间信任关系的创建,其运行逻辑便是基于信任。在这个平台上的透明不再只是放弃控制,而是将控制权在信任关系间分享。如此一来,信任关系的建立和维系策略就是颇具价值的政府透明策略。

全球共处于社会化媒体时代,在基于信任关系的透明策略方面,不仅发达国家政府有经验可循,发展中国家政府也不乏有益的尝试。如果说奥巴马在 2007 年参选、2008 当选及此后两届共 8 年任上的表现启动了美国政府的社会化媒体传播风暴,印尼的这一风向则由 2013 年上任的万隆市市长卡米尔(R. Kamil)引领。政府社会化媒体传播的"万隆现象"堪称发自顶层的创新,它不仅直接影响了一个城市的走向,也在世界范围内引起了政界和学界的关注。

(一)行动透明 2.0:在理解中赢得信任

万隆是印尼第三大城市,拥有 260 万人口。卡米尔利用社会化媒体竞选

成功，承诺将万隆变成一个更宜居的城市，并提出两大行动计划：一是提高公共服务的提供速度，二是让万隆成为更具竞争力的世界级城市。一个精干、高效、智能的政府是实现承诺的保障，在卡米尔调整官僚机构、改善部门协调的一系列实践举措中，数字政府行动被视为关键，社会化媒体传播在其中功不可没。

1. 意在协作的政府间行动透明

卡米尔上任后力主从健康、就业、教育、妇女等涉及民生的部门入手，加强项目协同和互助，以各个社区协会间计划协商互惠为依托，通过部门联合、社区协作实现城市扶贫目标。为实现协同、协商、协作的联合治理，万隆市政府积极地向全市公务员普及社会化媒体，便于在政府间建立成体系的协作网络。2013 年，卡米尔担任市长的第一周，全市仅有 10%的公务员了解 Twitter，一年后使用率就达到了 100%。政府机构、公务员 100%的社会化媒体使用率让部门之间、人员之间的互动无可回避。通过社会化媒体进行政务管理、转变政务作风，这在官僚机构改革中起着重要的协调和协作作用。通过在政府部门开展社会化媒体素养培训、制定社会化媒体信息共享规则，政府制定和推行政策的社会化速度开始得到提升，难度则出现下降。创新治理两年之后的 2015 年，位于万隆的巴查查兰大学研究中心调查发现，43%的市民对政府项目反应良好，多达 71.8%的人表示对政府在万隆的表现相当满意（Pskariņa, 2015）。

2. 旨在服务的政民间行动透明

万隆市政府与市民之间的网络透明始于 2006 年电子政务的实施。万隆的官方政府网站 www.bandung.go.id 在 Web 1.0 时代的电子政务时期就曾被评为最佳政府网站（Senin, 2006）。卡米尔上任之后，强调以提高公众满意度和参与度为目的的政府透明，并就此提出社会化媒体"开放传播"主张，从各种途径激发公众双向互动的参与性和创造力。社会化媒体的政民数字互动的过程中，政府优先考虑透明和反馈。2014 年，政府曾对两家网站 Nolimit Indonesia（印尼无限）和 Rolling Glory（炫动荣耀）进行改造，推出本地城市微博 Suara Bandung（万隆之声），首页入驻了至少 20 个来自不同部门的官方 Twitter 账号共享信息，还本着易读原则对这些共享信息内容进行了主题划分，包括税收、立法、农业、教育和服务等多个议题（Paragian, 2014）。这就相当于 20 个政府部门官方 Twitter 的"重播""集中"和"归类"，并且支持市民在线上对政府工作进行实时无边界问询和响应，将这种参与及其反馈进行实时呈现。

3. 志在影响的官民间行动透明

卡米尔市长自身就是一个资深社会化媒体用户，Instagram 粉丝人数达1100 万，Twitter 账号@ridwankamil 关注人数达 380 万。他说："我是一名市长，我乐于也易于在社会化媒体上向人们求助，因为人们对我的信任度很高。"（转引自 Chambers, 2017）如此庞大的关注者中，大多数公众的确是出于信任。2015 年，一个基于计划行为理论（TPB）的意图模型识别被设计出来，用以预测万隆市民关注卡米尔市长的 Facebook、Twitter 和 Instagram 等社会化媒体的意图因素（Setiawati & Pratiwi, 2015）。从中可以感受到这位市长的社会化媒体传播风格，及其吸引万隆市民关注的原因所在。其中，因信息需求、内容质量和交流便捷而关注的人数最多。关注者们认为，与市长一起谈论万隆的现状，有助于公众数字化地了解城市的发展，并促进公众积极情感和行为的生成。市长的账号是了解市府运行的窗口，以图文并茂的形式展示城市发展，提高公众认识，体现透明价值。市长账号还可以满足万隆市民对信息有效性和便利性的需求，具有整体效用价值。当然也有公众出于对平台的认同、受亲友的影响或者仅仅是因为从众心理而关注的，这也从一个侧面体现了官员进行社会化媒体传播的平台优势。

（二）创意透明 2.0：在学习中达成信任

作为全球人口第四的国家，印尼非常重视创意经济发展。2009 年，印尼总统签署第 6/2009 号总统令，指示 26 个政府部门和地方政府发展印尼创意经济，并于 2011 年专门组建了旅游与创意经济部，该部牵头重点发展的 6 个创意城市，万隆排序第一。创意城市（Creative City）概念最早起于 20 世纪 90 年代英国的经济下行疗法，用于鼓励市民以创意来创建"机遇之城"和"繁荣之城"。一个城市的创意能力意味一种竞争优势，创新和创见的共享和交流才能促成城市创意的迸发。卡米尔竞选市长之前是印尼顶级建筑师之一，是一位自带"知识创新"光环的市长。他尝试在政府、公众和学界三个社群间搭建以公民为中心的创意分享网络，一系列社会化媒体知识共享举措被包含其中，在学习和交流的氛围中达成各方信任关系，以此实现"创意透明 2.0"在创意城市建设中的价值。

1. 知识共享：搭建智慧城市平台

跻身全球顶级建筑师行列的卡米尔有着独到的专业眼光，他观城知路，敏锐地意识到了知识对于万隆这个城市的价值："人们喜欢在万隆学习，万隆是一个学术和创意中心，拥有 50 多所大学和学院。"（转引自 Chambers, 2017）在致力于打造印度尼西亚硅谷的过程中，他动员印尼知名大学万隆理工学院的师生为政府技术服务助一臂之力，万隆已有的 400 个 Web 2.0 技术支持的公共应用大部分是由本地专业人才开发的。他坚持相信"生活就是协作"（Melawati & Muharam, 2017），包括城市治理在内的很多公共问题都可以通过协作解决。著名的"印尼园艺"项目是一个主打"业余力量建设城市花园"的创意社会组织，就是由卡米尔在社会化媒体上牵头发起的全国性运动，截至 2011 年，该项目在印尼 14 个城市的会员人数接近 4000 人。他还通过线上线下知识共享创建了许多其他社会团体，如万隆市民杂志、"一村一游乐场"概念、垃圾定位运动。其中最为著名的是万隆创意城论坛（BCCF），在社会化媒体传播的加持下依靠民间组织的志愿精神成功组织了以社区为基础的创意经济运动。

2. 经验共享：培养公众媒介素养

2013 年就任市长后，卡米尔便将社会化媒体当作与市民交谈的主要工具，亲力亲为，以经验共享的方式动员市民的积极参与。在 2014 年 12 月推出的社会化媒体畅销书《#TETOT：我、你和社会化媒体》中，他通过 8 个有趣的章节分享自己的社会化媒体故事，向公众普及这一讨论和分享空间对个人、城市、国家乃至世界发展的价值。整部书将有关社会化媒体的信息技术、空间原则、平台管理、政务结合等看似专业和高深的观点以个人经验、漫画解读的方式揉碎了重新表述，风趣而通俗。谈到体验共享对市政发展的重要意义，卡米尔举了一个可视化报告的例子：假设有一条路坏了，需要修理。公众发送一张受损道路的实景照片，政府在工作完成后再发送一张修复好的照片，共同形成一个体验性的可视化报告。具有实时纠错和及时学习优势的社会化媒体对政府治理进行了意外的改革。

3. 治理共享：提升公众政府感知

卡米尔对万隆的判断是："没有自然资源，也没有能源资源，人力资源才是优势。"（转引自 Chambers, 2017）政府社会化媒体传播是一种以公众为中心的社会治理，通过社会化媒体实现善治，对公众的认知水平、信息素养也有着相应的要求。就促成公众共享而言，一方面，政府需要筹划如何创造透明环境，让公众对政府的信任能随着他们对政治程序和政治结果的公平性以及对政府反应的感知而得到进一步发展；另一方面，政府还要考虑如何创造透明条件使公众成为卓越的精通社会化媒体的人力资源，以有效的协作式信息利用提高公民参与、政治对话和治理决策的质量，从而影响公共事务和公共政策。现实表明，40岁以下人口高达40%的万隆，年轻市民的社会化媒体技术和文化的接受度都很高。万隆打造的是以时尚和旅游为支撑的服务型创意经济，这种创意经济是由多方利益攸关者产生的，不仅要依赖酒店、商场、游乐场等资本雄厚的大型连锁企业，还要依靠各种由年轻人经营的创意无限、独一无二的中小型独立企业，这些企业越来越多地以社会化媒体公众创意共享为特征，代表新一代的服务趋势。

（三）情感透明2.0：在感知中维系信任

社会化媒体引发的公众情感影响力给卡米尔这样之前缺少政治实践的专业人士成为万隆市市长创造了机会，让他富于创意、活力和见解的领导力有机会在情感上赢得了公众的支持，通过社会化媒体交流交心，情感透明便成为万隆治市的重要策略。

1. 平易近人，与市民谈心

2008年加入Facebook、2009年注册Twitter的卡米尔很早就意识到社会化媒体不受时空限制的情感沟通魅力。他几乎每天都使用Twitter作为与公民互动的手段，无论是黎明还是午夜，尽可能地对公众评论加以回复。通过社会化媒体开展政务互动之余，他会吐露日常灵感，也会摘引圣人名句，会分享家人的亲密，也会表达私人的情感，总是毫不犹豫地回复市民们关于日常生活的提问，并乐于更加深入地与他们展开交谈。给市民留下的印象是，Twitter上的万隆市市长就是一个年轻而充满活力的领袖，各种俚语玩笑脱口而出，各种妙言智语随性而至，亲和、放松、坦诚的同时又显示了应有的智慧、坚定和稳重。卡米尔以自己的传播实践向公众诠释了社会化媒体既可扬善，又可传恶的情感特质，或鼓舞人心，或唤醒内心，或潜移默化地传递着正向的价值选择。事实上，将市民视为谈心对象，对社会化媒体进行娱乐性、日常化、聊天式而非工具性的运用体现了万隆市市长较高的媒介使用成熟度，也是政府在社会化媒体传播中最为欠缺的。

2. 事无巨细，为市民解忧

公共服务在日常生活中的可获得性是政府治理能力的一部分，直接影响到市民的社会幸福感，社会化媒体的高覆盖率和易访问性可以有效促成这一情感境界，只是需要政府更多地通过各种社会化媒体平台事无巨细地参与到市民的生活中。卡米尔的个人 Twitter 主要包含政府项目推广的和公众投诉回应，他引领下的万隆市政府通过给每个部门、每个公务员注册一个 Twitter 账号，与公众建立直接互动，及时沟通。万隆的社会化媒体传播难得而成功地既关照到了公众需求，又顾及了政府需要，利用这种简短而快捷的传播方式有效解决城市问题。长此以往，政民之间建立起了信任关系，万隆市民于是敢于、乐于、惯于通过社会化媒体的评论、发帖、点赞，有理有节地反映自己的喜怒哀乐。2014 年，万隆理工学院两位信息工程学者对政府 Twitter 的评论信息进行文本分析，归纳总结了 7 类市民投诉评论，目的是改进政府的反馈机制（Laksana & Purwarianti, 2014）。在类别文本示例中不难发现投诉和批评的同时，建议、表扬、祝贺也大量出现在市民回评中，从一个侧面反映了万隆市政民互动中积极而平和的情感状态。

3. 冲破桎梏，迎市民所望

公众期望通过社会化媒体渠道去衡量万隆市政府是否讲求诚信、是否服务于民、是否专业高效，政府部门工作人员和官员均无法逃避公众这一期望，万隆选择了迎接。也正因如此，"万隆在社会化媒体上得到了一种简单而有趣的发展方式"（Melawati & Muharam, 2017）。通过社会化媒体"问候"市民成为卡米尔每天的例行事务，始于"打招呼"的直接而充分的对话，有效消除了情感距离和思维隔阂。万隆有 260 万人口，拥有 Facebook 的人口高达 230 万，通过这样一个高渗透的媒体冲破官僚主义桎梏，直面公众普通情感，卡米尔领导的多项工作计划倚借公众情感上的信任取得了历史性的突破。恢复城市公园不再阻力重重，公共场所吸烟处罚在公众间得到顺利推行，创建公民出生证明的工作拥有了市民的积极响应。卡米尔作为一市之长，乐此不疲地分享着进取精神，传送着积极心态，让公众对万隆更美好的明天与自己更美好的生活充满期望，继而促进政府工作的发展，形成一种积极的协同循环。

虽然也有批评者认为，卡米尔"数字领袖"式的城市治理模式是"亲公众"精英的一种民粹主义政治策略（Pskarina, 2015），但是，这种执政策略所带来的政—民信任关系又恰恰是传统官僚主义执政难以解决的问题。特别是在多数政府社会化媒体传播始终在单向传播的阶段故步自封的情况下，万隆市的做法依然值得关注。身体力行，用社会化媒体平台创建高效的公共服务程序；现身说法，经社会化媒体平台推行活跃的知识创意共享，以身作则，在社会化媒体平台开展友好的公共情感沟通，卡米尔眼中的社会化媒体不再只是政府 Web 2.0 时代的传播工具，而是以行动、知识和情感的共享建立信任关系，继而让社会化媒体成为撬动政府"透明 2.0"的城市转型杠杆。

三、基于多元关系选择透明空间：希腊政府的数字可能

希腊是一个正处于债务危机的发达国家，虽无政治和经济环境的波动，政府治理之乏力全球有目共睹。考虑到长期以来有限的政府开放、包容和问责是导致国家财政赤字和政府信用危机的关键原因，自 2012 年起，希腊政府积极、持续地参与开放政府合作联盟的国际合作倡议并采纳其价值观，期望结合制度框架和技术手段，通过制定和实施开放政府国家行动计划来建立一整套透明机制以谋求竞争力。时至 2019 年 5 月，希腊已推出第四个国家行动计划（2019—2021），与民间社会组织和实体合作，在中央政府、地方当局和一般公共部门推广政府开放政策。尽管根据以往的行动计划监管和鉴定，部分承诺项目半途而废，但是在国际知名的政府治理镜鉴《可持续治理指标 2018 年度报告（*Sustainable Governance Indicators 2018 Greece Report*）》（Sotiropoulos et al., 2018）的评估中，希腊的信息开放指标系数为 8，明显高于其他领域。无论如何，政府已经认识到了开放政府数据机制具有改善公民服务的价值，并且愿意以项目的形式较小程度地推行透明度和问责制改革。值得注意的是，希腊的开放政府建设建立在该国熟悉和使用电子政务的人口少于欧盟平均水平，同时政府机构正面临严重信誉缺失的背景下。作为唯一一个尚未进入经济复苏阶段的欧洲国家，希腊的电子政务发展指数在联合国列出的 190 个国家中排名第 37 位（Stamati et al., 2015），略高于专业领域的平均水平，体现了较好的电子政务基础。因此，希腊为研究政府社会化媒体传播提供了一个特殊的案例，至少在基于多元关系进行透明空间规划方面主动推出了很多创新试验和即兴之作，无论成败，值得思考。

（一）多元目标的透明

社会化媒体传播策略会因透明目标的差异而有所不同，根据透明目标来制定传播策略，通过履行目标承诺提升透明成效，都是目标透明的价值所在。政府透明的目标是多元的，在希腊拟制的第四次开放政府国家行动计划里，开放（openness）、包容（inclusiveness）和问责（accountability）被视为基本原则，是制定和推行国家政策的基石（Hellenic Republic Ministry of Administrative Reconstruction, 2019）。与之相对应的是不同目标阶段的透明，提高能见度的透明、提升参与度的透明和加强监督性的透明。

提高能见度的主要路径是让公众可以公开获取公共数据和公共文件，确保提供的公共信息是免费和畅通的，这是善治的一个关键要素。将社会化媒体运用于提高能见度，"需要重新设计公共部门的行为和反应方式，以便建立一个更新、更强和更好的政府、企业、公众信任关系，政府人员能在想法和创新的开放过程中，以更智慧、更知情的方式工作"（Centre for Technology Policy Research, 2010）。提升参与度的透明依赖政策制定过程的包容性，尽可能以透明的方式广泛地接触和响应公民，努力在决策过程中吸纳多种声音、观点和文化，并将这些元素应用于公共政策与服务的设计和交付阶段，为政府完善政策提供与公众、企业、非政府组织及其他利益相关方进行合作的途径。世界上大多数所谓民主国家只有极少的直接参与因素，决策透明的可能不是没有，只是并不大。在以参与度为目标的透明中，政府可以通过社会化媒体更加清晰地观察公众，对话公众、倾听公众。

处于危机中的希腊，公众间充斥着对当前政治阶层的不信任、对传统政治体制的不尊重和对未来政治民主的普遍悲观情绪。希腊议会曾经是民主的象征，但是青年失业率的上升导致了政治激进化、极端化和非政党化，与此同时参与政策制定的需求也与日俱增，来自初创企业、决策者、城市活动家和工程师等国家知识精英阶层的政府透明呼声越来越大。在这种情况下，希腊议会在已有的 Twitter 和 YouTube 平台上继续通过文字、图片和视频发布议会工作和活动新闻。希腊议会还以"青年议会"为名推出了一个 Facebook 页面，旨在加强青年人的民主教育、认知和参与，通过 Facebook 这种希腊年轻人熟悉且普遍使用的交流渠道与他们接触。除此之外，关于社会化媒体透明的举措更多地包含在 2014 年以来的开放政府承诺和合作中。

1. 开放政府承诺：希腊议会社会化媒体能见度愿景

希腊开放政府第三次国家行动计划的一个主要承诺就是加强和改善已建社会化媒体账号服务，通过社会化媒体定期且有组织地为公民获取信息、教育和参与创造机会、提供条件，并推进议会透明度创新。

希腊议会承诺与欧盟其他国家议会以及希腊其他公共机构合作，拟定社会化媒体技术和传播策略，旨在加强公众信息获取、民主教育、议会参与三大支柱的作用。此项承诺的执行基础是两套透明系统的建立：一是在3个社会化媒体账号之间建立一个具有一定凝聚力的系统沟通设计方案；二是将社会化媒体传播与传统印刷、广播、电视大众传播及面对面的人际传播信息相结合，拟制全媒体透明方案。这项承诺将在希腊议会各部门的协作下在内部执行，必要时聘请外部机构或利益攸关方提供技术和策略支持及培训。一方面，希腊议会计划列出从传播、行政和技术层面加强社会化媒体建设的明细；根据开放数据一般惯例和希腊立法，检查知识共享标准许可的合法性，事先制定传播政策、限定传播范围、规范传播要件；建立和培训内容管理团队负责内容上传和公众沟通；进行技术改进，设计和设置社会化媒体插件，实现发布自动化。另一方面，举办希腊议会数字平台展览，采用虚拟参观技术，宣传代议制民主概念，寻求集体记忆和集体认同的形成，提高公民对议会职能的认识和了解。通过社会化媒体与数据展览相结合的教育文化活动，发展议会与公众之间的互动关系，鼓励他们参与议会事务，同时加强议会开放。

这项计划开始于2014年7月，结束于2016年6月。希腊议会试图通过加强其社会化媒体政策的实施和提供在线虚拟展览的机会，提高能见度和反馈度，与不同的公众有效互动。这些社会化媒体传播策略如果能得到充分执行，它将使公众以更加透明和更有意义的方式与希腊议会直接互动。这些改进的战略也可以为公众参与立法咨询提供一条额外的途径。线上分享数字展览原本可以属于公众议会工作参与中政治含量较少的项目，而且还有助于公众熟悉议会的功用和运作。但是Openwise IRM研究小组审查报告显示，虽然团队建设初具雏形，由于议会人力资源有限，运行资金不足，通过社会化媒体账号与公众的互动很少，数字展览承诺则缺乏任何进展（Openwise IRM, 2017）。

2. 开放政府合作：VouliWatch 社会化媒体监督性探索

希腊议会社会化媒体以提高能见度、提升参与度为目标的透明承诺最终走向难产。与此同时，如同 Openwise IRM 研究小组所建议的，资金匮乏的议会也在寻求与非政府组织合作，提供相关的社会化媒体参与策略和途径，让行动计划承诺得以完成（Openwise IRM, 2017）。VouliWatch.gr（议会观察）[①]就是这样一个合作性质的互联网议会监督项目。

VouliWatch 旨在通过提供一个网络平台，使议会能够听取公众的关切和主张，影响立法，并促进加强政府问责制。该项目利用了希腊议会现有的一系列良好的开放政府做法，以及公众日益增长的议会开放和立法参与需求，通过社会化媒体公共活动，吸引年轻阶层建立一个庞大的志愿者和支持者社交圈，积极参与议会政治。该平台创始成员曾经为希腊公共行政设计并执行了提高透明度的 Cl@rity（清晰）计划[②] 和 Opengov 项目的数字平台开发，平台所有传播事务，包括起草详细的社会化媒体计划都由他们接管。平台筹备之初，曾邀请所有议员及其助手就今后的合作交换了意见和关切，得到了积极响应。项目于 2014 年 3 月 16 日启动，一天之内迅速在希腊社会化媒体中传播开来。正值希腊大选临近之时，平台决定向全体选民通报政党议程和新候选人。在与全国非政府组织社区以及政府开放数据部门建立良好关系的基础上，VouliWatch 积极游说希腊议会就环境保护、社会政策、社会福利、无家可归、公民参与、城市更新等诸多问题进行关注，同时欢迎所有渴望监督希腊立法者反应能力的公民积极参与其中。每个人都可以注册为会员，以便提出问题、评估议员活动引入新的政策想法。平台欢迎社会各界在内容管理、社会化媒体外联、宣传活动、网络技术等方面提供财政捐助或志愿支持，同时为法律、政治学、社会学、传播学等专业的高年级学生提供无偿培训。

VouliWatch 应用程序有 5 个主要监督功能：议员质询、议会实况、在线辩论、投票监测、候选人观察。尽管开放政府理念在希腊方才兴起，存在数字鸿沟、公众怀疑、议员怠慢等现实问题，VouliWatch 还是成功地确立了自己在其中的地位。团队将大部分资源用于用户友好型的社会化媒体推广，以赢得互联网空间作为重要路径，从而更系统的方式促进政府问责。它还寻求

---

① 参见网址：https://parliament.watch/members/vouliwatch/.
② 参见网址：www.diavgeia.gov.gr (Clarity Portal).

与希腊议会、电子政务部和政府改革机构密切合作，设法加入希腊开放政府合作联盟论坛。抓住尝试创新工具和外联方法的机会，吸引更广泛、更具能力的公众，提供更加可信的信息，为数字问责开辟新的道路。这一机构所做出的努力，其意义在于将传播技术与立法政治结合起来，建立议员、政府和议会机构之间的合作，成为加强公民监督立法和决策质量的手段。

（二）多元内容的透明

希腊的社会化媒体渗透率在欧洲并不高，它的两个传播现象就显得有些矛盾：首先希腊是整个欧洲仅有的 3 个社会化媒体新闻接收人口高于电视新闻的国家之一，其次希腊是世界上唯一一个信任社会化媒体胜过新闻媒体的国家。路透社新闻研究所 2018 年度数字新闻报告（RISJ, 2018）显示：69%的希腊人以社会化媒体作为新闻来源，62%的人使用 Facebook，32%的人使用 YouTube。与此同时，公众在社会化媒体上的参与度、网络新闻市场的分散度以及新闻业对社会化媒体的利用率都很高。整体呈现出高度两极分化的环境。

一项 YouTube 希腊社区实验调查（Mitrou et al., 2014）以 12964 个完全爬网用户、207377 个视频和 2043362 条评论的数据集为基础，用标签云的形式呈现了希腊社区关注的主题。除了"希腊""音乐""娱乐""人民""运动""戏剧""教育""新闻"等关键词之外，可能与政府和政治相关的只有重要性并不那么显著的政党名称。这在一定程度上反映了债务危机中希腊的社会化媒体生存现实：经济避难所和娱乐治愈场。如果说，Web 1.0 时期电子政务的信息公开式透明必然是自说自话，还会反受网络虚假新闻泛滥之扰，结合 Web 2.0 的数字技术和传播策略进行政府数据透明化在希腊显然仍会面临无人理睬的局面。以公众的站位，以实实在在的多元化传播内容试水，或是一条可能的成功之路。透明不仅仅是告知公众纯粹的数据，更是从启蒙公众出发，沟通需求、公布流程和呈现反馈，在其中创造新的公共价值。

1. 了解公众，应需求而透明

希腊的社会化媒体场域是活跃的，但同时又显得与政府治理并无关联。技术、危机和社会性构成了希腊这个国家社会网络发展的三大要素（Social Media Club France, 2011）。经济低迷和政治困局导致社会化媒体失去常态，公众更多地只是在社会化媒体上表达和满足个人对社会生活的需求。借由社会化媒体了解公众需求，因应需求而推进政府透明，由雅典大学与微软创新中心合作推出的一项创新举措 Gov4all（Charalabidis et al., 2016）提出了一个解决政府透明度与公众关注度困局的重要思路。

这一倡议的核心思维是"开放的政府数据与开放的政府服务两个世界合二为一"的治理框架，主要途径就是利用社会化媒体技术和开放公共数据，通过提供社会化媒体协作空间，支持和刺激个性化新型公共服务的创建、交付和使用，从而更好地满足用户的需求，并且在需求满足中获取关注度、提高透明度。Gov4all 通过托管在云数据库中的开放数据、开放服务和应用程序，为公众提供创建单个用户界面和分类方案，捕捉和支持公众对行政负担最小化和政务透明最大化的需求，从而为公众开发和公布个体所需和个体所能的公共价值创造便利，最终，在政府公共部门与学术界、商业界、公益界和公民的服务参与中共同创造和实现公共价值。然而，由于希腊只部署了少量的社会化媒体公共服务，并且仅有少量的数据集用于构建增值服务，公共部门之间又缺乏交互操作的意识，仅仅创造一个最先进的技术解决方案不足以实现合作式透明创新。但是，应需求而透明显然是一个高明的社会化媒体透明策略。

2. 便利公众，在流程中透明

作为一项内政权力下放倡议，Cl@rity 计划旨在提高希腊国家、区域或地方各级公共行政部门的透明度。所有公共实体都必须在 Cl@rity 门户 https://diavgeia.gov.gr/中上传全部管理决策文档，系统为每项决策生成数字标签，分配唯一编号。Cl@rity 计划首次明确了政府有义务在互联网上公布所有决策，在 2010 年的希腊堪称创新之举。目标如其名，就是便于公众清晰明白地了解政府决策并据此与政府展开公开对话，为公众提供监督问责、参政议政提供核心信息依据，同时也使得政府的治理政策和行政措施得到最大的推广和宣传，促进了公共行政的透明文化变革。然而，这一计划若想持续实施并卓有成效，需要具有配套保障。第一，需要引入一个监管框架，迫使所有公共部门在决策或预算时便有最大化公开的考虑。第二，需要分门别类、逐级制定公开准则和开设培训课程，确保每个公共部门都能参与和使用平台。第三，平台一经启动，只有确保所有公共部门均上传其决策，这项计划才能获得公平有效的实施。由此可见，希腊做法的初衷就是让公民对公共部门的运作程序和方式更具洞察力，便于数据在开放中转换为具有现实操作意义的应用程序和公共服务,对现实生活能够产生可衡量的积极影响,从而激发创新和刺激经济。

3. 倾听公众,于反馈中透明

Opengov.gr(开放政府)平台①的开设是希腊开放政府倡议的直接体现,平台可服务于政府透明、政策审议、行政协作等以问责为基点的政民活动。政府在平台设置了多样化的信息透明服务,比如公共行政官员和公共部门的中高级职位皆在该平台上发布,申请亦经由平台在线提交。几乎每一项政府立法草案和政策倡议,在提交议会审议之前,都以电子审议的名义张贴在平台博客上,供社会公众和组织逐条发表意见、建议和批评,在与公共行政部门的交互中得到反馈,整个过程全程透明。Labs.Opengov.gr 作为开放政府平台的实验室,汇集公众、公共部门和私营部门的知识、意见、想法和建议,借助分散知识力量的释放和集聚,探索解决现代公共行政问题的新方法。平台创建了一个电子政务社会化网络工具,通过创建透明数据工具和开放数据服务,允许进一步使用和处理数据,并且通过一系列参数搜索特定的政府事务,为公共行政和电子交易等众多信息系统之间的互操作提供全面的支持,最终实现公共信息自由、公开和便捷的获取。

(三)多元平台的透明

平台为透明提供构架,平台为保障用户沟通和合作建立一系列的标准、协议和规则,它们决定了平台间的差异。透明策略还会因这些平台差异而不同,特定群体的在线社区、不同公司的社会化媒体、专业领域的数据平台,都有截然不同的平台语言和规范,对其一无所知,一厢情愿地进行透明,其效果可想而知。

1. 社区联网透明

2011 年成立的 Startup Greece(创业希腊)倡议是一个针对青年创业的社会化网络社区,"为希腊创造新一代企业家"的平台口号与经济复苏息息相关。参与其中的每个公民、组织、企业、协会、研究所、社会和经济实体都可以在其中添加想法、知识和经验,最终创构一个在线集智社区。社会化媒体技术在其中起到了跨越圈层、消除陌生的透明联网作用:社会化媒体网络将人群、想法、企业、大学、金融机构、天使投资这一切重要的创业元素聚

---

① 参见网址:http://opengov.gr/en/.

集在一起，推进创见合作和创意项目的投资机会；社会化媒体工具帮助用户创建和交换与在希腊开展业务相关的激励政策、融资项目、法律框架和调查报告，从而不断激活和共同生产创业知识；社会化媒体数据库向所有公民提供有关现行法律框架的公开信息，促成各方参与主体的对话和问责。Startup Greece 主站与 Facebook 和 Twitter 账号内容同步，首页显示 7729 位会员在这个平台上通过彼此之间信息的透明建立创业关联，各种形式的资助、支持和合作贯穿整个创业过程。

2. 平台联合透明

2010 年"卡利克拉迪改革方案（Kallikratis Reform Program）"之后，希腊市镇的数目从 1031 个减少到 325 个，并将权力下放至地方政府，在控制规模的同时提升市政水平。这一改革加上经济危机导致的电子政务经费锐减，希腊地方政府的社会化媒体运用比国家层级政府更加艰难。有研究者收集了 2014 年 6 月至 8 月间 325 个希腊城市的社会化媒体使用数据（Triantafillidou et al., 2016），结果显示，大多数希腊地方政府的社会化媒体存在率很低，其中 Facebook 达 28.3%，YouTube 占 21.8%，Twitter 为 20.6%，44.3% 的市镇不曾注册过任何一个平台，并且仅有 8.9% 的地方政府在这三个社会化媒体平台都拥有官方账号。平台优势差异在这项研究中也有所体现，与大多数国家的政府传播倚重 Twitter 和 Facebook 不同，希腊政府的 Twitter 公众参与兴趣并不高，反而是 YouTube 视频更具吸引力，连带还能提高公众对 Facebook 页面的认识和参与。这与前文所分析的希腊公众社会化媒体使用习惯以及传播偏好有关。

从 YouTube 这个异军突起的实例不难发现，解决这个尴尬问题的方式之一是多平台联合透明，这对于社会化媒体平台的公众普及是一种互惠的行为。原则上，社会创新需要社会行动者之间广泛的交流和合作，才得以在社会中创造新的意义（Kaletka et al., 2012）。正是具有不同专业知识、拥有不同社会经验、来自不同组织的个人构成了不同的社会群体，而每一个社会化媒体平台都在吸引着不同的群体，利用平台之间的联合实现政府透明就相当于创建了一个全新的透明空间。雅典大学一项研究主张政府使用目标社会化媒体平台的应用程序编程接口（API）向多个平台同时自动发布政府信息，并通过中央平台建立交互链接（Charalabidis, 2014）。政府可以在 Twitter 上对博客进行简短描述、在博客上链接 YouTube 的视频，以此吸引不同平台用户更加广泛的关注。还可以通过各种社会化媒体平台的 API 以自动高效的方式监控和收集公众交互数据，分析计算、提取主题、检索交互和挖掘情感，以及通过模拟建模进行未来预测和策略拟制。

3. 数据协作透明

政府公开数据中，地理空间数据约占公共部门信息的 80%，是最重要的开放数据类别。希腊"开放地理数据（Opengeodata.gr）"创新项目由雅典娜系统信息管理研究中心研制，是一个用于聚合、搜索、提供和描述公共地理空间的平台，为公众提供地理空间数据成像服务。该项目早在 2010 年 8 月 14 日便开始运作，根据 2012 年的统计，当时已拥有 350GB 地理空间数据，179 个可用数据集，18 种数据服务，以及来自 109 个国家的 33 万名独立访客，其中每天 1000 名独立访客，50%是进行与公私业务相关的活动（IMIS Research Team, 2012）。

2015 年，"开放地理数据"项目与欧盟第 7 框架 ICT 项目 Publicamundi 合作之后重新开放，扩展并集成了用于开放数据发布和地理空间数据管理的领先开源软件，旨在通过充分支持开放数据目录中的地理空间数据发布完整的生命周期，让开放的地理空间数据更易于发现、协作、使用和共享。项目最终允许公民协作创建与地图相关的内容，例如，添加不存在的街道名称，或填写一条新路径。除此之外，它使所有接触到这种公开数据的公民对政府决策具有更多的责任心和参与性。同时，这一项目还提高了民众的环境保护意识；它将希腊的航空照片和卫星照片与其他地理空间数据（例如森林地区）进行比较，让每个公民都可以识别可能的非法举动并向政府举报这些行为。欧盟委员会副主席克罗斯（N. Kroes）曾经赞扬公共数据开放："当今世界，公共数据是新的石油，是一种创新应用和经济增长。开放数据门户公共数据更易于访问和重用，是总体战略的关键组成部分。开放数据可用作增值服务的基本资源，刺激我们知识经济的智能增长，亦有助于公共服务现代化，提高透明度和效率。"（Kroes, 2013）

从议会监督到环境保护，再到青年创业，希腊政府和公众以开放政府合作联盟作为驱动力的透明化进程在现实的危机面前遭遇着重重困难，使得它们更多的是昙花一现的创意试验或项目尝试。但是，在社会化媒体网络的加持下，技术互动与社会互动、政府治理与政府服务共同作用，形成彼此透明、便捷沟通、交互监督的强大社会问责网络，将社会化媒体的技术利用和平台运用作为整体性战略设计的一环，与制度、组织和文化相融合，共同构建政府善治的问责基础，已是共识性的愿景，其透明努力颇具启示价值。

结　语

关于政府如何贯彻推进开放来加大政府的"透明度"，经过最初几年的实践和经验摸索之后，美国学者利（G. Lee）和快克（Y. H. Kwak）在2012年曾推出过开放政府成熟度模型，意在指导政府机构通过社会化媒体及其他相关技术实现政府开放。他们认为社会化媒体时代的开放政府推进存在级别进阶：初始→数据透明→公开参与→开放式协作→无处不在的介导（Lee & Kwak, 2012），只要遵循这一顺序，在有效利用社会化媒体力量的同时可将治理风险降到最低。透明在其中位居第二等级，是否有透明度是政府开放与否的分界线，也是参与和协作的重要条件和促成因素。社会化媒体在一定程度上提升了透明度，毕竟随着数据量在数字经济和大数据时代的爆炸式增长，政府机构不得不专注于发布和分享在线数据来提高治理流程和绩效的透明度（Meijer & Thaens, 2009）。这里的透明度并不是简单的数据全公开，而是帮助公众识别，与公众分享高价值、高影响、高利用的数据，在准确性、一致性和及时性方面确保和提升质量，避免低质数据对公众可能产生的误导，从而对政府形象和公众信任产生无可挽回的负面影响。更为关键的是，政府在社会化媒体平台的透明策略如果与传统媒体相比较有什么过人之处，可以用"志不同，道不合"来形象说明，社会化媒体平台的政府透明并不止于公开，公开是过程而非结果，心中所向始终是逐级进入下一站——对话、参与和协作。

第三节

虚拟社会生产界面：
全球政府社会化媒体对话策略

进入 Web 2.0 时代，"对话"成为政府在开展公共治理时无法忽视的重要特征，无论是进行公共信息生产、开展公共关系维护抑或致力于公共治理方式的转型升级，政府都必定将在一个更为活跃、复杂和多元的对话环境中，通过与政府组织内部、私营企业、非营利部门以及公众交流沟通来实现。为此，全球政府越来越多地关注社会化媒体技术主导下的对话环境，既在虚拟环境中树立、稳固和创新自身的对话地位，也善于就不同的公共治理目标确立多元对话身份，同时还会依据社会化媒体技术影响下的对话特征来创新对话产品生产，丰富对话表达策略。

一、权威：对话地位的稳固策略

基于社会化媒体平台对公共信息产品生产、管理、应用和保存，开发和持续提供公共服务并提升其效率和质量，是政府推进新型公共治理活动时最具操作性的常规工作。事实证明，在社会化媒体技术日渐成熟的今天，规划和搭建新型的公共治理和公共服务对话框架，是政府最为核心和关键的任务，这一环节将决定在较长时间序列中，政府如何管理和使用社会化媒体，也直接影响政府、社会化媒体和公众三者之间的对话方式。从全球范围内已有的相关实践来看，政府部门有以下四项核心任务是其他参与者和对话者都无法代劳的。

（一）立法地位：对话规则的制定

发达国家从很早开始就十分重视打造公共治理对话的环境，并对相关信息资源进行战略管理。在互联网出现后,各国政府积极通过立法、订立白皮书等形式对政府信息生产管理的重要性和未来发展战略进行了全面阐述和规划,比如奥巴马政府 2009 年颁布的《开放政府法令》以及围绕这一法令先后颁布的 10 余份相关政策文件。这种战略和政策先行的做法在一定程度上保证了政府应用社会化媒体的基本态度和方向,但除此之外,发展战略和相关的法律法规也需要在实践当中逐步调适。默格尔等人认为,在社会化媒体环境中,政府构建和巩固公共治理和公共生产的主导地位有三个渐进的步骤:首先,在政府部门接触社会化媒体的早期,会先尝试性地、非正式地在现有技术使用政策之外运用社会化媒体,往往来源于个人或小规模工作组的设计驱动和竞争尝试。接下来,随着政府部门认识到制定规范和法规的必要性,便开始发展出相关秩序,实施部门会更偏重低成本高效率的应用方式,缓步普及推广。最后才是制度化的实现,逐步形成清晰的规则来规范恰当有效的运用行为、互动类型和传播模式,形成正式的社会化媒体战略、政策和流程,最终完全脱离私人使用方式的范畴(Mergel et al., 2013)。通过事先规划的"拉动",配合实践经验积累的"推动",基于这种动态成长的战略和法规框架,政府得以初步实现工作职能与社会化媒体技术和应用之间的嵌套,从而为公共信息生产和对话协商活动奠定了基础。

(二)管理地位:对话数据的治理

随着社会化媒体平台与政府公共治理日渐紧密的嵌套,属于公共信息资源范畴的内容被大量生产,公共信息和公众信息的安全、准确性和归档,开始逐步成为社会关注的焦点。政府在进行公共治理时所生产和使用的公共信息,是国家或社会公众共同所有的、公用的、涉及国家创新、数字记忆、政府行政和数字消费的已公开的数字资源,共有性、公共性、公益性是其内在特质。2010 年"社会化媒体战略"发布以前,NARA 已经注意到社会化媒体的出现对档案信息资源的可能影响,对社会化媒体的种类、平台管理等问题展开调查研究,并及时对社会化媒体文件的分类、概念、鉴定、捕获、保管等问题做出规定。2014 年的《社会化媒体文件管理指南》明确提出"社会化媒体文件"的概念,指出社会化媒体允许个人进行协作、创造、组织、编辑、评论、组合以及分享信息内容,很有可能促成联邦文件的产生。此外,NARA还颁布了《社会化媒体文件捕获最佳实践白皮书》,其中指出基于政府工作的业务需要，要"建立由文件管理工作者、社会化媒体管理人员、信息技术专家和隐私安全顾问等成员组成的社会化媒体专业工作团队"；要科学测试和评估社会化媒体文件捕获工具；要明确社会化媒体文件归档捕获的责任人等相关管理措施，等等（王宁、曲春梅，2017）。至于社会化媒体数字资源的保存，英国国家档案馆的尝试引人注目，即与互联网记忆基金会合作，专门设计开发适合政府部门社会化媒体文件的捕获工具，既可以有效捕获社会化媒体文件公开时的原始背景和内容信息进行永久保存，又能通过专门为政府部门设计的后台接口自行删除不需归档的内容（聂云霞，2016：87-92）。

（三）组织地位：对话关系的平衡

除了社会化媒体的加入，新型公共治理方式达成的另一个关键因素在于确保公众普遍地、公平地获得访问和分享公共信息的条件和能力，尤其是进入社会化媒体时代后如何在互联网上参与公共生产并与政府展开对话。在公众内部，贫穷、残障、英语能力有限和老幼群体相对难以获取计算机和互联网便利；在不同国家和地区，政府部门所搭建的网络平台在运行能力和服务方式上亦有差别；不同的社会组织在互联网上的活动能力也有高下之分，这些都直接影响到他们参与公共治理的实际能力。政府部门在平衡网络对话关系上一直都有着特殊的组织地位，进入21世纪后，组织内部形态的改进以及公众获取公共信息的具体方式，成为政府打造新型公共生产和协商环境的重点。"9·11"恐怖袭击事件之后，政府迫切需要搭建起一种能够在各政府部门和组织机构之间高效互联互通的公共网络，实现跨越传统组织边界的信息和知识共享，从而解决任何单个组织或司法机构都无法单独处理的公共需求问题，实现多个层级的政府部门和非政府行为者之间的交互合作（Yates & Paquette, 2011）。2010年海底地震发生后，由团队领导、团队执行官和来自20个不同职能领域的代表所组成的AFCAT，在以上理念的指导下，多部门充分利用社会化媒体工具动员公众在救灾问题上实现了对话框架的完整建构，进行救灾信息获取、共享、维护和更新活动，高效完成了救灾任务。

（四）把关地位：对话信息的过滤

社会化媒体时代的海量信息所带来的一个负面结果是"失焦"，也即垃圾信息和不良信息对网络用户时间和注意力的侵占。在传统媒介时代，信息的生产和流通主要遵循"先过滤后发布"的原则，大众媒体、教会、学校、专家权威等扮演了把关人和过滤器的角色;但如今更多信息的生产流通却遵循"先发布后过滤"的规则。当政府的公共事务开始向社会化媒体平台迁移时,信息过滤成为一个重要问题:对于政府而言,如何使得涉及公共事务的重要议题可以迅捷有效地抵达公众眼前?对社会化平台而言,如何保证一个健康有序的公共信息生产环境?对公众而言,如何快速寻找和判别自己所需的公共信息呢?当前最具代表性的信息过滤思想是协作过滤或协同过滤(collaborative filtering),从狭义而言,这是一种算法或软件,目的是因人而异地向用户推荐其可能感兴趣的内容;从广义上看,这也可以指代一种新的信息过滤机制:当社会网络和信息网络实现一定程度的重叠,个人越来越习惯于通过自己的社会网络对信息进行分享、评价、分类、推荐,并以趣缘关系形成主要网络关系时,协作过滤方法就能够发挥作用。在这一过程中,算法是搜索引擎的核心,而算法又来源于人主观编写的规则,显而易见,这种人为的设计就成为决定互联网上信息生态的关键抓手。当私营企业主导这种技术时,搜索引擎必然首先遵循商业逻辑,而无法将公共服务作为自己存在和运营的核心目的。有鉴于此,全球范围内政府部门都在逐渐尝试与非营利机构合作,"定制"符合自身要求的信息过滤系统。

二、多元:对话身份的开源策略

相对于过去的电子参与构想,社会化媒体的出现,使政府主动向公民迈出了第一步:政府不再期望或全力推动或拉动公众将内容生产活动主动转移到官方话语空间中,而是尝试主动进入公众所熟悉和适应的话语空间中去,以公众更易接受的方式开展公共治理,逐步提高公众的参与度。为此,政府尝试开发了多种对话形式:

(一)平台用户:协商型对话生产

协商交流是人们对互联网最初的期许,也是当前政府与公众在社会化平台上所进行的最为频繁的活动。常见的协商过程是,政府部门的相关账号主体公开发布信息的方式,使相关政策指令等公共信息以最快速度抵达公众眼前,吸引平台用户阅读、转发,并通过点赞、评级等关联小工具进行反馈,从而在第一时间获知公众的态度、意见和建议,公众也相应地获得了与公共职能部门随时建立联系的渠道，获得特定部门的帮助。事实证明，这种咨询协商活动对于警务、教育、医疗卫生、体育、福利等公共服务部门而言非常必要，在社会化媒体上，用户能够获得更多切身相关的专业信息供应，以及比书面或电子说明更加具体的指导帮助，最重要的是，也更愿意就相关公共政策内容展开行动。与此同时，医疗机构也能从公众那里获取重要信息、资源和善款，并与全球同行开展更加积极的专业互动。当然，公众也会通过大规模的激烈发声来"迫使"政府部门开展对话协商，比如英国政府宣布削减高等教育经费和提高学费上限后，因未能与社会化媒体空前动员起来的学生开展积极有效的协商对话，2010年和2012年两次引发全国范围线上线下抗议活动。这充分说明，社会化媒体虽然提供了协商途径，激发了交流对话的频度，但最终不见得形成充分反映公众诉求和协商过程的实际成果。

（二）工作伙伴：合作型对话生产

在市场和政府之间有很多无论政府和企业都"不愿做，做不好或不常做"的事由非营利组织操持。社会化媒体的出现，让政府和非营利组织的合作突破了过去那种相对机械的管理关系：非营利组织在社会化媒体上的积极表现，得以合理调动和优化配置更多甚至更专业的人力、物力和资金，并在客观上缓解了政府的资助压力；而政府也能够因非营利组织的作为达成公共治理目标，以利于实现善治局面。政府与非营利组织最为主流的合作模式之一是"政府购买服务"，近年来，由于社会化媒体技术的参与，非营利组织能够更加集中和高效地统筹资源，从而使政府便于规制。以美国马里兰州的儿童和家庭服务为例，马里兰州政府以购买服务的形式授权非营利组织马里兰家庭网络提供社会服务，这是一家网络平台型中介机构，它本身不提供社会服务，而是受政府部门委托通过社会化媒体平台"帮你找"，纳入26家为婴幼儿和孕妇提供服务的家庭支持中心、13家为儿童服务专业人员提供培训指导的儿童服务咨询中心，供全州用户使用（张远凤、牟洁，2017）。通过购买非营利组织进行科学整合的系统化社会服务，政府也避免了评估和关停某一项目所可能导致的政治风险。

（三）项目甲方："众包"型对话生产

政府通过社会化媒体发起的"众包"活动主要能够生成四类内容，分别是生成信息、生成服务、创建解决方案和制定政策，所涉及的领域主要包括专业领域服务、公共事务信息（警情、火情、医疗和救灾信息）和政治议程。在专业领域，相关组织机构往往通过将特定目标分解为易于参与的在线小任务，来吸引志愿者开展工作，其中，科技"众包"是最具有代表性的形式之一，美国国家航空航天局（NASA）通过在线发包的方式，完成了许多科研和应用目标。例如，NASA 曾于 2015 和 2016 两次在 Freelancer.com 上发布任务，成功采购机器人设计方案，以应对"推进复杂太空系统时所面对的挑战"，而这项工作的完成只花费了大约 2.5 万美元的奖金总额。此外，NASA 还面向数千名学生和志愿者发起"众包"任务，通过号召他们在铝质圆筒中种植特定植物，实现大量重复试验，为在月球上培育植物进行数据积累，大大降低了实验成本。"众包"活动通过吸引非专业公众为科学研究提供帮助，并大大减少了资金和时间成本，可谓事半功倍。从众多"众包"活动实践来看，主题相似的"众包"任务最终获得的效果可能截然不同，而且当"众包"被分解为参与难度和专业门槛较低的任务且赋予参与者更强的动力和物质或情感回报时，目标更容易达成。这需要政府对社会化媒体特点有着充分的认知，并对"众包"策划和设计能力有着较高的要求。

（四）社区公仆：服务型对话生产

随着跨地域趣缘团体兴盛以及公众日常生活工作向社交网络全面转移，政府已经充分认识到线上空间的公共服务所面向的群体分区并非仅有地理区隔的社区，还包括有兴趣和文化区隔的虚拟社区，真正转型为合格的线上社区公仆也就成为政府公共治理转型过程中的一大重要任务。这需要政府在两个方向上重点发力：其一是营造便于政府部门提供服务和开展公共治理的网络空间，并辅助以相关技术和流程架构；其二是设计与公众进行互动的具体途径、环节和流程，以保证线上对话有效有序进行。转换为特定网络空间管理者、话题主持人和信息提供者身份的政府工作人员往往需要有高活跃度和快速的反应能力作为基础，并且能有意识地巩固用户的虚拟社区黏性，引导理性发言，开发用户对特定社区的情感联系。有学者在调查荷兰外籍人士所聚集的虚拟社区后发现，当政府及时提供用户所需的公共服务，并鼓励他们分享疾病、音乐、木工、旅游、计算机编程等信息乃至形成集体学习时，用户能够更加有效地与社区成员和社区平台形成黏结，从而"共享心理取向"，这种共享取代了"地理空间上的共享"，是政府在 Web 2.0 时代开展管理和服务的基础（Albert et al., 2012）。通过构想和探索社会化媒体全方位嵌套公众生产生活的具体方式，政府期望在虚拟社区规划和治理领域能够最大可能地迭代传统公共治理和公共服务方式。

三、创新：对话产品的拓展策略

大体而言，网络化用户在互联网上生产的主要产品包括三类，分别是内容、渠道和社群（何威，2011: 88-89）。为此，政府有必要发掘和拓展更适应于对话的行政议题和治理目标，并在产品空间内进行选择和规制。

（一）对话内容的创新

借助社会化媒体技术和平台，政府与公众的对话内容不再"流于形式""浮于表面"，而是实际地影响到政府政策和公众生活。从公共治理角度而言，通过与非营利组织或私营公司合作开发自主平台，政府得以与公众就公共治理事务开展具体讨论，确定行政目标，制作政府预算，从而共同影响地区（城市）发展走向和区域文化生态；从公共服务角度而言，借助于各种应用平台，政府能够高效聚集具有专业才能的公众，获得高精尖的技术设计和策划，同时全方位满足公众在医疗卫生、文化体育、警务消防、家庭教育等方面的个性化需求；从政治议程角度而言，公众得以更近距离地了解政治人物和政治派别的相关信息，旁观甚至参与政治事件，表达合理诉求。最关键的是，双方能够保持实时联系和信息在线更新，这在过去是难以想象的。更重要的是，与过去相比，这种对话交流最直观的创新在于它不仅仅用于解决问题，而是在直接生产并巩固关系，公共治理的成效不再完全依赖国家威权，而是取决于在各种动态的有机关系是否相互切合、彼此成全。政府不再仅仅是私营企业、非营利组织、普通公众的管理者，而是成为联系整个社会的中心纽带。具体表现在社会化媒体中就会发现：一方面，无论是政府自有业务平台还是私营平台上的政府主体账号，都会通过网页链接、@功能、Tag 标签等多种形式与其他相关账号、第三方应用或网页相关联，形成一个动态运作系统，实现多方合作运行；另一方面，社会化媒体无时无刻不在维持着数量众多的点对点互动关系，这些关系成为政府高效扩散信息、寻求帮助和建立合作的基础，从而得以便捷、高效和持续性地调配公共资源，提供个性化服务以及规制整个社会的运行方式,也才只有在这种情况下,政府才能够尽最大可能兼顾各个方面的实际需求,实现"公共服务"的发展目标。

(二)对话渠道的创新

与电子政务发展早期相比,今天的政府部门有了更加多元的对话渠道,其优势集中表现在以下几个方面:首先,政府拥有整合多样公共资源的系统平台。例如,2012年英国所有内阁部门、非内阁部门和超过300个其他公共服务机构通过一系列整合统一并入门户网站GOV.UK,这一网站以公众需求而非政府组织结构划分服务内容,共设立16大类约1800项公共服务内容,极大地便利了公众的生产生活(林梦瑶等,2019)。其次,政府部门可以就不同议题选择最为适当的渠道与公众进行对话交流:公共信息的公开和搜索,主要在整合式门户网站上进行,公众可就具体问题在平台上发起咨询;政策制定的前期造势和政策推广的宣传,可以通过私营企业主导的社会化媒体平台进行,借助于这些平台上四通八达的社会关系网络,相关信息能够以低成本、高效率的方式迅速扩散,为人所知;一些专业的"众包"活动则可以在专门的社会化媒体应用上进行,对应不同公共治理和公共服务目的。最后,开放多元的渠道允许政府部门在实现特定目标时形成层级联动,提高政府部门的凝聚力,增强公众信心,这一点在公共危机事件中表现得尤为明显。2013年,美国俄克拉荷马发生高强度龙卷风,国家气象局在Twitter上通过关键词标签发布气象预警。随之,存在职能关联的美国国家气象局账号,国家海洋和大气管理局账号,阿拉斯加、诺曼、堪萨斯城、火奴鲁鲁等地区预警账号,国家飓风中心等账号对相关信息进行了联动发布,保证了预警信息在短时间内高效扩散,并与消防、交警、医疗等部门的账号联动,补充了灾害相关的自救和施救信息,从而有效增强了受灾公众的应对信心(Chatfield & Brajawidagda, 2014)。

(三)对话社群的创新

社会化媒体丰富了社群类别同时也成为传统地理意义社区人群团结的强力纽带和扩音器,政府则通过在社会化媒体上发起话题、设置标签,吸引相关用户关注和表达态度,从而充分和高效地获取社群成员的需求和意见,并针对相关内容开展创新工作。近年来政府在与非政府组织协作利用公众自发形成的线上社群协助应对公共事件上积累了丰富的创新经验。例如针对地震、海啸等灾难事故,Lanka软件基金会组织IT志愿者开发了救灾信息管理平台

Sahana，该平台能够协助解决大规模的人道问题，包括受灾人口通报统计、物资捐赠、库存、志愿者和项目管理等，通过数年发展集中了数百位灾害管理专家、物流专家、学者、软件开发者以及非政府组织负责人，先后在 2005 年巴基斯坦地震、2006 年菲律宾泥石流、2006 年印度尼西亚地震、2010 年海地地震等自然灾害中协助政府相关部门，开展救援活动（邝启宇，2014）。再如，创建于 2007 年的开放资源平台 Ushahidi 缘起于肯尼亚一次有争议的选举活动，在这一平台上，用户能够自由报道他们见证的新闻，并将之标绘在在线地图上。由于其充分的开放性，最终成为一个全球知名的记录危机事件的地图平台，能够快速动员来自全球各地的用户团结起来，协助相关部门直接或间接地对受灾人群施以援手。

（四）对话情感的创新

在网络社区中，公众参与对话的持续性不高是一个较为普遍的问题。即使是对公共议题相对更感兴趣、更具理性和毅力的用户，在社会化媒体平台上也可能随时放弃参与某项公共议题。为保证用户黏性，社区管理者和主要发言者应当重视与用户共担情感，并通过提高参与的亲和力、趣味性和成就感来吸引用户驻留。社会化媒体被视为"一个全球性的情感放大器"，当政府部门的对话方式包含更多真情实感时，也会更容易与公众达成和维持对话关系。以墨西哥普埃布拉州政府为改善公共卫生而执行的社会化媒体策略为例，研究者总结出政府部门在社会化媒体上创建有效沟通的具体策略，包括但不限于：能用图片的时候不用文字，将发言深入内容社区中更易引发讨论，消息发布者要更懂得谦虚和倾听，发起话题最好能与传统媒体进行联动，对负面评论和抱怨做出迅速积极的回应，等等（Picazo-Vela et al., 2016）。在一些特定的公共服务领域，重视与公众对话时的情绪更是特别重要，例如，有学者在分析美国政府设立的一个医疗保健网站的失败原因发现，在医疗保健领域与公众沟通要充分理解对话者的心理诉求，并在沟通中顾及对话者的具体情绪，严肃的书面语言并不能有效安抚和劝服对话者展开相关行动（Anthopoulos et al., 2016）。此外，趣味性的传统提升方式如赚取徽章、有奖征集、情景体验小游戏，至于成就感的达成包括以官方身份或从专家角度对公众对话给予肯定，打通线上自我实现路径，从而保证公众的对话活跃度。

四、丰富：对话话语的表达策略

如今，政府已不能仅通过书面公文、大众媒体时代"广而告之"的形式进行公众治理，社会化媒体彻底改变了政府与公众的互动方式，双方的对话交流正在日渐显著地影响着政府公共治理的开展，因此，政府有必要拓展对话方式，与公众达成更好的互动关系，共同改进治理效果。

（一）拉动策略：提升对话和扩散的可能性

在传统媒体时代，所谓政府与公众的"对话"往往是单方面延时性的。而社会化媒体，政府进行公共治理的重要基础之一就是与公众进行积极有效的对话，为此，尽最大可能通过互联网调动公众个体发言参与的热情，乃至自觉自愿地利用自有社会网络扩散话题，就变得非常重要。为此，政府需要针对发布内容进行一系列设计，"拉动"公众进行参与。方法1：以疑问句的方式发布内容。在社会化媒体上，用户更容易对问句表达看法，这是一种有效地收集用户意见的方法。当这一问题集中在某一特定议题上时，读者很有可能将之转发给自己关系网中与之相关的用户。方法2：灵活运用标签设置、话题发起、主题置顶等方式，使公众就某一主题在特定时间段内集中发言。由于互联网上信息更新迭代的速度惊人，为确保特定议题能够得到充分讨论的时间和空间，帮助公众聚焦话题是十分重要的。这也同时能够有效帮助数据分析工具就主题抓取、筛选和统计公众意见，使政府更好地实现决策。方法3：尽可能"以点撬面"，开拓对话环境。由于社会化媒体高度互联的特性，政府部门能够借助种种信息传播节点扩散信息。例如使用@功能制造联动话语，构建主题环境，拉动意见领袖和广大公众参与其中。典型如在"冰桶挑战"开始后的两个月内，@功能和主题标签的使用让这一话题从一名渐冻症患者联系至多名国家领导人，而话题的发酵又进一步促使更多用户参与其中，从而形成了一种良性的对话互动环境。

（二）便捷策略："全民自动化"的在线选择

存在一种富有成效的公众互动尝试——"全民自动化"的在线选择设计。[①]核心理念是通过影响人们获得某事某物的便捷性和难度，来影响或引导人们

---

① 这项尝试同时也招致一些争议，反对者认为，政府的这种在线选择设计，实际上部分剥夺了公众的选择权，从而使他们只能获得"有限自由"。

的选择结果，比如设计者对餐具摆放、表格页数、音乐选择、汽车燃油箱大小等难以为人所察觉的细枝末节进行安排，来影响人们的选择。曾任奥巴马政府信息与规制事务办公室主任的卡斯·桑斯坦非常善于将这种提供"选择架构"理念引入公共治理，从而确保政府得以应对在互联网上难以测度追踪的公共意见，联通公众选择与政府决策之间紧密而动态的相互关系。① 实践证明，在养老和医疗保险的相关措施推进过程中，通过设计公众在线阅读和参保的具体流程和选项，可以有效提高养老保险方案的参与者人数，成功地"助推"全民"自然而然"地做出有利于自己也有利于政府的选择。桑斯坦认为，应当确保"民众在不做任何事情的前提下，事情都能按照有利于他们的方式有所进展。如果要求民众采取行动，政府应该尽可能简化程序，实现自动化操作"（桑斯坦，2015.111）。这种自然而然的选择，最大限度地抹平了公众的信息获取和智识方面的差距，节省了政府推行政令的时间成本和经济成本，最为关键的是能"在不强迫人们做任何事情的前提下，产生积极的变化"。

（三）日常策略：复杂信息的通俗表达

在传统媒体时代，政府往往以"官方"立场出现，对公众进行信息通报和声明，通过新闻记者报道、新闻发言人、正式的信息发布空间、严谨的着装仪态、书面化程度极高的语言和文字等设计来营造政府组织与公众之间角色的差别，并以此巩固政府权威，提升公众对政府部门的信任感。然而，在社会化媒体时代，这些设计不再"行得通"，有大量研究证明，当政府部门以传统意义上中性、客观的方式发布信息时，公众的接受度并不高，甚至还可能激发其负面情绪。为此，政府部门设计种种策略，通过包装对话表达方式，使公众从接受心理上将之视为平等的、易于接近和对话的账号主体。典型如"Twitter 治国"的美国前总统特朗普，就是使用最简单的语法词汇让他的情绪和目的直达任何阶层的公众面前，而不会出现任何理解接受上的障碍。除

---

① 桑斯坦举例说明了这种举措的具体好处：美国纽约城的出租车上安装的信用卡刷卡机提供了三种顾客给小费的方式——30%、25% 或 20%。如果乘客不想给这么多小费，就得多花时间和精力了解具体怎么操作。乘客可以选择三个默认选项中的一项，也可以退出既有付费界面，重新设置自己心理所能承受的小费价格。事实证明，大多数乘客接受了更简单的步骤，也就是三选一，从而使司机获得的小费从打表价格的 10% 提高到了 22%，全美出租车司机凭此功能每年可增加 1.44 亿美元的收入。

此之外，由于图片、视频、音乐等多元形式的交流沟通会带来更高的用户接受度和互动积极性，在涉及气象、地理、科技等专业性较强的公共服务议题时，政府部门多会选择各种可视化数据和解释性表达来吸引公众互动，使公众更易接受关键信息。2015年，为应对众议院对平价医疗法案的攻击，奥巴马在 YouTube 上发布幽默视频，在视频中，奥巴马做出种种搞笑表情和动作，并为迎合年轻人群使用了 YOLO（You Only Live Once）的新潮俚语，以此呼吁年轻人群支持医疗制度改革，该视频在一小时内即获得10万次点击量（周笑，2016：292）。由此可见，只要进行适当的对话设计，政府部门就有可能使公众接受和理解复杂公共议题，并进行充分参与讨论，这对扩大公共治理议题的参与人群以及提升公共对话效果，都是非常必要的。

结　语

社会化媒体从根本上重塑了政府与公众的对话沟通方式，并因此直接影响到政府开展公共治理、提供公共服务的具体手段。毫无疑问，未来的政府善治之路，一定建立在政府与公众充分对话、彼此理解的基础之上，为此，政府需要在逐步成长的新型公共治理之路上提前确立自身的对话地位，并通过种种策略使之稳固。具体而言，政府应该通过立法和战略制定来保证自身的立法地位，通过妥善存储和利用公共信息资源来保证自身能够有效管理网际对话活动，通过普及种种对话渠道、确保公众访问资质来规制不同网络空间中的对话活动，通过借助行之有效的信息过滤技术打造健康文明的公共对话环境。

在参与对话的过程中，政府部门担负着多重任务，它需要与公众就公共治理和公共服务议题进行常规协商，在确保公众充分理解政策法令的基础上获得公众的实时态度，并回应公众的日常咨询；它需要与非营利组织开展合作，高效、优质地开展公共服务工作，满足和便利人们的日常需求；它也需要在特定议题上向公众寻求帮助，借助专业技术和精准的任务设定，吸引公众共同分担成本和时间压力，推进公共事务开展；它也需要学习在跨地域形成的虚拟社区中提供服务，并以一种完全不同于传统经验的方式管理和规制这些在线社区。

通过对既有经验的观察发现，政府为提升对话质量和效果，在对话内容、对话渠道、对话社群等方面尝试创新，并积累了多样的对话话语表达策略。事实证明，通过社会化媒体平台开展对话，政府应当积极丰富对话内容，针对不同目标灵活使用对话渠道，以共情、真诚、平等的态度与公众交流，通过科学设计提升交流沟通效果，并尽最大可能抹平数字鸿沟的影响，让公共治理转型带来的优势惠及全体公众。

第四节

虚拟社会目标界面：
全球政府社会化媒体参与策略

在西方学术话语中，公民参与被定义为旨在识别和解决公众关注问题的个人或集体行动。如今，公民与政府的互动离不开公民在线参与的形式，而基于社会化媒体的电子参与可以帮助政府更好地倾听公民的需求和愿望。在传统意义上，电子参与和电子投票一同被视为电子民主的两个子领域，它主要是指政府通过信息通信技术加强和深化公民的政治参与行为，该行为是由政府发起，属于"自上而下"的参与（Alarabiat et al., 2016）。而随着 Web 2.0 时代的到来，数字技术为公民参与开放了无限的可能性，现阶段的电子参与旨在增加公民对数字治理的参与，其中包括公民参与政治的过程，以及数字政府信息和服务的转变，它重塑了公民与政府之间的互动关系。作为一个新兴领域，电子参与利用现有的数字技术，增加公民与政府之间的信任，提高公众满意度，为公民参与政治和公共事务提供更多机会，从而影响政策制定，为政府善治提供新机遇。社会化媒体虚拟空间以用户参与为网络社会建设目标，可分为技术、民主、情感和制度四个维度来加以考察。

一、技术参与：为公民参与提供技术保障

在现今的政策制定领域，人们普遍认为"数字治理"已成为当代治理的

核心要素。作为政府与公民之间的接口，先进的数字技术是保障公民参与的前提条件。信息通信技术的影响涵盖了包括治理、教育、经济和私人生活方式等在内的所有生活领域。随着移动通信设备的发展，如智能手机、平板电脑和 GPS 定位系统，新技术深刻地改变了人们的日常生活及与他人交流互动的方式。政府为了响应数字技术通过采用社会化媒体与公民和社会各界展开互动，以期加强传统的公民参与过程，从而建立新的电子参与方式。目前，全球政府在技术层面的参与策略可分为两个方面：一是通过提供数字技术手段，从硬件上保证公民参与；二是开创多元参与模式，从技术互动中促进公民参与。

（一）提高数字技术手段

Web 2.0 技术的发展使得公民参与有了新的含义，现指利用现代信息通信技术增强公民的社会技术和文化参与能力，使个人能够处理包括电子政务服务或提供技术工具等问题在内的公共事务（Cegarra et al., 2014）。积极的信息通信技术是公民参与公共生活的推动因素，它不仅提供及时和可操作的信息，还促进网络社会的形成，为参与式和协商式民主做出贡献。目前，全球政府对公民参与的数字技术开发主要以地理信息定位技术和用户生成的信息数据流为发展方向，具体表现为技术知识、公民参与地理信息系统和智能城市技术。

1. 技术知识推进参与

技术知识（T-knowledge）是指在特定技术的支持下，使技术用户能够在正确的时间内找到相匹配答案的能力（Cegarra et al., 2011）。它不仅具有需要学习的内容属性，还有作为嵌入技术活动中被使用的载体属性，并且包括相关的技术对象和自然环境与社会实践之间相互关系的系统知识。目前，许多国家将技术知识作用于政府电子参与中，二者的结合使公民参与焕发出新的变革潜力。比如欧盟推动的"电子参与筹备行动"计划资助大量相关试验、开发和部署行动（Rohen & Chrissafis, 2010）。阿根廷、智利、哥伦比亚等南美洲国家政府辅助公民使用在线论坛和博客与政府官员进行直接沟通（Warf, 2014）。亚洲各国政府亦在积极通过建设技术基础设施和提升政府官员社会化媒体来促进公民参与，如马来西亚政府和韩国政府在这一空间的公民接触和公民表达实践（Hwang, 2010）。由此可见，世界各国政府通过使用不同的数字手段来传播技术知识，普及在线参与手段，以期促进公民多方位、深层次的政治参与。

2. 地理信息增加参与

由美国国家地理信息分析中心提出的 PPGIS（公民参与地理信息系统）是一项增加政府与公民之间参与沟通的技术手段，目标是将地理信息系统的学术实践和制图带到地方一级，以便为边缘群体赋权并将其纳入社会大众中。促进使用者的参与行为的 PPGIS 在世界许多城市都得到了成功的应用，如美国俄勒冈州的波特兰市。该市将 PPGIS 运用于公共交通网站上，即在地铁网站上为公众提供各种交互式资源，包括交互式地图，为用户提供最近的回收中心的位置或允许用户规划自行车路线。[①] 随着社交网络的发展，社会化媒体工具与 PPGIS 结合，有助于提高用户之间以及与决策者之间的信息交换和意见、利益、优先次序等方面的通信水平，实现了真正的交互式平台，对提高数字公民参与水平产生了深远影响。例如，在加拿大，多伦多地方政府利用基于社交网络的 PPGIS 系统开发可持续社区计划（Rinner & Bird, 2009）；在英国，英格兰诺福克郡通过该技术来让公民参与风电场的选址计划等（Ana et al., 2009）。

3. 智慧数据融合参与

当前，SCT（智能城市技术）在提升公众生活质量方面备受推崇，通过开发和采用数字系统，收集和分析城市大数据，实现城市发展的连通性和可持续性。世界各地的政府开放数据计划为城市的发展提供了创新支持，数据的开放与使用促使智能城市技术迅速发展。此外，由用户汇聚而成的 Twitter 数据流也被公认为智慧城市的有益数据源，通过对 Twitter 的数据分析，可以了解用户对产品、服务、组织、个人、问题、事件、主题及其属性等实体的意见、情绪、态度、情感和个人偏好等（Liu, 2012）。此类情感分析不仅能对用户的生成内容进行识别，还可以通过提供公民的隐性反馈来协助决策过程和城市规划。例如，美国政府成立的 Grade.DC.Gov 可以根据公众的情绪来推断城市服务评级，有助于城市领导者更有针对性地改进工作。一些国家为了支持旅游业，许多项目使用 SCT 应用程序并与开放式无线网络基础设施相结合，为潜在客户提供实时、个性化的服务。

---

① 参见网址：http://www.oregonmetro.gov/index.cfm/go/by.web/id.29903.

（二）开创多元参与模式

在公共管理的语境中，社会化媒体被视为一种允许公共机构创造更多公民参与的技术工具。对于地方政府而言，电子参与的运营成本较高，它需要增加额外的预算来吸引公民参与，而社会化媒体的出现在一定程度上减少了政府开支。同时政府运用社会化媒体有助于增加公民的参与度，提高信息政策的透明度，并与公民合作开发解决复杂社会问题的创新方案。尽管社会化媒体在政府电子参与中具有潜在好处，但有大量的实证研究表明，政府机构大多使用社会化媒体（Facebook 和 Twitter）作为单向沟通工具来分享该组织的关键信息，这种信息反馈模式可称为单循环学习。而与此相对的双循环学习则强调持续的学习和实践，不断更迭定义和解决问题的方式。后者使组织机构积极主动地制定决策，以实现更好的组织结果（Kim et al., 2013）。有学者按照单/双循环学习模型提出电子参与的三种模式，即管理模式、咨询模式和参与模式（Reddick et al., 2017），社会化媒体技术在创建三种参与模式上均有所贡献。

1. 管理模式的公众参与

管理模式中，公民被视为"客户"，政府提供信息和服务是为了满足其客户的需求。公共部门通过效仿私营部门的管理模式而取得效益，这与英国和澳大利亚所推行的新公共管理改革方向趋于一致（Hood & Peters, 2004）。在新公共管理模型中，政府应用私营部门的客户和绩效原则，通过电子政务来改善公共服务。管理模型是以政府为主导的模型，信息由政府流向公民，其组织学习的本质属于单循环学习，主要目标为提高服务效率且节约成本。以该参与模式使用社会化媒体仅限于显示内容和传递信息，政府能够收到的唯一反馈是公民使用某项在线服务的频次。因此，管理模式所面临的最大挑战是政府与公民的互动过于有限。

2. 咨询模式的公众参与

该模式中，政府不再专注为"客户"提供有效服务，而是致力于在决策过程中刺激公民参与并提出有效的政策决策。咨询模式中所涉及的参与者类型繁多，更偏向于满足不同利益相关者的利益，因此对公民的关注较少，公民的反馈并不用于提高公共服务，因此依然属于单循环学习模型，公民参与在政府指导下实现，不过会在一定程度上影响政策制定。咨询模式通常利用社会化媒体平台来发布政府信息，在线回答用户评论，同时还允许公民对相关内容提出质疑。例如，英国各级政府可在该政府的 Facebook 页面上发布新信息并征求意见。咨询模式可以促进公民与政府之间的双向互动，刺激公民投入，改善公共政策（Kolsaker & Lee-Kelley, 2008），却依然是政府指导下的自上而下的传拉业务方式。

3. 参与模式的公众参与

这一模式的公民参与程度最高，公民政府之间的互动对于公共政策的发展变得至关重要。政府与公民之间的信息传播是复杂且多向的，且政策变化也可从不同维度发生，既可以是政府自上而下的推动，也可以为公民自下而上的变革，因此该模式属于双循环学习模型。此外，参与模式常使用电子投票、在线民意调查、在线市政厅会议、公民讨论组及社会化媒体技术，公民对政府议程或项目的评论和意见有发表之处，而政府对民意数据的收集分析有可追溯之地，共同以创新或改变政策决策和公共服务。例如，美国的圣安东尼奥固体废物管理部门（SWMD）在 Facebook 上倡导全市范围的废物回收议程，教育公民改变他们的回收行为，通过与市民多方位回馈，在社会化媒体上不断调整和整合推行策略，如满足居民信息需求、主动发起对话、线上线下接触居民、保障公民高度参与、及时接收公民意见反馈，并不断激发公众对于废物回收计划的创新想法，从而促进整个计划的有效实施（Reddick et al., 2017）。

如上所述，基于 Web 2.0 技术的社会化媒体为公民参与提供了三种不同的参与模式，在传统政府机构中，由于单循环学习更适用于常规、可重复操作，且政府目标明确并被广泛接收，因此单循环学习比双循环学习更为常见。但双循环学习会对政府程序提出质疑，重新审视公共部门中的组织目标与发展策略，可以更好地协调计划以适应不断变化的社会环境。随着信息通信技术的发展，公民参与公共事务的要求愈发强烈，参与渠道也日益增加，因此，带有单循环学习属性的管理模式势必要转向双循环学习的参与模式，这对政府的战略目标、管理绩效和职能整合提出了新的挑战。

二、民主参与：为公民参与提供创新方式

公民参与是一种民主形式，是公民参与其社会发展的决策过程。公民参与的定义是指公民之间及公民与政府之间的互动过程，以透明负责的方式为

公共政策决策做出重大贡献（Phillips & Orsini, 2002）。随着移动互联网设备的普及和移动技术的不断融合，公民可以通过社会化媒体随时随地与公共事务发生"连接"。例如，公民可以在社会化媒体上快速发布文本、音频、图像和视频内容，推动信息创建，为政府及时提供消息来源。同样地，政府部门也可以运用社会化媒体发布信息，与公民及时互动，收集公共回馈，从而为政府的公共服务注入活力。

（一）新旧结合创新公民参与

Web 2.0 时代来临之前，Web 1.0 技术便已应用至政府的电子政务中，并于20世纪90年代到21世纪初在世界各国政治的发展中起到了重要的促进作用。哈贝马斯认为互联网所创建的"虚拟社区"具有显著的民主潜力，第一波"数字民主"为公民与政府之间的协商一致提供了新空间（Habermas, 1992），而电子参与为公民与政府对话、参与和反馈提供了重要机制。如今，政府已将基于移动通信技术的社会化媒体运用于公民参与中，并与传统的参与方式相结合，进入共同创造公民参与的新阶段。

英国学者收集了 351 个英国各地县/区/市议会的电子政务数据，发现有三分之二的议会有社会化媒体账号，且其账号属于社会化媒体活跃用户，它们通常管理和维护超过一个或多个社交网络平台，如 Twitter、Facebook、YouTube 和 Flickr。同时，这些权威机构还在其门户网站上提供了社会化媒体的链接。公民若对某议题存有疑问，不仅可通过政务网站发表意见，还可在社会化媒体中直接与相关部门沟通，这样更有助于发挥公共服务或治理问题的交互参与功能。然而在大多数情况下，英国地方当局依然采用的是 Web 1.0 时代的做法，只是将社会化媒体作为向公众推送有关本地服务信息的一种手段，而电子参与活动仍在其政务网站上进行，当然亦有部分活动逐渐转向于社会化媒体，如电子请愿、规划申请、访问政府信息等（Ellison & Hardey, 2014）。随着社会化媒体使用的普及，它对公民与政府的"连通性"势必将步入主流。结合了传统的社会化媒体电子参与有利于政府实现三个目标。第一，创造机会。政府通过多渠道方式表达政策和服务的观点，并为相关决策提供进一步的解释。第二，为公民提供了解和参与决策过程的机会，对当地政府的政策执行有更清晰的理解。第三，通过使用社会化媒体平台，整合地方问题和治理维度，将有助于节约成本，实现可持续的在线空间发展。

（二）多元"众包"创新公民参与

公共管理部门将"众包"这种分布式的问题解决和生产方式创新引入民主建设，以促进政策创新和服务提升，实现了信息生成、联合服务、方案解决和政策制定等功能，并成为一种促进公民参与的重要形式。政府部门通过在社会化媒体上公开呼吁，将其部分服务或产品外包给公众，利用公民的集体知识和经验来联系理解问题并提高协调行动能力，以获取低成本且高效的解决方案。当然，"众包"任务还需与参与者的能力保持一致。"众包"的质量取决于群体智慧和创新理论，所以参与者的能力直接决定"众包"成果的好坏。由于现代社会问题的复杂性和技术发展要求的高标准，公共政策的制定和实施过程对专业知识有着特殊需求，特别需要民主进程的参与者，包括各种利益相关群体以及积极活跃的公民，具备相关的专业知识，各类知识型社会化媒体平台和社群为此提供了专业资源的便利。

社会化媒体平台上的政府"众包"之所以能提高效率有四点原因：一是问题可以容易地分解为较小的任务；二是可以在组织外找到所需知识；三是"众包"参与者有很强的动力解决问题；四是解决方案基于用户体验，并且可以由用户自己评估。再如，美国政府部门建立的 Challenge.gov 和 Next Stop Design 网站，公开向公众呼吁提出解决具体公共问题的建议。同时，"众包"还应用于政策制定过程中，如澳大利亚的 Future Melbourne，联邦机构在芬兰的规则制定，以及美国的 eRulemaking Initiative，均体现了"众包"促进政策制定功能。此外，世界各国政府运用"众包"机制向其公民征求对具体法案的反馈意见及制定建议。例如，冰岛在 2009 年金融危机抗议活动之后，冰岛政府在修订宪法上采用了多层次的"众包"结构，由选举产生的最高委员会将公民建议综合到新宪法中（Landemore, 2015）。

（三）政媒合作影响公民参与

社会化媒体平台所聚合的广大青年群体善于使用各式各样的动员策略有效协调其公民参与行为。2010 年英国政府宣布削减高等教育支出和提高学费上限之后，全国各地数以千计的学生使用社会化媒体，在 35 所大学中组织和平抗议活动。学生群体通过 Twitter 和 Facebook 宣传大规模动员和非暴力抵抗策略，在数字内容上给政府施加压力，引起学术界、政界和公众的同情，并与国内外媒体发生联动，在 Twitter 上主动与新闻记者沟通互动，不断更新他们的博客信息，为新闻媒体提供内容和消息源，增加媒体曝光，实时观察以形成有舆论压力的新闻议程，从而使政府决策发生改变（Theocharis, 2012）。可以看出，基于社会化媒体的青年群体政治参与活动十分具有策略性，他们充分利用信息通信技术，并与媒体加强合作，掌握事件发展中的话语权，从而达到其参与目的。

同样地，其他社会群体也通过社会化媒体平台进行政治参与。例如，澳大利亚的土著群体在数字媒体中发起"#IdleNoMore"活动，为自己的群体发声，抵制相关政策提案。值得注意的是，在此政治活动中媒体扮演了重要角色。具体而言，澳大利亚土著以社会化媒体为阵营来传播抵制相关提案的信息，以求团结更多的土著人群，并获得其他社会群体的支持。而澳大利亚的主流新闻媒体则以政府人员的发声为主导，通过"软性"的政策语言来解释政策提案的内容，不断调和土著群体在社交网络中发起的"激烈抗议"（Dreher, 2016）。

由上述两个案例可以看出，媒体在公民的政治参与中具有重要作用。对此，政府部门应做出相应举措，一方面要加强与媒体之间的合作，另一方面要提高政府人员的媒介素养。具体而言，政府要加强与主流媒体之间的合作，尤其在实施新政策之时，主流媒体要不断宣传，及时发声，协助度过政策开展之初的"波动期"。例如，英国的公共部门坚持主流媒体的实践理解，利用海报、传单和广告等形式来宣传地方政府实施的公共政策（Ellison & Hardey, 2014）。此外，还要提高政府人员的媒介素养。该媒介素养分为两个层面：一是提高政策制定者的媒介实践素养，即决策者需要精通信息通信技术，能够正确使用新媒体和高科技工具；二是培养专职人员，提高媒介响应素养。随着信息技术的发展，公民参与的在线时长远超传统媒体，因此政府需要组建一个新的组织部门来管理多种电子参与渠道，并分析大量的结构化与非结构化的数据信息，如此才能对公民在线参与中所提出的问题进行及时有效的回馈。

三、情感参与：为公民参与提供感情依托

电子参与是公民与政府接触的重要形式，它可以提高公民对公共服务的满意度。有研究表明，公民基于互联网与政府建立的联系比其他传统方式能够获得更高的满意度，公民在电子参与中建立的信任会增加公民对政府的信

任。当信任关系得以增进,公民的满意度和忠诚度便会提高,进而增加其政治参与程度(Parent et al., 2005)。信任是公民与政府关系的情感基石,透明度是建立信任的前提条件。因此,在情感参与中,增进公民与政府的信任关系,提高其满意度是促进公民参与的重要因素。而信任的增加并不意味着公民的参与行为一定发生,还需要促进公民参与决策,提升参与的价值情绪。此外,政府部门通过推动在线社区的发展,为社会群体提供情感支持。

(一)提高信息透明度,增进信任关系

托马斯认为,公民对政府的信任可以归类为一种信托关系,所涉及的受托人(政府)与委托人(公民)之间的关系是不对称的(Thomas, 1998),而社会化媒体的出现则平衡了这种关系,它为公民创造了信任环境。信任环境的营造离不开基于开放数据的政府信息透明。一般而言,开放政府数据指将政府数据传输给公民,且允许公民访问、交互和使用公共数据来改善公共服务(Srimuang et al., 2017)。将此作为民主对话的起点,再经由社会化媒体路径覆盖尽可能广泛的公民,为公民访问政府运营、计划及数据并与之互动提供可能和便利,同时刺激他们参与到开放数据的进程中。作为多样化参与机制的重要组成部分,社会化媒体会影响用户参与开放政府数据的程度,以及这些数据在多大程度上可用于参与协作创新。相应地,还可以对开放政府数据用户的社会化媒体反馈进行分析,帮助政府改进新发布或更新数据集的程序,从而使数据集持续更新,促使未来用户从中受益(Kucera & Chlapek, 2014)。毕竟,此前处于起步阶段的开放政府数据缺乏搜索、分析、可视化和挖掘工具,也缺少易生成和用户易理解的信息工具,社会化媒体的出现有效改变了这一局面。比如,美国地方政府会利用 Facebook、Twitter 和 YouTube 等主要社交网络平台,发布事件和活动公告,回应社会问题、政策问题及犯罪警报,允许公民实时访问政府信息。同时,政府部门请专职研究员对市政社会化媒体账号进行调查,分析信息数据,证明社交网络的有效使用情况和传播效果,以增进公民信任和参与(Zuiderwijk & Janssen, 2015)。这样,社会化媒体平台上展开的政府信息透明、公众政策参与、舆论监测反馈实际且有效地增进了公民对政府的信任情感。

(二)参与政策决策,增加参与价值

"参与"是公民在国家发展过程中提出制定政府公共服务和指导方针的

意见，公民参与为政府工作和政治决策提供了动力源泉，激发公民参与是当今各国政府正在努力的重要目标。然而，公民参与会受到多方面因素的影响，受阻的原因可以大致归为五类：第一，公民缺乏相关议题的专业知识；第二，公民认为他们的意见不被重视或不受欢迎；第三，公民对政府缺乏信任且参与没有合法性；第四，公民不关心公共事务，不在意政策决策；第五，公民会受到时间限制，在有限的时间内只参与跟自我利益相关的事（Ebdon & Franklin, 2004）。因此，在提高公民对政府信任的基础上，让公民参与政策决策过程，增加其参与价值，是政府激发公民参与的重要砝码，社会化媒体成为清除这五类障碍的最佳空间，普及专业知识、提升重视感受、拉近信任关系、加大公务热情、提供参与便利都可以在社会化媒体平台的互动中实现。参与式预算编制（Participatory Budgeting）由巴西于1989年首次提出，已在全球1000多个城市开展实施。作为一种相对新颖的创新型参与治理形式，政府鼓励在社会化媒体上落实问责制、透明度和合法性，公众则相应在社会化媒体上传播、讨论和参与政府预算的审议和决策，支持公共治理的同时"抵制那些不顾社会大众利益资源分配的决策"（Kavanagh et al., 2011: 4）。美国波士顿市政府在执行参与式预算编制的过程中，非常关注青年群体的参与，专门提供100万美元的预算在社会化媒体呼吁年轻人参与到政府决策中。[①] 参与式预算对于公民与社会之间的联系至关重要，它可以向公民灌输他们之间，以及与政府之间的信任感、联系感和正义感。

（三）推动在线社区，提供情感支持

越来越多的政府通过网络参与为公民传播信息和提供服务，大部分的政府部门有自己的社会化媒体账号。除了用于提高政府透明度，政府还利用社会化媒体来建立在线社区，通过在线网络为人们提供社交和情感支持。例如，巴西的非政府组织 Viva Rio 利用社会化媒体，创建在线社区，为里约热内卢的贫民区居民进行赋权并提供情感帮助（Baroni, 2011）。澳大利亚的政府福利部门与社会组织共同创建了一个在线社区，政府专员、政策专家和失业且有孩子的父母（其中家庭中最小的孩子必须年满6岁，单身父母的孩子

---

① 参见 City of Boston (2013, November 14). City moves forward with youth participatory budgeting process (Office of the Mayor). Press release. Retrieved July 6, 14, from http://www.cityofboston.gov/news.

需年满 8 岁）共在同一虚拟空间，通过对话倾诉、问题咨询、就业辅导和线下共建活动和技能培训，促进失业父母的再就业并为社区成员提供情感支持，以期帮助成员完全恢复劳动力并在财务上实现自足。研究者通过观察该在线社区的互动交流，发现政府专员不但可以改变参与者对政府的态度，还可以转变社区成员对政府政策执行者和决策者的敌视情绪，让参与者更清楚地理解政策内容（Paris & Nepal, 2016）。政府通过在线社区的建设可以为某些社会群体提供情感支持和信息帮助，增加政府信任，有利于促进社会群体的凝聚力。此外，政府所激发的公民参与不应只包含普通民众，还要对弱势群体或多元群体进行关注。但由于此类在线社区处在开发试验初期，有很多问题需要发现解决，如对政府专员的培训上，相关部门尚未形成统一的规章条例，且在线社区类型较为单一，大多是围绕对弱势群体的帮助上。因此，建立多元群体的在线社区与政府专职人员的技术培训是该领域未来发展的重要方向。

四、制度参与：为公民参与提供政策支持

社会化媒体的发展不断塑造了新的权力和传播的关系，它所涉及的领域超越了技术层面，对政治、经济、文化、社会等方面均有影响。但是，社会化媒体的发展也面临一些挑战，如信息过载、情绪煽动、虚假信息以及不文明信息，都使公民和政府在运用社会化媒体时受到限制。加之社交网络中数据的开放性、易获取性，使公民的隐私问题也逐渐提上日程。因此，政府需要在制度层面加强建立法律法规，推行审议制度，保护公民隐私。

（一）推行公共讨论审议制度

现阶段，社会化媒体已成为人们讨论话题并影响公共舆论的重要平台，信息超载会影响公民对信息的批判性思考，进而使公民之间产生非理性对话，导致非生产性和不文明的声音出现，而其间的讨论也往往出现两极分化并产生矛盾。在线政治评论的情感分析研究表明，积极的评论会随着时间的推移而减少，而负面评论则随着时间的推移而增加，并且在线用户极易受到消极负面信息的影响（Paavola & Jalonen, 2015）。加之虚假信息的传播也会加深受众的愤怒、厌恶等消极情绪，造成社会化媒体中充满了情绪。根据卢因（K. Lewin）所提的把关人理论，每个媒体都有自己的把关人，他们按照一定的

价值标准筛选并限制信息的流入（Lewin, 1943）。与传统的大众媒介相比，社会化媒体提供了一种不受管制的环境，它允许受众发布各式各样的信息。尽管在一定程度上，社会化媒体为受众参与讨论公共事务创造了机会，但因为无法控制受众行为，也会产生一些弊端。从这一角度而言，社会化媒体缺乏信息"把关人"。

在公共行政的背景下，政府部门通过在线讨论来寻求公民意见，倾听公众声音，如果由于不文明的信息而导致公共讨论的在线机制脱轨，政府机构和参与者可能无法通过有效互动而从中受益。对此，政府建立在线审议制度显得十分迫切和必要。目前，美国政府相继开发出一些政治审议的在线工具，如美国国务院正在使用 opinionspace 1，就有争议的政策问题进行公众对话，还有网站 NewTrust 2 试图将审议过程引入大众媒体新闻报道的讨论中（Faridani et al., 2010）。此外，社会化媒体可以建立审议系统过滤信息。例如，Slashdot 作为一个专门讨论技术问题的新闻与评论网站，它所采用的分布式审核系统为该虚拟公共领域的有效运行提供重要保证，该系统不仅可以过滤用户之间不文明的信息，还建立奖励机制鼓励用户遵守在线论坛的社会规范（Lampe et al., 2014）。由此可见，政府应在制度层面建立审议机制，树立与社会化媒体相匹配的社会规范，限制不文明行为和虚假信息的传播，为公民参与创造良好的网络环境。

（二）保护公民隐私

在信息爆炸式增长的大数据时代，公民的隐私安全问题日益突出。目前，社会化媒体的用户生成内容成为政府开放数据的重要信息源，它为各公共机构制定计划和政策提供重要依据。如前所述，政府开放数据对于服务创新和公民参与具有巨大的推进作用，但公民在享受开放数据所带来的利好之余，不得不面对个人信息数据被滥用、隐私被侵犯的风险。由于政府掌握了全社会范围内的个人数据和公共数据，它对公民信息数据的处理需要把握好开放程度。当公民的个人隐私遭到曝光时，公民将减少或缺乏对政府的信任，从而对他们的政治参与过程产生负面影响。因此，如何做到既能公开数据信息，提供更好的社会服务，又能保护好公民隐私不受侵犯，是当今各国政府亟待解决的重要议题。

除了《隐私法》（1982）和《个人信息保护和电子文件法》（2000）两部

强制法律外，加拿大政府制定了很多具有行政指导功能的规章制度，如2017年安大略省信息和隐私专员署颁布的《开放政府和保护隐私指南》明确要求政府机构应如何处理政府开放数据中的个人信息问题，以及建立统一规范的隐私风险的评估流程（邹东升，2018）。针对公民隐私的保护，英国发布过《开放数据白皮书：释放数据潜力》（2012）和《公共部门信息再利用条例》（2015），从政策层面对公民的个人信息进行维护。英国成立了信息专员办公室，通过向社会民众宣传相关政策法规，协助公民的隐私维权，从而促进政府开放数据和公民参与。围绕这一问题，澳大利亚颁布了4项有关公民隐私权的法律法规，分别为《国家政府信息共享策略》（2009）、《开放公共部门信息原则》（2011）、《隐私修正法》（2012）和《澳大利亚隐私原则与指南》（2014），政府同样在信息专员办公室下设信息委员会、信息自由委员会和隐私委员会来负责执行政府数据开放过程中所涉及的公民隐私保护工作（陈朝兵、郝文强，2019）。

当前，世界各国对于开放数据中的公民隐私保护主要存在两种立法模式：一是立法前概括排除模式，二是立法后个案平衡模式。在前者中，立法者通常会在法律制定前全面评估开放数据和公民隐私的利害关系，严格限定信息公开的种类；而后者则规定了相对的隐私豁免权，根据不同的情况来划分公民隐私受侵程度。然而，无论采用何种立法形式，都要在保护公民隐私的基础上，尽可能地开放政府数据，以求提高政府透明度和公民参与。

结　语

全球政府社会化媒体参与目前依然面临很多问题和挑战。在技术操作上，社会化媒体作为政府和公民的重要参与手段，其功能使用依然处于"信息传递"阶段，政府人员对于信息技术的操作并不娴熟，无法将Web 2.0技术发挥到最大效用。因此，政府部门应如何利用社会化媒体与公民进行深层次的双向互动是其需要考虑的重点问题。在成本投入上，世界各国政府为电子参与活动投入了大量的资金成本，以求发展先进技术手段来促进公民参与，提高自己的公共服务，从而达到善治的最终目标。然而，高额的成本投入并没有换来应有的社会回报，有些复杂的信息通信工具让公民望而却步，导致公民的参与程度尚未达到预期，该情况在世界范围内普遍存在，因而，政府如何在保证财政合理支出的基础上，开发简单易操作且高效的参与工具是其需要探求的关键因素。在参与群体上，政府鼓励公民参与，重视专家知识，共创新型公民参与的新范式，但往往会忽略一些社会群体的力量，如老年群体、青年群体等，如何将多元社会群体纳入公共事务的参与者范畴也是政府亟待解决的重要议题。

随着信息通信技术的不断发展，公民的参与行为和参与活动也会持续发生改变。未来公民的社会化媒体政府治理参与可能会呈现出以下几个趋势：第一，未来政府决策的形成过程将更加透明，公民政治信任的存量和结构将进一步升级。决策的透明度对于公民与政府之间建立信任、确保公众有效参与至关重要。随着社会化媒体增加了数据透明之外，政府的开放数据也会促使决策透明度的提高，因此未来公民参与政府政策决策的过程将更加透明。第二，政府将为公民提供大量的参与机会，加强其参与感和决策价值。目前，各国政府及公共部门愈发认识到公民参与决策的重要性，很多地方当局利用一系列非正式工具来刺激公民参与，如公民陪审团、焦点小组、电子论坛、网络投票、公众对话，参与式预算等，这些参与方式在未来有望进一步拓展延伸，为公民在以后的政策决策中扮演更重要的角色。第三，国家权力不断回归社会，使所有社会类别的公民有更多的机会参与到公共事务中。由于社交网络的发展增加了社会成员之间的互联性，社会各类群体成员均可通过互联网进行连接，因此，未来所有公民都有机会参与到政府的电子参与活动中。第四，移动设备的应用将被纳入政府合规管理范畴内。随着移动网络和智能设备的普及，越来越多的公民通过智能手机等移动设备参与公共活动，尤其是移动应用程序的开发，它对公民参与和改善政治决策过程具有巨大潜力。因而，将公民移动设备和技术的应用纳入正式的管理规章制度中，是政府未来政策制定工作的趋势之一。

第五节

虚拟社会文化界面：
全球政府社会化媒体协作策略

政府通过种种举措和策略在社会化媒体上建立互动秩序，生成透明关系，开放积极对话，鼓励情感性参与，乃至形成有序协作的机制——这是 Web 2.0 时期为促成政府善治所必将经历的高级阶段。尤其当越来越多的人意识到，在互联网上，全世界都在面临政治领域中的政治化和极端化问题，有质量的信息被有利可图的市场所撷取，意见领袖只表达跟自己利益攸关的事，人们只从看见的信息里阅览、知情和发表意见，这些乱象也在呼吁一种新的合作方式的生成，它能够吸纳多元的参与者，塑造共识和反馈机制，并对政府进行良性的问责。在一个动态的、积极的、可以充分容纳社会关系和社会功能的环境中，政府将得以充分获得公共意见和建议，高效集中和调动各类资源，快速反应发起或参与协同行动，以及集中公共力量生成决策，实现更加科学有序的公共治理。为实现这一构想，需要政府营造全方位覆盖线上线下世界的新型协作文化，规划、调动和鼓励社会各方力量参与公共治理协作，通过种种方式将弥漫在网络空间中的一切意见、建议和行动汇集和导向政府公共治理目标的最终实现。

一、社会化媒体时代政府在线协作文化的实施条件

（一）建立互动、信任与网络化的新型关系

"协作（collaboration）"是近年来较为流行的概念，用以指代行为主体与其他公共和私人行动者会共同努力以定义和实现共同目标的过程或关系（Paulssona et al., 2018）。传统意义上的"合作"与"协作"并非仅存在字面上的区别，有学者认为，在公共治理语境下，这两者的实施基础和立足点都

有所不同。从已有经验来看，所谓"合作关系"，或基于利益交换，或基于某种形式的合法权利的安排与干预，更需要特定市场交换关系或者社会结构等级关系的支持才能够达成；而"协作关系"则倾向于更民主的、平等的动态协商完成环节，在这一过程中，协作质量基于相互信任和发展共同愿景的能力，既能够承载参与各方的共同目标，也能够承载单个参与者的目标，它强调组织共享信息、权力下放、内部监控和非正式的社会化过程（韩兆坤，2018：38）。

进入社会化媒体时代，公共治理正在变得越来越分散和具体，因此，全球各国政府都在不同程度地利用社会化媒体技术推动各方开展公共治理协作。社会化媒体技术实现了政府部门之间的连通、政府部门与公众之间的连通及政府与非营利组织之间的连通，真正创立了一种纵横交错的网络化模式，从而让政府有条件将跨界的权力、职能、资源和优势重新进行功能整合，以随时启动和灵活开展伙伴协作活动。在这些活动中，政府拥有足够策略和方案，确保基于特定议题的利益相关者自觉参与到公共事务的治理协作中，从而最终确立"以公共价值为最终目的社会治理结构"（韩兆坤，2018：35）。在这种新型协作关系中，互动、信任和网络化是最为显著的特征：互动是协作关系的前提，随时随地产生的信息交互行为，能够对知识进行高效更新和迭代，保证社会各方之间建立有效连接，对相关议题和目标做出快速反应；信任是协作关系最重要的黏合剂，在推进结果实现目标的同时允许协作参与者共同向多赢局面努力；网络化是协作关系的有力保障，高度的互联互通渠道满足了政府高效开展联系、共享信息和协调资源与人力的要求。无论政府具体开展何种内容的协作行动，都应首先保证一个良性的、充分到达参与者与潜在参与者的互动环境，建立起各方适用的信任培养和保障机制，并维持和及时更新升级促成协作开展的线上关系通路。

（二）提供技术、法规与战略的系统支持

无论是构建互动环境（空间/场域）抑或保证高度的网络化，技术条件是首要的。在协作过程中，除了最常规的互联网技术之外，各类社会化媒体技术以及就特定协作任务而集成技术的操作平台在如今都已成为必需，例如 Blog 能够让特定用户随时随地、免费便捷地发布内容并与阅读者展开互动；RSS 满足了不同站点之间共享和聚合内容的要求，使信息扩散传播变得更为

方便；Wiki是一种超文本系统，它实现了多人线上共同制作的构想，使用户能够便捷浏览、创建、更改知识，它也支持面向社群的协作式写作，并为社群成员提供简单的交流工具，共享特定领域的知识。社会化媒体时代的"去中心"思维在数据计算、存储和交互方面也有所显现，让更适合开展协作活动的技术理念"雾计算"（高奇琦等，2017：82）逐渐取代"中心化"的云计算，由性能较弱、更为分散的各类功能计算机组成，并深入电器、工厂、汽车、街灯以及日常物质生活中的所有用品之中，以"无所不在计算"联网支撑人们在任何时间和地点，通过"自然"而非命令和图形界面实现数据交互。

相对而言，在法律政策和战略规划的制定上，发达国家引领了网际公共治理协作基本理念的发展方向。在支持私营部门和非营利组织参与协作方面，英美等国分别通过工作指南、评估报告、立法等形式实际地确立了协作方式的"官方指导"。例如早在2000年，欧盟就通过《提高和扩展公共部门信息的获取》指令，支持公共部门信息的再利用和商业性开发，允许欧盟成员在符合本国利益的基础上进行公共信息的商业化的相关实践，为鼓励公众积极参与网际协作，欧盟委员会发布《Ⅰ2010电子政务行动计划：加速欧洲电子政务，使所有人受益》，计划到2010年确保向公众提供有效的公共辩论和参与民主决策的电子工具，这种鼓励公众通过信息技术手段参与民主决策的政策导向，在英国、美国和德国的相关文件中亦有体现（陈婧，2012：20-23）。总体而言，各国政府设定的保障机制主要围绕管理（控制）、监督、激励（竞争）和利益协调等几个方面展开，以保证参与协作的各方合理制定组织目标，重视面向用户的服务结果质量，在清晰界定的职能和角色中有效执行相关任务，实现透明、科学的决策过程，高效预防、控制和处理风险，从而以实际行动践行善治的价值理念（奥斯本，2016：270）。

二、稳定、持续、有力："政府—政府"协作

政府—政府协作最大的好处在于摒除科层制部门结构的窠臼，能够就特定议题进行跨部门、跨地域人员和资源协调，高效学习同行经验，快速进行危机应对，执行大型公共服务计划，乃至重塑特定议题的公共治理流程。协作活动往往在为特定目标专门搭建的网络平台上开展，并不一定面向全社会开放，因此其中相当一部分需要用户以特定部门的名义获取登录资格。依据

参与协作者的具体关系不同,此类协作大体分为三种,其一是功能一致存在层级关系的政府部门协作,其二是围绕共同目标的跨部门本国协作,其三是跨国数字协作。

(一)层级关系中的部门协作

层级关系中的部门协作主要指的是,在中央政府与地方政府中职能一致的部门如何开展具有上下级关系的联动协作。这种协作方式在公共信息资源整合与分享方面有着独特优势,能够最大限度地扩展信息施惠范围,并高效保存和补充地域性知识。"9·11"事件后,为确保不再错漏情报人员的有价值信息,美国政府的情报服务理念从"被动满足需要"转向"主动提供情报",相关部门相继建立了基于互联网和社会化媒体技术的情报百科网站、A-Space 平台和国家情报图书馆。在保证对情报工作统一管理协调的同时,引导情报工作人员进行在线协作,通过共享和合作分析情报信息来提高情报机构的工作效率。其中,情报百科在技术支持上类似于维基百科网站,面向美国情报界的 16 家情报机构、军队组织、外交部门和其他国家安全相关组织开放,帮助美国情报分析师更加充分地共享情报资料和更加高效地生产情报产品(惠朝阳、蓝军,2010)。A-Space 项目则由美国国家情报总监办公室在 2008 年开发,其目标为建立一个公共的协作区域,使得不同地方的情报分析人员能够一起工作,为决策者、武装力量及其他保卫国家安全的部门"合作生产最好的情报产品"。计划中这一平台的完成态将搭载包括维基、博客、社会网络、个性化新闻聚合、基于网络协作的文字处理系统 MASH-UPS 混搭技术、分众分类标签在内的绝大部分 Web 2.0 技术,从而营造了一个知识聚合的环境,相关情报工作人员得以在任意普通的分析终端(联网计算机)上登录,随时获得跨情报部门的数据库访问服务,从而进一步提升情报分析能力和增强情报界的协同性(钟亮,2010)。作为一种基于社会化媒体技术的内部协作方式,此类协作更侧重于形成某种体系化的信息、知识和服务集合,以及更加密切和常规化的层级部门运作关系,以确保政府相关部门在社会化媒体环境中自我更新,并稳定高效地践行职能。

(二)由共同目标主导的本国跨部门协作

跨部门协作通常针对特定地域开展,协作参与方的共同目标趋于一致,但也拥有各自不同的执行领域,并能够彼此补充和拓展信息,协作平台和框架相对稳定，而协作关系机动灵活，往往围绕特定公共危机事件生效。此类事件爆发迅速，存在安全和混乱隐患，需要在短时间内进行大量人员和资源的综合调动，极其考验政府部门的应对和协同速度。大量事件证明，通过使用社会化媒体技术合理配置相关部门职能，可以有效监测、预防和快速应对公共事件，保障公众生命财产安全，减少乃至避免不必要的损失。

2010 年，英国政府对此进行了一次有益尝试，用以应对国内自然灾害，联合地质调查局、气象局、环境署等多个公共部门成立了基于社会化媒体技术、与社会化媒体平台传播联动的合作平台自然灾害伙伴关系（NHP）。这一平台囊括了包括英国地质调查局、内阁办公室、生态水文中心、环境、食品和农村事务部、环境署、国家大气科学中心、国家海洋学中心等 17 个国内公共部门组织和政府部门，设立危害咨询和科学小组（IIASG）、危害影响建模小组（HIMG）、科学战略小组（SSG）和传播与宣传小组（COG）四个组别，全方位打造一个交流自然灾害相关信息、专业知识、情报和最优应对策略汇集的论坛。值得称道的是，这一平台对在线发布信息的传播策略进行了十分细致的设计，特别要求灾害信息的发布必须是时效性极强并且可以为绝大多数人所理解的"沟通式"对话，适时整合专业知识，从公众的角度出发呈现信息。例如，每一条信息的设计都应考虑到，在灾害面前"民众只想知道三件事：这对他们意味着什么，对他们的家庭意味着什么，以及他们现在需要做什么"（Hemingway & Gunawan, 2018: 499）。作为一项广泛而强大的国家组织间自然灾害应对协作，不同部门借助不同技术建模、跟踪和预测职能所涉情况能够科学而人性化地发出"一个声音"，以最简明有效的方式提供产品和服务。

（三）跨国数字交往

借助于社会化媒体技术，跨国政府部门间的协作将以更加细致、严谨、低成本和高效率的方式进行。这种协作如今已广泛存在于政治、经济、卫生、文化、执法等多个领域，并且不囿于地域的相邻性，往往能够产生"1+1>2"的良好效果。这种协作大多由国际组织发起，组织成员国、目标区域国家或全球范围内任意国家可以自由加入。

其中，面向组织成员国的跨国协作相对拥有更为稳定和多元和协作渠道，例如欧盟委员会发起的跨国执法协作，就成功建立起了较为系统全面的协作网络。此外，还有一些跨国政府间协作，只针对特定国家开展，目标或是互利共赢，或是一方提供援助。前者多与具体的国家间关系或地缘政治议题有关，后者则多存在于医疗健康、慈善等领域。尤其对援助项目而言，这种数字协作能够高效实际地缩小和平衡两国在特定领域上的差异。比如借助社会化媒体技术，肯尼亚从 2010 年开始向索马里武装冲突地区提供了在线远程医疗援助，帮助那里的卫生专业人员提高儿科护理水平。据统计，在两年内通过肯尼亚的帮助，索马里接受援助地区的目标医院中，小儿疾病不良后果减少了 30%（Novillo-Ortiz, 2017）。第三种协作形式则是由国际组织发起特定议题，在全球范围内征集国家开展协作，共同完成目标，这种协作往往能够激发不同文化背景、常规关联较少的国家、地区和城市之间建立起经济、文化或情感联结，扩大政府互利共赢的对象范围。例如，联合国教科文组织创意城市网络项目（Creative Cities），近年来致力于通过 Facebook、Twitter 社会化媒体鼓励所有成员城市分享有关创意城市的实践经验，并跨越地理区隔广泛发展公共部门、私有企业及"公民社会"之间的各类合作伙伴关系，在互联建设和创意交流中共同推进联合国 2030 年可持续发展目标的实现（Argo et al., 2016）。

三、灵活、机动、分散："政府—公众"协作

对于政府而言，"政府—公众"协作的对象不再是确定和稳定的实体组织，而是散在的、陌生的、构成复杂的变动聚合体。政府不但需要建立起双方得以协作的稳定空间，设计使协作顺利达成的环节和机制，最重要的，是要尽力确保协作成果有效有用，并实现双方协作的持续性。此类协作能够生产最多的集体智慧，以避免政府在依靠传统专家咨询时可能出现的思维盲区，但就截至目前的实践来看，参与协作的对象数量、阶层、受教育背景、地域等因素会对协作成果质量产生较大影响，也因此成为最不稳定的协作。

（一）政府发起，集智集愿

从分类而言，"政府—公众"协作的第一种情况是由政府发起协作任务，吸引和鼓励一定范围（或者尽可能大范围）公众参与。公众参与的数量和执行协作任务的质量，直接决定了协作任务最终的成败。

从全球范围内已有的成功协作案例来看，2011年冰岛公众通过社会化媒体Facebook和Twitter参与起草新宪法，是最具代表性的案例之一。据统计，冰岛国内公众就宪法内容共计发布3600条评论和370条建议。发布理事会在充分吸纳这些建议的基础上提出了新的宪法草案，并且于2012年10月获投票通过。法案共计吸引45%的选民投票，其中支持率为66%（Mcnutt, 2014）。这一协作案例的成功，意味着公众可以通过社会化媒体参与，实际影响乃至决定最高等级的公共治理的议程，这是政府善治愿景中最为重要的目标之一。

值得一提的是，社会化媒体技术的升级，更进一步地降低了公众参与协作的门槛，扩展了集智议题的种类。例如，2006年，美国纽约皇后区的着陆灯公园（Landing Lights Park）进行升级改造，由于公园临近机场，改造内容牵涉到提高空气质量、降低噪声污染、改善交通和停车状况及塑造公园特色等多个方面，皇后区公园委员会为尽可能满足居民需求，利用林登实验室开发的虚拟世界平台"第二人生"征集居民意见。"第二人生"是一个包含多用户游戏交互系统，用户通过操纵虚拟世界中各类由繁杂的计算机图形所组成的物体来完成与虚拟环境的交互。在这一平台上，用户不需要具有专业绘图知识就能够以参与游戏的方式充分表达自己的规划诉求——除了道路建筑分布，甚至包括功能设计和审美偏好的规划诉求，最终与相关部门共同达成公共空间的规划决策（黄潇婷、马修军，2011）。因为不必需要复杂技术和专业门槛就得以参与，这一社会化协作项目成功填充了潜在的"数字鸿沟"，最大限度保障了公众参与与发表意见的权力。

（二）公众发起，改进治理

"政府—公众"协作的第二种情况是公众主动发起和参与协作活动，并以实际行动和协作成果改进政府部门的公共治理水平。事实证明，社会化媒体是目前公众在线参与协作的最主要平台。

2012年，印尼沿海发生地震，印尼政府通过两个Twitter账号——@BMKG和@infoBMKG——发布海啸预警。据统计，通过Twitter用户的积极转发，仅@BMKG发布的预警信息，就成功地在两分钟时间里为284万人所知。研究团队通过追踪推文在Twitter平台上的扩散路径，发现如果没有Twitter用户关注转发，BMKG海啸预警公众信息网络的速度和影响力不会有它实际实现得这么显著。通过预警推文，追随者积极和直接参与信息扩散，官方账号的整体服务水平超出了其自身资源（粉丝数）所能达到的水平。也就是说，政府与网络用户的联合努力产生了实质性的影响并潜在地挽救了民众。在此之前和在此之后，全球各地的突发危机事件证明了相似的观点：在线公众能够将政府声音在短时间内以几何倍的速度加速扩散，放大政府部门处理危机事件时的影响力和控制力（Chatfield et al., 2013）。

除此之外，在公共危机事件发生后，公众也往往会借助社会化媒体平台，积极主动地发布即时的实地信息，帮助政府相关部门形成预判和决策。例如，2013年美国波士顿爆炸案发生之后，现场公众在社会化媒体上发布的信息和照片，对职能部门锁定伤者位置、排查可疑地点和可疑人物、即使疏散人群都起到很大帮助。

得益于各类网上实践社区的形成，公众亦得以以在线自发形成社群的方式参与治理协作，例如医疗患者社区、兴趣爱好团体和某些专业化平台等，在虚拟社区中自创并自享公共服务。此类公众协作在共享其中的规范和规则的同时，促进了社区知识库的创建更新，并增加了心理和情感联结，提升了生活满意度。这是政府公共服务功能的重要补充，政府亦能通过收集社区运行的实际经验改进和优化自身服务（Albert et al., 2012）。

（三）专业性协作的广阔前景

在以上协作形式中，参与公众的人数越多，推进公共服务和改进公共治理方式的可能性就越大。但在公众参与的专业性协作中，政府最主要的任务是合理设计协作目标，并找到最适合的人群参与其中，其中，医疗协作、科技协作和教育协作最为常见。政府相关部门通过采用适当的社会化媒体技术，能够形成知识生产、交流、分享和更新的自生循环，服务于特定行业的正常运行。

在医疗卫生领域和教育领域，公众与政府相关部门的协作活动颇受欢迎。医疗机构在线征集疑难病案例，寻找目标患者提供临床信息，以突破特殊病症治疗难题；推出器官捐助平台并通过社会化媒体平台宣传、鼓励公众参与，以便于患者得到及时救治；通过公开发布病理报告，吸引经验丰富的医务工作者建言献策。教育机构则通过鼓励掌握特殊技能的公众在社会化媒体上公开发布教学资源，形成形式多样的网课，来补充已有的成人教育机制，以及促进就业。这些协作案例共同的特点在于成本低,而实际回报和潜在回报价值巨大。公众通过积极参与使自己的在线生活多元而富有意义,达成了自我实现,政府部门则能够解决实际问题,在时间成本、资金成本和人力成本上都得到了最大程度的节省。

总体而言,在特定议题上,政府能够通过与公众协作,成功实现目标。但这种协作类型也最容易存在隐患。首先,参与协作的公众群体数量和主体可能是不稳定的,在特定目标达成之后,协作关系很难持续,这就导致政府发起协作活动时必须经过一个"召集"阶段,而无法预先确定能够与哪些人达成协作;在每一次协作活动中,参与者群体的年龄、阶层、职业、教育等背景分布各不相同,这会直接影响协作成果的最终形态;参与协作的公众较之政府部门或非营利组织,缺少规制和管理手段,因而难以保证公众提供协作的实际能力和行为质量。就目前已有经验来看,"政府—公众"协作多以围绕某些特定议题和特定范围展开,在功能分类上并不广泛。

四、深入、广泛、多元:"政府—非营利组织"协作

"政府—非营利组织"协作主要面向公共服务展开,覆盖的功能范围相对最广,这种协作关系可以囊括最多元的协作目标——甚至是参与者相互对立的目标,并且常就某一具体职能进行充分、深入和长期协作。公共信息资源协作管理研究学者曾依据参与双方的关系进行过分类,亦适用于政府社会化媒体传播的协作关系,即"依附型、协作型和监督型"(陈婧,2012:114-117)。

(一)依附型关系

依附性关系指政府和非营利组织针对相同或相似的领域进行协作,其中政府处于主导地位,通过各种政策措施和制度安排,为非营利组织提供指导方针和行动指南,非营利组织的权力大小则随着政府活动的范围和行使的职能情况而变化。依附性关系强调在协作过程中,政府部门与合作方的目标一致,政府划定"跑道",非营利部门"参加比赛"。这种协作关系较为考验政府的策划能力,需要从宏观入手进行协作框架的设计,因而最终协作效果既受到非营利组织执行能力的影响,又受到政府相关部门规划方向的影响。

政府简明直接的工作方针，需要非营利组织协助具象化为便于执行和实施的具体方案。政府保护文化资源，推进文化教育，提高文化活力的理念，在与非营利组织的社会化媒体传播协作下，就能够具象化为非常直观的举措。例如，大英博物馆将"虚拟博物馆""搬入"移动手机应用中，使参观者能够在博物馆中进行虚拟导航，置身于各类文物与数字信息交织的环境中去，更加充分地获取文物知识，融入文化氛围；史密森尼国家自然历史博物馆通过开发 Skin&Bones 应用程序，使参观者进行文化寻宝活动，通过故事和谜语探索文化遗产，这些故事和谜语的引导，能够使参观者沿着一定的参观线路到达特定地点，从而加深对相关知识的了解；除此之外，智能导航程序还会根据用户的情绪设计博物馆中的参观线路，帮助用户根据可用时间、行进速度、个人兴趣、所处位置和营业时间等数据计划文化旅行方案，提供周围环境中的当地文化遗产信息。这些使参观者"浸入"文化环境的种种设计，不仅在真正意义上使相关部门的工作理念落地，也为政府部门进一步的策划和决策提供了大量的数据支持——通过分析用户的参观活动，活动组织者和主管部门能够获取有关文化、经济和安全相关主题的重要信息；通过记录、管理和交叉引用数据库中的文化遗产信息，它可以服务于学术研究、知识普及，以及为未来的挖掘考古工作提供参考；通过分类识别各类文化和自然遗产，分析并形成有关文化活动的文化产品的增值设计；等等（Corallo et al., 2018）。

（二）协作型关系

协作型关系指政府和非营利组织针对不同的范围或领域开展协作，非营利组织扮演政府协调者的角色，两者相互依存、分工合作，活动范围"此消彼长"，即当政府部门所负担的责任减少时，第三部门就会自发地扩大活动领域并增加服务事务。

"政府—非营利组织"间的这种协作关系重点表现在，后者是前者重要的功能补充，扩展和优化政府相关部门的公共服务。一些历史悠久、结构完整、发展成熟和相对独立的非营利组织而言，凭借其在特定公共服务领域的长年深耕，拥有成熟的实践经验和先锋的实践创想，因而更多地引领着整个社会的公共服务理念。政府部门往往以采购合同或财政援助的形式与非营利组织达成协作，以其理念推进政府公共服务工作的开展，持续地影响公众生活；还有一些非营利组织，能够通过调动比当地政府部门更加充足的资源开发和更新提供公共服务的相关技术和信息渠道，从外部拉动政府部门学习和提升治理能力。

创建于1971年的MSF（无国界医生）就是这样一种国际性非营利组织。作为全球最大的独立医疗救援组织之一，MSF活跃于天灾、战乱或发生疫情的地区。在没有足够的当地条件支持的情况下，MSF为了协调安排合适医疗人员及物资开展精准救援，高效配合当地政府开展行动，必须建立起广泛快速的信息收集和处理平台，第一时间熟悉陌生地区的受灾情况。为此，MSF（香港）行动支援组开发出社会化媒体平台MSF REACH（应对评估协作枢纽），通过在Facebook Messenger、WhatsApp、Twitter等平台上设置聊天机器人，MSF REACH能够在第一时间收集到受灾地区的求救信息和相关情况，分析受灾人数、分布地点、短缺物资、政府反应等信息，从而综合评估该地区是否容易到达，灾情严重程度，物资和人员调配方向以及如何配合和补充已有的政府支持和组织支援；通过标记受灾地点，分享最新信息，平台能够有力支持医疗工作人员的前线工作；此外，平台还能够有效联结目标地区的政府官员、其他非政府组织、设备和服务的供货商、患者及家属以及其他本地信息联络人，协助当地政府部门开展救援工作，提升医疗卫生服务条件（顾翎，2018）。

（三）监督型关系

政府与非营利组织针对相同的活动范围或领域进行协作，这种关系下的非营利组织自治程度很高，往往为了防止政府在公共行政执行过程中出现自利倾向和不端行为，或保护社会弱势群体利益而发出反对声音，从而协调和推动政府治理活动向更好的方向进行。非营利组织不但协助政府部门达成特定目标，还会对政府部门的公共治理活动和公共服务质量进行监督，以促使政府部门健康平稳运行。得益于社会化媒体技术的发展，非营利组织的监督途径变得更加多元，也更加直接有效。

以"维基解密"为代表的技术反腐是近年来较为典型、影响较大的监督型协作形式之一。"维基解密"是一个国际性的非营利组织，创立于2006年。创始人阿桑奇认为，信息的透明和自由交流会有效阻止非法治理，而"维基解密"作为一个不受任何审查限制的信息发布平台，能够有效减少政府腐败，提升政府治理水平。这一平台与维基百科使用了相同的维基用户界面和网站技术，用户能够匿名上传文档和发送邮件，以公开政府、企业和其他组织的不良行为或不法交易。这一平台充分的开放性和便捷性提升了公众参与的热情，而帮助上传用户进行信息加密和逃避追踪的黑客技术，则保证了"维基解密"平台上源源不断的信息来源。该平台自创建以来，披露了大量涉及军队、国家安全、经济、腐败交易、不良公共服务、数据造假等方面的信息，尽管招致争议，但从实际意义来看，对相关政府部门、私营企业和其他组织起到了显著的震慑和警告作用。

在这种形式的协作关系中，协作成果有时会存在争议。例如，"维基解密"虽然有好的创建初衷，但也在一定程度上扰乱了政府部门的正常工作，对其公信力带来不可控的冲击；世界银行所鼓励的公共信息披露，一方面有助于政府部门的开发透明，另一方面也可能成为国际政治中使用的武器，乃至威胁国家安全。因此，在协作中政府不但要鼓励非营利组织充分发挥能量，补充、拉动政府职能部门提升公共治理水平，也同时需要设立一定的边界，以避免在社会化媒体上的具体活动引发社会对政府部门的不良冲击。

结　语

综上所述，社会化媒体的出现，使政府有条件创建一种基于互动、信任和网络化的新型协作关系，在这种关系中，政府需要在充分认知技术环境和社会环境新特点的情况下，搭建保障公共治理协作的技术、法规和战略支持，并以结果为导向，合理地策划协作活动的具体开展形式，而不可一概而论。相对于政府其他社会化媒体传播策略，协作具有明确的结果导向——它必定指向某一项目、议程或其他目标的实施和完成。但这一过程是非常灵活的，协作具体形式会因目标和协作参与方的不同而不同，但总体说来，好的协作形式都能够出产具有灵活性和回应性的政策解决方案，促进创新与评估，在一定范围内共享知识、专长和资源，同时提升资源集中能力和优化协同效应（奥斯本，2016: 122-123）。

从现有实践经验来看，"政府—政府"协作是最为稳定的协作方式，在有上下级关系的部门协作案例中，由于参与方具有一致的协作目标和稳定的管理互动结构，因此协作活动往往能够稳定开展；得益于社会化媒体搭建的协作平台，在共同目标主导下，跨部门协作和跨国政府部门间协作能够高效进行，并具有了较为稳固的、持续参与的技术基础。"政府—公众"协作则相对灵活、机动和分散，并且在地方治理活动中得到了有效应用。这类协作要么由政府主动发起，通过鼓励公众贡献智慧、提出意见来生成和改进公共治理决策；要么由公众在线自行发起，通过直接和间接的方式影响政府的公共治理和公共服务样态，值得一提的是，政府可以通过一系列筛选条件，专门征集具有专业技术的公众参与协作，这种协作活动往往能够给政府提供具有极高收益回报的协作成果。"政府—非营利组织"协作则相对最为深入、广泛和多元，依据双方协作程度的不同，分为政府主导的依附型关系，政府与非营利组织互为补充的协作型关系和非营利组织监督、带动的监督型关系。这类协作广泛分布于社会各类公共服务活动中，有效缓解了政府的组织和成本压力，成为政府改进公共治理方式的有力武器。

尽管如此，随着社会化媒体技术与社会日渐紧密地嵌套在一起，为达成政府善治而开展的种种协作活动，已经越来越模糊职能边界，开始走向系统化、一体性的综合协作之路。在这种协作活动中，往往同时存在"政府—政府""政府—公众""政府—非营利组织"等多类协作方式，参与者或具有共同目标，或具有不同目标，但最终导向同一个结果，这种涉及社会多个层面的协作活动，正在以社会化媒体技术为依托，逐渐进入公众的日常生活中，联动多方力量，为政府善治的达成共同贡献力量。

第四章

基于政府善治目标的全球政府社会化媒体传播案例

第一节

政策推广：
澳大利亚多元文化政策社会化媒体传播

澳大利亚是典型的以移民人口为主的国家，曾经历两个不同的移民政策时期。它们分别是20世纪初到1972年实行的"移民限制法政策"（又称"白澳大利亚政策"，简称"白澳政策"）时期和20世纪70年代至今的"多元文化政策"时期。

1901年，澳大利亚《移民限制法》的颁布有着深刻的现实国情和社会心理需求。当时的澳大利亚一方面担心其他国家对自己的入侵，有着较为迫切的人口需求；另一方面也担心大量移民的涌入会破坏本国人口的同质性。在这种矛盾心理的作用下，白澳政策应运而生，成为当时澳大利亚对外的重要外交政策与表现。之后，白澳政策随着国际局势的变迁而显得不合时宜，被国际诸多成员国所诟病。20世纪五六十年代，随着亚洲非殖民运动的发展，大量的亚洲新兴国家出现，澳大利亚与英国传统关系的松动，澳大利亚开始关注自己在亚太地区的发展和地位，以及与周边国家的互动关系（杨洪贵，2007：142）。白澳政策无疑伤及澳大利亚与其他非白人国家的情感和国际关系，不利于其开展外交和国际信任的建立。大量非欧洲移民的涌入，加速了澳大利亚的经济发展，这也使得澳大利亚当局意识到移民政策之于国家安定和综合国力提升的重要性。为缓和与不同民族间的紧张关系，建立和谐而有序的社会秩序，从国家长足发展和现实情况考量，澳大利亚效仿加拿大于1973年正式出台了多元文化政策。澳大利亚的多元文化政策属于民族政策，通俗的解释即以允许各民族保留自己的文化、语言、风俗习惯和生活方式（阮西湖，2004：160）。经过10余年的不断摸索实践，多元文化政策在20世纪80年代成为澳大利亚的一项基本国策被执行，主要表现为多元文化事务的管理机构地位上升和政策实施的范围扩大（杨洪贵，2007：161）。

多元文化政策被确立为一项基本国策至今，澳大利亚政府在多方面都采取了有益措施。首先，在国家政治层面，政府设立澳大利亚多元文化事务部（Australian Multicultural Council）专门负责处理多元文化事宜，传达包容和谐的国家态度和理念，切实提高国民的多元文化意识。其次，在全国各个州均设立以多元文化为主题的文化节庆活动（见表4-1），国家多元文化节（National Multicultural Festival）、和谐周（Harmony Week）等是其中典型的代表。在互联网迅猛发展的现实环境下，全球诸多国家与时俱进，纷纷尝试借助社会化媒体这一新平台进行更为高效的政府治理。美国、中国等都在此领域做出了有益的探索，并且取得了良好的社会效益。这里聚焦澳大利亚的国家多元文化节活动，来探讨其政府治理的目标是如何借由社会化媒体力量予以实现的。具体表现为：澳大利亚多元文化政策是如何通过社会化媒体进行传播和实践的？政府和公众在社会化媒体平台上之于多元文化主题有着怎样表达与互动特征？这些将是重点关注和探讨的问题。

一、研究对象、方法和理论

对于以移民为主的澳大利亚来讲，多元文化政策的实施目的在于维护国家的稳定、和平与发展。为了切实践行多元文化政策，提高民众文化认同意识及社会凝聚力,将对多元文化的民族认同转化成一种日常生活的文化自觉，澳大利亚诸州都设立了不同名目的节日、文化庆祝活动和相关奖项，如表4-1所示。鉴于活动本身的影响力和研究样本数据获取的便利性，本书选取国家多元文化节作为研究对象来探究澳大利亚多元文化政策的社会化媒体传播特征与效果。

（一）研究对象

国家多元文化节是澳大利亚最大且最具影响力的文化多样性庆祝活动之一，开始于1996年[①]，是澳大利亚首都地区（Australian Capital Territory，简称ACT）[②]最盛大的活动。最初这只是一个为期一天的活动，之后经历过两

---

① 参见澳大利亚多元文化节官网：https://www.multiculturalfestival.com.au/about-us.
② 澳大利亚首都地区是澳大利亚东南部的一块自治领土。其唯一的城市是澳大利亚首都堪培拉。

周的节庆，最终固定为三天的节日并一直沿用至今。国家多元文化节是一场规模宏大的大众狂欢节，来自国内外的游客会聚集在首都堪培拉参与多样活动，如各民族美食品鉴、花车游行、各民族舞蹈展演、摊位出售民俗物件等。该文化节为来自不同行业的堪培拉人提供机会：通过表演、志愿服务或摆设摊位，他们亲自参与其中以庆祝本国文化的多样性和社会包容性。该活动

表 4-1　澳大利亚各州多元文化活动一览

地区	文化活动名称
澳大利亚首都地区（堪培拉） Australian Capital Territory	国家多元文化节 （National Multicultural Festival） 澳大利亚首都地区多元文化奖 （Australian Capital Territory Multicultural Awards）
新南威尔士 New South Wales	悉尼城市生活和谐节 （City of Sydney's Living in Harmony Festival） 澳大利亚多元文化市场奖 （Australian Multicultural Marketing Awards） 新南威尔士州长多元文化奖及奖章计划 （NSW Premier's Multicultural Awards and Medals Program）
昆士兰州 Queensland	昆士兰多元文化月 （Queensland Multicultural Month） 昆士兰多元文化奖 （Queensland Multicultural Awards）
南澳大利亚州 South Australia	OzAsia 节 （OzAsia Festival） 州长多元文化奖 （Governor's Multicultural Awards）
维多利亚州 Victoria	文化多元周 （Cultural Diversity Week） 维多利亚多元文化奖 （Victoria's Multicultural Awards）
西澳大利亚州 Western Australia	和谐周 （Harmony Week） 西澳多元文化认可奖 （Western Australian Multicultural Recognition Awards）
塔斯马尼亚州 Tasmania	穆什世界品尝节 （Moonah Taste of the World Festival）
北领地 Northern Territory	达尔文滨水和谐晚会 （Darwin Waterfront Harmony Soiree） 爱丽丝泉和谐日 （Big Day Out in Harmony in Alice Springs）

不但有助于国家文化政策的贯彻和民族情感的养成,也产生了良好的社会文化和经济收益。

(二)研究方法

至今已经举办了 23 届的国家多元文化节极具组织性和规范性。它于 2011 年注册 Facebook 和 Twitter 等社会化媒体官方账号,及时发布活动预告、赛事进程以及志愿者招募等信息,为文化节的顺利进行提供了畅通而有效的信息发布平台。同时,与民众(如果关注此账号则称为粉丝)进行线上互动,对政府形象建构和对多元文化理念的认同达成起到了潜移默化的作用。

本书以国家多元文化节在 Facebook 官方账号所发布的推文内容为分析对象,抓取了其自 2011 年设立以来的全部文本内容,包含原创、转发等。经数据清洗后共得到其 Facebook 账号有效文本 438 条,数据抓取日期为 2019 年 4 月 7 日。之后我们运用内容分析法对 Facebook 平台的 438 条文本进行分析和解读。

(三)理论基础

1. 文化认同理论

澳大利亚政府于 1989 年出台的《一个多元文化的澳大利亚的国家议程》中详细界定了多元文化的核心的三个主要维度,即文化认同、社会公正和经济效用。因此从文化认同角度来解析社会化媒体之于多元文化政策的传播效应最为适宜。这主要基于两个方面的考量:一方面,文化认同呼应了澳大利亚多元文化政策的主旨和意涵,文化认同是多元文化政策社会凝聚力的重要指标;另一方面,文化认同理论契合了社会化媒体在大众传播中的功能角色扮演,社会化媒体的广泛应用是政府治理的主要手段,同时打破固有的传播壁垒,促进公众的公共意见表达和新的文化集群,最终作用于公众的意识和认知,对文化认同具有工具性意义。

何为文化?文化具有广义和狭义之分,广义的文化指的是作为社会群体的人类在长期的社会实践活动中所创造的物质财富和精神财富的总和,包含精神层面、行为层面、制度层面和物质层面;而狭义的文化主要指一定的人类群体在长期的社会实践和社会生活中形成并积淀起来的观念和心理(马德普等,2010: 287)。因本书是从国家的多元文化视角来探讨文化认同,故本书中所提及的文化属于广义范畴层面的文化。

埃里克森指出认同（identity）实际上是对"我是谁"问题的隐晦回答，解释的是自我与他人的关系（胡玉荣，2017）。文化认同（culture identity）即指的是对人们之间或个体同群体之间的共同文化的确认（崔新建，2004），是一种价值认同，强调个体对文化群体所具有的归属感，是一种具有稳定性和创造性的社会心理过程。对于具有多民族的国家主体来讲，文化认同是形成国家认同和民族认同的根基，是享有（持有）共同文化价值观的族群得以实现友好对话的基础。文化认同对内具有强大的向心力和凝聚力，对外则具有较为明显的区隔意义。从某种意义上来看，区隔性的存在会反向助力于共同身份的确认，增强群体归属感。

亨廷顿在阐述多元文化主义时表现出明显的矛盾性，他一方面认为文化应该是多元性的，同时又认为多元文化会带来混乱（转引自马德普等，2010: 251）。所以，他指出："文化的共存需要寻求大多数文明的共同点，而非促进假设中的某个文明的普遍特征。"（亨廷顿，2002: 369）因此，想要实现一个多民族主权国家的稳定和汇聚社会向心力，寻求多元文化中的文化认同是多民族国家治理的良钥。

2. 文化认同与社会化媒体

社会化媒体（social media）是移动媒体时代增进文化认同的重要方式。互联网的包容性与传播便捷性的特质契合了文化认同中的核心，即在"异"中求"同"。于是，文化认同便在社会化媒体的助力下获得了成长的空间与契机。

因文化认同而在社会化媒体平台中集结的诸多移动网络社区和网络群体成为当下媒介化社会的重要景观。社会化媒体平台用户因各种身份标签而聚合在一起，他们在网络社区中被关注，文化认同的达成令其具有较强的归属感和群体身份认知。当然，借助于社会化媒体而形成的网络社区所建构出来的文化认同在本质上较为脆弱，联系相对松散，不容易形成长期的稳定气候。缺乏持续或定期的在线集合，在线身份认同也逐渐变得松散而趋于解散，这就是所谓的网络社会中文化身份的流动性。

在跨文化传播研究中，文化认同被视为是打造文化全球化共同体的桥梁。有学者从视觉传播角度出发聚焦不同时期的奥运会开幕式，强调在虚拟的全球互联网中，个体、国家和全球三种文化身份呈现出相互交织的状态，并最终由个体进行选择和建构，因而每个人的文化认同都变得具有多重性和流动性（贺幸辉，2015）。张少科以中国留美学生为研究对象，探究社会化媒体的使用及其对文化认同过程的支持，发现他们对美国社会化媒体的部分使用是用来支持自身对中国文化认同的（张少科，2018）。这也意味着，对异国社会化媒体的接触与使用并不会降低对本民族的文化认同。

纵向来看，基于传统文化的文化认同心理具有相对的稳定性，不会因为社会化媒体的出现，接触其他文化的频率上升而轻易改变。从横向来看，借助社会化媒体平台而产生的文化认同行为和网络社区（群体），并不能构成稳定的文化认同心理，从而具有流动性和易变性。因此，由社会化媒体生成的文化认同行为和心理仍需要强大而厚重的文化传统和历史的加持。在多元文化政策的社会化媒体传播中，仍需要本国历史的感召力。

此外，美国著名传播学者詹姆斯·凯瑞提出的传播的仪式观（a ritual view of communication）有助于解读以多元文化节为代表的澳大利亚多元文化政策在本国的传播与实践。传播的仪式观具有明显的建构主义色彩，这与上文提到的文化认同的建构性具有同源性。传播的仪式观将传播视为文化在（纵向）时间上的传承，它并非指讯息在空中的扩散，而是指在时间上对一个社会的维系；不是指分享信息的行为，而是共享信仰的表征（刘建明，2017）。传播本身是一种仪式，它并非简单的信息的传递，而是对社会网络中的多元行动主体间各种关系的调和与建构，他们共同被邀请至同一个场域中的前提是文化和价值观的共享。即通过传播，人们获得了与他者的内在确认和联系，并达成对共同理想的一致性。

至于堪培拉的国家多元文化节，自1996年设立以来，该文化节已经举办23届。除去该节日所宣扬的多元文化的包容和共享的价值观不谈，仅凭该节日本身作为一种仪式进行传播就起到了社会建构的功效。在多元文化理念被传播的过程中，国家多元文化节作为一个重要的符号在与公众的互动中被不断地完善和创新，文化认同中的个人认同与社会包容的价值观被建构，最终作用于本国多元义化政策的落地。

二、研究发现

社会化媒体的用户量近些年在全球都曾出现过井喷式上升。最新的数据显示，2019年Facebook社会化媒体平台的月度用户量达到23.3亿，相当于全球 46.7%的互联网用户每月都在使用 Facebook。澳大利亚政府在新媒体实践中具有较高的传播和推广意识，在 2011 年初便注册了国家多元文化节的官方 Facebook 账号，该活动实现了线上与线下的有效联动机制。

经课题组对相关数据抓取和清理后，共获取国家多元文化节官方平台发布的 438 条文本。在对文本内容分析后，发现国家多元文化节 Facebook 官方账号在发文量、发文内容特征和官方与网民的互动方面表现突出，为解读其政府治理提供有效实证经验材料。

（一）账号发文量、点赞量等年度变化趋势

国家多元文化节近些年固定在每年的 2 月中下旬的三天举行，其 Facebook 账号（以下简称 FB 账号）自 2011 年创立以来，在每年的志愿者、演出团队、赞助商招募，活动信息预告，温馨提示等方面发挥着积极作用。

我们以年为节点，对 2011—2019 年发布的推文量、留言量、被分享量和点赞量进行汇总并绘制折线图，以便描摹出国家多元文化节 FB 账号的全貌及数据变化。在考量到点赞量与其他三个指标（推文量、留言量和被分享量）在数值上存在着的较大差距，为了图表的表意美观及尊重原数据，笔者将点赞量作为次级坐标放置在图 4-1 中，即当对点赞量进行考量时需要参照图右侧的数值。图中各类目的巨大差值折射出受众在社会化媒体使用中的偏好。网民对某一议题关注过程中，点赞行为所需付出的时间成本较之分享和留言两者要少很多，极具便利性。留言、被分享和点赞三者按照参与程度和时间成本来划分，从高到低依次是：留言＞被分享＞点赞，故点赞的数值较

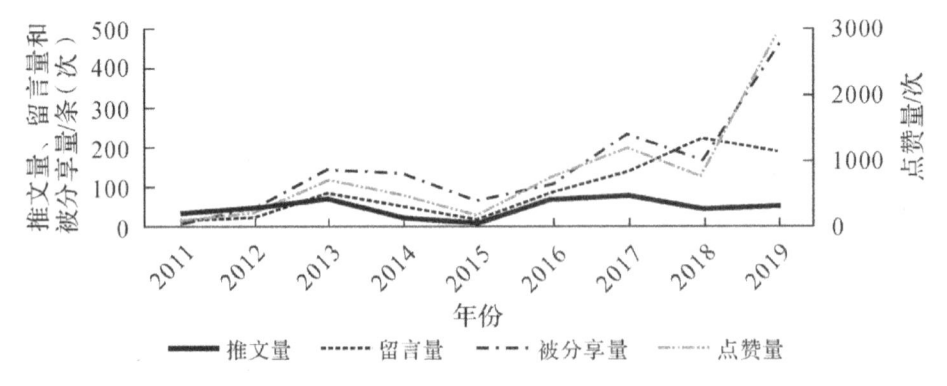

图 4-1 澳大利亚国家多元文化节 Facebook 账号 2011—2019 年数据折线图

其他几项指标数据最大。与其他两个表态行为相比，点赞行为在受众的情感表达量级上也相对较轻，动作较小，不容易被粉丝所察觉。

从图 4-1 可以看出，国家多元文化节的 FB 账号在成立第一年发文量较少，而其点赞、分享和留言量更甚。2011 年的社会化媒体不如当下具有极强的人口覆盖率及对日常生活的高渗透率。当时的媒介技术发展水平和普及度低是造成用户群体数量少的主要原因。可见，当时堪培拉官方对多元文化节的日常宣传和推广还是依赖于电视、广播、报纸等传统的媒介方式，社会化媒体宣传起到了辅助作用。

从 2011 年至 2015 年，国家多元文化节 FB 账号的四个数值的变化趋势大体上一致，被分享量、留言量和点赞量会随着发文数量多少的变化而变化。2014 年的发文量较之前有所下降，并在 2015 年出现了历史最低的发文量仅有 11 条。

2016 年起发文量恢复正常水平，并保持较为平稳的增长。在 2017 年发文量高达 79 条，点赞量达到 1191 次，可以看出社会化媒体又重新被堪培拉当局予以重视和运用。

从受众对社会化媒体的使用惯习来看，他们对官方的发布多以点赞为主，分享次之，留言更少。而在 2018 年这一惯习的数据表征被打破，数据显示多元文化节 FB 账号在 2018 年留言数（223 条）首次超过被分享量（170 次）。这意味着官方对于国家多元文化节的宣传起到了良好的效果，越来越多的网友参与到节日庆祝活动中，在亲身参与和体验中逐渐实现对多元文化的包容和认同的价值观，同时得到共同的澳大利亚人（Australian）身份的归属感。

总体来看，随着时间推移，FB 账号推文的折线与其他几条折线的差距在图上呈现越来越大的"虎口状"。官方微博的发文频次并没有较之前几年有大幅提升，甚至还出现了降低（2018 年和 2019 年的推文数量均低于 2017 年），但是网民的点赞量、被分享量和留言量却呈现较高的上升趋势。这意味着越来越多的网友通过 Facebook 表达了参与到多元文化节的中来的意愿高涨和对该活动的大力支持，这是堪培拉当局治理的具象效果呈现，对澳大利亚多元文化政策的传播和落实起到了极大加速度作用。

（二）发文内容分类特征

国家多元文化节作为澳大利亚多元文化活动中最具影响力的活动之一，其官方网站在社会化媒体平台上的文案推广内容蕴含着政府治理理念和智慧。聚焦国家多元文化节 FB 账号的推文内容，发现其所发布的内容可以按照文化节前、文化节中和日常运营三个时间段来划分。

1. 文化节前——活动信息预告、信息提示及导引

本书已抓取的 438 条国家多元文化节 FB 账号数据显示，2011—2019 年，多元文化节举办时间多集中在每年 2 月中下旬的三天。在文化节开始的前一个月中，推文发布内容以活动时间预告，表演团队、志愿者招募信息和温馨提示为主。其发文频次和数量较日常时间明显增多，以 2017 年的数据为例，2017 年国家多元文化节举办的时间是 2 月 17 日至 19 日，多元文化官方 FB 账号在该年 1 月 3 日至 2 月 16 日共发布 43 条推文，占本年度推文总量的 54.4%。相较于文化节举办期间每日的推文数量，文化节前的每日推文数量虽多是一条至两条，但文化节正式开幕的前一个月几乎每天都有推文发布，预热造势期间保证了该活动在全网的曝光率，增强与网民的互动黏性。如下文即文化节前的温馨提示，告知大家要注意防暑，以便以最佳状态参与到半月后举行的多元文化节活动中。

Beat the Heat at #NMF2017 with these cool tips from our friends at ACT Health.

Drinking plenty of water, wearing suitable clothing and seeking shade are just some of the ways you can ensure that we all enjoy this year's Festival safely and sensibly.

（2017/1/23）

此外，借助 Facebook 的传播平台，国家多元文化节官方还推广专门为本活动而开发的移动端应用 APP，增强自身活动游客之间的互动黏性，最终服务于多元文化理念的培育。

Did you know there is a MOBILE APP for this year's National Multicultural Festival? Download and rate the app by visiting http://www.multiculturalfestival.com.au/app and plan your amazing #NMF2017 experience. With thanks to the wonderful people at Imagine Team.

（2017/2/16）

2. 文化节中——活动信息实时播报

信息发布是官方社会化媒体账号的主要功能之一。2018年4月发布的《2018国家多元文化节经济影响力和调查报告》显示，本届参与多元文化节的表演者有310人，摊位商贩为2100人，游客人数更是超过14万人，为澳大利亚首都地区带来了高达199万美元的经济收益（IER，2018）。因而，在规模如此庞大的活动中，官方与游客及网民之间的有效信息沟通是保证文化节顺利进行的砝码。

从国家多元文化节的FB官方账号发文量走势中会发现，活动期间的单日发文数量最高。主要表现为对文化节活动中节目的预告、围观，包括对现场游客、花车巡游表演等的实况采访。此外，参与到文化节中的网民也会在Facebook上实时分享与节庆活动相关的图片和博文来表达切身体会。与网友们发布的推文进行线上互动也构成了节日期间国家文化多元文化节FB官方账号活跃的主要特征之一（如下所示）。

Alison told us that it turns out the @NatMultiFest is lots of food stands... & so much more. Her daughter met a talented henna artist at the Egyptian Embassy stand, plus they stumbled across the festival parade. A first visit for them—and they shall return!

（2018/2/18）

Constable Kenny will be at the @NatMultiFest until 4pm today. Come & check out the @ACTPolicing display. You can grab his cool erasers and luggage tags.

（2018/2/18）

3. 日常运营——志愿者招募、表演社团申请、招商引资等

一个高质量并富有影响力的多元文化节的举办，离不开政府周密的部署和安排。除了在文化节举办过程中的高频次信息输出之外，国家多元文化节FB账号在日常的信息发布中涉及文化节诸多准备事宜相关，如表演者申请、志愿者申请、摊位申请系统的链接等信息。

Performer applications for the 2019 National Multicultural Festival are now open! Professional performers apply here:

https://csd.eventsair.com/2019-.../performers-app-professional

Volunteer performers apply here:

https://csd.eventsair.com/2019-nmf/performers-app-volunteer

National Multicultural Festival website:

https://www.multiculturalfestival.com.au/

#NMF2019

（2018/9/5）

当然，他们也会征集网友们对本活动的一些意见，用以对今后工作的改进（如下所示）。

Have your say on the National Multicultural Festival! We're seeking feedback to ensure it continues to be the best! To have your say on the #NMF https://www.yoursay.act.gov.au/national-multicultural-festi…

（2018/6/27）

此外，作为一个官方文化活动的社会化媒体账号，在社会化媒体平台中与其他政府文化主体平台互动，转发其他机构的信息也是该账号的特征。如2018年9月9日，它转发了Canberra Moon Festival（CMF）活动的日常安排，助力其活动的宣传。2018年6月15日，它又转发了推文"The ACT Government's 2018 NAIDOC Week Flag Raising Ceremony and Reception Is on 9 July"。因此，诸多官方社交账号间的联动为服务型政府形象的打造提供了可能。

（三）官方与网民的互动特征

与传统的政府治理方式不同，政府运用社会化媒体进行政务治理有助于消除"官"与"民"之间距离感，便于民声的传达，民情的反馈。对国家多元文化节官方社会化媒体账号与网民的互动文本进行考察后发现，官方与网民的互动在表达方式和表达语言上具有显著特征。

1. 表达方式——语言的口语化

社会化媒体的发言场域和各行为主体之间的扁平化关系影响了发言主体的表达方式。在对文本的考察中，国家多元文化节官方发布的推文内容和对网民的回复语言，一改以往官方发声死板、遵规守旧的形象，对话体的出现为政府的亲民形象加分。

It's getting closer! Can you sense the excitement? #NMF2017
www.multiculturalfestival.com.au

（2017/1/31）

Did you manage to spot the debut of our brand new #NMF2017 TV ad on Sunrise this morning?

If you missed it, be sure to tune into #CBR Prime7 News this evening from 6:30 pm to catch a glimpse!

（2017/2/2）

由上述官方发布的两则推文可以看出，推文措辞多以反问句和感叹句为主。这两种句式的出现使得口语化表达的意味更为明显，口语表达的最终作用则是服务于官方的形象建构，以获得更多的民众支持，助力其之后对于国家政策的宣传与落地。

2. 表达语言——表情符号的普遍化

表情符号是社会化媒体的产物，具有明显的时代标识。表情符号即图像，它比文字更具直观的意义传达和视觉冲击，它的运用更易于主观情感的表达，缩短信息接收者的阅读时长。如下所示，2019年2月16日的推文介绍了不同国家的巡游节目和摊位，多国国旗图标的插入，使得线上活动氛围更加活跃，多元文化节的国际化气息跃然屏上。

Join in the dancing at the Lebanon stall!
Tour the Middle East at the #NMF2019

（2019/2/16）

图像（表情符号）比文字语言在意义传达上具有更多的不确定性，而意义的不确定性反而增加了借由它所建构起来的群体身份认同的快感。从受众心理来看，在Facebook中阅读到国家多元文化节推文的网友，在心理上会进入一个共享的虚拟情景。在该场域中他们以多元文化节为纽带而聚集，共享狂欢的乐趣和群体身份的认同。

表情符号还有"一个符号"大于"一个句子"的意义效果。如下面推文中"地球图标"的运用，传达出了澳大利亚多元文化节放眼全球文化的包容性和开放性。这些寓意并没有在文字中表达，而是借助表情符号进行了传达，精神内核更加充裕。

> Today is the day! 🎉 The 2019 National Multicultural Festival begins today at 12 noon 🎵 Get the most up to date program and Festival map on our website! See you there 🌏 #NMF2019

（2019/2/15）

此外，表情符号的内容与澳大利亚国家多元文化节的美食、乐队演出、舞蹈表演等内容主题比较贴合，用偏重视觉体验的图像符号表达要比文字表达更具吸引力。相较纯文字的内容而言，这无形中增加了其文本在社会化媒体平台上的被观看量和点赞率。

> Have your say on the National Multicultural Festival!
> 🎭🎪🎨🎭🎵🎷🎸🎤💃🕺
> We're seeking feedback to ensure it continues to be the best!
> To have your say on the #NMF 👇
> https://www.yoursay.act.gov.au/national-multicultural-festi...

（2018/6/27）

三、多元文化政策的社会化媒体传播策略分析

移动互联的时代，网络不再是现实生活的延伸，它已经成为现实生活本身，是形塑社会不可忽视的力量。社会化媒体在全球范围内推动国家治理的实证案例颇多，大到2016年美国大选中特朗普胜出，被冠以"社会化媒体总统"称号，小到公众借助社会化媒体进行自我维权。公权力不再成为高高在上不可触摸的东西，公众政治参与意识随着社会化媒体的普及而提高。因此，政府在进行国家治理过程中，越来越重视网络舆情，看重社会化媒体在官民沟通中的中介性角色扮演。

通过对澳大利亚国家多元文化节官方 Facebook 的内容分析,我们发现,社会化媒体在国家进行多元文化政策的推广和落实中作用不容小觑。国家多元文化节举办的传播效果和它在公众中的影响力关系到澳大利亚多元文化政策的传播效果。堪培拉当局根据本国多民族文化的现实国情和所宣传政策的特点,采用了不同于以往的传播策略,服务于澳大利亚政府治理最终目标的实现。

（一）互动策略

罗伊摩根研究公司（Roy Morgan Research）2019 年的用户调查结果显示,Facebook 是时正是澳大利亚人最常用社会化网络,其影响力不言而喻。在信息冗杂和不实信息丛生的社会化媒体上,互动是减少信息不对称,消除误解,增进彼此信任的不二选择。在澳大利亚多元文化政策的推进过程中,全国各州都设立了与多元文化主题相关的节庆甚至奖项,并逐渐成为嵌入公众日常生活的亮点。

其中所体现的互动策略表现在两个维度:一方面,节日设立本身便是一种官方在多元文化政策上与公众的互动行为。政府通过节庆的方式去培育民众对多元文化为依托的多元民族国家的认同,不同肤色和民族的人们形成"我是澳大利亚人"的身份认同和价值感知。另一方面,在国家多元文化节各类事项筹备和举办的过程中,官方的角色从未缺位,它在社会化媒体端和现实活动承办中与公众的亲密互动,树立了良好的政府形象,赢得了民众的信任,为多元文化政策的深入民心打下坚实基础。

（二）对话策略

政府治理的目的是政府与公众能够互相交流、互相讨论,政府能够理解老百姓的观点,老百姓也能够理解政府的困境（蔡定剑,2016）。从对话的实现路径上来看,社会化媒体的出现使得政府与公众之间的对话变得及时而有效。政府借助社会化媒体进行国家多元文化政策的推广和完善,探索利于民众接受的宣传方式。

在此过程中,对话策略是确保政府治理目标达成的润滑剂。首先,在社会化媒体时代,以往的政府行政的科层制被颠覆,取而代之的扁平化社会网络要求政府传播必须符合新媒体运作规则和逻辑。因而对话主体的平等性最为迫切,之于本书研究对象而言,社会化网络语言表达的亲民性和对网友评论回复的及时性是最好的印证。其次，国家多元文化节为政府与公众的对话提供了绝佳的机会。多元文化节为参与者营造了一个大众狂欢的场域，在该空间中，人们借助于品尝不同民族的美食、参与风格迥异的舞蹈等活动增进对其他民族文化的了解和互动，从而建构对其他文化类型的包容性和认同感。

（三）参与策略

治理作为一种新型的政府治理模式，旨在追求社会公共利益的最大化，其成功与否的关键因素在于公民能否实现对政府整个治理全过程的协同参与（王帆宇、朱炳元，2013）。社会化媒体是公众进行政治参与的重要平台，为政府治理的实现提供了可能，但同时对政府提出了更高的要求。

政府在社会化媒体平台中扮演着双重角色。一方面它是与公众形成对话的政治表达者，意味着它需要平等的话语表达权利。同时，作为治理的主体，政府在网络参与的过程中也扮演着"治理者"的角色。从澳大利亚多元主义文化节的社会化媒体平台互动中可以看出，政府在传播参与中更加偏重平等角色的对话者，而非高高在上的治理者。如此的参与策略更多表现为推文发布中内容表达的口语化和表达语言的图像化。

此外，政府在政治参与中还善于借助技术的力量，研发国家多元文化节的 APP。以该节日为精神纽带，借助社会化媒体平台的推广，以 APP 为连接载体，政府之于多元文化政策的传播嵌入公众的日常手机使用中，为公众主体意识和建构国家和文化认同提供了可能性。

（四）协作策略

协作强调多元主体基于共同目标的参与且成为真正意义的决策者，协作主体要共同行动且地位平等，但不排斥实际的领导者存在（郭道久，2016）。从澳大利亚国家多元主体文化节的社会化媒体互动中不难发现，它与政府机构如 ACT Government，其他文化组织如 CMF 等的互动较为频繁，通过转发一些兄弟机构的活动宣传推文来扩大彼此的影响力，提高对用户群体的黏性链接和共享。

协作理念的前提是多元主体，即独自无法完成某一任务。多元主体的对象中除了组织机构外，公众是重要力量，且是协作最终达成的关键。因此，协作策略一方面强调以平等地位与其他组织间进行友谊互助般的文化宣传外，另一方面在与公众的协作中起到一定的引导性角色的扮演。毕竟，群体庞大的公众在面对多元文化政策的制定和传播现实面前，大局意识和决策能力相对欠佳，需要一个坚定的领导者来进行决策。

因此，澳大利亚多元文化政策的完善和宣传并不是某一个组织机构的使命，而是需要多方主体协作得以完成。他们的共同目标就是借助一系列措施的落实，如多元文化节、和谐周、设立州长多元文化奖章等，提高公众对本国其他民族文化的价值认同，共同致力于多元文化政策的实现。

结　语

政府治理理念并非互联网时代国家治理的新概念，它在当下语境中被重新解读，有着更为切实和急迫的现实关照。首先，互联网解构了政府治理的传统模式。网络社会中，国家治理的科层制受到了极大挑战，公众的主体性意识得到提高，国家治理的逻辑受到媒介运作逻辑的深刻影响，扁平化的治理路径取代了传统科层制管理。其次，应服务型政府的现实需求。因政府治理模式的转变，政府的公共性在当今时代的转译表现即服务型政府理念。最后，网络舆论压力对政府治理提出了新期待。我们不否认社会化媒体对政府治理带来的巨大推动性，它改变了当代社会的政治行为和治理场域。但同时，因媒介技术的进步、社会化网络介入的低门槛以及发言的低成本，网民的线上发声频繁而嘈杂，甚至形成网络倒逼、网络暴力等非理性事件发生。舆论生态的转变对政府治理提出了更高的要求和期许。澳大利亚国家多元文化节的社会化媒体传播至少可以给政府治理的数字化实践带来三点启发：

一是以情话政。社会化媒体时代人们的注意力变得稀缺，公众情绪更容易被激发。澳大利亚的多元文化节采用美食品鉴、民族风情巡游、歌舞集会展演等方式来吸引本国和国际游客的广泛参与，营造和谐而美好的节日氛围，在多样活动中培养大众之于多元文化的感情和认同。它抓住政府治理中"以人为本"的核心理念，将"坚硬"的国家政策以相对"温和"的活动方式予以呈现，这既契合了多元文化政策本身的文化属性，同时也借由社会化媒体的宣传达到了较高的影响力，与公众形成良好的情感共鸣。

二是以实服民。无论是传统的政府治理方式还是当下的电子政务以及政府对社会化媒体的使用，其目的都是为民服务，到最接近百姓的地方去。资料显示，Facebook 和 YouTube 是澳大利亚人最常用的社会化网络，且它的用户基础在所有五代人中都很强大，每一代人中都有大多数澳大利亚人在使用 Facebook。在澳大利亚对本国多元文化政策的实践中，为贴合公众当下日常的社会化媒体使用偏好，在 Facebook 平台对国家多元文化节造势宣传。一方面，保证了公众之于国家多元文化节和多元文化政策的深入了解，扩大社会影响；另一方面，借助社会化媒体平台对表演者、美食摊位、志愿者等招募，提高政府办事效率，促进服务型政府形象的建构。

　　三是以和谋发展。文化认同是建设和谐社会的保证，是民族认同和国家认同的基础。之于以移民为主的澳大利亚而言，国家的稳定和发展离不开对多民族关系和文化的妥善处理。围绕着多元文化政策而设立的诸多政府和民间协作的文化节庆，为不同民族间宗教、民俗等文化融合架起一个相互交流和对话的平台。目的在于促进机会平等，提高公众的多元文化意识，减少由文化和语言多样化产生的社会排斥现象，建造和谐友爱的社会环境。政府借助社会化媒体培育民众对多民族的多元文化的尊重和包容，使得他们在澳大利亚获得情感归属和身份认同。

　　纵观澳大利亚多元文化政策制定的历史背景，到该政策在政府组织架构中的体现，再到各州诸个多元文化主题节日在公众文化日常生活中的具体呈现，以及在社会化媒体平台中民众与政府间的良性互动，无不彰显了澳大利亚政府卓有成效的政府治理效果。《2018 国家多元文化节经济影响力和调查报告》显示，在该年 146234 名节日游客中，有 87%是澳大利亚首都地区的当地民众，10%来自澳大利亚其他州，海外游客数量高达 4410 人，占总人数的 3%。因此，从某种意义上来讲，澳大利亚国家多元文化节已经成为澳大利亚的一张世界名片，不但对本国民众的多元文化意识培育起着重要作用，同时也吸引力海外游客的青睐，成为他们了解澳大利亚历史与文化的一扇窗口。最后，需要再次强调的是，单纯依靠社会化媒体建构出的文化认同具有易碎性和流动性。只有着力培育属于澳大利亚本国的特色文化和优良传统，形成具有民族历史积淀和精神内核的文化才能对公众形成感召力，才能使得其多元文化政策逐渐渗入社会肌理，成为文化本身。

第二节

冲突解决：
美联邦校园安全委员会社会化媒体传播

2018年2月14日，佛罗里达州帕克兰县道格拉斯高中发生了美国历史上最致命的高中枪击案，青少年学生作为亲历者在社会化媒体上直播和讲述了这场悲剧。当地主流媒体《南佛罗里达太阳哨兵报（South Florida Sun Sentinel）》正是以此为基础，抽丝剥茧，穷追不舍10个月，最终在社会化媒体的信源支撑和传播助力下，直至2019年5月帕克兰警察局长被免职。其间成就的问责系列报道，获得了2019年普利策新闻奖公共服务奖。同样是自这一天起，道格拉斯高中的四个高中生领导全国青年学生群体成为这场悲剧的代言人，踏上了社会化媒体平台扬声和抗争的历程。这场线上影响线下的青年控枪运动，在社会化媒体上以"#Neveragain#""March4ourlives#"为口令，在3月24日成功地号召了美国历史上最大的全国大游行，并积极行动至今。

社会化媒体是一个现代社区创造方式，所有美国人都能在社会化媒体上感受到这一事件的影响力，也能感触到社会化媒体对这一事件的影响力，其中一个重要原因是青少年，无论是作为媒体报道对象，还是作为全国运动主体，他们都是社会化媒体平台上最为活跃的群体。因此，面对这一带有明显渎职行为、执行问题和政策缺陷的事件，即使政府在治理上无任何主动作为，也必须上线面对社会化媒体问责和应对社会化媒体运动，接受社会化媒体政府传播水平考验。事实上，政府也不能无所作为，一项校园安全治理的长线行动也在酝酿中。2018年3月11日，特朗普总统授命其教育部部长德沃斯（Betsy DeVos）领导新成立的联邦校园安全委员会。委员会由教育部部长、司法部执行总检察长、卫生与公众服务部部长、国土安全部部长及相关顾问专家组成，负责提供有意义且可行的行动建议，以保障学生在校安全。在随后9个月里，委员会召开了正式的委员会会议，前往全国各地学校开展实地调研，并举办了公众听证会参与意见拟定。

面对佛州高中枪击案所引爆的地区危机和社会冲突，专业媒体在社会化媒体中获得问责动力，继而成为一支问责力量，赢得公众的参与，建立了公信力；青年群体在社会化媒体中获得行动影响，亦成为一支抗议力量，获得全美的声援，锻炼了队伍；那么，政府能否通过联邦校园安全委员会的校园安全治理行动在社会化媒体中获得表达机会，继而成立一个回应渠道，并激发公众的广泛参与呢？追寻答案的过程从梳理联邦校园安全委员会的线下治理行动开始，表 4-2 为依据美国教育部官网（https://www.ed.gov/school-safety）信息整理的 2018 年 3 月 28 日至 2018 年 8 月 28 日的委员会工作日程，研究将以此作为社会化媒体政府传播分析的线下依据和参照，从互动策略、透明策略、对话策略、参与策略和协作策略五个方面加以评析。

一、互动秩序形成：涉委员会议程 Twitter 账号评析

柯林斯（R. Collins）认为，在微观过程中，互动仪式是人们最基本的活动，即"小范围的、即时即地发生的面对面互动，是行动场景和社会行动者的基点"（柯林斯，2009）。社会化媒体正是因为有技术、有能力形成这样一种虚拟平台的"不碰面"互动场景，为本来资源并不平等的个人或机构账号创造流动的际遇、关联乃至团结，通过线上意义表达形成一种符号互通、情绪共享的互动秩序，从而促成线下治理动力和行动。而这种由线上至线下的政府治理推进意愿能否见效，取决于线下解决方案的推行者自身形成线上互动秩序的能力。以 Twitter 这一政府传播最为活跃的平台为例，意味着联邦校园安全委员会的议题要以推文作为基点，让各种社会化媒体传播节点发生交互关联继而形成传播链，并不断扩展空间、维系走向，最终形成既不同于枪击个案追责，也不同于枪支文化质疑，而是构成以冲突解决、危机反思为导向的治理性政府传播。

（一）互动走向的维系

从一开始，刨根问底的地方媒体问责行动和声势浩大的全美青年控枪行动就是联邦校园安全委员会工作议程在社会化媒体平台的舆情底色。这两条关键的舆情线索在佛州高中校园枪击案发生后，迅速引领校园安全舆论走向，

表 4-2　美国联邦校园安全委员会工作日程

日期	事项	议程		
3-28	委员会会议·教育部	教育部@usedgov 部长 Betsy DeVos@BetsyDeVosED、司法部@TheJusticeDept 执行总检察长 Matthew George Whitaker、卫生与公众服务部@HHSgov 部长 Alex Azar@SecAzar、国土安全部@DHSgov 部长 Kirstjen M. Nielsen@SecNielsen 讨论人员配置、会议日程、合作协调、工作范围以及如何以最佳方式纳入利益攸关方。公布意见邮箱 safety@ed.gov.		
5-17 2.5 小时	专家及幸存者座谈会（教育部）	第一组讨论，吸取悲剧教训·Columbine 校园枪击调查委员会委员·弗吉尼亚理工大学应急管理副总裁助理·美国特勤局首席心理学家·学校安全、威胁评估、应急管理和国土安全专业多个小组高级顾问	第二组讨论，枪击案亲历者及家属·Columbine 高中遇难学生父亲·弗吉尼亚理工大学袭击事件幸存者·桑迪胡克小学枪击案中失去儿子和兄弟的家属·道格拉斯高中枪击案遇难学生父亲	
5-31 2.5 小时	实地调研：积极的行为干预与支持（PBIS）·马里兰州 Frank Hebron-Harman 小学	委员会委员进行课堂访问，听取方案概述、小组讨论和学生介绍，康涅狄格州大学特殊教育教授、国家 PBIS 技术援助中心联合主任主持并进行 PBIS 项目概述		
		1. 地区 PBIS 概述·县公立学校替代教育执行主任·县公立学校 PBIS 协调员·县公立学校风气专家	2. 校长讨论组·Frank Hebron-Harman 小学校长·Wiley H. Bates 中学校长·Northeast High School 高中校长·Old Mill 高中校长	3. 教师讨论组·Frank Hebron-Harman 小学教师·Wiley H. Bates 中学校长助理·高中校长助理·Old Mill 高中 PBIS 校园心理专家·Glen Burnie 高中生
6-6 6.5 小时	公众听证·教育部	公众以及州和地方政府机构的代表就如何改善学校安全向委员会代表发表意见，向专业媒体开放上午场（9:30 a.m.-12:30 p.m.）下午场（1:30 p.m.-4:30 p.m.）		
6-21 3.5 小时	委员会会议学校生态：以人性繁荣和发展为特色的文化培育·教育部	就娱乐、媒体、网络欺凌和社会化媒体对暴力行为和学生安全的影响听取专家调研报告		
		1. 网络欺凌和社会化媒体·佛罗里达大西洋大学犯罪学和刑事司法学院的教授，网络欺凌研究中心的联合主任·爱荷华州苏克斯市社区学校督学，"暴力预防导师"模式，"辅导男孩进入男性"方案的创始人	2. 青少年暴力娱乐消费·密歇根大学心理学和传播学系副教授，动力学研究中心侵犯研究项目主任·斯蒂森大学心理学系副教授，少年司法入口合作及儿童保护服务机构评价专家	3. 新闻对枪击案的影响·西新墨西哥大学心理学助教授，儿童认知和行为媒体影响研究专家·全国学校心理学家协会（NASP）学校安全和危机应对委员会主席
6-26 5 小时	公众听证：肯塔基州莱克星顿市	公众以及州和地方政府机构的代表就如何改善学校安全向委员会代表发表意见		
		圆桌会议 1:·肯塔基州州长 Matt Bevin@GovMattBevin·威斯康星州第一夫人 Tonette Walker@TonetteWalker·肯塔基州教育委员会临时专员 Wayne Lewis, Jr.@WayneDLewis·田纳西州教育专员 Candice McQueen@McQueenCandice·田纳西州国土安全部专员·肯塔基州西区检察官·肯塔基州马歇尔县警长·田纳西州精神卫生和药物滥用服务部专员·州政府议会传播专员	圆桌会议 2:·肯塔基州警察局长·肯塔基州教育委员会主席·肯塔基州东区检察官·全国学校资源官员协会第一副主席，印第安纳州卡梅尔学校资源干事·印第安纳州克拉克县警长 Jamey Noel@jameyjnoel·印第安纳州国土安全部执行主任·肯塔基州参议院教育委员会主席、学校安全工作组成员、州参议员·肯塔基州参议院教育委员会成员，学校安全工作组成员，州参议员 Danny Carroll@dannycarrollky·俄亥俄州格拉泽县警长	
7-11 2.5 小时	委员会会议更健康、更安全的方法：青少年心理健康与咨询问题·教育部	卫生与公众服务部部长主导，青少年严重情绪障碍已构成公共卫生危机，与专家讨论心理和行为健康问题，以及《家庭教育权利和隐私法》（FERPA）		
		组 1：学校纳入行为健康服务·加州大学洛杉矶分校儿童和青少年精神病学系教授、医学博士	组 2：儿童精神药物·纽约州立大学儿童和青少年精神病学系主任精神病学和儿科教授医学博士·哥伦比亚大学和纽约州精神医学研究所精神病学和流行病学教授，精神健康服务研究员医学博士	组 3：FERPA 保密问题·巴泽曼精神卫生法中心政策和法律普及主任、精神疾病研究员、宣讲员及家属·全国学校董事会协会法律普及总裁 Sonja Trainor@SonjaTrainor1·未来隐私论坛（FPF）政策副总裁
7-24 1.5 小时	实地调研：转变学校风气和文化以满足学生行为需要·威斯康星州亚当斯友谊中学	委员会委员参观中学行为健康干预和服务空间，与威斯康星州第一夫人托内特·沃克参加两次小组发言		
		组 1：听取州官员关于威斯康星州心理健康框架的意见，讨论创伤敏感学校、教育工作者的同情心、综合行为健康、对过渡学生的重返支持以及适应性领导	组 2：学生、家长和社区伙伴分享了实施基于行为健康的校园综合模式建设过程及积极影响，就家访和社区导航，跨机构合作和危机应对展开讨论	

续表

7-26 2小时	委员会会议：积极保护我们的学校	司法部主导；从执法的角度讨论学校安全问题			
		组1：通过信息共享和问责制改善学校安全 ·全国学校董事会协会首席法律官 ·北卡罗来纳州课堂教师协会主席	组2：校园警察的价值 ·全国校警协会主席，富兰克林高中校园警察 ·洛杉矶校警协会副主席 ·阿拉巴马州胡佛高中校长	组3：学校安全最佳做法 ·全国校警协会执行主席 ·佐治亚州调查局局长 ·全国黑人执法行政人员组织主席，富尔顿县警察局长办公室特别项目主任	
8-1 2.5小时	实地调研·阿肯色州汉密尔顿湖学区	司法部主导；了解农村学区面临的地理和保障挑战以及为应对挑战而采取的战略，特别是在社区的指导下与执法部门合作，实施委托学校安保干事方案，以提高对活跃射手情况的武装反应时间			
		开幕发言： ·阿肯色州州长 Asa Hutchinson @AsaHutchinson ·国会议员 Bruce Westerman @RepWesterman ·汉密尔顿湖学区总监	圆桌1：学校人员与执法部门合作 ·前学区委员会成员州代表 Bruce Cozart ·阿肯色州总检察长办公室主任 ·阿肯色州刑事司法研究所所长兼阿肯色州学校安全委员会主席 ·阿肯色州执法标准和培训委员会主任，阿肯色州学校安全委员会成员 ·前主动射击训练管理员 ·汉密尔顿湖学区支持服务总监 ·加兰县警长 ·加兰县副警长	圆桌会议2：社区视角 ·阿肯色州教育委员会主席 ·Cutter-Morning Start学区总监 ·CenterPoint学区总监，学生父亲，教师丈夫 ·汉密尔顿湖学区委员会主席 Vance Dobyns ·汉密尔顿湖学区委员会委员 ·温泉警察局长，汉密尔顿湖学生家长 ·汉密尔顿湖的科学教师 & 轨道 & 越野教练 ·语言艺术老师，汉密尔顿湖毕业生，汉密尔顿湖学生家长，汉密尔顿湖助理校长妻子 ·汉密尔顿湖学生家长	
8-7 5小时	公众听证·怀俄明州夏延	公众以及州和地方政府机构的代表就如何改善学校安全向委员会代表发表意见			
		圆桌会议1： ·怀俄明州教育部总监 ·蒙大拿州公共指导办公室主任 ·怀俄明州建设部主任 ·怀俄明州州参议员 ·爱达荷州第30州代表 ·南达科他州明尼哈哈警长 ·科罗拉多学校安全中心主任 ·RTA建筑师事务所负责人	圆桌会议2： ·怀俄明州总检察长 ·犹他州公共安全部局长 ·犹他州国家教育部成员 ·科罗拉多州教育委员会委员 ·拉拉米县学区总监 ·碳县学区特别服务主任 ·夏延警察局校警 ·怀俄明州拉拉米县警长		
8-16 9小时	委员会会议：创建学习中心：保护校内外安全的新工具	国土安全部主持；讨论学校建筑安全、主动射击培训以及校园威胁评估经验			
		组1：学校建筑安全最佳实践 ·Sigigals & Partners执行合伙人，美国建筑师学会（AIA）成员 ·Alex安全学校首席执行官兼创始人	组2：提供主动射击训练 ·圣贝纳迪诺警察局警察局长 ·全国校警协会第二区主任	组3：校园威胁评估经验 ·弗吉尼亚州安全中心主任，州刑事司法服务部执法司 ·Safe2Tell科罗拉多创始人和执行董事，安全社区主任	
8-23 2小时	实地调研·内华达州拉斯维加斯市米莱成就中心	通过参观和讨论深入了解学校可以通过何种预防和保护活动加强其安全			
		组1：概述 ·克拉克县学区副总监 ·麦莉成就中心校长 ·ASIS主席	组2：执法部门对学校建筑安全的看法 ·克拉克县学区警察局长 ·印第安纳州第图本县警长	第2小组：学校建筑安全的最佳实践 ·设施工程协会副总裁 ·首席执行官兼总裁，KG + D建筑师和美国建筑师学会前主席	
8-28 5小时	公众听证论坛·阿拉巴马蒙哥马利	公众以及州和地方政府机构的代表就如何改善学校安全向委员会代表发表意见			
		·阿拉巴马州州长 Kay Ivey @GovernorKayIvey ·阿拉巴马州参议院临时议长 ·阿拉巴马州众议院议长 ·阿拉巴马州教育部总监 ·阿拉巴马州执法机构秘书 ·密西西比州公共安全部局长 ·南卡罗纳大学校长 ·德克萨斯州学校安全中心主任	圆桌会议2： ·阿拉巴马州心理健康部部长 ·阿拉巴马州社区学院系统校长 ·德克萨斯州教育委员会主席 ·阿拉巴马州信息技术代理秘书 ·佐治亚州众议院第11区代表 ·阿拉巴马教育部预防和援助服务管理员 ·俄克拉荷马学校安全研究所项目经理 ·古德温·米尔斯和考德的高级副总裁 ·传统基金会高级政策分析师 ·李县治安官办公室校警		

而委员会工作启动的 3 月中旬，正是其发挥影响力的高能阶段。在这种情况下，对于代表政府的联邦委员会而言，基本就校园安全议题形成了以我为主、特色鲜明、有所兼顾、稳定持续的互动走向。自 3 月 11 日委员会宣布成立至 12 月 18 日委员会公布报告，在长达 9 个月的时间里，Twitter 平台上的发布与互动尽可能不受或者少受问责与控枪两条舆情线索的干扰，甚至或多或少地能以两者为触发点驱动公众转向冲突解决，引导更多的公众参与至危机反思的行列中。这首先取决于政府传播质的保证，其次取决于政府传播量的保障（见图 4-2）。

质的方面，联邦委员会的工作议程分设了专家座谈、实地调研、公众听证、委员会议等多种样式，议题探讨邀请了心理学、传播学、法学、教育学、社会学、医学、建筑学和工程学等多领域专家，职能领域则涉及地方州长、学校校长，以及教育、警务、卫生、安全系统等各级监管部门负责人，全面深入细致地收集了校园安全意见和建议。面对公众的焦虑、不满、愤怒和质疑，随着议程的展开和深入，主流媒体的关注和引导，在 9 个月的时间里以精心设计的议题逐步引发 Twitter 平台上不同切口和不同领域的公众讨论，特别是自始至终将公众参与性议程设计其中，显然是希望这项工作能够自带公众互动性。

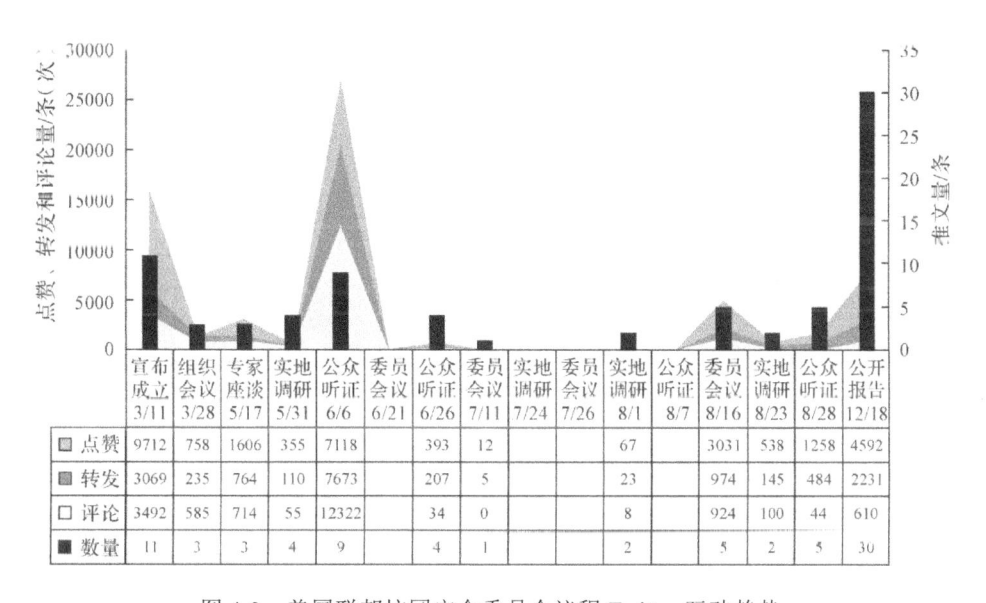

	宣布成立 3/11	组织会议 3/28	专家座谈 5/17	实地调研 5/31	公众听证 6/6	委员会议 6/21	公众听证 6/26	委员会议 7/11	实地调研 7/24	委员会议 7/26	实地调研 8/1	公众听证 8/7	委员会议 8/16	实地调研 8/23	公众听证 8/28	公开报告 12/18
■ 点赞	9712	758	1606	355	7118		393	12			67		3031	538	1258	4592
■ 转发	3069	235	764	110	7673		207	5			23		974	145	484	2231
□ 评论	3492	585	714	55	12322		34	0			8		924	100	44	610
■ 数量	11	3	3	4	9		4	1			2		5	2	5	30

图 4-2　美国联邦校园安全委员会议程 Twitter 互动趋势

量的方面，关涉联邦校园安全委员会议程的 Twitter 推文共计 79 条，评论 18888 条，转发 15920 次，点赞 29400 次。在这 79 条推文中，政府相关的委员机构账号 12 条，委员个人账号 8 条，其他政府政党账号 15 条，包括机构媒体和另类媒体在内的媒体类账号 22 条，运动组织账号 18 条，枪击案亲历者家属账号 4 条。与此相类似的政府行动，其社会关注高潮通常都会发生在起始和终结两个时间点，政府在社会化媒体平台的作为也仅限于宣布开启及公布报告这样典型的信息型推送，过程本身不会引发舆情热度和互动热情。在这个案例中，委员会的 16 个关键工作节点日，除去 6 月 21 日、7 月 24 日、7 月 26 日、8 月 7 日这四天，每天都有内容推送，负责牵头实地调研、公众听证和议题讨论的政府相关机构和人员轮番交替发推，确保了互动关系的保持。

（二）互动空间的扩展

世间万物的演化秩序确立于时、空、质之间的依存关系，要形成符合社会化媒体平台传播规律的互动秩序，不仅需要时间维系和质量保证的考量，还应当加入空间维度，达到一种整体传播效应。围绕"委员会成立"这一发布的 Twitter 点赞（9712 次）、转发（3069 次）和评论（3492 条）是整个传播进程的峰值所在，而这也是围绕委员会工作设定政府基调，动员公众参与，激发社会期待的重要环节，这一切都需要互动空间的尽可能扩展。这里以"宣布成立"为例来加以分析，可以发现社会化媒体平台上某一议题互动空间的建立，关键在于抓住具有舆论领袖作用的传播节点和时机，特别是在教育部部长推文导致舆情危机的情况下。

1. 核心人物推文预告招损

3 月 11 日首篇推文由教育部部长发出：

@BetsyDeVos："我很谦卑地担任联邦校园安全委员会主席，该委员会将有助于提出解决方案，并确定州和地方社区的最佳做法，这些做法将真正致力于保护学生的安全。"

这条推文的评论量空前地达到了 531 条，点赞 400 次，转发量则相对较低，仅有 70 次。尽管并不确知委员会接下来的工作步骤，刚刚从 2 月 14 日校园枪击案的震惊、恐慌和悲伤中走出的公众，找到了一个可以极尽"吐槽"政府之事的渠道。尽管此案的问题源头不仅仅是教育部，尽管很大一部分讨论是在表达一直以来都存在的质疑:"特朗普任命的德沃斯出现在教育部部长任上是否合适、是否合规?"

教育部部长的首推非但没有赢得公众的支持,反而招来了贬损。为了止损,并利于后续工作的推进,白宫利用第二天的 Twitter 官宣有意地对此进行了缓解。3月14日,教育部部长再次推文,采取了相对务实的表述,明确了后续的工作:

@BetsyDeVos:"我将领导一个联邦校园安全委员会,侧重于确定教育工作者、家长、心理健康专业人员和执法部门的解决办法和最佳做法,以协助各州和社区努力防止学校暴力。"

这条推文获评679条,稍微起到了止损的效果,但是公众并未能完全沿着教育部部长所提示的思路开始就校园安全议题进行真正意义的讨论。

2. 政府中央机构官宣定音

白宫的官宣尚未到来之前,主流媒体 Twitter 账号并未对教育部部长引发公众关注的预告进行过多的报道和传播。6家媒体从不同的侧面预告了委员会的成立及其可能采取的措施。《卫报》高级记者指出:"在全国步枪协会的强烈反对下,白宫放弃了提高购买某些枪支的年龄限制。相反,'联邦校园安全委员会'将考虑改变年龄限制的问题,没有做出决定的最后期限。"一家自媒体账号@Purple_POV 则暗示已设立联邦校园安全委员会是要履行白宫誓言帮助武装教师,支持提高购买枪支年龄的承诺。CNN 驻白宫记者@kaitlancollins 则质疑一天前特朗普总统的 Twitter 言论,即依靠"蓝带委员会"来解决国家毒品问题,由此嘲讽即将成立的联邦校园安全委员会同样会收效甚微。在这种背景下,白宫官方账号发文专门提到校园安全委员会:

特朗普总统正在设立一个由德沃斯部长担任主席的联邦校园安全委员会,并将就预防学校暴力的政策提出建议和方案。

白宫这条官宣发出之后情况显然大有不同,由于账号本身的平台影响力,获得了2000个赞、784条评论和498次转发,人们对委员会的态度发生了些许转变,重新拥有了期待。

3. 政党领军组织呼应造势

3月14日,教育部部长补发推文之后,因强烈反对枪支管制而处于风口

浪尖的共和党官方账号发推,提出:

@Whitehouse:"特朗普正在立即采取行动,通过以下方式保护我们的学校:设立一个联邦校园安全委员会——支持预防暴力方案——加强背景调查和预防——改革心理健康。"

这条推文清晰明确地表达委员会的可能采取的校园安全措施,暗示了控枪并非解决方案的基调,将话题引向了当时公众舆论胶着的关键,也就是正在酝酿和发酵中的全美青年控枪游行所大声疾呼的诉求,吸引了更大范围的公众关注。共和党官方账号的这条状态是围绕委员会宣布成立的最后一条推文,获赞6216次,获转2089次,获评论1400条,成为联邦校园安全委员会议程中关注量第二大的推文。

二、透明关系建立:政府部门官方平台账号评析

政府部门官方账号核心作用在于建立就校园安全委员会安全事宜与公众建立透明关系。政府传播借由社会化媒体的公众属性和平台特征,通过YouTube直播和部门Twitter面向公众开启了委员会工作议程的全面化透明和态度的选择性透明。

(一)YouTube直播:透明议程与社会化媒体公众属性的契合

委员会工作的开启始于3月28日,委员会主席机构教育部通过官网对14次议程进行了日常新闻发布。除去第一次组织性会议,通过其社会化媒体平台YouTube账号逐一进行了13次直播。

如图4-3所示,直播关注度整体呈下降趋势。其中公众关注最高的是5月31日在马里兰州一所小学针对"积极的行为干预与支持(PBIS)"所进行的实地调研,2.5小时的直播浏览量高达3469次。5月17日专家与校园枪击案亲历者家属的座谈直播浏览量位居第二,2.5小时对悲剧的专业反思和亲历回忆吸引了2900人次的观看。6月6日的公众听证将议题交由公众,委员会代表听取了长达9个小时的公众意见,这场听证会同时向媒体开放,2688次的直播点击量处于第3位。值得注意的是,7月24日在威斯康星州一所中学举行的实地调研,聚焦"学校风气和文化的转变对学生行为的重要性",在

委员会议程关注度持续走低的情况下推出一个局部性高潮。之后持续走低，浏览量最低的直播是 8 月 7 日在怀俄明州组织的公众听证，仅为 1067 次，但是当 8 月 16 日的委员会议将目光投向"创建学习中心：保护校内外安全的新工具"这样的方案性议题时，公众关注度又回升，以 1602 次观看量在下行线中达到了一个小高峰。此外，不同类型的议程，直播点击亦存在差距，4 次实地调研的收看率最高，总计 8562 人次；其次是 4 次公众听证，7213 次；4 次委员会议浏览量相对较低，6793 次；专家及亲历者家属座谈仅举行了一次，浏览 2900 次。

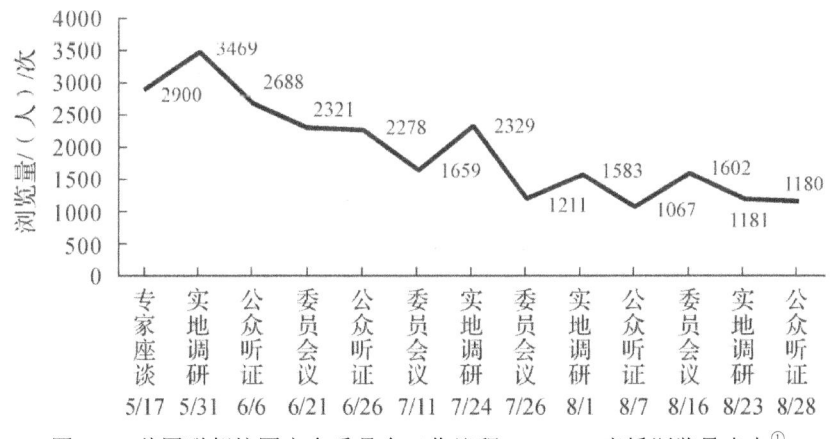

图 4-3　美国联邦校园安全委员会工作议程 YouTube 直播浏览量走向[①]

可以看到，联邦校园安全委员会通过社会化媒体平台 YouTube，采取了全程透明的态度，期望就议题的探讨、方案的提出与公众建立一种透明化关系。这项具有显著社会问题解决性质的联邦政府行动，发起于国家总统，集合了四大关键部门，最初的轰动新闻效应可以预见，但是该行动议程推进时间长达半年。如果能在直播平台面向公众建立一种透明化关系，有助于一直置身于地方媒体案件问责声和全国青年控枪呼吁声中的公众减轻焦虑、纾解情绪、反思问题。不仅如此，委员会以一种透明的模式将佛州高中枪击案后公众对问题的思考引入政府的框架中，这个框架没有简单地将问题归于枪支管控政策不当，而是拥有了文化培育、心理健康、校园安防、媒体影响、学

---

① 参见美国教育部 YouTube 直播平台：https://www.youtube.com/watch?v=LOHJAk9Indw。

校风气等多重危机归因意识，落实于联邦、州和地方政府教育、卫生、安全、执法等各级机构和相关非营利组织，寄望于广大学生、学生家长、学校老师、专家顾问和政府人员之间的共识，体现出委员会在面对这个全国性复杂问题的多维解决思路。因此，在 YouTube 直播这种社会化媒体传播模式中，透明化就是最核心的传播策略，决定传播效果的其实是被透明化的议题是否符合社会化媒体平台的用户属性和需求。对照委员会工作议程，很明显，那些公众参与度高的听证论坛、公众贴近性强的实地调研、公众代入感浓的亲历座谈和公众需求迫切的解决方案，才是社会化媒体平台成功吸引公众关注的议程设置策略。

（二）政府 Twitter：被透明信息与社会化媒体平台特征的契合

政府机构推文发布的主体是美国教育部、国土安全部和司法部等联邦校园安全委员会委员机构及下属机构，如加州教育厅和国土安全部特工处，以及白宫等 6 个账号。政府机构共发布推文 12 条，其中教育部门推文最多，达 5 条，占比 44%，但影响力最弱；白宫仅发布 1 条推文，影响力最大；影响力居于其次的是国土安全部，4 条推文获评 198 条，转发 442 次，点赞 1186 次。

就推文内容而言，白宫推文发布于 3 月 12 日，指出特朗普宣布成立由教育部部长任主席的联邦校园安全委员会，就预防校园暴力推荐政策和基础提案。尽管前一天教育部部长以个人账号@BetsyDeVos 已率先透露了这一信息，并有《卫报》《赫芬顿邮报》和 CNN 等媒体记者跟推，却并未超过白宫这篇典型的信息发布型推文的影响力，点赞 2000 次，转发 498 次，评论 784 条。不仅如此，公众对教育部部长本人的不满在这条推文的评论里得到出乎意料的表达。白宫作为政府 Twitter 第一大号及时止损，重新燃起了公众回归委员会校园安全议题本身的兴趣。

教育部门作为主席机构推送量最大，4 条属于教育部官方账号信息，1 条属于加州教育厅账号。前者均属于信息发布性质的议程预告和直播链接发布，分别是在委员会组织会议召开前的 3 月 23 日，开展马里兰州小学 PBIS 实地调研的 5 月 31 日和委员会报告公布的 12 月 18 日。后者则推送了加州教学督察@TomTorlakson 就联邦委员会有意忽视控枪问题所表达的不满，只是账号影响力有限，仅获 1 条评论、5 次转发和 11 个赞。

国土安全部的推文也来自两家机构，一是该部官方账号，二是下属特工处账号。其发布集中于 8 月 13 日、8 月 15 日和 8 月 16 日，均属于为 8 月 16 日由国土安全部部长召集的委员会会议进行信息预告，并示意网民关注即将与会的部长和副部长 Twitter 账号。此次会议以"创建学习中心：保护校内外安全的新工具"为题，讨论由国土安全部负责的学校建筑安全、主动射击培训以及校园威胁评估经验。国土安全部特工处的账号则是在 12 月 18 日委员会终极报告推出后的第二天，以其固定的周三话题 "#WednesdayWisdom" 介绍了该处全国安全威胁中心在委员会报告中的贡献，获评 118 条，获赞 535 次，转发则达到 231 次，单条影响力在政府机构中仅次于白宫。

司法部 2 条推文，内容均为当日该部官员参加委员会议程的图文新闻，影响力一般（获评 31 条，获赞 368 次，转发 221 次）。

总之，同样是以信息发布建立透明化关系，白宫以其日常粉丝量和影响力独树一帜，为公众在 Twitter 平台的各抒己见创造了条件，也为委员会一个月后的议程设置提供了舆情参考。由于教育部部长个人账号发布频繁，教育部基本是在围绕官网发布和 YouTube 直播，利用 Twitter 做辅助传播，加之粉丝量最小，表现乏善可陈。司法部的推文流于图文发布，并未紧扣司法部负责召集的委员会会议和实地调研，也缺少深入议题的链接，几乎毫无策略可言。国土安全部及时就本部相关的关键议程进行信息预告的同时，与政府官员个人账号形成互动互推效应，同时让公众全面了解了该部在委员会报告中所做出的贡献，并且引发了公众对议题的讨论，透明化关系的建立策略可圈可点。

三、对话间情感转换：教育部部长 Twitter 账号评析

由校园枪击案缘起的校园安全议题聚合了太多的情感因素和情感冲突，无论是自身处于悲剧漩涡的亲历者及其家属，还是生活在学校情境中的学生、教师和家长，或是因为枪支崇拜与恐惧而再次陷入激辩的美国人，Twitter 成为这些群体共享共同情感的平台。这在政府相关的委员机构、委员个人、其他政府政党、媒体（包括机构媒体和另类媒体）、民间运动组织和枪击案亲历者家属等 6 类账号中都有着共通的表现，委员个人账号尤为显著。

教育部部长德沃斯作为委员会的核心成员，在委员会成立之前就极具话题性和争议性，比如毫无教育工作履历，凭借富翁身份贿选入职；自己及子女皆无公校学习经历，对公共教育缺乏身体力行的支持；认为公校教师收入

过高，巨资支持教会学校及私校，等等。在公众的心目中，德沃斯是一个毫无资格可言的教育部部长人选。校园枪击案后组建的联邦校园安全委员会，任由教育部部长在 Twitter 平台上首发推文，引发了严重的信任危机，甚至有让诸多互动努力付之一炬的"功效"。或许正因如此，德沃斯除在 3 月 11 日和 3 月 13 日、3 月 28 日和 3 月 29 日、5 月 18 日和 5 月 22 日与委员会议程同步发布了 6 条推文，之后便再未就委员会议程以个人名义发布相关推文。在很大程度上，她的主动噤声缘于 Twitter 上汹涌而来的公众情感表达。尽管面对舆论危机，她也曾试图说服公众，但是其间之艰难可想而知。依据柯林斯的观点来分析，Twitter 平台上的推文、评论、转发、点赞等互动行为是一种情感"变压器"，情感通过互动实现了"转换"（柯林斯，2009: 160-165）。这里采用 LDA，通过提取评论文本中的隐含主题和情感倾向来呈现这种在对话仪式中实现的情感转换，并按推文所处的议程时间来分析其得与失。6 条推文状态如表 4-3 所示。

基于 LDA 主题模型分析法生成了教育部部长 6 条推文评论中重复频率最高、最具强度的 10 个关键词，它们的频度排序依次是"school—gun—resign—student—safety—teacher—public—Betsy—child—commission"。结合推文评论内容可知，除了"学校"这个委员会工作对象词汇，对教育部部长德沃斯对"枪支"态度的抗议、要求其"辞职"的呼声要高于"学生""教师""儿童"和"委员会"这类关键词，甚至高过委员会工作的核心词"安全"。也就是说教育部部长关于这项工作议程的积极表达，到了公众那里在主题上就被严重转换了。

事实上，美国教育部部长的 6 次推文分属三次不同的议程，通常是第一次推文的措辞遭受"攻击"，第二次推文用以"辩解"，只是效果不尽如愿，通过隐含主题和情感倾向的比较可以一探究竟。这里以描述和比较关键词权重值的方式，以及分积极、消极和中立词汇的词频来呈现情感倾向变化的方式加以分阶段分析。情感倾向同隐含主题一样基于对推文评论文本的 LDA 主题模型分析来实现（见图 4-4）。

（一）宣布成立阶段

3 月 11 日的推文除了就事论事的委员会成立预告，评论抨击点在于是否真的"humble（谦卑，权重值 14.21495）"，强调点是"gun（枪支，权重值

14.214952)"的管理，诉求点是"resign（辞职，权重值 18.21495）"。她于 3 月 13 日发表推文，着力对自己所领导的委员会工作进行了具体描述，或者说是补充描述，此时评论数不降反升，其中"resign（辞职，权重值 24.39056）"成为第二大关键词，"gun（枪支，权重 17.39056）"这个并不在委员会议程中的议题仍是公众希望探讨的重心。值得注意的是，如此一来，更多的评论直指教育部部长"Betsy（权重 8.39056）"，重点对其的"lead（领导，权重 12.39056）"资质质疑问难。虽然公众议题着力表达的是不满，却并不代表教育部部长的补救性推文毫无价值，就情感倾向而言，3 月 11 日的负面倾向（36%）至 3 月 12 日（23%）有所下降，积极情绪有了 19%的明显上升，达到 6 条推文评论中的最高值。不仅如此，3 月 13 日的推文也是 6 条推文中点赞量最高的。这表明，公众对于务实解决实际问题的政府行动依然是欢迎和支持的。

表 4-3　美国教育部部长推文概况

时间	议程	推文	评	转	赞
2018年3月11日 16:25	宣布成立	我很谦卑地担任联邦校园安全委员会主席，该委员会将有助于提出解决方案，并确定州和地方社区的最佳做法，这些做法将真正致力于保护学生的安全	531	76	400
2018年3月13日 12:02		联邦校园安全委员会将由我领导，该委员侧重于决策教育工作者、家长、心理健康专业人员和执法部门的校园安全解决办法和最佳做法，以协助各州和社区努力防止学校暴力	679	93	497
2018年3月28日 16:40	组织会议	AG 会议，@SecAzar，@SecNielsen，我今天召开了富有成效的校园安全委员会第一次会议；我们将很快开始全国各地的旅行，就如何确保学生和教师安全，与那些有想法和解决方案的人面对面	394	135	470
2018年3月29日 12:33		虽然关于犯罪和校园安全的年度报告已有积极向好的趋势，但我们知道我们还必须做更多的工作，联邦校园安全委员将迅速努力地寻找解决方案以改善我国学校的安全	174	82	256
2018年5月18日 9:18	专家座谈	我的心都碎了，我的祈祷与圣达菲高中的学生、家长、教职员工和急救人员同在；联邦校园安全委员会的工作仍然紧迫，这一情势不能继续下去；我们的国家必须团结起来，保护学生的安全	454	131	531
2018年5月22日 8:34		承诺为客户促成每个学生的成功，我们必须每天为此推陈出新，但是首要之责是务必确保我们的孩子在学校是安全的；联邦校园安全委员会的工作重点是采纳和提升切实可行的解决方案，为全国的学生和教育工作者提供保护	120	65	228

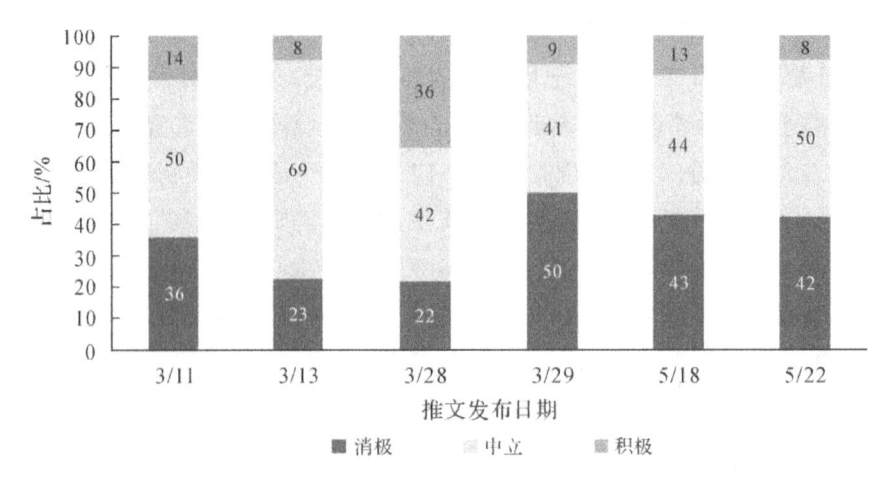

图 4-4　美国教育部部长推文评论 LDA 主题模型情感倾向数据

（二）组织会议阶段

3月28日是美国教育部部长组织的委员会第一次会议，本来已有官方正式渠道向外界公布委员会的工作初衷和基本思路。然而，教育部部长当日和次日推送的两条推文显然带来了难以挽回的负面影响。她先是在3月28日@了两位部长委员，表示接下来的工作是"travel"全国各地，这句存在较大措辞问题的推文遭到一致的抨击，比如"高官和专家们全国旅行只会一无所获""花费纳税人的钱去旅行""为什么不把'teacher（教师，权重值28.42372）'和'student（学生，权值17.42372）'请进教育部面对面"，等等。3月29日临危救急性的推文本意是说明教育部并非除了旅行调研无所事事，校园安全报告显示情势已积极向好，这在2018年每周发生一次校园枪击案的背景下，只会招来更严重的舆情反弹。"resign"一词的权重从前一天的15.42372上升至21.33268，并且纷纷呼吁教育部部长应当丢"job（工作，权重值11.33268）"。两条推文之间，公众在愤怒的共情中达成了群体性团结，在积极情绪未发生太大变化的情况下，消极倾向用词增加了一倍多，29日的推文也是6条推文中点赞量最低的一条。无疑，教育部部长的形象和公众的情感均达到了最低谷。

（三）专家与遇难者家属座谈阶段

委员会5月17日召开了专家与佛州高中枪击案座谈会，教育部部长此前一直因其反对控枪的立场而备受公众指责，第二天的推文是想通过有感而发，表达对遇难学生的同情和祈祷，拉近与公众的情感距离。公众对她的"prayer

（祈祷，权重值 44.92465）"基本能做到情同此理，但是普遍认为在校园安全问题上，"思考（thought，权重值 17.92465）与祈祷无事无补"，最重要的还是"action（行动，权重值 16.92465）"。这条推文评论的积极情感和中立语言较之前有所增加。5月22日教育部部长将校园安全置于首位的承诺进一步拉升积极向好的情绪，达到了50%。评论关键词重新回到了"学校（权重值 33.16569）"和"枪支（权重值 19.16569）"这一问题上来，公众更多地直接要求"Betsy（权重值 15.16569）"提供真正"practical（可行的，权重值 8.165692）""solution（方案，权重值 13.16569）"。这条点赞比例最高的推文说明，在某种程度上，随着委员会议程保持透明和推广，公众更愿意回归问题本质和解决方案的探讨，并坚持自身的主张。

结　语

如同所有的社会矛盾，无论是观点冲突还是事件危机，如何通过线上互动性秩序的形成、透明化关系的建立和对话间情感的转换来促成线下治理，是政府社会化媒体传播的目标所在。美国联邦校园安全委员会的社会化媒体传播显然并未针对 Twitter 和 YouTube 社会化媒体平台的传播特征和规律去全局性地进行清晰的策略擘画，同时由于相关部门和个人对自身舆论形象认知与现实存在差距和误区，社会化媒体的政府传播效果存在极大的不确定性。但是不得不承认，社会化媒体对于美国政府而言首先被视为一种政府开放的方式，目前已在透明推送方面不遗余力；其次被视为一种政民互动的平台，接纳、尊重和顾及公众意见表达是其潜力所在；再次被视为一种人与人之间对话的机会，不同立场的公众群体在社会化媒体平台上表达各种分裂的、长期的和激烈的情感，并达成了情感上的共享与共识，最终对线下实践产生影响。

遗憾的是，美国政府自说自话和有限接纳的"推送式"传播，加上其在社会化媒体平台的影响处于事实上的边缘化境地，影响力相对有限，以及公众对政府账号的刻板印象严重，未必能就事论事地展开讨论，并且受社会化媒体平台的情绪化感染，很少有公众平心静气地理性陈述观点，所有这些因素最终使得这样一个以公众参与为特征的线下议程设计，未能出色地利用社会化媒体的参与优势和协作文化促成更加有效的政府线下治理。

第三节

信息透明：
英国政府公民技术平台FixMyStreet传播

随着信息通信技术的快速发展，世界各国的开放政府计划迎来了前所未有的发展机遇。各国政府利用 Web 2.0 技术，不断拓展在社会化媒体平台上的业务能力以提高电子政务的透明度和问责制，为公民全天候开放大量信息。英国作为开放政府的先驱和领导者，已经数年位列《开放数据晴雨表（Open Data Barometer）》的首位。① 近 15 年，英国政府颁布了各项法律条文和政策来推进其开放政府计划。自 2011 年起，英国政府先后发布了四次《开放政府国家行动计划（Open Government National Action Plan，简称 NAP）》，致力于加强与民间社会的合作，以推动公共机构和服务的问责制和可见度，从而实现政府公开透明原则。因此，本节在英国开放政府计划实行的基础上，对英国政府与民间组织间的合作进行分析，以期为我国的开放政府进程提供一些有益借鉴。

一、问题提出

2019 年 5 月 28 日，英国政府启动第四个《开放政府国家行动计划 2019—2021》。该计划希冀通过积极地使用信息技术来倾听公民的声音，建立个人与国家之间的新联系，为公共机构创造新的问责形式，推动英国成为一个更公平的国家。其核心目标旨在向公民开放政策制定，公开自然资源的透明度，并通过改进政府发布数据的质量和数量，以彰显问责制，推动第三方民间组织不断完善其公共服务的方式。该计划强调政府与民间社会组织合作的必要性，

---

① 参见网址：http://opendatabarometer.org/data-explorer/?_year=2015&indicator=ODB.

并突出在合作中公民参与的重要作用,其主要体现在八项承诺中的第二项和第六项内容上。具体而言,第二项承诺是关于公众参与数字和数据政策制定,政府以包容性和参与性的方式制定数据和数字政策,包括《数字宪章》和国家数据战略。政策文件将通过与企业、第三方部门、民间社会组织和数据用户的各种声音进行持续有力的对话,包括通过英国开放式政府网络和开放式政府伙伴关系,以纳入公民的社会关切和意见。该项目由英国数字、文化、媒体和体育部(DCMS)领导,内阁办公室、政府数字服务参与管理,开放数据研究所和开放权力集团协同参与。而第六项承诺是关于民主改革计划,通过试点地区民主论坛,让公民参与地方当局的决策,赋予公民审议和提出建议的权力,从而对地方政策制定和执行产生实际影响。面对面的参与将得到数字平台的补充,以增加参与度和透明度。这项工作由 DCMS 与住房、社区和地方政府部(MHCLG)联合领导,第三方民间社会组织 Involve、The Democratic Society、MySociety 和 RSA 共同参与。①

由此可见,英国政府在执行开放政府计划中一直注重与民间社会组织建立联系,而该联系并非一方要求,而是双向互动所致。2011 年,英国民间组织为了响应加入开放政府合作联盟,建立了英国开放政府网络(Open Government Network),该网络使政府与民间组织及公民组成广泛联盟,以确保开放政府改革政策。其中,英国政府与民间组织 MySociety 的合作在开放政府国家行动计划中扮演着重要角色。在第三次 NAP 中,MySociety 在 13 项承诺里共参与了 7 项工作。MySociety 是一家总部位于英国的非营利组织,运营着许多在线民主和公民参与网站,其中包括 FixMyStreet、TheWorkforYou、WhatdoTheyKnow、WriteToThem 等,是"英国公民在线民主"(UK Citizens Online Democracy)项目的重要部门。MySociety 旨在建立具有社会影响力的在线民主工具,教育公众如何最有效地利用互联网改善生活,并鼓励社会大众积极地参与政治生活。而在此过程中,公民技术(Civic Technology)成为连接政府与民间社会组织的重要桥梁。

公民技术是一种非营利性技术,通过加强公民沟通和公共决策、改善政府提供的服务和基础设施,使人们能够参与公共事务,并加强政府与人民之

---

① 参见网址:https://www.gov.uk/government/publications/uk-national-action-plan-for-open-government-2019-2021/uk-national-action-plan-for-open-government-2019-2021.

间的关系（Knight Foundation，2015）。随着世界各国对开放政府原则态度的转变，各地政府使用的公民技术愈发多样，一些平台侧重于让公民能够向地方政府报告其附近的问题，另一些平台则提供大量政府开放信息及数据。公民技术最普遍的用途之一是在信息权利领域，非政府组织已经在世界各地建立了多个网站，以方便公民和政府之间的互动并提供官方信息。公民技术依赖于政府运作的开放性，如果无法获取政府信息，且政府部门对公民的请求不予响应，这些平台将无法生存。反之，通过非政府组织的运营，公民技术为政府和公民之间提供了更透明合理的互动渠道，促进了政府开放工作的有效性和合法性。

目前，在英国 MySociety 的支持下，成千上万的英国公民使用公民技术以高效公平的方式与官方机构进行互动。该组织旗下的 FixMyStreet 项目曾多次获得政府资助，并于 2007 年获得著名的新政治家/新媒体奖，次年获得"可持续生活奖"，并且被英国多家报纸评为最佳网站。近年来，FixMyStreet 逐步走向社会化媒体平台，它的应用程序在地方公共服务系统中身居要位，积极推进了政府与公民之间的合作伙伴关系。因此，FixMyStreet 作为社会化媒体时代公民技术的典型代表，它在英国开放政府中如何发挥作用及产生何种影响是本节研究的重点问题。

二、公民技术及相关理论概述

学界和业界普遍认为，政府通过提高公民参与治理的能力增加了行政国家的合法性。自 2011 年英国建立开放政府合作联盟以来，它一直致力于增加公民参与政策决策的过程，以深化政府的透明度和责任感，从而提高公共服务的有效性。在第四次国家行动计划中，英国政府继续承诺增加公众对政府决策的参与度，通过数字平台赋予个人权力，实现开放政府计划和整体经济利益的发展。

目前，数字技术是管理者增加公民参与、获得地方政府服务的重要途径，其中社会化媒体平台具有共享、即时信息收集、联网、共同创造和互动等功能，业已成为各国政府提高响应能力的关键手段。现有研究表明，英国的社会化媒体使用率是世界上最高的国家之一，83%的人口使用一个或多个社会化媒体网站，Facebook 被列为最受欢迎的社会化媒体网站，80%的人口积极使用该平台（WeAreFlint，2018）。英国的大多数公共机构现均在社交网络中拥有官方影响力，并将其作为与公民互动的技术手段。由此，可以将社会化媒体视为增加公民与地方当局之间接触的关键工具。地方当局做出的决定直接影响到公民的日常生活，因此，地方当局是普通公民最真实和有形的政府形式。有研究发现，地方政府对数字技术的使用程度与当地居民的政治信任直接相关（Tolbert & Mossberger，2016）。这意味着以社会化媒体为代表的数字技术已成为地方政府治理的核心要素。

近年来，许多来自世界各地的非政府组织都致力于开发数字工具，以增加公民与官方信息的互动。这些工具的成功运作取决于非政府组织的专业知识和效率，以及各政府部门是否愿意披露适当的信息和数据。其中公民技术是数字工具的一种重要表现形式。自2000年初的早期参与式网站出现以来，公民技术在全球范围内快速扩散，非政府组织被分配大量资金用于开发和实施这类网站，其主要目的是使公民能够以某种形式参与政治，促进官方信息的流通。随着社会化媒体的出现，公民技术将社交网络技术纳入其系统内，进一步强化了公民政府的合作伙伴关系。虽然公民技术在业界被广泛接受，但它在学术领域却鲜被提及。

公民技术作为一个专业技术名词，通常在学术文献中被描述为"数字平台和技术"而归入"电子政务"或"信息通信技术"的范畴内。这些研究将由政府主导和实施的自上而下的参与技术，以及由非政府组织和社会机构开发的技术混为一谈。事实上，二者有重要区别。由政府设计的参与系统易受到体制和理论基础的影响，不能完全站在公众的角度来思考；而由民间社会组织开发的公民技术是由普通"公民社会"，以创新的方式利用现有公开数据，补充、覆盖先前由政府部门控制的信息通信渠道（Badger，2012）。这就导致公民技术在公民参与和政府治理界面上处于独特的地位，它可能会对现有沟通渠道产生重大影响。尽管一些研究用公民技术来描述特定的社会行为，还有一些研究调查了以公民技术为依托的技术工具的使用情况，但依然未将公民技术对政府部门的改变和影响列入考察范围之内。事实上，公民技术变革理论的基础是建立在对历史的解读上，特别是对改革运动历史的解读，如推动17世纪至20世纪各国民主化的运动。无论是从历史的角度，还是政治的角度来看，它们之间存在一种共同的解释，即只有当公民能够提出更好的要求时，政府才倾向于为公民提供更好的服务，从而形成一个良性循环，稳步地迈向更好的政府。英国的公民技术便是通过用户友好的设计及核心功能，使公民能够获取政府信息、向政府提出要求，缩短公民与政府之间的距离，以创建良善的开放合作伙伴关系（Rumbul, 2015a）。

此外，还有一些研究表明信息通信技术在大数据时代对促进政府的开放性、透明度和问责制具有重要作用。例如，有研究者讨论了公民参与、信息公开和政府响应能力之间的关系，发现问责制是保障信息公开透明的关键因素，如果没有适当的问责措施，透明度则被认为是无效的（Schedler, 1999: 13-28）。还有学者指出，信息公开是信息透明度的充分不必要条件，公开信息并不能保证信息的透明度，尤其是在考虑利用公民技术和一般信息通信技术来获取政府数据时，公众是否能得到一致性信息（Fox, 2007）。公民技术和信息通信技术能够以用户友好的方式来处理数据，有助于从信息公开转向真正的透明度和问责制。但需要注意的是，公民技术本身并不是目的，而是达到目的手段，因为更先进的技术并不能保证更好的治理。

与传统的信息获取手段相比，公民技术在数据获取、存储、处理、分析和发送上都更有质量保障。信息通信技术能够自动化处理数据，能够从数以千计的文本中抓取相关信息，并产生连贯的统计、可视化和可搜索的数据库。因此，成功的公民技术平台可以通过公民获取更多的信息并接触决策者，通过公民和政府之间的实时反馈来传播分析，从而进一步缩短政府与公民之间的距离。然而，目前在开发公民技术方面还受到许多因素限制，包括如何获取保质保量的数据、信息通信技术所处的社会政治体制环境、公民及社会团体使用技术的能力以及工具本身的渗透和使用等。特别是在现今信息爆炸的时代，低质量或不相关的数据过载，政府部门信息的不公开都会阻碍公民技术平台的开发和实施。

三、"参与式"治理：公民技术在英国开放政府中的传播策略

作为最早一批开发使用公民技术的民间组织，MySociety 通过不断的研发，让许多的英国公民使用公民技术，与政府部门进行高效的互动。其中在地方问题的反映和治理上，公民可以通过 FixMyStreet 平台解决。具体而言，FixMyStreet（简称 FMS）是一个用于报告环境问题的网站和移动应用程序，由非营利组织 MySociety 运营。FMS 创建于 2012 年，旨在让市民能够

轻松地报告他们所在地区的坑洼、路灯破损和其他问题，以便地方政府修复它们。通过该网站和移动应用程序，市民可以在地图上找到他们的问题，以提供准确的坐标，为他们的报告选择一个类别，给它一个标题，并提供一个简短的描述。报告记录了上报的具体时间和日期，以及提交报告人的姓名（市民也可选择匿名）。一旦提交了报告，该报告就会显示在申请网站上，并通过电子邮件发送给负责的地方当局。简而言之，该平台可以让用户在交互式地图上显示哪里有问题，然后自动将报告发送给负责维护的地方政府部门。可以说，FMS 促进了人们在日常活动中所遇问题的"众包"数据收集。由于 FMS 诞生于 Web 2.0 的技术背景下，它的传播策略离不开公民与政府之间的互动，其主要表现在三个方面，分别为数据收集与信息公开、公共服务与公民参与、技术治理与政府善治。

（一）数据收集与信息公开

目前，世界上许多政府和公共机构已经认识到互联网促进与公民合作的潜力，而公民技术平台便是利用"人民的力量"来解决问题。FMS 的主要功能之一是收集人们在日常生活中所反映的问题数据，这实际上是通过运用"众包"来收集数据信息。"众包"是一种分布式的问题解决和生产方式，把问题以公开招标的方式传播给未知的可提供解决方案的社会大众（Estellés-Arolas & González-Ladrón-de-Guevara, 2012）。虽然这一定义在过去 10 年得到了广泛发展，但是在"众包"项目中最常见的是为了互利而组织参与性行动的方式，即社会公众自愿执行任务并以各种形式获得满足（如社会认可、技能发展、经济奖励等）。近年来，许多国家已开发了多种基于网络的公民参与平台，通过"众包"数据来支持各种类型的城市规划、设计和治理任务。FMS 作为一个典型案例，它的运作过程便体现了英国地方问题是如何通过"众包"来解决的。

FMS 平台由于其简单易操作性吸引了许多公民参与，积累了大量的信息数据集。截至 2019 年 6 月，英国公民通过 FMS 平台向地方政府提交的关于日常活动所遇问题已超过 200 万份。[①] 在此公民技术平台上，个人用户可以提交关于本地社区中的有形（物理）问题的报告，例如坑洞、损坏的街灯和墙面涂鸦等。报告提交是一个简单的过程，平均只需几分钟就可以完成。首

---

① 参见网址：https://www.fixmystreet.com.

先，用户输入英国邮政编码、街道名称或使用"自动定位"功能。然后示出覆盖感兴趣区域的地图。随后，用户点击地图以指示问题的特定位置，并输入主题行、简短描述、类别（例如道路安全、环境健康、停车场、公共空间等），并可选地附加图片。一旦报告被提交，FMS 将自动地把报告转发到相关的本地机构，或者直接转发到政府的管理系统，或者转发至由本地机构提供的电子邮件地址。地方政府可以通过 FMS 对这些报告做出响应，指出问题何时可以得到解决。FMS 的其他用户也可以指示问题是否得以解决。如果该问题已被第三方报告为已解决，则将通过电子邮件单独通知报告提交方。而用户在等待 28 天后，如果问题尚未解决，FMS 则自动向用户发送跟进电子邮件。而在整个信息传达的过程中，所有报告和回复都是公开的，以便公民可以轻松地关注当地政府所在地区或其他社区的情况。FMS 在公民和政府之间发挥了积极的调节作用。

（二）公共服务与公民参与

不少研究 FMS 的学者认为，公民技术为公民参与治理提供了新模式，促进政府的责任感，增加了公民参与，其中参与是指让公民参与到任何决策过程的多种方式。在经济合作与发展组织（OECD）的界定中，世界各国的参与方式可大致分为三类：获取信息、以在线投票或评论的形式提供反馈和肯定公民所提要求带来的积极作用（OECD，2008）。有学者认为，赋予公民权利需要将最终决策权交至公民手中，因此公民参与需要超越被动的消费者角色，转向成为有想法或能够做出决策的主动角色（Nabatchi & Mergel, 2010）。

现阶段，英国公民在线参与的途径可以细分为五类：①社会化媒体参与，特指使用 Twitter、Facebook 等社交网络技术手段参与；②报告机制，指公众使用公民技术平台向政府部门提供数字信息的在线网络或者移动应用程序；③协商机制，要求公民就具体问题对政府部门的响应做出互动回馈；④信息机制，向全体社会公众提供信息；⑤会话机制，直接通过电子邮件等方式进行双向对话（Rumbul, 2015b）。网络报告机制为公民提供了向政府机构通报某些社会问题的机会。在传统渠道中，报告机制仅允许信息以一种方式流动，而 FMS 作为公民技术平台，它与移动应用程序技术的结合为信息提供了有价值和用户友好的渠道，并通过"众包"数据的形式向政府部门提供重要信息来改善社区的维护和管理。

公民技术促进公民与政府之间的互动，有利于政府部门更好地决策，但其终极目标是提高公共服务和公共价值。FMS 平台在开发之初便已经确立了以优化公共服务的质量为其根本目标。该平台对英国所有公民免费，旨在改善基本的城市基础建设，并提升当地社区的生活质量，让市民更好地了解当地问题。它的指导原则是效率、透明度和问责制。在透明度上，该平台的所有信息都是公开透明度的；系统的简化和易操作性提高了其效率；而问责制则体现在问题报告直接发送至相关公共机构，甚至责任到人，这使得政府人员直面问题，不得不尽快给予回馈或解决问题。如果问题得不到解决，服务将失去其效力，可能对政府与公民之间的关系产生不利影响，政府的响应性对于公民参与行为有着直接作用。因此，FMS 服务所产生的公共价值提高了政府透明度，降低问题解决的复杂性，与公民进行更直接的沟通，收集有关城市基础设施的结构性问题数据，以及优化问题报告中公民社区的总体生活质量。

（三）技术治理与政府善治

在技术治理方面，FMS 平台极具有包容性，它不仅结合了移动应用程序技术，使得公民在移动设备上便可直接参与，FMS 还一直优化它简单操作的网页设计，同时它还可以通过电子邮件参与。也就是说，FMS 几乎囊括了现阶段所有技术治理的参与手段。此外，FMS 还致力于与不同的地方政府合作，并根据它们的具体要求进行调整。例如，FMS 近期推出了一项服务，该服务以 FixMyStreet for Councils 的名义为英国地方政府的需求进行量身定制。该云服务允许地方政府将 FMS 的功能集成到当地政府的网站与移动应用程序中，因此增加了 FMS 的用户量，也提升了地方政府的控制与治理水平。例如，英国伦敦巴奈特区是首批通过 FMS 为当地议会提供云服务的地方政府之一，它将现有的在线形式与 FMS 完整结合，允许公民在市政府制定服务政策的过程中报告问题，激发了公民的积极参与，让原有的"电子政府"服务体系逐步转变为以公民为导向的公共服务体系，推进了政府与公民之间的伙伴关系（MySociety, 2012）。

当第三方组织的技术平台与政府合作时，技术治理便逐渐转向政府善治层面。就 FMS 而言，服务成功与否的关键在于地方政府的参与程度和响应性，在此情况下，善治问题尤为迫切，其关键因素是实现治理平衡。由于现有政策和规定在许多情况下会出现矛盾的情况，因此在善治中努力达成公民、政府协商一致的意见及利益是十分必要的。善治还反映了为公民提供服务的政治动机，当强调问责和信任时，就要考虑到当出现问题时可对哪些公共部门进行问责，以及如何保护或执行公民权利。FMS 正是提供了这样的一种服务，即公民可以在平台中报告问题，随后报告将直接发送至地方政府和负责部门。另外，FMS 平台与政府合作，它将报告数据整合入地方政府现有的后台系统中，减少重复，从而使后续流程更加简化。FMS 平台在透明度、问责制和效率上的着重开发促进公民与政府之间的合作关系，这也构成了促进开放政府的重要机制。在开放政府的概念中，它存在三个重要维度：透明度、参与和协作（Ganapati & Reddick, 2014），这与以公民技术为代表的 FMS 平台完全契合。因此 FMS 不仅促进了政府善治，还推进了英国开放政府的发展。

四、公民技术对英国开放政府的影响

英国开放政府第四次 NAP 的发布背景是技术创新在一定程度上削弱了公众对国家机构的信任，颠覆和破坏了民主，以及使个人数据隐私受到了威胁。因此，国家行动计划寻求新的方式，让公民参与决策，通过参与式民主赋予个人权力，通过数字平台补充线下参与，以提高参与度和透明度。公民技术作为促进公民与政府互动合作平台，它对英国开放政府的影响体现在信任与公民参与上。另外，由于公民参与的代表性问题，公民技术也进一步加深了数字鸿沟。

（一）信任关系

信任是公民参与的关键因素。公民参与政治生活的前提条件是对某个公共服务机构持有一定的信任，只有建立起信任关系，公民才有可能积极参与政治生活。信任在决策中尤为重要，在决策中，公民个体会基于其自身价值而独立地评估决策结果或决策过程中的公平性，而人们对于决策公平性的感知则直接影响到他们对公共机构的信任感（Terwel et al., 2010）。当前，社会化媒体平台为公民在线沟通参与提供了数字工具，直接的交流有助于促进个人对公共机构的信任感知。

公民技术作为由第三方组织开发的重要参与工具，它对公民信任的影响体现在两个层面：其一，公众对公民技术平台的高度信任是依托于对第三方组织的信任，这在一定程度上赋予了第三方组织的合法性；其二，第三方组织与英国政府的密切合作，进一步促进了开放政府的发展，公众对于第三方组织的信任间接地转化为公民对于政府的信任，公众在公民技术平台中的参与也转变为公民积极的政治参与。这就要求公民技术专家需要不断提高公民技术平台的有效性和可信度，不可靠的数据收集可能会降低政策制定时所参考的信息质量和公民的参与程度，会对现实世界产生不利影响。正如 FMS 平台，它信息的公开透明促进了公民对政府的信任，也进一步加强了地方政府的责任感。同时通过为地方政府提供定制化的服务，进一步提升了电子政务的效率与政府响应性，从而激发了公民参与。

（二）公民参与

如前所述，开放政府有三个重要维度，透明度、参与和协作。英国第四次 NAP 便将重点聚焦于公民参与上，即让公众参与数字和数据政策制定，以及让公民参与到地方政府的决策中。参与是推进开放政府的关键过程，但并不是开放政府的终点，其最终目的是推动加强公共机构和服务的问责制与透明度。

信息通信技术为公民参与提供了重要的技术保障。目前，英国以信息通信技术为中心的公共服务一共经历了三个阶段：在第一阶段，地方政府部署信息通信技术，以改善向公民提供信息的手段，并使公民能够以电子方式进行互动；在第二阶段，地方政府通过分析这些因互动而产生的数据，以深入了解公共服务的效果以及公民未来的需求；到了第三阶段，由公民带头，通过与政府分享信息，成为服务设计及服务决策的积极参与者，该阶段代表了公民参与和赋权的范式转变，也是英国各级政府努力实现公民参与的重要目标（King & Brown, 2007）。值得注意的是，公民技术分别在第二和第三阶段扮演了重要角色，一方面它利用"众包"收集数据集，另一方面它促进了公民参与角色的重要转变。

尽管 FMS 在公民参与中做出了许多努力和尝试，但是它依然存在一些问题。由于 FMS 的参与者主要源于地方一级的公民参与，且仅限于报告邻里问题，因此它总是与问题和抱怨联系在一起，而不是成为固定的日常政治互动。公民不能通过积极的话语或建设性的反馈来表达他们改善社区生活的想法，如他们只能报告哪个地方出现了问题而不是建立一些有益的公共生活区域等。他们与政府之间的互动是以问题为导向的，且所有问题都是临时案例而不是结构性问题，它只能帮助公民与政府之间建立短期的互动合作关系。此外，由于FMS的设计是从一个相当个性化的角度来促进公民参与，因此它与社会其他成员之间的互动十分有限。詹金斯（H. Jenkins）认为，公民参与不仅仅是将公民与政府联系在一起，而是应该让社会各方力量联合起来，共同促进民主社会的发展（Jenkins, 2011）。FMS作为公民技术平台的代表，它忽略了集体行动和社区的力量。

（三）数字鸿沟

虽然基于交互性网络的公民技术促使公民参与获得巨大潜力，但它依然可能面临数字鸿沟的挑战。在英国，公民技术的数字鸿沟体现在代表性上。首先，在参与的代表性上，年轻人和女性在公共生活中的代表性不足，他们在政治参与中常处于较为被动的地位。例如，在MySociety历年的报告中，FMS平台参与者的男性比例远高于女性，36岁以上的人口占总人数的80%以上（Rumbul, 2015a）。其次，在教育程度上，FMS的参与者有半数以上是本科学历，报告表明受过良好教育的白人男性在政治和公民阶层中占据主导地位。最后，在贫富街区中，FMS的使用也存在差别，富裕街区的居民更关注自己所处的社区生活质量，因为他们提交的报告数量要高于其他街区，当富裕街区的问题报告越多，问题得到解决的概率就越高，其街区生活质量就越高，反之亦然。这样就加剧了贫富街区之间的生活质量差距，形成"马太效应"，可能会加剧社会资源的分配不均。因此，在分析"众包"数据时，要考虑到诸如人口密度、人口动态、距中心的距离和收入程度等因素，这些社会因素在开放数据中都发挥了一定的作用，当"众包"数据的代表性不足时，数据分析的结果可能会导致政府制定政策时出现偏差，甚至会固化原有的社会阶层与偏见（如性别偏见、贫富差距等）。

结　语

开放政府是一种简单而有力的理念，即政府机构在透明、有吸引力和负责任的情况下，能更好地为公民提供服务。它不是一套崇高的原则，而是一个更加民主、平等和可持续的社会基石。英国的开放政府计划注重与公民和民间社会组织的合作，确保开放政府计划保持活力和可持续性。随着数字技术的发展，公民技术在开放政府中发挥了重要作用，它促进了公民参与、提高了政府工作的透明度和问责制。通过与社交网络技术的结合，以 FMS 为代表的公民技术平台推动了数据收集与信息公开；充分利用移动互联网技术激发公民在日常生活的政治参与，以进一步优化公共部门的服务质量；最终将以技术治理为核心的公民技术逐步转化为以实现社会利益最大化的政府善治。尽管公民技术在信任、公民参与上做出了突出贡献，但依然存在参与人群代表性不足等方面问题，并且数字技术的发展也加剧了数字鸿沟的出现，它对政府部门的问题响应能力提出了新挑战。

随着数字革命的爆发，开放政府运动在世界各地快速发展，越来越多的国家意识到与公民建立合作关系以解决社会问题的巨大潜力。因此，在这次数字革命的发展浪潮中，我国政府可以加强国际合作，建立相关的公民技术平台，共同推进开放政府的发展进程。同时，要重视公民参与的重要力量，充分利用社会化媒体平台以及移动应用程序，为公民参与提供有力的技术保障；要加强与民间组织的合作，建立广泛的社会联盟，以确保稳健的开放式政府改革。

第四节

问题修复：
日本东京消防厅防灾救灾社会化媒体传播

日本东京消防厅（简称"东消"），是隶属于东京都管辖下的消防总局。与另一隶属日本中央政府的总务厅消防厅（简称"国消"，主要负责法令、政策的制定等）不同，它实际解决东京都 23 区及附近地区由于火灾、地震、恐怖行为等各类灾害引发的安全问题。

东京消防厅被称为是日本最强的消防总部。从人员规模来看，"东消"共有 1.8 万名职员，均为东京公安系统地方公务员，超过了美国纽约消防局的 1.1 万名。因此，"东消"被称作世界上最大的消防机构。从组织构成来看主要包含八大部门，除了总务、人事、企划等一般部门外，还有警防部，包含灾害急救信息中心、消防队及特别救助队；急救部，包含急救管理科、急救指导科、急救医务科，以及急救部队等；防灾科，包含防灾安全科、震灾对策科、水利科等；装备部，包含消防车整备的整备科，以及管理消防直升机的航空部队。其中，东京消防厅所管理的特别救助队、水难救助队、化学机动中队等部队还依照管辖区域划分为各个方面军。

依据日本的《地方自治法》以及《消防组织法》，东京消防厅的工作主要分为警防、急救、救助及预防四个方面。警防是指接收到例如火灾等情报后组织部队和消防人员抵达现场。急救是指将伤病员运送至医院，既包括大型灾害造成的伤病急救，也包括轻度受伤或者生病时的急救，并且在必要的时候提供心肺复苏等医疗救助。救助，主要是将受到灾害或者事故危险的人员救出，涉及的情况既包括水难、山地事故、地震、坠机、化学灾害、洪水、泥石流等大型灾害，也包括交通事故被困在事故车中，电梯停止被困在电梯中，因为某些原因被困在家里出不去等生活中的被困场景。预防，主要是对如何防备灾难进行一些指导。比如，防备地震的宣传、对房屋内家具固定的指导，对建筑内消防设施设置的指导，对如何预防生活中各类突发事件的指导，等等。

网络媒体时代，无论是灾前的预防，还是灾后的警防、急救、救助，东京消防厅开展工作都无法脱离对于网络的利用。东京消防厅于 1997 年开设总主页，2004 年又为下属的 80 个分署开设了分主页。内容包括组织机构以及设施介绍；东京消防厅组织的各类安全讲习活动；灾害统计、灾害教训、地震对策、预防受伤及事故等各类消息，此外还发布即时的灾害信息。由于社会化媒体的渗入，特别是 2011 年日本东部大地震时社会化媒体所发挥的作用，日本政府机构开始积极地在 Facebook、Twitter 上开设了账号。而东京消防厅为了更好地开展防灾救灾工作，先后于 2012 年 8 月与 11 月创建了 Twitter 及 Facebook 账号，以充分利用社会化媒体传播相对于传统媒体的便捷性、快速性、扩散力、可视性以及亲和力。

本书的第三章介绍了政府在社会化媒体平台各个界面可能采用的互动、透明、对话、参与及协作的策略。本节将采用案例分析的方式，对日本东京消防厅社会化媒体平台上的可视化语言进行分析，探讨该机构在完成防灾、救灾任务时采用的传播策略。由于日本地方政府机构运营和维护 SNS 账号时需要处理主管部门审批、确保预算、培养 IT 员工技术、与其他部门衔接、应对人员变动和突发情况、保护个人信息等复杂程序及事务，所以同时实际运营多个社会化媒体账号的单位并不多（大仓沙江、海後宗男，2017）。而东京地区作为日本首都所在的中心地区，对其安全的保护以及防护的重要性使得日本东京消防厅同时拥有 Twitter 与 Facebook 两大平台账号，主要传播"活动信息以及符合各个时节的关于日常生活事故的信息"。因此，本研究也将通过归纳和比较的方法，通过其两大平台账号的在线活动，窥探日本地方政府在社会化媒体传播策略上的特征。

一、Twitter 账号的内容特征

虽然从全球范围来说，Facebook 的用户总量大于 Twitter，但是依据日本总务省发布的 2018 年信息通信白皮书的数据，Twitter 在日本总体活跃情况好于 Facebook。该机构实施的包含对日本、美国、英国以及德国四国的国际问卷调查结果表明，在 Twitter 上"积极发言更新状态"的日本网民比例为 9.0%，高于 Facebook 的 5.5%。"虽然也发言，但主要阅览他人推送"的比例为 10.2%，也高于 Facebook 的 8.9%。从用户数上看，Twitter 在日本的总用户数约 4500 万人，高于 Facebook 的约 2800 万人。而东京消防厅 Twitter 账号的运营情况也符合这一总体趋势。自 2012 年 8 月设立 Twitter 账号至 2019 年 5 月 30 日，关注者已达 73.2 万人，远高于 Facebook 的 4 万人。

全 2019 年 5 月 30 日，东京消防厅 Twitter 账号目前共计发推文 3765 篇，从 2012 年至今平均每月发文 45 篇。由于日本的企事业单位多以 4 月 1 日作为工作年度的开始，东京消防厅主页上的"信息公开（报道发表）"栏也依照工作年度划分，故本研究不以自然年，而是依据研究需要截取了 2018 年工作年度（2018 年 4 月 1 日至 2019 年 3 月 31 日）的 315 篇推文作为观察对象，从主页设计、推文内容、转发与互动等各个方面对其采用的特征进行分析。

（一）主页设计：细节体现主旨

东京消防厅 Twitter 主页设计总体风格清晰简洁（见图4-5）。

首先，封面主题文字为"建设所有人都安心的东京（誰もが安心できる東京を）"，有力而清晰地体现东京消防厅"保障民众安全"的工作主旨。主题照片为东京消防厅职员工作照片的横向拼接。不同的工作场景以及式样不同的工作服体现了东京消防厅工作范围的广泛。此外，照片中男性职员照片为3张、女性职员照片为2张，比例均衡。随着日本女性社会地位的提升以及日本就业形势的需要，东京消防厅于2007年4月首批吸纳了23名女性消防员，其主页封面也体现了其支持、赞赏女性就业的一贯态度。

图4-5 日本消防厅 Twitter 账号封面设计

其次，头像的设置也颇具用心。与 Facebook 账号的消防警徽的头像不同，Twitter 的头像为东京消防厅2001年设计的卡通形象"九助（キュータ・kyuta）"。"九（キュー、kyu）"既取自火警"119"中"9"的音，也是日语"救助""救急"中的"救"的发音，同时还是"紧急"的"急"的发音以及外来语"レスキュー（rescue）"的尾音。而"助（タ、ta）"则是取自日语"助ける（tasukeru）"的首音。该图案将东京消防厅拟人化，代表着善于感知危险（黄色天线）、在任何灾害发生时都会出现实施营救的、被东京都民众爱戴的未来消防员的形象。① Twitter 与 Facebook 两大平台头像的设定看似平常，但实则体现东京消防厅对于不同平台受众的精准把握。

日本总务省2017年的政府信息通信白皮书指出，根据2016年该部门政策信息研究所的调查，日本 Twitter 利用率最高的人群为10岁至20岁，以及20岁至30岁年龄段，分别为61.4%和59.9%（日本総務省，2017），而40岁以上人群利用率仅为20.8%。Facebook 利用率最高的人群为20岁至30岁，以

---

① 参见东京消防厅主页：http://www.tfd.metro.tokyo.jp/qt.htm.

及 30 岁至 40 岁年龄段（分别为 54.8%和 51.7%）。40 岁至 50 岁年龄段人群的利用率仍在 30%以上。可见 Twitter 的利用人群与 Facebook 相比呈现低龄化趋势。而东京消防厅正是考虑到了传播对象的差异，在 Twitter 上使用了更为可爱、亲民的卡通形象，而在 Facebook 上使用了更为抽象的、代表权威的金色警徽形象，这一细节上的考虑无疑会为其获得更多的关注与好感。

此外，由于 Twitter 的功能设置，粉丝均可以在主页选择设置实时接收东京消防厅在紧急情况下以短信或者应用通知发出的警报。虽然东京消防厅明确指出了其 Twitter 账号无法应对火灾、急救、地震、台风等灾害发生时的报警，而是需要民众拨打 119 或者东京消防厅的专属报警电话#7119，但该账号在灾害，特别是大规模灾害发生时，可以提醒用户更快地获得紧急事件信息。

（二）推文内容：以防灾为主，贴近生活

在 2018 年工作年度中，东京消防厅推文总量为 315 篇，月平均推文量为 26 篇。5 月至 9 月推文数量较多，其中 8 月推文 47 篇，为推文最多月，而 2018 年 4 月最少，仅有 8 篇。从发文日期以及每日发文量来看，并不固定，往往多日不发或者一日多发。

推文内容主要包含以下六类。

1. 东京消防厅组织的活动预告

包括消防演习、防灾体验（见图 4-6）、消防体验馆消防博物馆等场馆体验、东京消防厅音乐会、与消防车消防员拍照的摄影会、住宅的防火防灾诊断等。

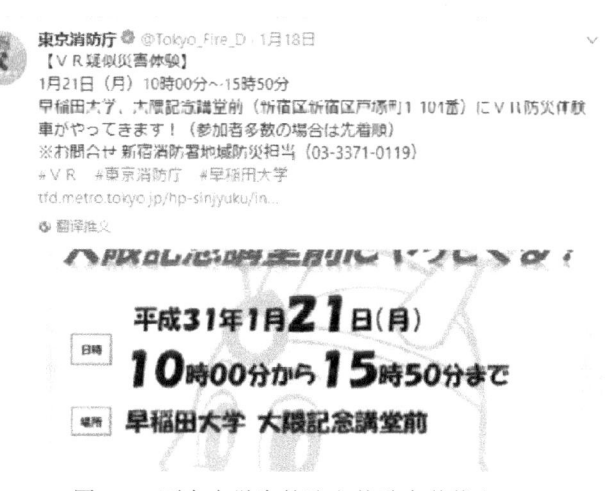

图 4-6　面向大学生的防灾体验宣传推文

2. 事故汇报以及对市民的提醒

例如，3月27日的推文汇报了他们25日紧急救护了赏樱花时喝得不省人事的12人（其中2人拒绝被送往医院），并提醒市民适度饮酒（见图4-7）。2月12日，汇报了因为扫地机器人移动暖炉点燃可燃物引发的火灾，提醒市民使用机器人自动清扫模式时注意使用方法，并同时提醒市民使用完电器拔下插头。1月28日，汇报了1月份18人因火灾死亡，比去年同期增长了11人，并提醒市民注意火灾。1月17日，在日本阪神淡路大地震24周年之际提醒民众将当时的经验传递给下一代。

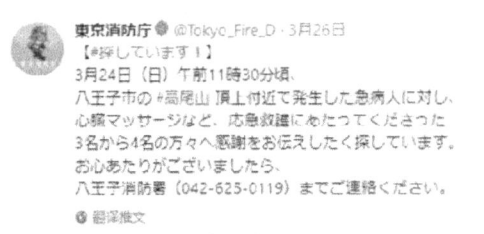

图4-7 提醒市民赏花时适度饮酒的推文

此外，还有季节中的注意事项。冬季提醒冷热温差会加大脑卒中和心肌梗死的风险，告诉市民不要人为制造过度温差。提醒冻结路面容易跌倒，并明确指出容易跌倒的位置。

3. 感谢和找寻救援活动中给予帮助的民众

例如，感谢和找寻东京附近八王子市参与救助病人的3至4名群众（见图4-8）。

图4-8 感谢参与救助群众的推文

4. 活动现场的汇报

例如，1月6日东京消防新年演习的实时报道。

5. 招聘信息

包括救护士、消防员的各个工种的招聘。

6. 其他提醒

例如，提醒民众警惕谎称消防人员的诈骗行为等。

（三）表现形式：专业不失亲和

东京消防厅 Twitter 的推文总体来看界面简洁、色彩丰富，与日本人的审美观相符，这也是 Twitter 在日本的使用率高于 Facebook 的原因之一。

从文字表述来看，推文多采用了日语的敬语体，这是日本人在公众场合发言的标准语体。但是，语气偏口语化，短句、省略句较多，并且使用了感叹号等表示情绪的标点符号（见图4-9）。由于 Twitter 有最多140个的文字数量限制，东京消防厅的推文文字部分篇幅不长，并且多以分段形式表示，适合快速浏览。

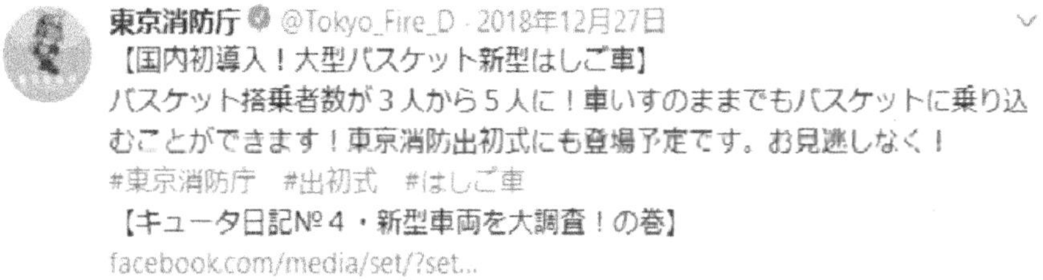

東京消防庁 @Tokyo_Fire_D · 2018年12月27日
【国内初導入！大型バスケット新型はしご車】
バスケット搭乗者数が3人から5人に！車いすのままでもバスケットに乗り込むことができます！東京消防出初式にも登場予定です。お見逃しなく！
#東京消防庁 #出初式 #はしご車
【キューターの日記№4・新型車両を大調査！の巻】
facebook.com/media/set/?set...

图4-9 推文中偏口语化的表达

配图与文字形成呼应，多色彩丰富，制作精良。

海报用于宣传各类与受灾有关的活动。东京消防厅多次邀请演艺界及体育界名人参加消防演习，讲授消防知识，因此，海报多配有受邀请人的照片（见图4-10）。

推文选用的照片一般不超过3张。用于展示防灾救灾活动中的真实场景（见图4-11）。

东京消防厅的 Twitter 还采用了图画及漫画的形式，或将文字内容具象化，或进行进一步补充。值得关注的是，日本消防厅 Twitter 账号几乎没有灾

图 4-10　演艺界名人消防演习海报两幅①

图 4-11　东京消防厅 Twitter 账号推文中使用的照片②

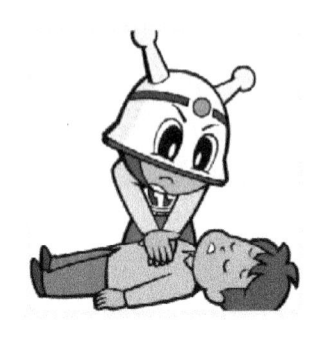

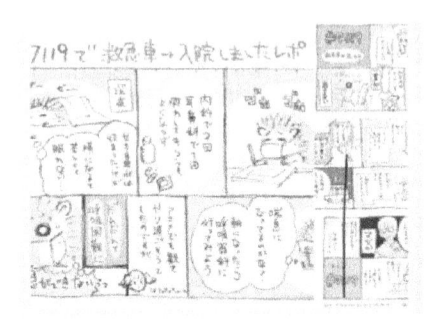

图 4-12　东京消防厅 Twitter 账号推文中使用的图画和漫画③

---

① 左图海报出现在东京消防厅 Twitter 账号 2019 年 3 月 1 日的推文，内容为邀请女演员森矢康娜作为一日消防署署长进行消防演习。右图海报出现在 2019 年 2 月 22 日，内容为邀请日本单口相声演员作为一日消防署署长。

② 左图照片引自 2018 年 12 月 24 日推文，内容为东京消防厅的往年的室内新年活动。右图照片引自 2018 年 11 月 5 日推文，内容为东京涩谷区的消防演习。

③ 左图照片引自 2018 年 6 月 29 日推文，描绘了推文中抢救心脏病突发女性的情景。右图照片引自 2018 年 10 月 15 日推文，内容为介绍如何呼叫救护车获得医疗救助。

害发生时人员伤亡的现场照片，而这时多采用了图画或者漫画，其目的在于：第一，保护当事人的隐私；第二，避免真实情景对读者形成心理压力，带来不悦感（见图4-12）。

此外，视频也很好地与文字形成对应与补充。例如之前提到的2月12日扫地机器人移动取暖器点燃可燃物引发火灾的推文，其中的视频就真实再现了扫地机器人如何推动取暖器至沙发边的整个过程，比起文字更能引起读者的注意和重视。

二、Facebook账号的内容特征

东京消防厅Facebook账号2018年工作年度共发159篇，平均每月13.3篇。与Twitter相比，总量较少，频次较为均衡。日本总务省2018年在《关于通过ICT实现包容的调查研究报告书》中，将日本的社会化媒体按照横向——与平台其他用户之间的关系远近以及纵向——"加料型"建构还是"广场型"建构进行了分类（见图4-13）。由中可以看出，与Twitter相比，Facebook更多被用于较为亲密关系的朋友或者熟人。此外，虽然Facebook仍然属于"加料型"平台，但是仍可以依照关键词形成某一话题的讨论圈，因此粉丝话题的参与度往往更高。从对东京消防厅Facebook与Twitter的文本对比中，无论是发文内容还是表现形式都呈现出了与此相符的特征。

（一）文字内容：具体而丰富

内容的差异化。Facebook和Twitter虽然都是东京消防厅的社会化媒体账号，但发文的内容并不完全相同。Facebook除了在宣传东京消防厅的各类活动预告时与Twitter同步外，由于不受文字字数的限制，发文内容长，因此内容更加具体而丰富。例如，2018年9月6日日本北海道南部发生了6.7级大地震。东京消防厅借此呼吁民众立刻对家中的家具进行固定。这则消息未采用任何配图，而是以文字表达了对灾区民众的慰问，对北海道地震死伤人员的悼念。此外，还回顾了当年6月在大阪北部的地震中，出现家具倾倒导致人员死伤的事故，由此告诫大家为了家人的安全立刻固定家中的家具。这样的表现形式通过Twitter账号则很难完成。

此外，摆脱文字限制使得Facebook发文内容的呈现更加多样化。2018

年1月16日招聘急救接线员的发文中加入了曾经得到接线员帮助的病人家属的谢词，使得原本枯燥的招聘信息变得充满温情和感召力。这也是 Twitter 账号无法实现的。

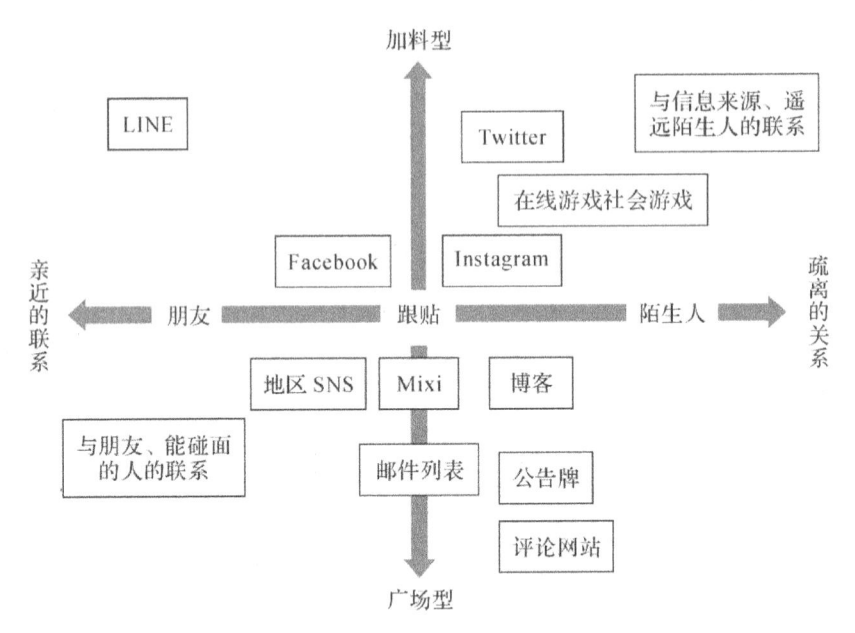

图4-13　日本社会化媒体的属性（根据日本総務省，2018a: 53 翻译绘制）

（二）表现形式：具象化与现实化

同一主题，Facebook 的表现形式更加具象化。例如，2019 年 1 月 6 日的东京消防新年演习，两个平台都在 1 月 5 日对第二天的演习进行了宣传，并且提醒参加者注意安全。但是演习当天 Facebook 是以回顾的形式发文，并以总结的形式在"平成 31 年东京消防新年演习"的相簿中上传了多达 14 张现场照片，具象化了活动场景；而 Twitter 采取了实时汇报的形式发布 8 篇推文，更具程序性。

另外，Facebook 的配图更具现实风格。首先，与 Twitter 上以漫画插图为主的配图模式不同，Facebook 更偏向采用照片搭配文字，而且数量不再局限于 3 幅。2018 工作年度中，Facebook 上的配图在 4 张以上的推文共计有 14 篇。其次，Facebook 使用视频的比例更高。2018 工作年度共有视频 8 条，比 Twitter 账号多 3 条。

（三）粉丝：积极热情

反映粉丝参与度的最强指标是评论。因为评论这一行为比点赞和转发更需要花费粉丝的时间与精力。第二章第三节综述日本社会化媒体发展特征时已经提到了社会化媒体对于日本民众来说主要是搜集信息的工具，因此日本用户的活跃度在总体上低于欧美国家。东京消防厅的粉丝行为也基本符合这一特征。无论是 Twitter 账号还是 Facebook 账号，除了某些特殊事件，2018 工作年度东京消防厅的评论总体来说数量不多，基本在 5 条以下。但是可以看出，Facebook 账号的粉丝表现均优于 Twitter。2018 工作年度 351 篇 Twitter 推文中获得 5 条以上评论的篇数仅有 6 篇。而 159 篇 Facebook 发文获得 5 条以上评论的篇数有 16 篇。此外，获得 Twitter 最高留言数为 24 条，推义为 2018 年 4 月 4 日一篇感谢群众参与救助的信息；而 Facebook 的最高留言数达到了 46 条，推文为 2018 年 12 月 26 日一条将喷雾放置燃气旁引发火灾的视频，提醒民众年终大扫除时对于废弃喷雾瓶进行慎重处理（见表 4-4）。

从评论的语气与长度也可看出 Facebook 粉丝更为投入与热情，而 Twitter 用户的评论较为简短。

表 4-4　东京消防厅 Twitter 及 Facebook 账号粉丝评论数统计

评论条数	Twitter 推文篇数	Facebook 发文篇数
大于 5	6	16
5	3	2
4	5	7
3	12	10
2	21	24
1	66	31

三、传播策略

参与、协作、互动是政府部门利用社会化媒体实现善治意图时的传播策略。东京消防厅为了更好地开展防灾救灾工作，也在 Twitter 与 Facebook 账号的运营中使用了这些策略。但由于政府职能的制约及日本民众社会化媒体使用习惯等因素的影响，这些策略的利用也体现了一些独特性。

（一）线上话语促进线下参与

社会化媒体作为政府实现善治的平台，希望民众最大化的参与。日本东京消防厅社会化媒体平台的主页设计、推文的文字、配图等构思都体现出了对受众的尊重以及希望民众参与的意图。例如，邀请市民参加防灾体验或者救灾演习时，直接采用了邀请的话语，配图多为往年民众参与活动时消防员或急救员与民众的互动等。但是，日本东京消防厅却没有在平台上与粉丝进行直接对话，而是作为活动组织者或者信息发布者，通过线上话语单向地宣传和呼吁东京都民参与实际的线下活动。例如，在发文感谢以及寻求曾经帮助救护人员实施营救的民众时，并不是呼吁当事人直接留言或者进行评论，而是要求大家和线下的某一实体部门联系。在事故发布以及安全提醒时，语气也体现出自上而下的权威感。虽然社会化媒体为"意见民主"提供了空间，但是正如汤普森（J. B. Thompson）指出的，这只是一种协商式的中介公众性（deliberate mediated publicness），而非对话的公众性（Thompson, 1995: 245）。

（二）以实现自我传播为目的线上协作

东京消防厅作为地方政府机关，实现防灾救灾的任务需要与其他部门发生联系。这种协作可能发生在线下也可能发生在线上。东京消防厅 Twitter 账号"正在关注"的 38 个账号中包括气象警戒预报等报警预警部门，包括总务省消防厅、警视厅等更高级别的中央机关机构，也包括东京都环境局、下水道局、港湾局等同级别机构，以及东京消防厅池袋消防署、丸之内消防署等下属机构。同时还存在东京 2020 奥运会准备局官方账号等有业务关联的机构。对这些关注账号的推文的转推体现了社会化媒体传播中的协作策略。

例如，东京消防厅 2018 年 5 月 27 日转推了账号为"东京国际消防防灾展 2018"的 6 条消息；5 月 30 日转推同一账号的 1 条消息，内容为消防展的宣传；6 月 4 日转推了日本"内阁府在线报道"关于指导如何发现山崩、滑坡、泥石流等地质灾害发生前兆的推文；9 月 29 日转推了东京都港湾局发布的"东京港海潮、海啸对策"推文加视频；9 月 30 日转推了东京都综合防灾部官方账号"东京都防灾"发布的台风影响铁路运行劝告大家早日归家的推文。这种协作既扩大了传播效果，又因为转推都是东京都消防厅 Twitter 账号在当日发布同质内容之后进行的，也实现了自我传播的强化。

此外，东京消防厅 Twitter 账号还在 2018 年 5 月 27 日转推了"福岛市夏威夷度假中心"发出的其中心舞者参与"东京国际消防防灾展"与卡通形象九助的合影,在10月17日转推了名为"七坂なな三日月のカルテ2卷"的Twitter用户首次使用救护车体验的漫画,在11月20日转推了荒川区区报的消防员特辑通告,都是为了丰富自己的传播内容而转推的。单纯协助他人的推文在2018工作年度只有11月15、20、24日转发的东京2020奥运会组委会官方账号"Tokyo2020"发布的志愿者征集开始以及即将结束的广告。

(三)有限的互动与对话

东京消防厅在线下具有明确的职能。那就是保护东京及附近地区民众的安全。这一目标的实现是通过庞大的线下组织而实现的。无论是Twitter平台还是Facebook平台都仅仅是线下活动的补充。东京消防厅作为东京都最庞大而且重要的地方政府部门,既为群众服务,也具有公权力。"对于政府有关部门的工作人员来说,虽然其职务行动是个体实施的,但他们代表着政府有关部门履行职责,因此,是一种机构性的行为,区别于公众的非机构行为。"(吴世文,2014: 136),所以东京消防厅虽然希望获得更多日本民众的关注与理解,希望参与线上社会与民众实现互动,但其话语行为最终无法与普通民众同步。总体来说,日本消防厅在社会化媒体平台上与粉丝的互动和对话都是有限的,两个账号在2018工作年度都未曾回复粉丝的留言、参与粉丝们的对话,也很少对粉丝的留言点赞。

结　语

东京消防厅2012年在Twitter以及Facebook上开设账号至今,东京都地区并未发生过规模较大的自然以及人为灾害,未出现过大规模的人员伤亡事故,这不仅受益于东京地区的地理位置以及政治地位,也与东京各个政府部门特别是防灾救灾部门的工作落实不无关系。作为线下防灾救灾各项工作的映射,东京消防厅在社会化媒体平台上的传播内容、传播行为呈现出精准、多元、即时、细致等特征。

第一,精准把握不同社会化媒体平台的特征,进行有针对性的传播。东京消防厅同时拥有两个社会化媒体账号,但在不同的平台上,无论是主页设计还是推文内容的构建,又或是推送和发布信息的模式都存在差异。这体现了其社会化媒体运营部门对两大媒体平台的用户群、功能、特征等差异的精准认知。

第二，传播信息多元化。东京消防厅的传播内容包含了线下所涉及的防灾救灾的各类活动及场景。报道方式也结合了文字、配图及视频，真实而丰富地展示了该机构的各类职能职责。

第三，事故灾害报道在实现即时、高效的同时，提供细致专业的应对策略，提醒民众预防灾害再次发生。无论 Twitter 账号还是 Facebook 账号，东京消防厅都把防患于未然作为推文的首要任务。无论日本周边任何地区发生有死伤报告的地震，都要发推文提醒民众再次检查家中物品的摆放是否存在倾倒隐患；在台风来临前夕，必定发多篇推文提醒民众注意大雨大风可能带来的各个方面的灾害；在高温天气时，必定发多篇推文提醒民众注意防暑降温，检查电器状况；一旦发生有人溺水、被食物卡住喉咙、醉酒、晕倒、被地铁与电梯等夹伤的生活事故，都即时地以文字或配图再加上视频阐明事故原因，提供对策以防止相同事故再次出现。

东京消防厅利用社会化媒体平台，不仅开拓了宣传阵地，把自己工作内容更加透明地展现给民众，呼吁民众积极加入防灾救灾活动，也通过推文表达了对日本民众的关怀，体现了日本政府倡导的人本理念。这就是东京消防厅获得 73 万 Twitter 粉丝用户的原因，也是被认为不爱评论只爱浏览的日本 SNS 用户在 Facebook 账号推文中频繁留言的原因。

第五节

社会动员：
俄罗斯联邦总统大选政府社会化媒体传播

新媒体盛行和新信息空间的形成导致了影响社会的新方式——媒体动员（Gibson et al., 2008）。社会化媒体作为筹资、吸引支持者、并对其进行动员和宣传的有效、低成本手段，越来越成为各级竞选过程不可或缺的组成部分。

它已成为一个特殊的组织空间，在此各个社会群体情绪由政治主体的需求来平衡。在当前媒体现实中，不仅需要创造、获取高价值信息、正确制定想法、表达意见，而且需要把它们迅速传达给受众，同时给予公众机会参与特定主题讨论，以便得到最佳社会动员效果。2018年的俄罗斯选举便是如此：2018年3月18日，俄罗斯举行了联邦总统大选。积极动用庞大宣传团队是本次选举显著特点之一。虽然俄罗斯选举法未设定最低投票率门槛，但当局全力动员了选民进行投票，这是一次通过社会化媒体传播进行选举社会动员的有效实践。

一、研究背景

（一）"公民参与率低"与社会化媒体

近几年，很多国家的公民对国家政治生活愈加冷漠，对政治代表信心下降，与政客、官方政治机构的疏远感愈加明显。这主要是由于大多数人对政治权利或某种政治理想的失望。政治发展进程的矛盾性，尚待解决的众多社会、经济和文化问题，社会制度的不稳定导致公民非政治倾向和政治消极态度。这也促使政治主体力求激活公民行动，用各种手段动员其参与政治。而目前，公民政治动员最重要的手段之一是通过社会化媒体激活群众热情。社会化媒体为公民和政治家提供了表达其政治信仰和偏好、影响政治议程、动员支持者和组织政治活动新的有力工具。社会化媒体赋予个人权力、重振民众参与社会政治公共领域讨论热情、有助于政治民主化发展。与其他信息来源相比，社会化媒体为政府和公众之间的互动提供更多的对话空间。各国"政府2.0"战略已将注意力转向使用基于交互式的社会化媒体来使公民参与政治协商，以纠正有关公民参与率低的问题，并重振公共领域积极性。

在许多国家出现公民参与率低的表现之一是选举登记率、选民投票率的下降。在选举活动中，社会化媒体动员功能已受到广泛关注。由于政治制度特殊性和数字技术发展不足，俄罗斯在选举过程中对社会化媒体的运用起步相对较晚。尽管如此，任何级别的选举中使用这一工具已经成为候选人影响公民的必然选择。这种影响的主要目的是控制公众舆论、情绪、公民感受、偏好、行动取向等。大众意识是相当稳定的，并不会发生迅速质变，但重新思考社会经济和政治局势、保护自己权力和利益必要性思维的醒悟会提高公民参与政治进程积极性（Achkasova，2006）。政府机构为达到自己目标利用社会化媒体采取的政治动员形式和方法引起学术界兴趣。

（二）选举动员与社会化媒体

事实上，自20世纪90年代中期起，西方学者已经开始讨论全球政治主体将互联网作为竞选工具预示了互联网对政治领域的潜在影响。研究证明，自21世纪以来，世界各地区公民对民主政策的兴趣和参与程度有所降低（Curran et al.，2009）。尤其令人警惕的是，许多发达国家正在经历所谓千禧一代年轻人与政治的脱离趋势（Bessant et al.，2016）。在政府、社会和政治学者对越来越凸显的公民参与率低的情形表示担忧之际，一部分学者乐观地认为，社会化媒体提供更具包容性的公民参与形式，从而改善甚至扭转这一时代趋势（Morris, D. S. & Morris, J. S., 2013; Castells, 2007）。世界各地的政治运动、非政府组织和活动团体越来越多地转向社会化媒体，以动员公民采取正式和直接的民主行动。相应地，许多研究确实表明，社会化媒体消费与政治参与之间至少存在一种积极的联系。社会化媒体塑造新的、更具参与性的政治风格，吸引更多的人进入民主进程。社会化媒体得到来自政党和候选人的极度青睐。他们倾向于利用社会化媒体鼓励并与潜在选民进行双向讨论和辩论。已有相当多的研究提供了强有力的证据表明使用 SNS 进行信息搜索对公民参与政治具有"显著和积极的影响"（Gibson et al., 2003; Jackson, 2007; Gibson et al., 2010: 5-16; Macnamara, 2011）。也有研究显示，访问在线新闻可以激发用户政治兴趣，并转向离线政治参与（Cantijoch et al., 2015）。研究也证明通过社会网络动员能提高选民投票率（Bond et al., 2012）。世界各国政府在不同程度上是社会化媒体动员的积极实践者。对政府网络活动的研究也日益集中在社会化媒体上（Pearce, 2014; Lange, 2014; Gunitsky, 2015）。

俄罗斯学者亦对这一传播领域有所关注，并且主要以政治传播作为切口，较有影响的包括：关于大众媒体政治传播过程及其受众影响机制和结果的研究（Vinogradova & Melnik, 2015; Melnik, 2013; Dzyaloshinsky, 2001），对信息和政治空间相互作用问题的探讨（Vershinin, 2001; Gavre, 2011; Kara-Murza, 2007; Klyuev, 2010），以及网络动员分析对研究国家与公共政策其他行为者之间的关系建立过程和细节的重要意义（Bykov, 2013; Miroshnichenko, 2009; Mikhailov, 2013）。俄罗斯政治学领域学者普遍认为，社会化媒体是动员社会的工具，是有目的和系统地组织活动中协调各方利益，有效实现具体政治目标的有力平台。早在苏联时期，俄罗斯政治动员已经开始发展（Il'icheva, 2013）。有俄罗斯专家认为，动员技术作为某种社会治疗的手段被用于人类生活的各个领域。然而，该技术在政治活动，特别是在政治不稳定时期（如选举期间）作用最为明显。格罗兹多夫娃（E. V. Grozdova）则更关注基于社会化媒体政府与社会互动对国家民主发展的意义（Grozdova, 2010）。她认为，当公民通过广泛的在线媒体讨论参与国家发展战略项目制定时，社会不再是"沉默的"。传播理论学者波切普佐夫（G. G. Pocheptsov）列出选举期间社会化媒体提供的信息所发挥的功能：激活大众意识；保持支持者的积极态度直到胜利；内部和外部民众心中将"选举"活动合法化；诽谤对手，以防止他们使用同样积极行动等（Pocheptsov, 2009）。贝科夫（I. A. Bykov）认为，影响选民过程中运用传播和社会心理策略效率最为明显，这归功于候选人与群众的直接对话（Bykov, 2013）。

虽然有相当多的研究证明互联网使用对政治参与的影响，但是主要集中于政治家和党派如何使用 SNS 进行竞选。有关政府作为选举动员主体的研究凤毛麟角。全球学术范围内严重缺乏对社会化媒体领域俄语语篇分析的作品，更加缺乏对俄罗斯社会化媒体领域方面的研究。尤其以俄罗斯政府为主体研究其社会化媒体实践的至今还没有完整的学术作品，这项研究或可填补该空白。

本书将作为一种尝试，采用案例研究法、网络文本研究法、内容分析法和归纳研究法，以 2018 年俄罗斯总统选举政府社会化媒体传播动员活动为案例，对其策略进行系统研究。研究过程选取 2017 年 12 月 18 日至 2018 年 3 月 18 日（包括 18 日）三个月期间俄罗斯中央选举委员会在 VK（俄罗斯最大的社交网站）、Instagram、YouTube 官方账号上发布的所有图文、视听内容，包括它在该时间段转载的内容，以及别的用户在其 VK、Instagram 主页墙上发表的各类状态信息，对其进行主题分类与内容分析，并加以归纳。

二、选举观察

俄罗斯联邦委员会全体会议于 2017 年 12 月 18 日通过决议确定 3 月 18 日为 2018 年总统选举日。18 日晚该决议在《俄罗斯报》公布。根据俄罗斯相关法律，这标志着俄罗斯总统选举选前活动正式启动。根据俄罗斯联邦宪法，国家元首将直接通过无记名投票选出，任期6年。

这次总统选举中，虽然有8位候选人，但没有人怀疑普京会胜选。2017年9月底，俄罗斯社会舆论基金会调查结果显示，66%的俄罗斯人支持普京，81%的俄罗斯人正面评价普京的工作（Guneev, 2017）。专家分析称，从某种程度上来说不是普京需要总统这个职位，而是俄罗斯此刻在国外一片围堵状况下需要铁腕总统普京。尤其值得一提的是，"统一俄罗斯党"仍然是俄罗斯最受欢迎的政党，该党支持者也是普京选民的核心。

（一）对总统选举合法性的质疑和选举支持率的担忧

2018年俄罗斯联邦总统选举普京的呼声极高，但反对派指责俄罗斯政府操控选举。俄罗斯反对派政治活动家、"开放俄罗斯"运动副主席弗穆尔扎称于2018年3月18日举行的活动只能加引号才能被称为选举。本次选举遭质疑主要理由是：第一，普京最主要的两个竞争对手涅姆佐夫和反腐败博客作家、反对派领袖纳瓦尔尼不能参加选举：一个死亡，另一个由于刑事犯罪指控获刑被中央选举委员会否决了竞选资格。第二，2008年普京结束第二任总统生涯后因俄罗斯宪法的限制未参加总统选举，一直在上演俄罗斯政坛所谓的"梅普换位"。普京带领的俄罗斯与西方国家近几年的外交冲突使他成为西方政客的"眼中钉"而遭受质疑。

2016年，联邦会议杜马选举曾创下了历史最低的投票率[①]，验证了俄罗斯公民政治积极性不高。俄专家预测，2018年总统选举时这一局面会再次出现。反对现任政府的政治活动家积极利用这一情况进一步加剧对抗，以纳瓦尔尼为首的反对派利用社会化媒体开始呼吁公民"抵制选举"。从旨在增加投票率项目的数量来判断，2018年俄罗斯总统选举竞选团队是动员公民方面最庞大的，但行政和部门动员可能会导致相反的效果。[②] 毕竟，时任总统普京与政府的紧密关系让政府调动选民的行动伴随着巨大的行政影响风险，可能加剧对选举合法性的质疑。一方面，要尊重参与选举的自愿原则；另一方面，政府动员势必动用大量行政资源。重要的是要把握多大程度的"接触和宣传"可

---

① 参见网址：https://www.dp.ru/a/2016/09/19/JAvka_na_vibori_v_2016_god.

② 参见网址：https://politics.d3.ru/mobilizatsiia-iavki-izbiratelei-v-den-prezidentskikh-vyborov-v-2018-godu-1533296/?sorting=rating&filter=unread.

以真正影响投票率，其中有些可能反而还会导致公民的反感和抵触，如处理不当政府可能会被质疑干扰选举进程。

（二）总统选举的动员组织

俄罗斯政府动用了史上最大规模的宣传动员团队，但不仅仅局限于挂海报、发通知、电视呼吁等传统方法，还把社会化媒体当成重要的传播动员平台。在2018年3月18日总统选举当日，俄罗斯政府还发起了一个在全国范围内增加选举投票率的大型动员项目，吸引政府人员和企业员工参加选举并及时给他们提供相关信息。相关指令被发送到区域主管部门由负责人亲自实施。政治战略家卡赞科夫说："这些人构成了约三分之一的选民。他们参与选举可以提高约30%—50%的投票率。主要任务是说服那些准备好投票的人真的会去投票。"（转引自Galimova et al., 2015）根据中央选举委员会网站提供的消息，中央选举委员会与俄罗斯工商会、制药公司PROTEK、俄罗斯邮政、俄罗斯工业和企业家联盟、俄罗斯旅游局、Sberbank银行和国有企业俄罗斯航天局等大公司签署协议，帮助向公众宣传选举。中央选举委员会则为上述合作伙伴提供IMA咨询公司为选举设计的信息和解释材料手册。俄罗斯邮政承诺悬挂呼吁前去投票的海报，并邀请邮局相关工作人员提醒公民选举日。根据选举委员会主席的说法这些机构要进行"得体的教育活动并解释所有与选举有关的新政策和提议"（Galimova et al., 2015）。俄罗斯旅游局负责给在国外的俄罗斯公民提供该领域相关信息。

（三）关于总统选举的社媒潜力

社会化媒体公民动员实践在俄罗斯并非没有先例。2011年2月2日，莫斯科律师纳瓦尔尼在他的博客宣布了名为Rospil反腐败项目筹款活动的开始，纳瓦尔尼也因此在博客LiveJournal上拥有了40万名固定粉丝，主页每日浏览次数超过5万。这表明，该类社会化媒体在俄罗斯互联网领域的普及与Rospil项目社会化媒体实践的有效性，可以说是俄罗斯社会化媒体动员第一次大规模尝试。遗憾的是，俄罗斯过去几年政治生活中积极实践社会化媒体动员潜力的主体并非政府。事实证明，社会化媒体更多被用于组织抗议运动和反对国家机构的行动中。这主要是由于社会经济、政治、文化、信息和法律领域尚未解决的复杂问题。克服现存问题的必要性决定了社会与政府之间局部对抗的性质，迫使当局寻求控制和管理社会化媒体的机制，以阻止破坏性力量从虚拟空间过渡到真正的实际对抗。俄罗斯政府在社会化媒体运用领域出台相关法律法规，通过积极和消极两种手段，从某种程度上做到了主动选择和被动限制的短暂平衡。而本次俄罗斯政府经过提前规划和精心组织的社会化媒体传播选举动员显得与众不同。

三、动员策略

（一）内容聚焦

1. 着重传播新选举条例

根据俄罗斯新出台的选举法，公民可在自己实际停留点进行投票。国家花费大量的人力和物力进行宣传。有关该法规的报道每天以文字、图片或视频的形式出现。向公民提供此类有关选举法律条款或相关行政规定等严肃信息时，相关部门充分考虑了社会化媒体用户阅读和接收信息的特点，避免了冗长乏味、术语连篇，运用口语化语言，精练、形象地呈现了重点。比如选举委员会邀请俄罗斯著名喜剧演员加卢斯强（M. Galustyan）以自己的经历为新规做宣传。他于2018年2月26日在VK发布状态说："成为一名俄罗斯公民代表一种责任。3月18日将举行总统选举。这关乎所有人！但这一天，我正好不在自己注册居住地。那怎么办？很简单。我通过Gosuslugi.ru网站递交了申请，指出我想在哪里进行投票。快速，便捷。我们演艺界人90%的时间都不在自己家里。选举当天很多人都不在家。伙计们！就用这项服务，非常方便！"这些信息无论何种形式呈现都强调进行投票极其方便，程序简单，投票地点也可以任由选择，但每个人的票都非常重要。

2. 强烈谴责反对派抵制

被中央选举委员会否决总统竞选资格的俄罗斯反对派领袖纳瓦尔尼在2018年1月的"抵制选举"集会中被捕，他通过自己的Twitter账号[①]发布状态，他的遭遇通过社会化媒体迅速传开，博得同情和支持；同时，政府选举动员团队的社会化媒体反制措施亦随即展开。首先，团队通过社会化媒体意见领袖和政府官方账号描述其非法行为，以及作为亲美的西方代理人的真实身份，唤起人们对反政府力量的蔑视，激发他们捍卫民族和国家尊严的强

---

① 参见网页：https://twitter.com/navalny.

烈愿望。其次，团队邀请各总统候选人所代表的党内要职人员或代表在社会化媒体站台呼吁公民前来投票，表明选举受到各党派拥护并提供公平机会；除此之外，团队还邀请政治家、学者、记者、教师等社会群体代表评论"抵制选举"活动的危害。

3. 广泛传播线下动员信息

俄罗斯当局为吸引各年龄段选民准备了种类丰富的线下动员活动，每个人都可以根据自己的喜好选择参与自己感兴趣的活动——这些活动覆盖老年、中年、青年和未成年人。除了老年音乐会和以"成长界点""为自由选举而战"为主题的青年大师班，面向幼儿园学生和中学生家长的创意动员活动效果尤其显著。中学为学生家长准备了介绍政治制度运行机制的亲子实践课程，在投票点开展"家庭大游戏"活动，"文理科测试"活动吸引学生家长携子女前来投票，举办模拟选举的"中学公投"展开议题讨论、意见发表和投票表决。莫斯科市杜马委员莫列夫（A. Molev）称，在总统选举日举行全校公投可以保证学生家长投票率。动员团队和活动组织方及时对这些活动进行社会化媒体提前海报推广和实时图文报道，并通过现场采访从普通参与者的角度讲述选举的重要性。

（二）速度升级

1. 邀请舆论领袖背书

为了借助明星效应，俄罗斯2018年总统选举动员团队与社会各界有影响力的人物进行了积极有效互动，邀请了20多位运动员和演艺界明星为选举做了宣传。例如，邀请俄罗斯人民艺术家、国家剧院艺术总监米罗诺夫（Y. Mironov）巧妙地剪辑合成了他扮演的众多正面角色，配以极富渲染的语言"米罗诺夫支持积极公民立场"，呼吁公民在选举日做出自己的选择。科科林（A. Kokorin）和雷布罗夫（A. Rebrov）等当红足球运动员在Instagram发布"个人照"，配以"你的声音——你的胜利""国家在选择——那你在做什么？"的文字动员粉丝投票。除了公众人物、著名学者、社会活动家，国家媒体和商业机构都在各大社会化媒体里发布了关于选举的状态或博客，旨在达到动员效果最大化。

2. 兴奋点病毒式扩散

"病毒视频传播"是Web 2.0环境中"病毒传播"的最新形态和种

类，指某个视频或视频片段偶然获得大量的关注与转载形成病毒传播的过程（Starovoit, 2017）。对网络视频病毒化特征的分析发现，幽默诙谐和异想天开的内容等基于情感的特征极大促进其分享性（Nelson-Field et al., 2014）。那些引起"高度唤醒"的信息，如笑声、恐惧和敬畏，最有可能被分享和转发。一段题为"性与选举：只为投票者"的视频是本次选举动员活动中观看转播次数最多的动员广告之一，夜店场景下女孩因为18岁的男孩未去投票不算成年人而拒绝与其接吻，从而引出"2018总统选举：只为成为成年人"的巨大字幅，吸引年轻人前往投票。该视频在各大社会化媒体平台获得病毒式转发和数百万点击量，仅在YouTube浏览量就达117252次。能引发病毒式扩散的还有各种有争议的社会化媒体内容策划，比如只有成年用户才拥有的"选举女郎"表情包等。其中某个视频的YouTube观看次数累计竟达几千万次，它以幽默的画风劝告公民：勿持政治被动立场，如不为国家的未来负责，日后将导致危机无数。出格、出奇的内容让其在轩然大波中被疯狂转发、观看，起到了预想的传播效果。

（三）激励加持

1. 激励措施保持选民热情

政府使用各种有偿形式激励公民参与社会化媒体内容制作和传播显著提高了选举动员的力度和热度。莫斯科市政府举行了"我的选择"青年短片大赛、"确定国家的未来"青年视频大赛等，给获奖者颁发了物质奖励。影响力较大的活动，如当局与KVN电视娱乐节目合作举办的"选举照片"自拍照和Instagram或VK发布比赛，被要求同时附上"选举"和所在城市名称主题标签，其中不乏被邀请的明星选民，他们也乐在其中。KVN节目组官方在总统选举结束后为最佳照片举办了投票、公布和颁奖环节，时间跨度长达半个月。各选区还举办选举相关抽奖活动，奖品可能是汽车、智能手机或摇滚音乐节门票，Instagram和VK一时涌现出大量各区选民比赛抽奖的照片。在激励选民的同时，这些活动为选举日增添了节日色彩，创造了欢乐气氛，进而激发了选民的热情。

2. 重复传播刺激选民行动

在传播过程中信息重复是影响目标观众的手段之一，它的强调、强化、确认、说服功能可以吸引观众注意力，影响其观点，从而改变他们的态度。在 2018 年俄罗斯总统选举社会化媒体传播过程中，各选举团队明显运用了以"重复"传播引起注意、影响态度、进而刺激实际行动的手段。几乎每一个选前动员团队都会为自己制定响亮、充满感染力的竞选口号。除了重复率最高的选举口号"我们的国家，我们的总统，我们的选择！"外，"2018 年 3 月 18 日对每个人都很重要""3 月 18 日——俄罗斯联邦总统选举日""前来投票，决定国家未来"等是整个传播过程中最常见、重复率最高的句子之一。"你在的地方才有选举""2018 年总统选举""用心去投票""3 月 18 日"等是 VK 和 Instagram 里传播最广的宣传选举主题标签，而"在实际到达地点投票"这个投票新规作为宣传重点之一重复出现率也极高。此外，不断用"义务""权利"等界定性词汇强调选民投票对国家发展和未来的重要意义，用"卑鄙""无耻""非法"等描述性词汇形容反对派抵制选举负面影响，塑造和加固了公民对选举的正面态度，以及对反对派抵制选举的抵触心理，促成投票行动。

（四）方式多样

1. 依托共同价值

本届总统选举在社会化媒体动员过程中利用社会所有成员分享的价值和符号，如运用"家庭""义务""体面的未来""正义""秩序""合法性"等价值观类别的字眼，以此来引起选民的情感认同。例如，在题为"该是完成父母义务的时候了"的视频里，一个四五岁的小孩一大早用稚嫩口音和教训口吻叫醒父母，提醒他们去投票履行公民义务。画面可爱搞笑又难生反感，让受众产生了按"孩子的要求"去承担公民责任的意愿。再比如，题为"妈妈的暖帽"的视频用时空切换的方式展现了一个孩子从小到大一直渴望长大，脱离母亲的时刻照顾，直到有一天严肃地告诉妈妈自己要去为总统选举投票时，妈妈才欣慰地自言："是的，他是真的长大了……"这类选举广告短视频的共同特点在于，以普通生活场景为画面，故事温暖感人，往往嵌入了家庭、国家、责任等容易引起情感共鸣的传统观念。

2. 寓情理于娱乐

青年政治参与对民主健康和未来至关重要，社会化媒体至少理论上能够为提高和扩大这种参与发挥重要作用（Zúñiga et al., 2014），青年也就成为此次总统选举政府社会化媒体传播的重点宣传动员对象。由于青年人的触网动机多是娱乐而非信息，非主流、非政治性倾向表现突出（Curran et al., 2012），俄罗斯政府发起动员时都较好采取了避免说教、注重娱乐的社会化媒体传播方式和方法。例如，短视频"他们还不可以投票。但你却可以！"里有一对未成年男孩儿跑到投票点向工作人员讨要选票。工作人员跟他们讲，他们看起来还不到18岁，而根据法律，只有年满18岁的公民才可以投票。两个小男孩说，他们两个人都9岁，加起来就是18岁，要求对方给两个人一张选票即可……视频在宣传选举法基本信息的同时给观众一种心理暗示：未成年人都这样积极地想要投票，那么作为成年人的青年进行投票既是一种责任，也是一种特权。

3. 塑造身份认同

媒体里形成"我们—他们"两级关系体系是政治动员常用的手段。在这个体系里属于某一个团体意味着对另一个团体活动持有消极情感评价。身份认同是动员社会群体有效工具之一。俄罗斯政府传播过程中用"国家""爱国主义""强大的国家""保护国家和个人尊严"等词唤醒身份认同，称之为"我们"，强调投票对"我们"的意义，以此来构建公民身份共识。在代名词"我们"的帮助下，信息传播者强调行动的协同性，提高社会民族和国家自豪感，加固身份认同。

（五）资源整合

1. 与社会资源广泛联络

俄罗斯政府在本次总统动员过程中与各领域社会资源保持了积极有效的联系。政府不仅联系企业、银行、明星作为合作方推广选举，全俄罗斯东正教主教基里尔也加入了动员公民参加选举的行列。虽然没有官方说明称是当局要求教会向选民进行动员，但国家媒体和政府机构各大官方账号予以发布、宣传，强调宗教人士投票呼吁本身就是当局与教会进行互动的力证。政府机构还积极与青年志愿者组织和其他公民组织联系在投票点提供免费信息咨询等志愿服务。甚至在 Yandex 地图（俄版 Google 地图）、Tinder 手机交友服务 APP 等移动应用程序上也开始出现选举宣传。在 Yandex 地图里，就像能迅速搜到 ATM 机、药店、咖啡厅等生活便利场所的具体位置一样，可以搜索到附近的投票点和各地区的投票点。在 Tinder APP 里，用户打开一个人的账号首页后，如果想了解更多的选举情况，就可以在智能手机屏幕上左右滑动，方便地查找相关信息。

2. 与线下资源精准对接

最引人注目的是对线下传统媒体资源的广泛运用和与之进行的线上精准对接。俄罗斯的混合政治体制决定了政权与大部分传统媒体的从属关系，后者因此在国家政策制定、推行、宣传等领域一直扮演着重要角色。在俄罗斯的一些偏远地区，传统媒体的影响力依然非网络可替代。线下传统媒体资源包括数量庞大、经验丰富的专业记者群，媒体本身读者群，积累的权威和知名度，齐全的媒体硬件设备等。俄罗斯政府与塔斯社、"第一频道"、《今日俄罗斯》《论据与事实》《共青团真理报》等知名传统媒体，包括 KVN 等娱乐电视节目合作，发布选举信息与动员广告，撰写选举专栏，邀请著名记者、电视节目主持人发表选举意见，直接举办动员活动进行宣传。与此同时，政府还通过社会化媒体平台加强与上述媒体互动的力度，增加了关注度。通过社会化媒体及时有效传播线下媒体动员信息，传统媒体根据社会化媒体领域舆论动向调整线下动员，真正做到了线上线下有效互动的传播局面。

结　语

2018 年俄罗斯总统选举的政府社会化媒体传播渠道多样，形式丰富，策略鲜明，效果甚佳。虽然政府各部门和中央选举委员会一直否认为某一个候选人进行动员，整个选举动员过程中依然出现了利用行政资源为某一个候选人进行宣传的现象。例如，用提供丰厚物质奖励的激励性活动来吸引选民并通过社会化媒体宣传这种激励会干扰选民个人意见。又如，本次政府传播过程中出现了利用未成年孩子影响家长投票的现象。一些学校（特指中学）给学生发布调查问卷，了解家长投票意愿的情况。这种调查有助于通过孩子把选举信息和社会对选举的关切带到家里动员家长投票。但处理不当有时会给未成年学生造成心理压力，甚至触碰家长隐私，引起用行政压力逼迫投票的嫌疑。再如，有些政府动员团队无意中表达对某个特定候选人的支持，并且在社会化媒体上迅速传播此类信息，直接导致一部分人对政府动员不满。甚至有声音质疑政府在选民动员过程中用带明显感情色彩的煽动性语言影响公众的选择，属于违反选举法，干扰选举。而部分公民和社会观察家对相关现象的公开观察、反思和批判在社会化媒体平台的传播加剧了公众对当局选举动员合理性的质疑。尽管如此，本次选举动员社会化媒体传播的整体效果似乎并未因质疑受到过度影响。2018年3月18日的选举结果正如大家所预料的，普京以压倒性的胜利成功地连任总统，其得票率为76.69%。但是让各界意外的是，本次选举并没有出现选前活动刚开始专家预期的历史最低投票率，选民投票率高达67.98%（Еременко, 2018）。本研究因篇幅限制和研究目的界定，作者没有追踪希望参加投票人数与动员人数之间的动态变化。但是，选举前后公民对本次选举的态度、专家预测和选举结果及专家分析表明，普京在本次选举中所获得的高投票率，与政府在社会化媒体平台的社会动员有着密切关系，其动员传播策略值得参考借鉴。

参考文献

中文文献

奥斯本，2016. 新公共治理？——公共治理理论和实践方面的新观点[M]. 包国宪，赵晓军，等译. 北京：科学出版社.

蔡定剑，2010. 从公众参与走向政府善治[J]. 中国改革(11): 57-59.

陈朝兵，郝文强，2019. 美英澳政府数据开放隐私保护政策法规的考察与借鉴[J]. 情报理论与实践(6): 159-165.

陈婧，2012. 政府公共信息资源协作管理研究[M]. 北京：人民邮电出版社.

崔新建，2004. 文化认同及其根源[J]. 北京师范大学学报（哲学社会科学版）(4): 102-104.

丁煌，2005. 当代西方公共行政理论的新发展——从新公共管理到新公共服务[J]. 广东行政学院学报(6): 5-10.

杜尔斯基，2019. 互动：Facebook 高管 20 年高效运营策略[M]. 刘琨，译. 北京：中信出版社.

范·戴克，2018. 互联文化：社交媒体批判史[M]. 赵文丹，译. 北京：中国传媒大学出版社.

芳汀，2010. 构建虚拟政府：信息技术与制度创新[M]. 邵国松，译. 北京：中国人民大学出版社.

高奇琦，阙天舒，游腾飞，2017. "互联网＋"政治：大数据时代的国家治理[M]. 上海：上海人民出版社.

顾翎，2018. 无国界医生"Reach"：一个令组织在紧急救援中应对更迅速的新项目[N/OL]. 无国界医生, 2018-10-26 [2019-04-10]. https://msf.org.cn/blogs/18363.

郭道久，2016. 协作治理是适合中国现实需求的治理模式[J]. 政治学研究(1): 61-70, 126-127.

韩前广，2017. 英国政党动员公众参与的新动向[J]. 党政论坛(11): 51-53.

韩兆坤，2018. 协作性环境治理研究[M]. 北京：中国农业出版社.

何威，2011. 网众传播：一种关于数字媒体、网络化用户和中国社会的新范式[M]. 北京：清华大学出版社.

贺幸辉，2015. 视觉传播中奥运会开幕式与文化认同[D]. 北京：北京体育大学.

亨廷顿，1988. 变革社会中的政治秩序[M]. 李盛平，杨玉生，等译. 北京：华夏出版社.

亨廷顿，2002. 文明的冲突与世界秩序的重建[M]. 周琪，等译. 北京：新华出版社.

胡玉荣，2017. 价值观维度下我国民族认同与国家认同整合研究[D]. 昆明：云南大学.

环境保护部宣传教育司公众参与调研组，2017. 英国在环境共治与环保公众参与方面的经验及对我国的启示[J]. 环境保护(16): 67-68.

黄潇婷，马修军，2011. 虚拟世界平台作为城市规划模型的应用探析——以美国纽约社区公园规划为例[J]. 国际城市规划(6): 84-89.

惠朝阳，蓝军，2010. 情报融合：Web 2.0 时代的美国情报百科[J]. 情报杂志(1): 50-53.

柯林斯，2009. 互动仪式链[M]. 林聚任，王鹏，宋丽君，译. 北京：商务印书馆.

邝启宇，2014. 社交媒体在巨灾风险治理中的作用研究[D]. 成都：西南财经大学.

莱茵戈德，2013. 网络素养：数字公民、集体智慧和联网的力量[M]. 张子凌，老卡，译. 北京：电子工业出版社.

李 C，2011. 开放：社会化媒体如何影响领导方式[M]. 李金樯，忻璐，译. 北京：机械工业出版社.

林梦瑶，李重照，黄璜，2019. 英国数字政府：战略、工具与治理结构[J]. 电子政务(8): 91-102.

刘建明，2017. "传播的仪式观"的理论突破、局限和启示[J]. 湖北大学学报（哲学社会科学版）(2): 115-121.

卢永春，雷雷，徐一，2017. 美国政府社会化媒体及其管理制度研究[J]. 电子政务(1): 102-116.

罗杰斯，2016. 创新的扩散[M]. 5 版. 唐兴通，郑常青，译. 北京：电子工业出版社.

马德普，等，2010. 普遍主义与多元文化——霸权主义与恐怖主义的文化根源及其关系研究[M]. 北京：人民出版社.

曼德，阿斯夫，2007. 善治：以民众为中心的治理[M]. 国际行动援助中国办公室，编译. 北京：知识产权出版社.

孟茹，2017. 美国社交媒体平台用户隐私保护的自律与监督机制——以 Facebook 为例[J]. 编辑之友(1): 104-112.

聂云霞，2016. 国家层面数字资源长期保存策略研究[M]. 南昌：江西人民出版社.

阮西湖，2004. 澳大利亚民族志[M]. 北京：民族出版社.

桑斯坦，2015. 简化：政府的未来[M]. 陈丽芳，译. 北京：中信出版社.

沈晓宇，2013. 从良政到善治：国家治理的发展阶梯[J]. 党政论坛(4): 28-30.

唐川，2011. 澳大利亚 Government 2.0 的建设举措与启示[J]. 信息化研究与应用快报，14: 19-21.

汪诗明，王艳芬，2015. 世界主义与澳大利亚的种族和解[J]. 杭州师范大学学报（社会科学版）(6): 32-40.

王帆宇，朱炳元，2013. 网络政治空间背景下的公民理性政治参与之道——基于政府善治的视角[J]. 政治学研究(5): 10-14.

王宁，曲春梅，2017. 美英澳政务社交媒体文件归档的经验及启示[J]. 北京档案(4): 41-44.

王文，2011. Web 2.0 时代的社交媒体与世界政治[J]. 外交评论(6): 61-72.

王学军，韦林，2018. 公共价值研究的几个重要问题——评 Public Value：Theory and Practice[J]. 公共行政评论(6): 198-199.

吴军宏，2014. 政府治理与公共服务供给的同一性[J]. 重庆行政（公共论坛）(4): 65-67.

吴世文，2014. 新媒体时间的框架建构与话语分析[M]. 济南：山东教育出版社.

夏义堃，2014. 欧美国家公共信息资源定价策略的发展演变分析[J]. 情报学报，33(7): 689-697.

徐国冲，翟文康，2017. 公共价值是如何被创造出来的？——兼评《创造公共价值：政府战略管理》与 Recognizing Public Value[J]. 公共行政评论(4): 179-188.

杨洪贵，2007. 澳大利亚多元文化主义研究[M]. 成都：西南交通大学出版社.

张少科，2018. 离散族群多元文化认同对社会化媒体使用的影响[J]. 国际新闻界(3): 83-100.

张远凤，牟洁，2017. 美国政府如何向非营利组织购买社会服务——马里兰家庭网络首席执行官玛格丽特·威廉姆斯女士访谈录[J]. 中国社会组织(8): 30-33.

赵永华，姚晓鸥，2015. 传播政治经济学视阈下对哈贝马斯公共领域理论的再审视：资本、大众媒介与国家[J]. 国际新闻界(1): 63-74.

钟亮，2010. 美国情报界情报分析转型的新举措——A-Space 网站[J]. 情报杂志(11): 6-9.

周宏仁，2002. 电子政务全球透视与我国电子政务的发展（上）[J]. 信息化建设(4): 12-19.

周笑，2016. 重塑美国：美国新媒体社会的全面建构及其影响[M]. 上海：复旦大学出版社.

邹东升，2018. 政府开放数据和个人隐私保护：加拿大的例证[J]. 中国行政管理(6): 75-82.

英文文献

Ackerman, S., 2011. Navy Crowdsources Pirate Fight to Online Gamers[N/OL]. Security, 2011-05-11 [2018-10-03]. https://www.wired.com/2011/05/navy-crowdsources-pirate-fight-to-online-gamers/.

Aladalah, M., Cheung, Y. & Vincent, L., 2018. Towards a model for engaging citizens via Gov 2.0 to meet evolving public value[J]. International Journal of Public Administration in the Digital Age, 5(1): 1-17.

Alarabiat, A. et al., 2016. Electronic participation with a special reference to social media—A literature review[C]. In Tambouris, E. et al. (eds.). Electronic Participation. ePart 2016. Lecture Notes in Computer Science (LNISA, volume 9821). Cham: Springer: 41-52.

Albert, M. et al., 2012. Communities of public service support: Citizens engage in social learning in peer-to-peer networks[J]. Government Information Quarterly, 29(1): 21-29.

Alonso, J. M. et al., 2009. Improving Access to Government Through Better Use of the Web[R/OL]. (2009-05-12) [2018-07-10]. http://www.w3.org/ TR/egov-improving/.

Ambrosio, J., 2005. Milblogs: A Very Thin Line Indeed[N/OL]. Information Week, 2005-09-27 [2018-10-23]. https://www.informationweek.com/milblogs-a-very-thin-line-indeed/d/d-id/1036455.

Ana, S., Densham, P. J. & Haklay, M., 2009. Web-based GIS for collaborative planning and public participation: An application to the strategic planning of wind farm sites[J]. Journal of Environmental Management, 90: 27-40.

Andrews, S., Yates, S. & Akhgaret B. et al., 2013. The ATHENA Project: Using formal concept analysis to facilitate the actions of crisis responders[M]. In Akghar, B. & Yates, S. (eds.). Strategic Intelligence Management. Oxford: Elsvier: 167-180.

Androutsopoulou, A., Karacapilidis, N. & Loukis, E. et al., 2019. Transforming the communication between citizens and government through AI-guided chatbots[J]. Government Information Quarterly, 36(2): 358-367.

Anthopoulos, L., Reddick, C. G. & Giannakidou, I. et al., 2016. Why e-government projects fail? An analysis of the Healthcare.gov website[J]. Government Information Quarterly, 33(1): 161-173.

Argo, T. A., Prabonno, S. & Singgi, P., 2016. Youth participation in urban environmental planning through augmented reality learning: The case of Bandung city, Indonesia[J]. Social and Behavioral Sciences, 227(7): 808-814.

Arnstein, S. R., 1969. A ladder of citizen participation[J]. Journal of the American Institute of Planners, 35(4): 216-224.

Attiya, A. M., Cater-Steel, A. & Soar, J., 2017. The perceived public value of social media in Queensland local councils[J]. ACIS 4 (12): 1-9.

Australia Government, 2020. A List of Government Social Media[EB/OL]. (2020-04-08) [2020-10-08]. https://www.australia.gov.au/news-and-social-media/social-media.

Australian Government Information Management Office, 2006. Responsive Government: A New Service Agenda[R/OL]. (2012-04-04) [2020-04-21]. https://www.finance.gov.au/files/ 2012/04/e-gov_strategy.pdf.

Australian Government Information Management Office, 2010. The AGIMO government 2.0 Primer: Government 2.0 Scenarios and Tools for Australian Government Agencies (Version 1.0) [R/OL]. (2010-12-12) [2020-04-10]. https://www.finance.gov.au/files/2010/ 12/AGIMO-Gov- 2-Primer.pdf.

Badger, E., 2012. The Next Big Start-up Wave: Civic Technology[EB/OL]. (2012-06-06) [2019-06-05]. https://www.citylab.com/tech/2012/06/next-big-start-wave-civic-technology/ 2265/.

Baroni, A., 2011. Deliberation and empowerment in Rio de Janeiro's favelas[C]. In Borchorst, G. et al. (eds.). Proceedings of the C&T 2011 Workshop on Government and Citizen Engagement. Berlin: International Institute for Socio-Informatics (IISI): 49-57.

Basolo, V. & Yerena, A., 2017. Using social media to inform and engage urban dwellers in La Paz, Mexico[J]. International Journal of Public Administration in the Digital Age, 4(3): 11-28.

Batty, M., 2015. Cities in Disequilibrium. Working Paper of UCL Centre for Advances Spatial Analysis[R/OL]. (2015-01-10) [2019-01-10]. https://www.bartlett.ucl.ac.uk/casa/pdf/Working Paper202.pdf.

BDO, 2015. A Review of Social Media Usage in UK Local Government[R/OL]. (2015-12-12) [2020-12-10]. https://www.bdo.co.uk/en-gb/home.

Bertot, J. C., Jaeger, P. T. & Munsonet, S. et al., 2010. Engaging the public in open government: The policy and government application of social media technology for government transparency[J]. IEEE Computer, 43(11): 53-59.

Bertot, J. C. et al., 2012. The impact of polices on government social media usage: Issues, challenges, and recommendations[J]. Government Information Quarterly, 29(1): 30-40.

Bessant, J., Farthing, R. & Watts, R., 2016. Co-designing a civics curriculum: Young people, democratic deficit and political renewal in the EU[J]. Journal of Curriculum Studies, 48(2): 271-289.

Bichard, S. L., 2006. Building blogs: A multi-dimensional analysis of the distribution of frames on the 2004 presidential candidate websites[J]. Journalism and Mass Communication Quarterly, 82(2): 329-345.

Bimber, B., 2003. Information and American Democracy: Technology in the Evolution of Political Power[M]. Cambridge: Cambridge University Press.

Bista, S., Nepal, S. & Colineau, N. et al., 2012. Using Gamification in an Online Community[C]. CollaborateCom 2012 at Pittsburgh, Pennsylvania, USA. Oct.: 1-8.

Blackman, D., Nakanishi, H. & Benson, A., 2016. Disaster resilience as a complex problem: Why linearity is not applicable for long-term recovery[J]. Technological Forecasting Social Change, 121: 88-98.

Blanchard, A. & Horan, T., 1998. Virtual communities and social capital[J]. Social Science Computer Review, 16(3): 293-307.

Blei, D. M. et al., 2003. Latent dirichlet allocation[J]. Journal of Machine Learning Research, 3(1): 993-1022.

Bodrunova, S. S., Smolyarova, A. S. & Blekanov, I. S., 2017. Political actors in Russian Twitter: Patterns of blaming and responsibility in Twitter discussions on conflicts with post-Soviet immigrants. ACM International Conference Proceeding Series[C]. Association for Computing Machinery: 40-47.

Bolívar, R. & Muñoz, A., 2018. Political ideology and municipal size as incentives for the implementation and governance models of Web 2.0 in providing public services[J]. International Journal of Public Administration in the Digital Age, 5(1): 36-62.

Bond, R. M., Fariss, C. J. & Jones, J. J. et al., 2012. A 61-million-person experiment in social influence and political mobilization[J]. Nature, 48(9): 295-298.

Bonsón, E., Torres, L. & Royo, S. et al., 2012. Local e-Government 2.0: Social media and corporate transparency in municipalities[J]. Government Information Quarterly, 29(2):

123-132.

Bonsón, E., Royo, S. & Ratkai, M., 2015. Citizens' engagement on local governments' Facebook sites—An empirical analysis: The impact of different media and content types in Western Europe[J]. Government Information Quarterly, 32(1): 52-62.

Boulianne, S. & Theocharis, Y., 2020. Young people, digital media, and engagement: A meta-analysis of research[J]. Social Science Computer Review, 38(2): 111-127.

Breindl, Y. & Francq, P., 2008. Can Web 2.0 applications save e-democracy? A study of how new internet applications may enhance citizen participation in the political process online[J]. International Journal of Electronic Democracy, 1(1): 14-31.

Bruns, A., 2008. Blogs, Wikipedia, Second Life, and Beyond: From Production to Produsage[M]. New York: Peter Lang Inc.

Caldwell, W. B., Stroud, S. & Menning, A., 2009. Fostering a culture of engagement[J]. Military Review, Sep-Oct: 10-18.

Callahan, K., 2007. Citizen participation: Models and methods[J]. International Journal of Public Administration, 30(11): 1179-1196.

Canberra, 1997. Dept. of Industry, Science and Tourism. Investing for Growth: The Howard Government's Plan for Australian Industry[R/OL]. (1997-02-02) [2020-04-13]. https://catalogue. nla. gov.au/Record/1682616.

Cantijoch, M., Cutts, D. & Gibson, R., 2015. Moving slowly up the ladder of political engagement: A 'Spill-over' model of internet participation[J]. The British Journal of Politics and International Relations, 18(1): 26-48.

Castells, M., 2007. Communication, power and counter-power in the network society[J]. International Journal of Communication, 6(1): 238-266.

Castells, M., 2008. The new public sphere: Global civil society, communication networks, and global governance[J]. The Annals of the American Academy of Political and Social Science, 16(1): 72-93.

Castells, M., 2004. Why networks matter[M]. In McCarthy, H., Miller, P. & Skidmore, P. (eds.). Network Logic: Who Governs in an Interconnected World. London: Demos: 222-223.

Cegarra, J. G. et al., 2011. Balancing technology and physician-patient knowledge through an unlearning context[J]. International Journal of Information Management, 31(5): 420-427.

Cegarra, J. G. et al., 2014. Technology knowledge and governance: Empowering citizen engagement and participation[J]. Government Information Quarterly, 30(1): 660-668.

Centre for Technology Policy Research, 2010. Open Government: Some Next Steps for the UK[R/OL]. (2010-05-05) [2019-03-15]. http://ctpr.org/wp-content/uploads/2010/05/CTPR-Report-Open-Government.pdf.

Chadwick, A. & May, C., 2003. Interaction between states and citizens in the age of the Internet: "e-Government" in the United States, Britain, and the European Union[J]. Governance, 16(2): 271-300.

Chambers, J., 2017. The Interview: Ridwan Kamil, Mayor of Bandung[N/OL]. Govinsider, 2017-04-11 [2018-10-20]. https://govinsider.asia/digital-gov/the-interview-ridwan-kamil-mayor-of-bandung/.

Charalabidis, Y. et al., 2016. An open data and open services repository for supporting citizen-driven application development for governance[C]. In 49th Hawaii International Conference on System Sciences. Piscataway, NJ: IEEE: 2596-2604.

Charalabidis, Y., 2014. Fostering social innovation through multiple social media combinations[J]. Information Systems Management, 31(3): 225-239.

Chatfield, A. T. & Brajawidagda, U., 2014. Crowdsourcing hazardous weather reports from citizens via twittersphere under the short warning lead times of EF5 intensity tornado conditions[C]. Hawaii: Computer Society: 2231-2241.

Chatfield, A. T., Scholl, H. J. & Brajawidagda, U., 2013. Tsunami early warnings via Twitter in government: Net-savvy citizens' co-production of time-critical public information services[J]. Government Information Quarterly, 30(4): 377-386.

Chen, Y. J. & Chu, P. Y., 2013. A Comparative Study of Campaign and Non-Campaign Facebook Strategies[C]. In 13th European Conference on eGovernment (ECEG 2013). [S.l.]: Academic Conferences Ltd.: 112-119.

Christakis, N., 2010. The Chemistry of Social Networks[N/OL]. Big Think, 2010-03-31 [2018-12-10]. https://bigthink.com/videos/the-chemistry-of-social-networks.

Chu, J., Wang, Y. & Liu, X. et al., 2020. Social network community analysis based large-scale group decision-making approach with incomplete fuzzy preference relations[J]. Information Fusion, 60: 98-120.

Chung, W., He, S. & Zeng, D. D. et al., 2015. Emotion Extraction and Entrainment in Social Media: The Case of US Immigration and Border Security. In 2015 IEEE International

Conference on Intelligence and Security Informatics (ISI)[C]. Piscataway, NJ: IEEE: 55-60.

Clark, D., 1996. Open Government in Britain: Discourse and Practice[J]. Public Money & Management, 16(1): 27-30.

CNN, 2019. White House Proposal Would Have FCC and FTC Police Alleged Social Media Censorship[EB/OL]. (2019-08-09) [2019-08-12]. https://www.cnn.com/2019/08/09/tech/white-house-social-media-executive-order-fcc-ftc/index.html.

Coleman, S., 2005. Direct representation: Towards a Conversational Democracy[EB/OL]. (2005-10-11) [2019-02-03]. http://www.ippr.org/ecomm/files/Stephen_Coleman_Pamphlet.pdf.

Cooper, T. L., Bryer, T. A. & Meek, J.W., 2006. Citizen-centered collaborative public management[J]. Public Administration Review, 66(S1): 76-86.

Corallo, A., Trono, A. & Fortunato, L. et al., 2018. Cultural event management and urban e-planning through bottom-up user participation[J]. International Journal of E-Planning Research, 7(1): 15-33.

Corinna, M., Riccardo, P. & Ludovica, T., 2015. Digital social media to enhance the public realm in historic cities[C]. In Aiello, L. M. & McFarland, D. (eds.). SocInfo 2014 Workshops: 27-34.

Corrin, A., 2009. DOD Social-media Policy Still in Limbo[N/OL]. DOD, 2009-12-01 [2018-10-23]. https://fcw.com/Articles/2009/12/01/DOD-social-media-policy-Wennergren-comments.aspx.

Cowan, P., 2016. DTO to Be Reborn as a Full-grown Agency[N/OL]. Itnews, 2016-10-14, [2020-04-21]. https://www.itnews.com.au/news/dto-to-be-reborn-as-a-full-grown-agency-439421.

Curran, J. et al., 2009. Media system, public knowledge and democracy: A comparative study[J]. European Journal of Communication, 24(1): 5-26.

Curran, J., Fenton, N. & Freedman, D., 2012. Misunderstanding the Internet[M]. Abingdon: Routledge.

Dadashzadeh, M., 2010. Social media in government: From eGovernment to eGovernance[J]. Journal of Business & Economics Research, 8(11): 81-86.

Dai, M. Y., 2017. Working with communities on social media: Varieties in the use of Facebook and Twitter by local police[J]. Online Information Review, 41(6): 782-796.

Deloitte Access Economics for the Australian Computer Society, 2018. Australia's Digital Pulse

2018[R/OL]. (2018-01-01) [2020-04-12]. https://www.acs.org.au/content/dam/acs/acs-publications/aadp2018.pdf.

Department for Digital, Culture, Media & Sport, 2018. UK Digital Strategy[R/OL]. (2018-01-23) [2020-10-23]. https://www.gov.uk/government/publications/uk-digital-strategy/uk-digital-strategy.

Dewey, J., 1927. The Public and Its Problems[M]. New York: Henry Holt and Company.

Digital Transformation Agency, 2014. APS Facebook Leaderboard[EB/OL]. (2014-10-10) [2020-04-09]. https:// data.gov.au/dataset/ds-dga-3352f775-31ef-4083-ab66-13fc965546cf/details?q=facebook.

Dreher, T., McCallum, K. & Waller, L., 2016. Indigenous voices and mediatized policy-making in the digital age[J]. Information, Communication & Society, 19(1):23-39.

Du, L., Buntine, W. & Jin, H. et al., 2012. Sequential latent Dirichlet Allocation[J]. Knowledge and Information Systems, 31(3): 475-503.

Dunleavy, P. & Margetts, H., 2010. The second wave of digital era governance[C]. In Proceedings of the 2010 Annual Meeting of the American Political Science Association, Washington, DC, USA, 2-5 September: 1-32.

Dutil, P., 2015. Crowdsourcing as a new instrument in the government's arsenal: Explorations and considerations[J]. Canadian Public Administration, 58(3): 363-383.

Ebdon, C. & Franklin, A., 2004. Searching for a role for citizens in the budget process[J]. Public Budgeting and Finance, 24(1): 32-49.

Ekman, J. & Amnå, E., 2012. Political participation and civic engagement: Towards a new typology[J]. Human Affairs, 22(3): 283-300.

Ellison, N. & Hardey, M., 2014. Social media and local government: Citizenship, consumption and democracy[J]. Local Government Studies, 40(1): 21-40.

Engesser, S., Ernst, N. & Esser, F. et al., 2017. Populism and social media: How politicians spread a fragmented ideology[J]. Information, Communication & Society, 20(8): 1109-1126.

Estellés-Arolas, E. & González-Ladrón-de-Guevara, F., 2012. Towards an integrated crowdsourcing definition[J]. Journal of Information Science, 38(2):189-200.

Ethics Advisory Service of Australia Government, 2013. APS Values [EB/OL]. (2013-01-01) [2020-04-02]. https://resources.apsc.gov.au/2013/poster1_aps%20values_print%20ready%

20for%20web%20A4.pdf.

Evans, L., Franks, P. & Chen, H. M., 2018. Voices in the cloud: social media and trust in Canadian and US local governments[J]. Records Management Journal, 28(1): 18-46.

Faridani, S. et al., 2010. Opinion space: A scalable tool for browsing online comments[C]. In Proceedings of the 28th International Conference on Human Factors in Computing Systems. New York: Association for Computing Machinery: 1175-1184.

Ferro, E. & Molinari, F., 2010. Framing Web 2.0 in the process of public sector innovation: Going down the participation ladder[J]. European Journal of ePractice, 9(1): 20-34.

Findahl, O. & Davidsson, P., 2015. Svenskarna Och Internet 2015. En årlig studie om svenska folkets internetvanor [The Swedes and the Internet 2015—Summary] [EB/OL]. (2015-01-01) [2018-12-03]. http://www.soi2015.se.

Firmstone, J. & Coleman, S., 2014. The changing role of the local news media in enabling citizens to engage in local democracies[J]. Journalism Practice, 8(5): 596-606.

Firmstone, J. & Coleman, S., 2015. Public engagement in local government: The voice and influence of citizens in online communicative spaces[J]. Information, Communication & Society, 18(6): 680-695.

Fox, J., 2007. The uncertain relationship between transparency and accountability[J]. Development in Practice, 17(4-5): 663-671.

Freeman, R. J. & Loo, P., 2009. Web 2.0 and e-government at the municipal level[C]. In Proceedings of 2009 World Congress on Privacy, Security and Trust and the Management of e-Business. NB, Canada: Saint John: 70-78.

Frisco Enterprise, 2018. Frisco Communications Team Recognized as "Best in Nation" for Social Media[EB/OL]. (2018-12-04) [2019-12-14]. https://starlocalmedia.com/friscoenterprise/news/frisco-communications-team-recognized-as-best-in-nation-for-social/article_f7fed876-ec24-11e8-9596-ab1627872f83.html.

Frosch, D., 2007. Pentagon Blocks 13 Web Sites from Military Computers[N/OL]. Nytimes, 2007-05-15 [2018-10-05]. https://www.nytimes.com/2007/05/15/washington/15block.html.

Gal-Tzur, A., Grant-Muller, S. & Kuflik, T. et al., 2014. The potential of social media in delivering transport policy goals[J]. Transport Policy, 32: 115-123.

Ganapati, S. & Reddick, C. G., 2014. The use of ICT for open government in US municipalities: Perceptions of chief administrative officers[J]. Public Performance &

Management Review, 37(3): 365-387.

Gertin, T. & Nealon, R., 2016. The Reality Is Virtual: U.S. College Students Assist MapGive and USAID [N/OL]. Seattle Community and OpenStreetMap US, 2016-07-01 [2019-07-01]. https://2016.stateofthemap.us/the-reality-is-virtual/.

Gibson, J. L., Caldeira, G. A. & Spence, L. K., 2003. The Supreme Court and the US presidential election of 2000: Wounds, self-inflicted or otherwise?[J] British Journal of Political Science, 33 (4): 535-556.

Gibson, R., Lusoli, W. & Ward, S., 2008. The Australian public and politics online: Reinforcing or reinventing representation?[J] Australian Journal of Political Science, 43(1): 111-131.

Gibson, R., Williamson, A. & Ward, S., 2010. The Internet and the 2010 Election: Putting the Small 'p' Back in Politics[M]. London: Hansard Society.

Gil-Garcia, J. R., 2012. Electronic Government Success: An Integrative Study of Government-wide Websites, Organizational Capabilities, and Institutions[M]. New York: Springer: 33-65.

Graham, M., 2014. Government communication in the digital age: Social media's effect on local government public relations[J]. Public Relations Inquiry, 3(3): 361-376.

Graham, T. et al., 2013. Between broadcasting political messages and interacting with voters: The use of Twitter during the 2010 UK general election campaign[J]. Information Communication and Society, 16(5): 692-716.

Grover P. et al., 2019. Polarization and acculturation in US Election 2016 outcomes—Can Twitter analytics predict changes in voting preferences[J]. Technological Forecasting and Social Change, 145: 438-460.

Gunitsky, S., 2015. Corrupting the cyber-commons: Social media as a tool of autocratic stability[J]. Perspectives on Politics, 13(1): 42-54.

Habermas, J., 1992. Further reflections on the public sphere[M]. In Calhoun, C. (ed.). Habermas and the Public Sphere. Cambridge, MA: MIT Press. 422.

Hansson, K. & Ekenberg, L., 2015. Managing deliberation: Tools for structured discussions and analysis of representativeness[J]. Transforming Government: People, Process and Policy, 10(2): 256-272.

Harrison, T. M. et al., 2011. Open government and e-government: Democratic challenges from a public value perspective[J]. Information Polity, 17(2): 245-253.

Hellenic Republic Ministry of Administrative Reconstruction, 2019. The 4th National Action Plan on Open Government 2019 [R/OL]. (2019-07-10) [2020-10-10]. https://www.opengov partnership.org/wp-content/uploads/2019/05/Greece_Action-Plan_2019-2021_EN.pdf.

Hellman, R., 2011. The Cloverleaves of Social Media Challenges for e-Governments[C]. In Cunningham, P. & Cunningham, M. (eds.). Proceedings of eChallenges e-2011 Conference. Dublin: International Information Management Corporation (IIMC): 1-8.

Hemingway, R. & Gunawan, O., 2018. The natural hazards partnership: A public-sector collaboration across the UK for natural hazard disaster risk reduction[J]. International Journal of Disaster Risk Reduction, 27(3): 499-511.

Hendry, J., 2018. DTA Unveils Australia's First Digital Strategy[N/OL]. Itnews, 2018-11-22, [2020-04-10]. https://www.itnews.com.au/news/dta-unveils-australias-first-digital-strategy-515886.

Hong, S. & Kim, S., 2016. Political polarization on Twitter: Implications for the use of social media in digital governments[J]. Government Information Quarterly, 33(4): 777-782.

Hood, C. & Peters, G., 2004. The middle aging of new public management: Into the age of paradox?[J]. Journal of Public Administration Research & Theory, 14(3): 267-282.

Hootsuite & GovLoop., 2018. Social Government Benchmark Report 2018[R/OL]. (2018-08-21) [2019-03-13]. https://hootsuite.com/webinars/the-social-government-benchmark-report-2018.

Hootsuite, 2018a. Digital Report in JP[R/OL]. (2018-12-08) [2020-12-12]. https://digitalreport.wearesocial.com/.

Hootsuite, 2018b. Digital Report in UK[R/OL]. (2018-02-24) [2020-12-12]. https://digitalreport.wearesocial.com/.

Howard, P. N., Woolley, S. & Calo, R., 2018. Algorithms, bots, and political communication in the US 2016 election: The challenge of automated political communication for election law and administration[J]. Journal of Information Technology & Politics, 15(2): 81-93.

Hwang, S., 2010. Engaging Public Online: An Exploratory Study on the Citizen Participation via Online in Korea[C/OL]. (2010-02-02) [2022-03-01]. http://blogs.oii.ox.ac.uk/ipp-conference/2010/programme-2010/poster-session/hwang-engaging-public-online-an.html.

IER Pty Ltd., 2018. National Multicultural Festival: Economic Impact & Research Report [EB/OL]. (2018-05-30) [2019-05-30]. https://nla.gov.au/nla.obj-765589719/view.

IMIS Research Team, 2012. Institute for the management of information systems "Athena" Research Center[J]. ACM SIGMOD, 41(1):61-66.

Jackson, N., 2007. Political parties, the Internet and the 2005 general election: Third time lucky?[J]. Internet Research, 17(3): 249-271.

Jenkins, H., 2011. Participatory Culture and Civic Engagement: Interview[EB/OL]. (2011-01-01) [2019-05-17]. http://newlearninginstitute.blogspot.com/2011/01/participatory-culture-and-civic.html.

JISC, 2014. Developing Digital Literacies: Briefing Paper in Support of JISC Grant Funding[R/OL]. (2014-12-16) [2020-12-12]. https://www.jisc.ac.uk/full-guide/developing-digital-literacies.

Jones, A., 2016. Report: Social Insights on the Public Sector[R/OL]. (2016-02-01) [2018-01-23]. https://www.brandwatch.com/blog/report-social-insights-public-sector/.

Jung, J. Y. & Moro, M., 2014. Multi-level functionality of social media in the aftermath of the Great East Japan Earthquake[J]. Disasters, 38: 123-143.

Kablenet, S., 2008. MPs Go a Twittering[N/OL]. The Register, 2008-12-24 [2018-12-02]. https://www.theregister.co.uk/2008/12/24/tweeting_mps.

Kaletka, C. et al., 2012. Challenges at the intersection of social media and social innovation[C]. In Franz, H. W., Hochgerner, J. & Howaldt, J. (eds.). Challenge Social Innovation—Potentials for Business, Social Entrepreneurship, Welfare and Civil Society. Berlin-Heidelberg: Springer-Verlag: 277-293.

Kapp, J. M., 2015. Is Twitter a forum for disseminating research to health policy makers?[J]. Annals of Epidemiology, 25(12): 883-887.

Kavanagh, S. et al., 2011. Anatomy of a Priority-driven Budget Process[R/OL]. (2011-01-01) [2022-03-02]. https://gfoaorg.cdn.prismic.io/gfoaorg/c5ed5ba9-4dcf-4cc2-b2ac-e3ae03afd49f_GFOAAnatomyofaPriorityDrivenBudgetProcess.pdf.

Kavanaugh, A. L., Fox, E. A. & Sheetz, S. D. et al., 2012. Social media use by government: From the routine to the critical[J]. Government Information Quarterly, 29(4): 480-491.

Kelly, G., Mulgan, G. & Muers, S., 2002. Creating Public Value: An Analytical Framework for Public Service Reform[M]. London: Strategy Unit, Cabinet Office.

Kietzmann, J. H., Hermkens, K. & McCarthy, I. et al., 2011. Social media? Get serious! Understanding the functional building blocks of social media[J]. Business Horizons,

54(3): 241-251.

Kim, H., MacDonald, R. H. & Andersen, D. F., 2013. Simulation and managerial decision making: A double-loop learning framework[J]. Public Administration Review, 73(2): 291-300.

King, S. F. & Brown, P., 2007. Fix my street or else: Using the Internet to voice local public service concerns[C]. ICEGOV'07: International Conference on Theory and Practice in Electronic Governance of Macao, China. New York: Association for Computing Machinery (ACM), Inc.: 72-80.

Kiriya, I., 2012. The culture of subversion and Russian media landscape[J]. International Journal of Communication, 6(1): 446-466.

Klosterboer, K., 2017. Bringing something unexpected to the budget process[J]. Government Finance Review, 33(5): 23-25.

Knight Foundation, 2015. Assessing Civic Tech Impact: Case Studies and Resources for Tracking Outcomes[EB/OL]. (2015-03-15) [2019-06-05]. https://www.knightfoundation.org/reports/ assessing-civic-tech-case-studies-and-resources-tr.

Kolsaker, A. & Lee-Kelley, L., 2008. Citizens' attitudes towards e-government and e-governance: A UK study[J]. International Journal of Public Sector Management, 21(7): 723-738.

Korkmaz, G., Cadena, J. & Kuhlman, C. J. et al., 2016. Multi-source models for civil unrest forecasting[J]. Social Network Analysis and Mining (6):50.

Kotler, P. & Lee, N., 2008. Social Marketing: Influencing Behaviors for Good[M]. Los Angeles: Sage Publications.

Kozinets, R. V., Hemetsberger, A. & Schau, H. J., 2008. The wisdom of consumer crowds: Collective innovation in the age of networked marketing[J]. Journal of Macromarketing, 28(4): 339-354.

Kroes, N., 2013. The Big Data Revolution: EIT Foundation Annual Innovation Forum/ Brussels[R/OL]. (2013-11-21) [2019-03-02]. https://europa.eu/rapid/press-release_SPEECH-13-261_en.htm.

Kucera, J. & Chlapek, D., 2014. Benefits and Risks of Open Government Data[J]. Journal of Systems Integration, 5(1): 30-41.

Laksana, J. & Purwarianti, A., 2014. Indonesian Twitter text authority classification for government in Bandung[C]. In International Conference of Advanced Informatics: Concept, Theory and Application (ICAICTA). Piscataway, NJ: IEEE: 129-134.

Lampe, C., Zube, P. & Lee, J. et al., 2014. Crowdsourcing civility: A natural experiment examining the effects of distributed moderation in online forums[J]. Government Information Quarterly, 31(2): 317-326.

Landemore, H., 2015. Inclusive constitution-making: The Icelandic experiment[J]. The Journal of Political Philosophy, 23 (2): 166-191.

Lane, K., 2017. Using the U.S. Digital Registry API to Pull Government Social Media Accounts[EB/OL]. (2017-02-04) [2020-01-01]. https://dzone.com/articles/pull-the-social-media-accounts-for-gov-using-the-u.

Lange, S., 2014. The end of social media revolutions[J]. The Fletcher Forum of World Affairs, 38(1): 47-68;

Lee, E. & Shin, S. Y., 2014. When the medium is the message: How transportability moderates the effects of politicians' Twitter communication[J]. Communication Research, 41(8): 1088-1110.

Lee, G. & Kwak, Y. H., 2012. An open government maturity model for social media-based public engagement[J]. Government Information Quarterly, 29(4): 492-503.

Lewin, K., 1943. Psychology and the process of group living[J]. The Journal of Social Psychology, 17: 113-131.

Light, P. C., 1998. The Tides of Reform: Making Government Work, 1945—1995[M]. [S.l.]: Yale University Press, 82.

Linders, D., 2012. From e-government to we-government: Defining a typology for citizen coproduction in the age of social media[J]. Government Information Quarterly, 29(4): 446-454.

Liu, B., 2012. Sentiment analysis and opinion mining: Synthesis lectures on human language technologies[J]. Technol, 5(1): 3.

Liu, H. K., 2016. Exploring online engagement in public policy consultation: The crowd or the few?[J] Australian Journal of Public Administration, 76(1): 37-47.

Lodge, M. & Wegrich, K., 2015. Crowdsourcing and regulatory reviews: A new way of challenging red tape in British government?[J]. Regulation & Governance, 9(1): 30-46.

Lowndes, V., Pratchett, L. & Stoker, G., 2001. Trends in public participation: Part 1 Local government perspectives[J]. Public Administration, 79(1): 205-222.

Luna-Reyes, L. F. & Chun, S. A., 2012. Open government and public participation: Issues and challenges in creating public value[J]. Information Polity, 17(2), 77-81.

Macnamara J., 2011. Pre- and post-election 2010 online: What happened to the conversation?[J]. Communication, Politics and Culture, 44(2): 18-36.

Manuel, M., 2007. Communication, power and counter-power in the network society[J]. International Journal of Communication, 1(1): 238-266.

Mattson, G., 1986. The promise of citizen coproduction: some persistent issues[J]. Public Productivity Review, 10(2): 51-56.

Mayfield, A., 2006. What Is Social Media[M/OL]. Icrossing.co.uk.ebook. http://crmxchange.com/uploadedFiles/White_Papers/PDF/What_is_Social_Media_iCrossing_ebook.pdf.

McGuire, M., 2006. Collaborative public management: Assessing what we know and how we know it[J]. Public Administration Review, 66(s1): 33-43.

Mcnutt, K., 2014. Public engagement in the Web 2.0 era: Social collaborative technologies in a public sector context[J]. Administration Publique Du Canada, 57(1): 49-70.

Meijer, A. & Thaens, M., 2009. Public information strategies: Making government information available to citizens[J]. Information Polity, 14(1-2): 31-45.

Meijer, A. et al., 2012. Communities of public service support citizens engage in social learning in peer-to-peer networks[J]. Government Information Quarterly, 29(1): 21-29.

Melawati, F. & Muharam, R. S., 2017. Innovative leadership Ridwan Kamil in social media in Bandung City[J]. Social Science, Education and Humanities Research, 48: 285-289.

Mergel, I. et al., 2013. A three-stage adoption process for social media use in government[J]. Public Administration Review, 90(1): 390-400.

Mergel, I., 2013a. Social media adoption and resulting tactics in the US federal government[J]. Government Information Quarterly, 30(2): 123-130.

Mergel, I., 2013b. A framework for interpreting social media interactions in the public sector[J]. Government Information Quarterly, 30(4): 327-334.

Mergel, I., 2016. Social media adoption and resulting tactics in the US federal government[J]. Government Information Quarterly, 30(2): 123-130.

Millard, J., 2010. Government 1.5: Is the bottle half full or half empty?[J]. European Journal of ePractice (9): 35-48.

Mills, A., Chen, R. & Lee, J. et al., 2009. Web 2.0 emergency applications: How useful can Twitter be for emergency response? [J]. Journal of Information Privacy and Security, 5(3): 3-26.

Minister for Communications Information Technology and the Arts, 2002. Better Services Better Government: Federal Government's e-Government Strategy[R/OL]. (2002-07-16) [2020-04-12]. https://www.finance.gov.au/agimo-archive/_data/assets/pdf_file/0016/35503/Better_Services-Better_Gov.pdf.

Minister for Finance and Deregulation, 2010. Declaration of Open Government[EB/OL]. (2010-07-16) [2020-04-11]. https://www.finance.gov.au/blog/2010/07/16/declaration-open-government/.

Minister for Human Services and Digital Transformation, 2018. Digital Government Transformation Strategy[R/OL]. (2018-07-16) [2020-04-09]. https://www.dta.gov.au/book/export/html/594.

Mitrou, L., Kandias, M. & Stavrou, V. et al., 2014. Social media profiling: A panopticon or omniopticon tool?[C]. In Proceedings of the 6th Conference of the Surveillance Studies Network, Barcelona, Spain: 1-15.

Morris, D. S. & Morris, J. S., 2013. Digital inequality and participation in the political process real orimagined? [J]Social Science Computer Review, 31(5): 589-600.

Mossberger, K., Wu, Y. & Crawford, J., 2013. Connecting citizens and local governments? Social media and interactivity in major U.S. cities[J]. Government Information Quarterly, 30(4): 351-358.

MySociety, 2012. The London Borough of Barnet and FixMyStreet for Councils[EB/OL]. (2012-06-01) [2019-05-29]. http://www.mysociety.org/2012/06/01/the-london-borough-of-barnet-and-fixmystreet-for-councils/.

Nabatchi, T. & Mergel, I., 2010. Participation 2.0: Using internet and social media technologies to promote distributed democracy and create digital neighborhoods[M]. In Svara, J. H. & Denhardt, J. (eds.). Connected Communities: Local Governments as a Partner in Citizen Engagement and Community Building; A White Paper Prepared for the Alliance for Innovation. Phoenix: Alliance for Innovation: 80-87.

Nam, T., 2012. Citizens' attitudes toward open government and government 2.0[J] International Review of Administrative Sciences, 78(2): 346-368

NASA, 2014. NASA Releases Earth Day "Global Selfie" Mosaic of Our Home Planet[EB/OL].

(2014-05-22) [2018-12-11]. http://www.nasa.gov/press/2014/may/nasa-releases-earth-day-global-selfie-mosaic-of-our-home-planet.

Natanson, B. O., 2018. Calling All Photo Fans & History Detectives: Flickr Commons, 10th Anniversary[B/OL]. (2018-01-16) [2018-12-07]. https://blogs.loc.gov/picturethis/2018/01/calling-all-photo-fans-history-detectives-flickr-commons-10th-anniversary/.

Nelson-Field, K., Riebe, E. & Newstead, K., 2014. The emotions that drive viral video[J]. Australasian Marketing Journal, 21(4): 205-211.

Nepal, S. & Paris C., 2016. Why is it difficult for welfare recipients to return to work? A case study through a collaborative online community[C]. In IEEE 2nd International Conference on Collaboration and Internet Computing (CIC). Piscataway, NJ: IEEE: 19-28.

Nieh, J., 2017. U. S. Department of State Seeks Intern for New Blockchain Working Group[N/OL]. Crowd Fund Insider, 2017-06-15 [2019-03-16]. https://www.crowdfundinsider.com/2017/06/102039-us-department-state-seeks-intern-new-blockchain-working-group/.

Nielsen, J., 2006. Participation Inequality: Encouraging More Users to Contribute[EB/OL]. (2006-10-10) [2020-04-03]. http://www.useit.com/alertbox/participation_inequality.html.

Norstrom, L. & Hattinger, M., 2016. Efforts at the boundaries: Social media use in Swedish municipalities[C]. In IFIP International Federation for Information Processing 2016. [S.l.]: Springer International Publishing: 123-137.

Novillo-Ortiz, D., 2017. Global Health Informatics[M]. [S.l.]: Academic Press, 264-287.

NSW State Archives & Records, 2014. Strategies for Managing Social Media Records[EB/OL]. (2014-10-10) [2020-04-13]. https://www.records.nsw.gov.au/recordkeeping/advice/strategies-for-managing-social-media-information.

Nygren, K. G. & Wiklund, H. G., 2010. En IT-styrd förvaltning – en fjärde förvaltningsdoktrin? [M]. In Lindblad-Gidlund, K. et al. (eds.). Förvaltning och medborgarskap i förändring. Lund: Studentlitteratur: 215-227.

Ochara-Muganda, N. & Van Belle, J., 2010. A proposed framework for e-government knowledge infrastructures for Africa's transition economies[J]. Journal of e-Government Studies and Best Practices, 2010: 1-9.

OECD, 2008. Citizens as Partners: Information, Consultation and Public Participation in Policy-making[R/OL]. (2008-07-08) [2019-06-01]. http://ebiz.turpin-distribution.com/products/200878-citizens-as-partners-oecd-handbook-on-information-consultation-and-pu blic-participation-in-policy-making-spanish-version.aspx.

O'Hear, S., 2010. Tweetminster Rolls Out Election Special[N/OL]. Techcrunch, 2010-04-01 [2019-12-10]. https:// techcrunch.com/2010/04/01/tweetminster-rolls-out-election-special/#.

Olphert, W. & Damodaran, L., 2007. Citizen participation and engagement in the design of e-government services: The missing link in effective ICT design and delivery[J]. Journal of the Association for Information Systems, 8(9): 491-507.

Openwise IRM, 2017. Greece End-of-Term Report 2014-2016[R/OL]. (2017-10-11) [2019-03-26]. https://www.opengovpartnership.org/wp-content/uploads/2001/01/Greece_EOTR_for%20public%20comment_ENG.docx.

Paavola, J. & Jalonen, H., 2015. An approach to detect and analyze the impact of biased information sources in the social media[C]. In Proceedings of the 14th European Conference on Cyber Warfare and Security. [S.l.]: Academic Conferences Ltd.: 213-219.

Panagiotopoulos, P., Bigdeli, A. Z. & Sams, S., 2014. Citizen-government collaboration on social media: The case of Twitter in the 2011 riots in England[J]. Government Information Quarterly, 31(3): 349-357.

Panagiotopoulos, P., Shan, L. C. & Barnett, J. et al., 2015. A framework of social media engagement: Case studies with food and consumer organizations in the UK and Ireland[J]. International Journal of Information Management, 35: 394-402.

Panagiotopoulos, P., 2016. Social media in emergency management: Twitter as a tool for communicating risks to the public[J]. Technological Forecasting and Social Change, 111: 86-96.

Paragian, Y., 2014. Pantau Akun Twitter Pemerintah Kota Bandung Melalui Suara Bandung[N/OL]. Techinasia, 2014-10-23 [2018-10-20]. http://id.techinasia.com/pantau-akun-twitter-pemerintah-bandungsuarabandung/.

Parent, M., Vandebeek, C. A. & Gemino, A. C., 2015. Building citizen trust through e-government[J]. Government Information Quarterly, 22(4): 720-736.

Paris, C. & Nepal S., 2016. Can a government use social media to support disadvantaged citizens?[C]. In IEEE 2nd International Conference on Collaboration and Internet Computing (CIC). Piscataway, NJ: IEEE: 398-407.

Park, J. & Cho, K., 2009. Declining relational trust between government and publics, and potential prospects of social media in the government public relations[C]. In Proceedings of EGPA Conference 2009—The Public Service: Service Delivery in the Information Age. Malta: St. Julian's: 1-18.

Paskaleva, K. A., 2011. The smart city: A nexus for open innovation?[J]. Intelligent Buildings International, 3(3): 153-171.

Paulssona, A., Isaksson, K. & Sørensen, C. H. et al., 2018. Collaboration in public transport planning: Why, how and what?[J]. Research in Transportation Economics, 69(9): 377-385.

Pearce, E. K., 2014. Two can play at that game: Social media opportunities in Azerbaijan for government and opposition[J]. Demokratizatsiya: The Journal of Post-Soviet Democratization, 22(1): 39-66.

Peters, K., Kashima, Y. & Clark, A., 2009. Talking about others: Emotionality and the dissemination of social information[J]. European Journal of Social Psychology, 39(2): 207-222.

Petrov, N., Lipman, M. & Hale, H. E., 2014. Three dilemmas of hybrid regime governance: Russia from Putin to Putin[J]. Post-Soviet Affairs, 30(1): 1-26.

Phillips, S. D. & Orsini, M., 2002. Mapping the links: Citizen involvement in policy processes[D]. Ottawa: Canadian Policy Research Networks Discussion Paper.

Picazo-Vela, S., Fernandez-Haddad, M. & Luna-Reyes, L. F., 2016. Opening the black box: Developing strategies to use social media in government[J]. Government Information Quarterly, 33(4): 693-704.

Plutchik, R., 1980. A General Psychoevolutionary Theory of Emotion[M]. [S.L.]: Academic Press.

Pskarina, C., 2015. Populism and effective government: Case of Bandung City[C]. 祝小宁主编. 2015公共管理国际会议论文集（第11届）（上）. 成都：电子科技大学出版社：1-7.

Reddick, C. G., Chatfield, A. T. & Ojo, A., 2017. A social media text analytics framework for double-loop learning for citizen-centric public services: A case study of a local government Facebook use[J]. Government Information Quarterly, 34(1): 110-125.

Reuters Institute for the Study of Journalism, 2018. Reuters Institute Digital News Report 2018[R/OL]. (2018-06-01) [2019-07-20]. http://media.digitalnewsreport.org/wp-content/uploads/2018/06/digital-news-report-2018.pdf.

Rinner, C. & Bird, M., 2009. Evaluating community engagement through argumentation maps: A public participation GIS case study[J]. Environment and Planning B: Urban Analytics and

City Science, 36(4): 558-601.

Rogers, S., 2009. How to Crowdsource MPs' Expenses[N/OL]. The Guardian, 2009-06-18 [2018-12-10]. https://www.theguardian.com/news/datablog/2009/jun/18/mps-expenses-houseofcommons.

Rohen, M. & Chrissafis, T., 2010. European e-participation developments: From ad hoc experiences towards mass scale engagement[J]. Journal of e-Democracy and Open Government, 2(2): 89-98.

Rosser J. F., Leibovici, D. G. & Jackson, M. J., 2017. Rapid flood inundation mapping using social media, remote sensing and topographic data[J]. Natural Hazards, 87: 103-120.

Rowe, G. & Frewer, L. J., 2005. A typology of public engagement mechanism[J]. Science, Technology & Human Values, 30(2): 351-290.

Rumbul, R., 2015a. Who Benefits from Civic Technology? [R/OL]. (2015-10-01) [2019-05-11]. https://research.mysociety.org/media/outputs/demographics-report.pdf.

Rumbul, R., 2015b. Novel Online Approaches to Citizen Engagement[R/OL]. (2015-10-10) [2019-05-20]. https://research.mysociety.org/publications/novel-approaches-to-online-citizen-engagement.

SALAR, 2014. E-tjänster och appar—hur är läget i kommunerna? E-Förvaltning och E-Tjänster I Kommunerna 2014[R/OL]. (2014-01-10) [2020-04-25]. https://internetstiftelsen.se/docs/skl-undersokning-2014-etjanstappar.pdf.

Sandoval-Almazan, R. & Gil-Garcia, J. R., 2012. Are government internet portals evolving towards more interaction, participation, and collaboration? Revisiting the rhetoric of e-government among municipalities[J]. Government Information Quarterly, 98(1): 72-81.

Sandre, A., 2013. Twitter for Diplomats: A Guide to the Fastest Growing Digital Diplomacy Tool[R/OL]. (2013-11-01) [2022-03-01]. http://baldi.diplomacy.edu/diplo/texts/Twitter+for+diplomats.pdf.

Sawers, P., 2012. Tweetminster Goes Global with Electionista, a Web App to Monitor Twitter Trends during Elections[N/OL]. TNW: The Heart of Tech, 2012-03-14 [2018-12-02]. https://thenextweb.com/apps/2012/03/14/tweetminster-goes-global-with-electionista-a-web-app-to-monitor-twitter-trends-during-elections.

Schedler, A., 1999. Conceptualizing Accountability[M]. In Diamond, L. & Plattner, M. (eds.). The Selfrestraining State: Power and Accountability in New Democracies. London: Lynne

Rienner, 13-28.

Schmidthuber, L. & Hilgers, D., 2018. Unleashing innovation beyond organizational boundaries: Exploring citizen sourcing projects[J]. International Journal of Public Administration, 41(4): 268-283.

Scholl, H. J. & Patin, B. J., 2014. Resilient information infrastructures: Criticality and role in responding to catastrophic incidents[J]. Transforming Government: People, Process and Policy, 8(1): 28-48.

Scholz, T., 2010. Social Participation Is the Oil of the Digital Economy[EB/OL]. (2010-03-12) [2019-02-04]. https://schott.blogs.nytimes.com/2010/03/12/playbor/.

Searle, G., 2007. Sydney's Urban Consolidation Experience: Power, Politics and Community (Research Paper No.12, Urban Research Program)[M]. Queensland: Griffith University.

Segesten A. D. & Bossetta, M., 2017. A typology of political participation online: How citizens used twitter to mobilize during the 2015 British general elections[J]. Journal Information, Communication & Society, 20(11): 1625-1643.

Senin, K., 2006. Web Pemerintahan Terbaik Tahun 2006[EB/OL]. (2006-08-27) [2018-10-24]. https:// portal. bandung.go.id/posts/2006/08/27/KZXx/web-pemerintahan-terbaik-tahun-2006.

Sensis., 2018. Yellow Social Media Report[R/OL]. (2018-01-10) [2020-04-12]. https://www.sensis.com.au/about/our-reports/sensis-social-media-report.

Setiawati, C. I. & Pratiwi, P. M., 2015. Conceptual model of citizen's intention associated to e-government and internet behavior: Why do Bandung citizens follow the mayor's social media?[C]. In IEEE 3rd International Conference on Information and Communication Technology (ICoICT). Piscataway, NJ: IEEE: 336-341.

Sheridan, J. et al., 2008. Social Media in eGovernment[R/OL]. (2008-09-01) [2018-11-10]. https://www.w3.org/2008/09/msnws/papers/egov-social-ws.html.

Shirky, C., 2011. The political power of social media technology, the public sphere, and political change[J]. Foreign Affairs, 90(1): 28-41.

Sieber, R. & Johnson, P., 2015. Civic open data at a crossroads: Dominant models and current challenges[J]. Government Information Quarterly, 32(3): 308-315.

Smith, G. & Wenger, D., 2006. Sustainable disaster recovery: Operationalizing an existing agenda[M]. In Rodriguez, H., Quarantelli, E. & Dynes, R. (eds.). Handbook of Disaster Research. New York: Springer: 234-257.

Smith, M. K., 2009. Social Capital, the Encyclopedia of Informal Education[EB/OL]. (2009-10-10) [2018-12-03]. http://infed.org/mobi/social-capital/.

Smith, E. S., 2016. Students Interested in Foreign Service Intern with State Department[N/OL]. Brandeishoot, 2016-11-11 [2019-03-14]. http://brandeishoot.com/2016/11/11/students-interested-in-foreign-service-intern-with-state-department/.

Social Media Club France, 2011. Greece: Social Networks in Times of Crisis[N/OL]. Social Media Club, 2011-06-01 [2019-03-02]. https://socialmediaclub.fr/2011/06/01/greece-social-networks-in-times-of-crisis/.

Song, C. & Lee, J., 2016. Citizens' use of social media in government, perceived transparency, and trust in government[J]. Public Performance & Management Review, 39(2): 430-453.

Sotiropoulos, D. A. et al., 2018. Greece Report: Sustainable Governance Indicators 2018[R/OL]. (2018-12-30) [2019-03-20]. https://www.sgi-network.org/docs/2018/country/SGI2018_Greece.pdf.

Srimuang, C., Cooharojananone, N. & Tanlamai, U. et al., 2017. Nagul Cooharojananone, Uthai Tanlamai, etc.—Open government data assessment model: An indicator development in Thailand[J]. ICACT (2): 341-347.

Stamati, T. et al., 2015. Social media for openness and accountability in the public sector: Cases in the Greek context[J]. Government Information Quarterly, 32(1):12-29.

Standage, T., 2013. Writing on the Wall: Social Media—The First 2,000 Years[M]. New York: Bloomsbury Publishing.

Statescoop, 2017. Local Government Overwhelmingly Uses Social Media to Disseminate Info, Lacks Budget for Social Media Activities[R/OL]. (2017-12-30) [2018-01-23]. http://statescoop.com/social-media-local-government-pti-2017.

Statista., 2014. Share of Social Shares by Online Channel in the United Kingdom (UK) in 2014[R/OL]. (2014-12-20) [2018-01-23]. https://www.statista.com/statistics/529563/share-of-social-shares-by-online-channel-in-the-uk-by-content-category/.

Stieglitz, S. & Dang-Xuan, L., 2013. Emotions and information diffusion in social media-sentiment of microblogs and sharing behavior[J]. Journal of Management Information Systems, 29(4): 217-248.

Sukhraj, R., 2017. 27 Most Successful Social Media Campaign Ideas in 2019 for Your Inspiration[EB/OL]. (2017-07-19) [2019-02-04]. https://www.impactbnd.com/blog/social-media-campaign-ideason.

Sullivan, T., 2018. PatientsLikeMe Teams with FDA to Explore Patient-reported Adverse Events[N/OL]. Policy Med, 2015-07-07 [2018-12-01]. https://www.policymed.com/2015/07/patientslikeme-teams-with-fda-to-explore-patient-reported-adverse-events.html.

Tate, D., 2016. Virtual Internship Takes Innovation to the Next Level[N/OL]. Arizona State University News, 2016-02-05 [2019-03-12]. https://asunow.asu.edu/20160205-virtual-internship-takes-innovation-next-level.

Taylor, E. J., 2013. Do house values influence resistance to development?—A spatial analysis of planning objection and appeals in Melbourne[J]. Urban Policy and Research, 31(1): 5-26.

Terwel, B. W., Harinck, F. & Ellemers, N. et al., 2010. Voice in political decision making: The effect of group voice on perceived trustworthiness of decision makers and subsequent acceptance of decisions[J]. Journal of Experimental Psychology, 16(2): 173-186.

The White House, 2015. The Open Government Partnership: Third Open Government National Action Plan for the United States of America, Washington, DC[R/OL]. (2015-12-01) [2019-01-20]. https://www.whitehouse.gov/sites/default/files/microsites/ostp/FinalUsOpen Government NationalActionPlan30.pdf.

Theocharis, Y., 2012. Cuts, Tweets, solidarity and mobilisation: How the Internet shaped the student occupations[J]. Parliamentary Affairs, 65: 162-194.

Thomas, C. W., 1998. Maintaining and restoring public trust in government agencies and their employees[J]. Administration & Society, 30(2): 170.

Thomas, J. C., 2013. Citizen, customer, partner: Rethinking the place of the public in public management[J]. Public Administration Review, 73(6): 786-796.

Thompson, J. B., 1995. The Media and Modernity: A Social Theory of Media[M]. [S.l.]: Stanford University Press.

Thomson, R., 2009. Use Tweetminster to Search MPs' Conversations[N/OL]. Computer Weekly, 2018-12-04 [2020-12-14]. https://www.computerweekly.com/news/2240088570/Use-Tweetminster-to-search-MPs-conversations.

Tibshirani, R., 1996. Regression shrinkage and selection via the lasso[J]. Journal of the Royal Statistical Society: Series B (methodological), 58: 267-288.

Tolbert, C. J. & Mossberger, K., 2016. The effects of e-government on trust and confidence in government[J]. Public Administration Review, 66(3): 354-369.

Tracey, S. et al., 2013. Super trawler scuppered in Australian fisheries management reform[J]. Fisheries, 38(8): 1-9.

Triantafillidou, A., Lappas, G. & Yannas, P. et al., 2016. Greek local e-government 2.0: Drivers and outcomes of social media adoption[C]. In Sobaci, M. Z. (ed.). Social Media and Local Governments: Public Administration and Information Technology (vol 15). Cham: Springer: 153-170.

Tu, W., Zhu, T. & Xia, J. et al., 2020. Portraying the spatial dynamics of urban vibrancy using multisource urban big data[J]. Computers, Environment and Urban Systems, 80:1-16.

United Nations, 2012. The United Nations e-Government Survey: e-Government for the People[R/OL]. (2012-05-17) [2019-01-18]. https://read.un-ilibrary.org/democracy-and-governance/united-nations-e-government-survey-2018_d54b9179-en#page2.

USA Department of Homeland Security, 2013. Using Social Media for Enhanced Situational Awareness and Decision Support[R/OL]. (2013-06-30) [2018-12-08]. http://www.firstresponder.gov/TechnologyDocuments/UsingSocialMediaforEnhancedSituationalAwarenessandDecisionSupport.pdf.

Verrekia, B., 2017. Digital Diplomacy and Its Effect on International Relations[EB/OL]. (2017-01-10) [2017-09-10]. https://digitalcollections.sit.edu/isp_collection/2596.

Warf, B., 2014. Geographies of e-government in Latin America and the Caribbean[J]. Journal of Latin American Geography, 13(1): 169-185.

Warren, A. M., Sulaiman, A. & Jaafar, N. I., 2014. Social media effects on fostering online civic engagement and building citizen trust and trust in institutions[J]. Government Information Quarterly, 31(2): 291-301.

Waters, R. & Williams, J., 2011. Squawking, tweeting, cooing, and hooting: Analyzing the communication patterns of government agencies on Twitter[J]. Public Affairs, 11(4): 353-363.

WeAreFlint, 2018. Social Media Statistics Survey[EB/OL]. (2018-12-20) [2019-05-19]. https://weareflint.co.uk/press-release-social-media-demographics-2018.

Whitmore, A., 2012. Extracting knowledge from US department of defense freedom of information act requests with social media[J]. Government Information Quarterly, 29(2): 151-157.

Williams, N., 1998. The changing face of Whitehall: Open government, policy development and the quest for efficiency[J]. The Political Quarterly, 69(3):258-266.

Williamson, W. & Ruming K., 2017. Urban consolidation process and discourses in Sydney:

Unpacking social media use in a community group's media campaign[J]. Planning Theory & Practice, 18(3): 428-445.

Wimmer, R. D. & Dominick, J. R., 2003. Mass Media Research: An Introduction[M]. 7th ed. Belmont: Wadsworth, 142-143.

Winijkulchai, A., 2012. Thailand's 2011 Flood Crisis Reveals Potential of Technology and Social Media in Disaster Response[N/OL]. Asia Foundation, 2012-06-27 [2018-12-05]. https://asiafoundation.org/2012/06/27/thailands-2011-flood-crisis-reveals-potential-of-technology-and-social-media-in-disaster-response.

Wukich, C. & Mergel, I., 2015. Closing the citizen-government communication gap: Content, audience, and network analysis of government tweets[J]. Journal of Homeland Security and Emergency Management, 12(3): 707-735.

Xu, Z., Liu, Y. & Yen, N. Y. et al., 2020. Crowdsourcing-based description of urban emergency events using social media big data[J]. IEEE Transactions on Cloud Computing, 8(2): 387-397.

Yates, D. & Paquette, S., 2011. Emergency knowledge management and social media technologies: A case study of the 2010 Haitian earthquake[J]. International Journal of Information Management, 31(1): 6-13.

Yetano, A. & Royo, S., 2017. Keeping citizens engaged: A comparison between online and offline participants[J]. Administration & Society, 49(3): 394-422.

Zavattaro, S. M., French, P. E. & Mohanty, S. D., 2015. A sentiment analysis of us local government tweets: The connection between tone and citizen involvement[J]. Government Information Quarterly, 32(3): 333-341.

Zhang, F. X., 2018. Managerial ambivalence and electronic civic engagement: The role of public manager beliefs and perceived needs[J]. Public Administration Review, 78(1): 58-70.

Zuiderwijk, A. & Janssen, M., 2015. Participation and data quality in open data use: Open data infrastructures evaluated[C]. In Proceedings of the 15th European Conference on e-Government (ECEG). [S.l.]: Academic Conferences Ltd.: 351-358.

Zúñiga, H. G. D., Molyneux, L. & Zheng, P., 2014. Social media, political expression, and political participation: Panel analysis of lagged and concurrent relationships[J]. Journal of Communication, 64(4): 612-634.

俄文文献

俄罗斯通讯社，2013. Путин считает эффективным интернет-голосование при формировании ОП (普京称俄罗斯联邦公民会议室形成中互联网投票是有效的)[EB/OL]. (2013-05-15) [2018-01-13]. https://ria.ru/20130515/937532869.html.

俄罗斯通信与大众传媒部，2013. Об утверждении Стратегии развития отрасли информационных технологий в Российской Федерации на 2014–2020 годы и на перспективу до 2025 года (有关批准俄罗斯联邦 2014—2020 年以及未来至 2025 年信息技术产业发展战略)[EB/OL]. (2013-11-01) [2019-02-23]. http://government.ru/docs/8024/.

俄罗斯政府鉴定委员会, 2014. Рейтинг активности министерств и ведомств в соцсетях (各部门社会化媒体活跃度评级)[EB/OL]. (2014-12-23) [2019-03-01]. http://open.gov.ru/events/5511187/.

Achkasova, V. A., 2006. Архитектура коммуникативного пространства и его конфликтные составляющие. Коммуникация и конструирование социальных реальностей (传播空间建构模型以及其冲突组成部分.传播与社会现实建构)[C]. 圣彼得堡: ROZA MIRA.

Bashkarev, A. A., 2008. Электронная демократия как форма политической коммуникации (电子民主作为政治传播形式)[J]. 俄罗斯赫尔岑国立大学校报(69): 25-29.

Belenkova, L. M., 2017. Имидж государственных органов: потенциал информационно-коммуникационных технологий (政府机构形象：信息通信技术潜力)[J]. Управленческое консультирование (4): 199-209.

Brand Analitics, 2018. Социальные сети в России: Цифры и тренды, очень 2018 (俄罗斯社会化媒体：2018 年秋季数据与势)[EB/OL]. (2018-12-04) [2019-01-16]. https://br-analytics.ru/blog/socseti-v-rossii-osen-2018/.

Bykov, I. A., 2013. Сетевая политическая коммуникация: Теория, практика и методы исследования (网络政治传播：理论、实践及研究方法)[M]. 圣彼得堡：圣彼得堡国立工业技术与设计大学出版社.

Chernikova, N., 2014. Айфон в кармане ватника. Как Рунет потерял свободу (棉袄口袋里的苹果手机：Runet 如何失去了自由)[EB/OL]. (2014-04-23) [2018-12-29]. http://www.the-village.ru/village/business/story/157495-iphone-v-kar-mane-vatnika.

Dzyaloshinsky, I. M., 2001. Методыдеятельности СМИ в условиях становления гражданского общества ("公民社会"背景下大众媒体活动技巧)[M]. 莫斯科: Pulse 出版社.

Frolov, A., 2015. Вступил в силу закон о хранении персональных данных на территории России (有关在俄罗斯境内存储个人数据法正式生效)[EB/OL]. (2015-09-01) [2019-02-23]. https://vc.ru/flood/10274-pers-zakon.

Galimova, N. et al., 2015. Кремль запустил проект по привлечению бюджетников и рабочих на выборы (克里姆林宫发起了吸引国家雇员和工人参加选举的项目)[EB/OL]. (2015-02-15) [2019-05-06]. https://www.rbc.ru/politics/15/02/2018/5a83305a9a79475fe1120dfa.

Gavre, D. P., 2011. Основы теории коммуникации (传播理论基础)[M]. 圣彼得堡: Peter 出版社.

Grozdova, E. V., 2010. Оппозиционная пресса в социальном диалоге (社会对话中的反对派刊物)[J]. Mediascope(4): 20-25.

Gubanov, D. A. & Chkhartishvili, A. G., 2013. Концептуальный подход к анализу онлайновых социальных сетей (在线社会化媒体分析概念路径)[J]. Управление большими системами, 45(4): 222-236.

Guneev, S., 2017. Сергей Гунеев. Большинство россиян высоко оценили работу Путина, показал опрос (调查显示大多数俄罗斯人正面评价普京工作)[EB/OL]. (2017-09-22) [2019-03-16]. https://ria.ru/20170922/1505310594.html.

Il'icheva, Y., 2013. А.Мобилизационные технологии: сущность, предпосылки возникновения, основные инструменты и средства (动员技术：本质、诞生前提、基本手段和工具)[J]. 大众媒体和大众传播理论(2): 129-137.

Ivanov, D., 2002. Политический PR в Интернете: российские реалии (互联网政治公关：俄罗斯现实)[J]. Интернет-маркетинг(4): 6-14.

Kaminchenko, D. I. & Baluev, D. G., 2012. Фактор новых средств массовой информации в формировании современного политического индивида (现代政治人物塑造过程新媒体因素)[J]. Современные исследования социальных проблем, 9(1): 266-269.

Kara-Murza, S. G., 2007. Манипуляция сознанием (意识操纵)[M]. 莫斯科: Eksmo 出版社.

Klyuev, Y. V., 2010 Массовые коммуникации политический дискурс: анализ общественно-политических коммуникаций (大众传播政治话语：社会政治传播分析)[M]. 圣彼得堡: 圣彼得堡国立大学出版社.

Malkevich, A., 2019. Чиновники повысят уровень знаний в соцмедиа (官员将提高有关社

会化媒体知识水平)[EB/OL]. (2019-01-31) [2019-02-24]. http://www.prisp.ru/opinion/1699-malkevich-chinovniki-v-instagrame-3101.

Medvegev, D., 2012a. Подписан Указ о создании рабочей группы по по формированию системы «Открытое правительство». (已签署有关成立组建国家"开放政府"制度工作组令)[EB/OL]. (2012-02-08) [2019-01-23]. https://base.garant.ru/70137010/.

Medvegev, D., 2012b. Социальные сети могут стать полезным инструментом в работе российских дипломатов (社会化网络可以成为俄罗斯外交官有力工具)[EB/OL]. (2012-02-13) [2019-01-18]. http://blog.da-medvedev.ru/post/207.

Melnik, G. S., 2013. Журналистика в политических технологиях (政治操作中新闻角色)[M]. 圣彼得堡: 圣彼得堡国立大学出版社.

Mikhailov, O. V., 2013. Сети в политике и государственном управлении (网络对政治和公共管理的作用)[M]. 莫斯科: 大学书屋出版社.

Miroshnichenko, I. V., 2009. Конвертация ресурсовсоциальных сетей в политический капитал: кейс Краснодарского края. Политика развития и политико-административные отношения (社会网络资源政治资本转化: 克拉斯诺达尔地区案例. 发展政策、政治行政关系)[C]. 克拉斯诺达尔: 克拉斯诺达尔国立大学: 34-67.

Pocheptsov, G. G., 2009. Теория коммуникации (传播理论)[M]. 莫斯科: Refl-book 出版社.

Putin, V., 2012. Указ Президента "Об основных направлениях совершенствования системы государственного управления" №601 от 7 мая 2012 (2012 年 5 月 7 日第 601 号"有关完善国家治理体系主要方向"总统令)[EB/OL]. (2012-05-07) [2019-01-21]. http://data.gov.ru/ukaz-prezidenta-ob-osnovnyh-napravleniyah-sovershenstvovaniya-sistemy-gosudarstvennogo-upravleniya.

Rogov, K., 2012. Сценарий «Россия-1» ("俄罗斯 1"剧本)[EB/OL]. (2012-02-08) [2018-12-23]. http://www.vedomosti.ru/opinion/news/1497088/strategiya_rossiya1#xzz1lo9GDAJ4.

Sazanov, V. M., 2013. Социальные сети и технологии (社交网络和技术)[M]. 莫斯科: Лаборатория СВМ (SVM 实验室)出版社.

Starovoit, M. V., 2017. Вирусная реклама как инструмент коммуникативного воздействия. Материалы студенческой научно-практической конференции (病毒性广告作为传播影响工具.学生科研实践会议材料)[C].奥廖尔. 奥廖尔国立经济贸易大学出版社: 188-191.

Vershinin, M. S., 2001. Политическая коммуникация в информационном обществе (信息

社会政治传播)[M]. 圣彼得堡: Mikhailov V. A.出版社.

Vinogradova, S. M. & Melnik, G. S., 2015. Психология массовой коммуникации (大众传播心理学)[M]. 莫斯科: ЮРАЙТ (尤赖特)出版社。

Zalessky, P. K., 2000. «Политические симпатии российской аудитории интернета». «СМИ и политика в России» (俄罗斯互联网受众政治偏好. 俄罗斯大众传媒与政治)[C]. Moscow: Socio Logos: 119-127.

Zolotov, E., 2019. Евгений Золотов. Почему госслужащие уходят из соцсетей? И правда ли это необходимо? (为何官员离开社会化媒体？)[EB/OL]. (2019-02-26) [2020-11-12]. http://gosvopros. ru/territory/razbitye-okna/224.

Zureva, M. A., 2017. Органы государственных власти в социальных сетях - кому это надо? Современная экономика: актуальные вопросы, достижения и инновация. сборник статей победителей VII Международной научно-практической конференции (社会化网络里的国家权力机构——谁需要它？现代经济：热点问题、成就及创新. 第七届国际科学实践会议获奖者论文集)[C]. 平扎: 科学与教育出版社: 42-45.

Zykov, V., 2016. Чиновники сдадут свои аккаунты (官员将上交个人账号)[EB/OL]. (2016-11-23) [2019-01-09]. https://iz.ru/news/646799.

ВЦИОМ, 2018. Каждому возрасту–свои сети (每个年龄段都有属于自己的社会化网络)[EB/OL]. (2018-02-18) [2019-06-12]. https://wciom.ru/index.php?id=236&uid=8936.

Еременко, Е., 2018. Рекорд президента: Владимир Путин победил на выборах с 76,6% голосов (总统纪录：普京以 76.6%的得票率赢得大选)[EB/OL]. (2018-03-19) [2020-10-19]. https://www.forbes.ru/biznes/358767-rekord-prezidenta-vladimir-putin-pobedil-na-vyborah-s-766-golosov.

РИА НОВОСТИ, 2013. Путин считает эффективным интернет-голосование при формировании ОП [N/OL]. (2013-05-15) [2020-05-14]. https://ria.ru/20130515/937532869.html.

日文文献

ITmediaエンタープライズ，2013. 滨松市利用社会化媒体分析抽出民意用于市政[EB/OL] (2013-11-13) [2018-10-11]. https://www.itmedia.co.jp/enterprise/articles/1311/13/news148.html.

大倉沙江，海後宗男，2017. 地方自治体によるSNS利活用の状況とその課題-つくば市民活動のひろばを事例として（地方自治体SNS利用狀況及其課題——以筑波市民活動广场为例）[J]. 国際日本研究(9): 31-42.

吉田光男，松本明日香，2012. ソーシャルメディアの政治的活用——活用事例と分析事例から（社会化媒体的政治利用——从利用事例和分析事例来看）[J]. 人口知能学会誌(1): 43-50.

日本IT战略本部，2009. i-Japan战略2015——为了实现以国民为主体的"安心与活力的数据社会"[R/OL]. (2009-12-30) [2018-12-11]. https://www.kantei.go.jp/jp/singi/it2/kettei/090706honbun.pdf#search='ijapan'.

日本株式会社三菱综合研究所，2018. ICT带来的革命与新经济形成的调查研究[R/OL]. (2018-03-31) [2019-01-20]. http://www.soumu.go.jp/johotsusintokei/linkdata/h30_02_houkoku.pdf.

日本総務省，1994. 信息通信工作报告平成6年版特集：多媒体开拓的信息通信的新世界[R/OL]. (1994-02-02) [2018-11-28]. http://www.soumu.go.jp/johotsusintokei/whitepaper/ja/h06/pdf/index.html.

日本総務省，2005. 信息通信工作报告平成17年版特集：u-Japan的萌芽[R/OL]. (2005-02-01) [2018-11-28]. http://www.soumu.go.jp/johotsusintokei/whitepaper/ja/h17/pdf/index.html.

日本総務省，2009. 关于网络上违法、有害信息的对策研讨会最终整理——安心上网促进计划[EB/OL]. (2009-02-01) [2018-12-22]. http://www.soumu.go.jp/menu_news/s-news/2009/pdf/090116_1_bs1-1.pdf.

日本総務省，2010. 信息通信工作报告平成22年版特集：通过利用ICT实现持续发展——利用ICT技术建设可以保障交流权力的国民本位社会[R/OL]. (2010-02-01) [2019-01-10]. http://www.soumu.go.jp/johotsusintokei/whitepaper/ja/h22/pdf/22honpen.pdf.

日本総務省，2011. 信息通信工作报告平成23年版特集：为了共生型网络社会的实现[R/OL].

(2011-02-01) [2018-12-11]. http://www.soumu.go.jp/johotsusintokei/whitepaper/ja/h23/pdf/index.html.

日本総務省，2014. 信息通信工作报告平成 26 年版特集：ICT 带来的世界规模的模式转变 [R/OL]. (2014-02-01) [2018-11-30]. http://www.soumu.go.jp/johotsusintokei/whitepaper/ja/h26/pdf/index.html.

日本総務省，2017. 平成 29 年通信利用动向调查的结果[R/OL]. (2017-06-22) [2019-06-01]. http://www.soumu.go.jp/johotsusintokei/statistics/data/180525_1.pdf.

日本総務省，2018a. 关于通过 ICT 实现包容的调查研究报告书[R/OL]. (2018-03-31) [2018-11-30]. http://www.soumu.go.jp/johotsusintokei/linkdata/h30_03_houkoku.pdf.

日本総務省，2018b. 信息通信工作报告平成 30 年版特集：人口减少时代由 ICT 带来的持续发展 [R/OL]. (2018-12-30) [2019-01-20]. http://www.soumu.go.jp/johotsusintokei/whitepaper/ja/h30/pdf/index.html.

守谷学，2010. 開かれた政府を目指す「オープンガバメントラボ」について（关于以政府开放为目标的"开放政府实验室"）[J]. 行政・情報システム（行政信息系统）(12): 11-17.

土居健郎，2007.「甘え」の構造（娇宠的构造）[M]. 大阪：日本弘文社.

小野塚亮，西田亮介，2014. ソーシャルメディア上の政治家と市民のコミュニケーションは集団分極化を招くのか―Twitter を利用する国会議員のコミュニケーションパターンを事例に（社会化媒体上政治家与市民的交流会导致集团分级吗——以使用 Twitter 的国会议员交流模式为例）[J]. 情報社会学会誌(9): 27-42.

早稻田大学电子政府自治体研究所，2018. 第 14 次早稻田大学世界电子政府进度排名调查 2018 年度发表[R/OL]. (2018-12-30) [2019-01-20]. http://www.e-gov.waseda.ac.jp/ranking_jp.htm.

后 记

千淘万漉虽辛苦,吹尽狂沙始到金。

中唐"诗豪"刘梦得的千古佳句因为落在一个"金"上,小时候第一次吟诵便生出一种自然而然的亲近感。而后一晃 40 年飞过,无论是"千淘万漉"的韧然,还是"吹尽狂沙"的释然,都曾为想象中的"金"而执着和欣喜,它意味着努力之后有所知、有所悟、有所抵,所做一切并非枉然。此前的专著,从 2009 年出版的《美军公共事务传播研究》到 2014 年的《非战争军事行动传播》,言及致谢,均以这一句诗开篇,以示淘金路上的初心不改。

我一直希望,自己的研究皆源自一种志趣、表达一种情怀、朝向一种期许,这一次也不例外。它起念于 2014 年国家社会科学基金课题指南中的"国外社会化媒体传播技巧研究",所不同的是,我将视角收窄为政府,让视域跳脱出技巧,把期望上升到了善治。2013 年,党的十八届三中全会《中共中央关于全面深化改革若干重大问题的决定》明确了"推进国家治理体系和治理能力现代化"是全面深化改革总目标的重要内容,可以说,基于政府善治视角研究国外社会化媒体传播,无论是从国内相关领域建设借鉴的角度,还是就国外实践和研究的成熟程度而言,恰逢其时。而我自己也机缘巧合地拥有了一定的教学科研积累,有兴趣也有自信去破题而论。一方面,2007 年国外政府社会化媒体传播方兴之时,我就因对美军、以军的社会化媒体运用萌生了兴趣,比较早地推出了《"e 时代"的美军网络互动公关》《War 2.0:重大事件对外传播与社会化媒体的"初体验"——铸铅行动 YouTube 以军频道实证研究与启示》《"微-众"联网——"击毙拉登"反恐行动传播舆论图景评析与启示》,并在 2011 年出版了当时具有一定前瞻性的译著《战争 2.0:信息时代的非常规战》,由此走进了政府组织嵌入社会化媒体传播的全新研究领域;另一方面,2006 年我开始参与并逐步负责一门领导干部媒介素养情境训练课程,并且自 2009 年开始把社会化媒体作为一项最重要的情境进行课程设计和专题讲授。随着国内外相关案例收集和整理不断地增多,我意识到政府领导干部媒介素养的提升只有将"良好的治理"作为终极目标,即与公众在公共生活的合作管理和互动关系中实现公共利益最大化,才拥有提升的价值。这门课程开展 8 年之后,在院内外产生了良好的影响,最终在 2014 年以《探索构建"教、学、研、训"四环联动媒介素养情境教学模式》为题获得了军队级院校教学成果二等奖。

只是从起念到成书,经历了 10 年之久。在这 10 年跨度里,我经历了半生中最重大的一次改变,惜别了 22 年的军旅生涯,又幸运且幸福地仍然有机会站住三尺讲台、走在学术路上。感谢培养和提携我 15 年的南京政治学院军事新闻传播系,让我积淀底气和自信。亦感谢 6 年前真诚接纳我并不断给予加持的南京大学新闻传播学院,让我释放热情和活力,并为本书提供了出版资助。

特别感谢我的课题组成员,让我拥有从容和动力。在完整地确立了写作思路、框架、理念和资料的基础上,我组织并辅导时为南京大学新闻传播学院博士生的何瑛(现南京师范大学新闻与传播学院讲师)撰写了第一章第二节、第三章第三节和第五节,彭步云(现河南财经政法大学文化传播学院讲师)负责第一章第三节、第三章第四节和第四章第二节,李姝慧(现为江苏省委党校社会和文化教研部讲师)写作第四章第一节。考虑到日本和俄罗斯两国政府社会化媒体传播研究需要日语和俄语老师的专业加持,课题特邀请南京大学外国语学院讲师、文学博士庄倩完成第二章第三节和第四章第四节日本部分,俄罗斯圣彼得堡国立大学新闻传播学院讲师、政治学博士赖灵芝写作第二章第五节和第四章第五节。

感谢为本书作序的浙江大学邵培仁教授,我尊敬又喜爱的博士生导师,一句"好马不鞭自奋蹄"给予了我智慧的策励和殷切的期望,让我终身受益。感谢浙江大学出版社陈洁常务副总编辑、浙江大学出版社国际文化出版中心包灵灵主任和浙江大学出版社总编办徐瑾副主任的高效推进,满足了我在母校出版专著的小心愿。感谢责任编辑诸葛勒老师的鼎力支持,让这一成果如约出世。

最后,感谢我的家人。这 10 年间,张天戈和我组建了 21 年的小家庭迎来了第二个小生命小田,并转眼长成了 7 岁的小学生,他和 17 岁的哥哥小山一样,给予了我这部"写论文机器"十万分的理解和支持。人生行之已半,越来越清晰地领悟到"流水淘沙不暂停,前波未灭后波生"的自然真谛。时不我待,与你们相逢,有你们相伴,我当更加努力。

金　苗

2023 年 8 月 1 日

于南京·兰园